한어어법 분석의
이론과 실천

한어어법 분석의
이론과 실천

난빈한 지음 | 최환 · 신미섭 옮김

이담

Books

중국의 한어어법 연구의 시작은 비교적 늦었다. 『馬氏文通』은 체계적인 형식을 갖춘 최초의 한어어법학 저작이다. 『馬氏文通』을 시작으로 한다면 한어어법 연구의 역사는 100여 년에 불과하다. 이 기간 동안 많은 어법학자들의 부단한 노력으로 한어어법 연구는 큰 진전과 두드러진 성과를 거두었다. 그러나 한어어법은 시작부터 서양어법이론의 영향을 받아서 인도유럽어법을 모방한 흔적이 뚜렷하다. 한어어법 고유의 특징과 규칙을 어떻게 한층 더 깊이 인식하여 한어의 실제적인 어법에 진정으로 부합하는 체계를 세울 것인가는 여전히 언어학자들이 오랫동안 직면하고 있는 중대한 과제이다.

새로운 어법연구는 이미 이루어 낸 성과를 인용하고 본보기 삼는 것으로부터 떠날 수는 없다. 어법연구가 다루는 문제는 매우 많은데, 크게는 모든 어법체계에서부터 작게는 하나의 문장형식과 하나의 단어까지로, 모두 전문적이고 심도 깊은 연구를 필요로 한다. 이 책은 주로 두 가지 방면의 문제에 대해 토론을 진행하였다.

첫째, 이전의 한어어법 연구의 이론과 관점을 회고하고 세밀하게 검토하였다. 여기에는 한어의 특징 문제·품사의 구분 문제·구의 귀속과 분석 문제·단문과 복문의 분석 문제 등등이 포함되어 있다. 이러한 것들은 모두 어법연구 중 비교적 학술적 가치가 높고 논쟁의 여지가 많은 부분이며, 어법연구와 교학의 중점이기도 하고 난점이기도 하다. 책 속에서 상술한 어법단위의 과거 여러 시기와 현재의 연구 상황에 대해서 소개하고 토론하였으며, 몇몇 심도 깊은 연구가 필요한 문제에 대해서는 여러 가지의 관점을 제시하며 나름의 견해를 밝혔다. 토론된 내용에는 또한 몇몇 영향력이 비교적 큰 어법 분석 이론과 방법, 예를 들어 삼개평면 분석 이론·성분분석법 및 층위분석법·변환분석법·의미특징분석법·의미지향분석법·배가(配價)분석법 등등이 포함되어 있다.

둘째, 이 책은 교학어법과 이론어법의 진일보한 결합을 시도하여 어법교학이 좀 더 광범위한 층면에 진입하도록 하였다. 교학어법과 이론어법의 관계는 매우 밀접하다. 장기적인 현대한어어법의 교학 과정 중에서 저자는 항상 학생이 어떠한 어법문제에 대해 분명하게 이해하지 못하고 깊게 파악하지 못하는 것을 느끼는데, 그 원인은 어법연구에 있어 광범위하고 전면적인 이해가 부족하고, 어법연구에 대한 통시적인 관찰과 다양한 관점의 대비 분석이 부족하기 때문이라고 생각한다. 이는 중국 속담의 "여산의 진면목을 알지 못하는 것은 단지 몸이 그 산중에 있기 때문이다."와 같은 이치이다. 현재 사용되고 있는 어법교재는 편폭과 체제의 제한이 있기 때문에 이러한 문제를 효과적으로 해결할 수 없다. 일반적인 이론어법 저작이 연구한 문제는 또한 지나치게 전문적이고 한 가지 내용에만 집중되어 있어서 어법교학과는 비교적 거리가 있다. 어떻게 이론어법의 연구 성과를 어법교육의 지도에 응용할 수 있는가는 진지하게 연구할 가치가 있다. 예를 들어 어법교학 중 '吃完了飯'

과 '吃飽了飯'의 두 문장을 학생들은 종종 단지 동빈구조로 일치하는 것으로 보기 때문에 좀 더 세심한 연구와 분석이 부족하게 된다. 변환분석과 의미지향분석을 통한다면 '吃完了飯'은 '被'자문으로 변환할 수 있지만, '吃飽了飯'은 변환할 수 없음을 알 수 있다. '吃完了飯'은 '飯'이 다된 것을 표시할 수도 있고, '吃'의 행위가 끝났다는 것을 나타낼 수도 있다. 왜냐하면 동사 '完'의 의미가 각각 전후 두 성분을 지향할 수 있기 때문이다. '飽'의 의미는 전후의 두 성분을 지향할 수 없고 감추어진 주어만을 지향한다. 표면상 같은 구조의 문장도 그 내부의 의미관계 및 나타내는 의미는 오히려 큰 차이를 보인다. 전면적인 관찰과 다각도의 분석은 학생들의 언어 현상에 대한 심도 있는 이해를 도와주며 보다 실용적인 가치를 가지게 된다. 그러나 교학어법은 종종 학습의 중점과 주의력을 어법구조분석에 좀 더 많이 두었으며, 사용하는 방법 역시 지나치게 단조로운데, 이 점은 마땅히 개선되어야 할 것이다. 이 책은 어떤 문제의 통시적인 연구에서 제시된 다양한 관점과 방법에 대한 탐색에 중점을 두었을 뿐 아니라, 현재 어법 교학에서 관련된 문제의 분석과 이론적 인식에도 주의를 기울였으며, 동시에 실례를 분석한 내용을 덧붙였다. 따라서 이 책이 어법교학에 참고가 되기를 바라며, 이론어법연구 성과와 어법교학을 밀접하게 결합시켜 새로운 이론으로 어법교육을 지도함으로써 어법연구의 실용성을 높이기를 바란다. 저자는 재능이 모자라고 학문이 일천하여 이 주제로 책을 쓰기에 힘이 부족하여 책임지기 힘들다는 생각이 든다. 책 속의 결점이나 잘못된 부분을 피하기 어렵다는 두려움이 있으니 여러 학자들과 독자들의 지도 편달을 간절히 바라는 바이다.

이 책의 저술과 출판 과정 중에 中國社會科學出版社 및 任明

선생이 많은 관심을 보이고 지도를 해 주었으며, 책 속에 선배 제
현의 논저들을 많이 인용하고 거울로 삼았는데, 이 자리를 빌려
모두에게 심심한 감사의 뜻을 표하는 바이다.

저자

2002년 10월

한국어 번역판 서문

　2002년 中國社會科學出版社에서 졸저 『漢語語法分析的理論與實踐』을 출판한 지 7년이 지난 지금, 한국 영남대학교 최환 교수가 이 책을 한국어로 번역함으로써 한국 독자들에게 이 책을 소개하게 되었다. 번역 중에 역자는 본문 중에 있는 자료 출처를 대부분 각주로 처리하였을 뿐만 아니라, 또한 일부 전문용어 이를테면 '南派'·'北派'·'暫擬漢語教學語法系統' 등등에 역주를 달았으며, 아울러 책 뒤에다 '찾아보기'를 새롭게 첨가하였다. 이것들은 모두 독자들에게 편리함을 제공하기 위한 매우 훌륭한 배려이다. 나는 최환 교수와 신미섭 선생이 이 책의 번역에 쏟은 열정과 노력에 충심으로 감사한다. 그리고 이 기회를 빌려 원서 중의 잘못된 글자들을 정정하였다. 여기서 본서의 번역 출판 과정 중에 많은 관심과 도움을 준 龐晨光 선생과 王新民 선생에게 심심한 謝意를 표한다.

蘭賓漢 씀
2009년 1월 8일

1. 본서는 蘭賓漢 저 『漢語語法分析的理論與實踐』(中國社會科
   學出版社, 2002년)을 번역한 것이다.

2. 본서에서 사용되는 어법용어들은 대부분 중국식 표현을 그대
   로 사용하였으나(예를 들어 謂語는 위어, 定語는 정어 등) 형
   태소·단어·구·절·문장 등은 국어에서 통용되는 용어를
   사용하였다. 이때 독자의 이해를 돕기 위해 중국어 표현을 병
   기하기도 하고, 한자를 덧붙이기도 했다.

3. 현·당대의 인물과 저서들은 모두 중국어로 표기하였으며, 근
   대 이전의 인물과 저서들은 우리말 음으로 나타낸 후에 그
   뒤에다 한자를 괄호에 넣는 형식으로 표기하였다.

4. 원 저자의 요청에 따라 원서에서 틀린 부분은 수정하여 번역
   하였다.

5. 본서에 나오는 예문은 번역에서 오는 오해의 소지를 없애기
   위해 번역하지 않았으나, 일부 고문은 이해를 돕기 위해 번역
   하였다.

6. 필요시 역자주를 원주와 함께 각주 형식으로 달았는데, 이 경
   우에는 '역자주'라 표기해 두었다.

차 례

■■■ 제1장 한어어법 분석의 이론 탐색과 분석방법의 변천

한어어법 특징에 대한 이론 탐색

1. 한어어법 특징에 대한 생각

자연현상 혹은 사회현상에 대한 인류사회의 연구에 있어, 그 중 대한 돌파구와 성과는 모두 연구대상의 본질적인 속성과 특징에 대한 심도 깊은 인식의 기초 위에서 이루어진다. 한어어법에 있어 서도 한어어법 특징을 어떻게 인식하느냐는 것은 현재 우리가 당 면하고 있는 매우 중요한 문제이다. 1898년 『馬氏文通』이 등장한 이후, 이 문제는 사실상 줄곧 중국어법학자들이 손에서 놓지 못한 채 탐구하고 있는 근본적인 과제였다. 100여 년 동안의 한어어법 연구에 있어서, 매 단계마다 제시된 새로운 이론이나 방법과 매번 이루어진 어법문제에 관한 논쟁 및 토론에서 한어어법의 특징과 관련되지 않은 주제는 하나도 없었다. 한어어법 특징에 관한 연구 의 깊이는 연구 수준의 높고 낮음과 진행 속도의 완급으로 결정되 었다. 『馬氏文通』을 시작으로 중국의 한어어법 연구는 이미 사람 들이 선호하는 주제가 되었으며, 심지어 획기적인 성과를 거두었 다. 현재 어법연구에 대한 학자들의 열정과 관심의 정도는 이전에 는 찾아볼 수 없던 것이며, 연구시야의 광범위함과 연구방법의 다 양성 역시 이전에는 없던 현상이다. 龔千炎은 『馬氏文通』 이후,

"일부 중국어법학의 역사는 바로 부단히 한어어법 특징을 향해 회귀하는 역사이다."[1]라고 여겼다. 그러나 陳望道가 지적한 것과 같이 "한어는 한어 고유의 어법 특징을 가지고 있다. 우리는 이러한 특징에 관한 연구에 언제나 만족하지 못했다."[2] 의심할 여지 없이 21세기의 한어어법 특징에 대한 연구는 여전히 연구자들이 대대적으로 관심을 기울이는 문제인 것이다.

중국에서 과학적인 어법연구의 첫걸음은 비교적 늦었다. 『馬氏文通』은 중국에서 처음으로 한어어법을 연구한 전문 저서인데, 그 책은 인도유럽어(印歐語)어법을 모방한 색채가 매우 농후했으며, 한어어법의 특징을 충분히 중시하지 않았다. 이 책의 일러두기에서 "각국은 모두 본국의 그래머(grammar)가 있는데, 큰 틀은 서로 비슷하고, 음운(音韻)과 자형(字形)에서 차이가 있을 뿐이다." 서양어법으로 "중국의 경서(經書)·전적(典籍)·자부(子部)·사부(史部) 등의 책을 따져 보면, 그 대강은 비슷하여 다르지 않다(서언)."라고 말하고 있다. 1920년대에 黎錦熙는 매우 큰 영향력을 지닌 『新著國語文法』을 출판했는데, 이 책의 서론에서 "사상적 규율은 결코 민족으로 인해 구분되지 않으며, 문장의 '논리적 분석' 역시 언어로 인해 차이가 나지 않는다."라고 말했다. 이처럼 馬建忠에서 黎錦熙에 이르기까지, 그들은 모두 여러 민족의 사유 방식은 서로 같으며, 언어의 특징 역시 분명히 같다고 인식하고 있다는 것을 알 수 있다. 그로 인해 모두 서양어법이론을 기초로 삼고, 인도유럽어어법을 모방하는 것으로 발단을 삼아 한어어법의 모델을 만들었다. 그러한 인식에 기초를 두고, 몇몇 연구자들은 서양어법으로

---

1) 『中國語法學史稿』 36쪽.

2) 『文法簡論』 13쪽.

표준을 삼고, 서양어법에 합당한지 여부를 가지고 한어어법저작들의 장단점을 평가했다. 이렇게 여러 언어의 개별적인 특성을 무시한 이론 인식과 억지스러운 연구방법은 당연히 한어의 어법을 과학적이고 정확하게 해석할 수 없게 하였다. 시간의 흐름에 따라 그 결함과 부족함은 점점 분명하게 드러났으며, 일부 연구자들은 과거의 연구에 대한 회의를 품고 비난하는 동시에 관심의 시각을 돌려 한어 자체의 특징에 초점을 맞추었다. 그에 따라 마침내 모방을 비난하고 체계를 혁신하고자 하는 거센 바람이 중국언어학계에 불어 닥치기 시작했다. 예를 들어 陳承澤은 『國文法初創』에서 "『馬氏文通』이 등장한 이후, 늘 모방의 수렁에서 벗어나지 못했는데, 지금 그 폐단을 바로잡고자 한다면, 오로지 독립적인 연구에서부터 착수하는 것뿐이다."라고 지적했다. 王力 역시 1936년에 발표한 『中國文法學初探』 중에서 "앞으로 우리들의 가장 중요한 작업은 중국어법의 특징을 열심히 찾아내는 데 있다."[3]라고 말했다. 그는 또한 이 책에서 한어어법의 특징들을 열거했는데, 예를 들면 "한어에서 어순이 비교적 고정적이고, 허사는 어법성분으로 마땅히 어법학의 주요 연구대상에 포함된다." 등과 같은 것들이었다. 王力은 또한 그다음 해에 발표한 「中國文法中的系詞」[4]에서 한어어법의 특징을 더욱더 깊이 다루었다. 그 후 이 문제에 대한 학자들의 탐색은 계속해서 중국어법학의 발전을 이끈 주류 가운데 하나가 되었다.

한어어법의 특징을 어떻게 인식해야 하는가 하는 관점에 대해서는 하나의 방법론적 문제가 있는데, 즉 도대체 어떻게 한어의 어

---

3) 『清華學報』 제11권 제1기.
4) 『清華學報』 제12권 제1기.

법 특징을 탐구하는가이다. 이에 대해 陳望道는 "우리는 물론 한어어법의 특수성을 무시한 소위 '모방어법'에 대해서는 반대하지만, 한어를 언어의 일반성을 전혀 고려하지 않은 '특수어법'으로 만들어 길을 거꾸로 거스르는 것도 원하지 않는다. 보편성 혹은 일반성은 특수성과 함께 또한 대립적으로 통일을 이룬 것이다."[5] 라고 지적했다. 이것은 우리가 어법의 특수성을 토론할 때, 대비(對比) 속에서만 비로소 더욱 분명히 볼 수 있다는 것을 말한다. 呂叔湘 역시 한 사물의 특징은 다른 사물과 비교함으로써 비로소 분명히 드러나는 것으로, 언어 역시 마찬가지라고 여겼다. 한어의 특징을 이해하고자 한다면, 비한어(非漢語)와 비교해야 하고, 현대 한어의 특징을 이해하고자 한다면, 고대한어와 비교해야 하고, 보통화(普通話)의 특징을 이해하고자 한다면 방언과 비교해야 한다. 어음(語音)·어휘(語彙)·어법(語法) 모두 대비를 통해 연구할 수 있다.[6]

2. 한어어법 특징 형성의 주요 요소

한어어법의 특징을 탐구할 때, 몇몇 학자들은 먼저 사고의 중점을 한어의 특징을 형성하는 중요 요소에 둔다. 그들은 한(漢)민족의 문화심리상태는 한어의 어법 특징을 형성하는 데 중요한 영향을 미친다고 지적하고 있다. 이러한 문화심리상태는 의식 습관과

---

5) 『文法簡論』.
6) 『通過比較研究語言』.

사유 방식, 그리고 심미적 취향 등으로 표현된다. "한민족의 의식 습관과 사유 방식의 특징은 주로 정신적인 관념과 주관적인 체험에 관심을 기울이고, 이해와 사고를 중시하는 데에서 나타나는데, 즉 직관적인 연상이나 유추에 의하여 사물의 원리를 관찰한다."라는 것이다. 이러한 의식 특징과 사유 습관은 중국의 천인합일(天人合一)과 주객일체(主客一體)의 전통적인 철학사상에서 유래되었다.[7] 한(漢)민족이 정신적인 관념을 중시하는 의식 특징은 '의미로써 형태를 통일하는(以意統形)' 표현 습관을 형성했는데, 한어 중에서는 말과 뜻이 융합하여 통일된 의합(意合)표현방법에서 나타나고 있다. 王力은 가장 처음 '의합법'이라는 개념을 제시했다. 그는 『漢語語法綱要』에서 "복합문(複合句)에는 모두 두 개 이상의 문장형식이 있는데, 그들 사이에 연계가 어떤 때는 의합에 의한 것으로 이것을 '의합법'이라고 부른다."라고 말했다. 呂叔湘도 『語文常談』에서 한어의 어법관계를 지적하면서 "특히 동작과 사물의 관계를 나타내는 데 있어서는 거의 대부분 '뜻의 통함'에 중점을 두고 있지, '어법의 통함'에는 중점을 두고 있지 않는데, 한어의 진정한 개사가 몇 개 되지 않는 것도 이 점을 뒷받침해 주고 있다."라고 말했다. 바로 한어는 뜻의 통함을 중시하기 때문에 인도유럽어처럼 성(性) · 수(數) · 격(格)의 엄격한 변화와는 달리 복잡한 형태변화가 적은 것이며, 그래서 뜻에 합당한 것을 중시하며, 간략함을 중시하는 것이다. 한어는 품사론적 특성이 별로 안정적이지 않고, 품사 활용과 겸류(兼類)가 비교적 많으며, 품사는 다기능의 특징을 지니고 있다. 통사론에 있어서도 생략된 문장이 많고, 문장형식의 변화가 많다.

---

7) 常敬宇, 『漢民族文化心態對漢語語法特點的影響』.

의합법은 종종 관념과 이미지의 파악으로 착안되는데, 의미관계의 조합은 통사론에서 중요한 작용을 일으키며, 또한 다양한 의미관계는 민족의 의식 습관과 사유 방식에 따라 조합이 이루어져, 뜻이 통하는 것으로 의사소통의 목적에 다다른다. 예를 들어 '釅釅地沏了一杯茶喝.'에서 '釅釅地'는 응당 '茶'를 수식하여 정어(定語)가 되지만, 상어(狀語)의 위치에 놓여 있다. '老栓看看燈籠, 已經熄了.'에서 뒤 절의 주어는 나타나지 않았지만 앞 절의 의미상의 연계를 통하여 독자들은 자연히 주어는 응당 '燈籠'이라는 것을 알 수 있다. 또 예를 들어 馬致遠의 소령(小令) "枯藤老樹昏鴉, 小橋流水人家. 古道西風瘦馬, 夕陽西下, 斷腸人在天涯(마른 등나무·늙은 나무·황혼의 갈가마귀·작은 다리와 흐르는 물·인가·옛길·서풍·파리한 말·석양은 서쪽으로 지고, 애간장 끊어지는 사람은 하늘가에 서 있다)."라는 사(詞)에서 일련의 사물을 나타내는 명사성 단어들이 열거되어 있고, 일반적으로 어법관계를 나타내는 형식이 부족하지만, 사람들이 작품 속에서의 의경(意境) 감정을 체득하는 데 전혀 방해되지 않는다. 한어의 표현형식은 매우 자유로워 기운의 순조로운 흐름을 위해, 종종 통사적 구조의 완벽함을 고려하지 않고 생략하고 함축하고 추가하는 등의 형식을 사용하는 것은 매우 보편적인 현상이다. 표의(表意)적 필요에 의해, 종종 자연어순과 구조방식을 깨트리며, 심지어는 때에 따라 표의와 형식이 서로 모순되는 현상이 나타나기도 하는데, 예를 들면 '養傷'·'打破大鍋飯'·'吃小竈'·'安全事故'·'差點沒跌倒' 등이다. 비록 이러한 어법구조가 일반적인 의미조합 방식과는 다르지만, 사람들은 의사소통에 있어 이로 인해 결코 불편함을 느끼지 않는다.

한족(漢族)은 역사적으로 '기(氣)'의 작용을 숭상해 왔다. 예를 들어 순자(荀子)는 "천인합일은 기가 우선된다(天人合一氣爲先)."
는 관점을 가지고 있었으며, 왕충(王充) 역시 "하늘이 행하는 것은
기를 베풀어 저절로 그러해지게 되는 것으로, 기를 베풀면 곧 만
물이 저절로 생겨난다(天之行, 施氣自然也, 施氣則物自生)."(『논형
(論衡)』)라고 인식했다. 중국의 오래된 기공(氣功)과 태극권 등도
모두 기맥(氣脉)의 소통이 건강한 신체에 미치는 중요한 작용을 강
조하고 있다. 한족의 '기'에 대한 생각은 언어의 표현에도 자연스
럽게 영향을 미쳐, 언어를 통한 의사소통에 있어서 '하나의 흐름이
이어지는 것', '글이 거침없고 수미(首尾)가 일관되는 것'을 중요하
게 여겼다. 역대의 문론(文論)이나 시론(詩論) 가운데에도 글의 흐
름이 순조롭게 이루어지는 것에 관한 다량의 논술들이 있는데, 예
를 들면 조비(曹丕)는 『전론론문(典論論文)』에서 "문장은 기(氣)가
위주가 된다(文以氣爲主)."고 말했다. 유협(劉勰)의 『문심조룡(文心
雕龍)』 중에서도 역시 "영감은 마음속에 있으므로 뜻과 기로써 그
관건으로 삼는다(神居胸臆, 而志氣統其關鍵)."라고 여기고 있다.
'기(氣)'의 관념 역시 직접적으로 한어어법의 기본 규율에 영향을
미쳤는데, 예를 들어 현대한어 중에는 '유수문(流水句)'이 비교적
많은데, 呂叔湘은 일찍이 다음과 같이 언급한 바 있다. "한어에는
특히 유수문이 많은데, 하나의 절과 절이 이어지는 데 있어 많은
부분에서 끊어질 수도 연결될 수도 있다." 한족사람들은 언어를 통
한 의사소통에 있어서 관념을 중심으로 하는 습관이 있고, 문장은
생각이 흐르는 경로에 기맥을 따라 나아가므로, 유수문이 바로 이
러한 특징을 구현하고 있다. 표현하는 데 있어서 격식의 각종 속
박에 얽매이지 않을 때가 많고, 의미가 나타내는 것을 마음속으로
깨닫고 이해하게 된다. 그래서 한어는 인도유럽어의 문장처럼 동사

술어를 핵심으로 하지 않으며, 복잡한 형태변화를 필요로 하지도 않는 것이다.

그 밖에 한민족은 사물의 대칭과 조화의 인지적 분류를 중히 여긴다. 『역경(易經)』 속에 "강인함과 부드러움은 서로 대립하지만 변화는 그 속에 존재한다(剛柔相對, 變在其中)."는 견해가 있다. 중국의 도교 역시 일원(一元)은 양의(兩儀)를 만들고, 양의(兩儀)는 사상(四象)을 낳으며, 사상(四象)은 팔괘(八卦)를 생기게 하는 것처럼 파생되어 변화가 무궁하다고 여겼다. 이러한 사물에 대한 인지(認知)는 언어구조의 규율 속에도 분명히 투영되고 있는데, 예를 들어 한어 중의 단음절 형태소는 매우 쉽게 결합하여 이음절 단어를 이루어서 현대한어의 단어형태가 주로 이음절의 형태를 이루었다. 성어(成語) 가운데는 넉자구조를 이루는 것이 많아, 말하기에 가지런한 느낌을 준다. 문장구조 속에서 한민족은 병렬식의 문장형식을 사용하기를 좋아하며, 대우(對偶)·배비(排比) 등이 상당히 보편적이다.

몇몇 연구자들은 중국 문화언어학의 각도에서 한어어법을 분석하여, "신이 통섭하고 한인(漢人)이 다스린다(神攝人治)."는 것이 한어어법의 진리라고 여겼다. 한어어법을 신이 통섭한다는 것은 한어어법의 객관적인 양상이 신으로서 법의 역할(以神役法)을 대신하는 것을 가리키며, 한어어법을 인간이 다스린다(人治)는 것은 한어어법의 객관적인 양상에 대한 한(漢)민족의 이해는 인간으로 하여금 말의 주체로 삼는다는 것을 가리킨다.[8] 신이 어법의 역할을 맡는 것은 한어어법의 문화정신을 드러낸 것이므로, '신(神)'이란 단지 '기(氣)'일 뿐 아니라, '의(意)'와 말의 최고 통솔자이기도 하

---

8) 楊啓光, 「漢語語法的眞諦所在」, 『暨南學報』 1994년 제1기.

다. 품사론 측면에서 한어의 단어는 형태의 속박을 받지 않기 때문에 조합하기 쉬우며, 그래서 활동성이 자못 강하여 많은 단어는 통상적으로 각종의 통사적 위치에 나타날 수 있다. 이것은 바로 품사의 다양성으로 표현된다. 한어 단어의 조합은 의미가 소통되는 것을 전제로 한 것이어서 의미가 소통되어야만 조합할 수 있으며, 또한 단어의 의미유형의 소통은 임시적으로 변통될 수도 있고, 다기능성을 가지며, 자유로운 양상의 조합으로 나타난다. 이러한 특징과 한족의 '체용(體用)일체'의 체용관은 긴밀한 관련을 가진다. 한어의 문장 생성은 의미소통을 제일 요소로 삼는 것과 같이 의미로 형태를 다스리며 문장은 뜻에서 생겨난다. 한족의 언어에 대한 이해는 인간이 말을 다스리는 것으로, 이 점에 대해서 王力은 다음과 같이 지적한 바 있다. "서양의 언어는 어법으로 다스려지지만, 중국의 언어는 인간이 다스리는 것이다. 어법으로 다스려지는 것은 주어가 필요하든 필요하지 않든 간에 언제나 고지식하게 일률적인 문장형식을 요구하지만, 인간이 다스리면 필요하면 사용하고 필요하지 않으면 사용하지 않아, 단지 듣는 사람이 말하는 사람의 의미를 이해하기만 하면 되는 것이다."9) 예를 들어 '爾欲吳王我乎?(너는 나를 오왕으로 삼고자 하느냐?)'·'糞土當年萬戶侯(당시 만호후에 거름을 주었다)'·'豕人立而啼(돼지가 사람처럼 서서 울었다)'의 예들 가운데 명사 '吳王·糞土'는 동사로 활용되었고, 보통명사 '人'은 상어로 충당되어 그 용법은 매우 자유롭다. 현대한어에서도 역시 단어의 운용 상황은 매우 다채로운데, 예를 들어 '經濟繁榮'과 '繁榮經濟'에서 앞의 '繁榮'은 형용사이고, 뒤의 '繁榮'은 동사이다. '服務人民'·'英雄出少年'의 구문에서 어

---

9) 『中國現代語法』.

법관계를 나타내는 개사가 생략됐지만, 사람들이 그 뜻을 이해하는 데는 전혀 영향을 주지 않는다. 이해하는 것을 중시하고 형식을 가볍게 여기는 한족의 사유와 표현방식이 통사조직에서 나타난 것이 바로 간단함으로 복잡함을 다스리는 것으로, 말은 간단하나 뜻은 갖추어져 있으며, 성분 생략 현상이 보편적이고, 문장형식의 변화가 자유로우며, 뜻을 나타내는 것이 언어환경에 매우 강한 의존성을 가지고 있다. 같은 문장형식이라도 다른 언어환경에서는 때때로 서로 다른 내용을 의미하는데, 예를 들어 '我借他五塊錢.'이 서로 다른 문맥 속에서, 다른 사람에게 돈을 빌려주는 것을 나타낼 수도 있으며, 또한 다른 사람에게서 돈을 빌리는 것을 나타낼 수도 있다. '你看我幹什麽呢?'의 문장에서 휴지(休止)와 강세가 다르면 나타내는 의미도 달라진다. 예를 들어 '你看/我幹什麽呢?'의 의미는 다른 사람이 자기를 보는 것이지만, 만약 '你看我/幹什麽呢?'가 되면 다른 사람이 나를 보기를 바라지 않는 것이 된다. 한어어법의 특징은 심오한 민족 사유 방식과 언어 심리 그리고 중국 철학 사상을 기초로 하고 있다. 또한 이러한 인식을 한어어법 연구에 결합하기만 한다면, 서양의 전통 어법 관념과 분석방법을 답습하는 틀을 깰 수 있으며, 한어어법의 독특한 특징을 정확하고 깊이 이해할 수 있을 것이다.

申小龍은 한어의 인문성은 '깨달음을 중시하지 형식 논증을 중시하지 않는 것'이며, 구체적으로 '의미가 통하는 것을 중시'하고, '허와 실을 중시'하며, '구체적인 형상을 중시'하는 것으로 표현된다고 지적했다. 이상의 세 가지 방식의 특징은 한 점에 집중되는데, 그것은 바로 한어가 "심리에 편중하고 형식을 생략한다."는 것이다. "이러한 '신(神)이 통섭하지', '형(形)이 통섭하는' 언어가 아니라는 것에 대해서, 우리들이 가지는 그 규율에 대한 인식 역시 '신'으로부터 출발해야 한다. 단지 '신'으로부터 출발해야만 그것의 '형(形)'을 진정으로 이해하고 파악할 수 있다."10) 申小龍은 "만약 서양언어가 엄격하게 형태 규정의 제약을 받는 '어법'의 언어라면, 한어는 형태 제약이 없는 사람이 지배하는 언어"라고 지적했다.11) 상술한 관점에 대해 邵敬敏은 만약 '어법'을 단순히 '형태변화'라고만 이해하는 것은 매우 얕막한 이해이다. '어법'은 언어 내부의 객관적으로 존재하는 각종 규율을 가리키는 것으로, 그 언어집단에 속한 사람들 모두가 반드시 지켜야 하는 것을 말한다고 반박했다. '형태'는 단지 '어법'의 외재적 표현형식의 하나이다. "세계에서 어떠한 언어도, 한어 역시 예외가 아닌데, 모두 '어법'으로 근거를 삼는 것이고 모두 '어법'으로 다스려지는 언어에 속하며 어법이 없는 언어는 존재하지 않는다. 그래서 사람들은 언어를 사용하여 의사소통을 진행할 때, 어법의 제약 범위 안에서 인간의 주관성과 능동성을 충분히 발휘하여 언어를 더욱더 정확하고 더욱더 완전하고 아름답게 표현해 낼 수 있다. 이때 우리들은 그러한 현상을 '사람이 언어를 지배한다.'라고 할 수 있다. '어법이 언어를 지배하는 것'과 '사람이 언어를 지배하는 것'의 양자는 서로 변증적으로 의존하고 있다. 바꾸어 말하자면, 세상에는 단지 '어법이 다스리는 언어'와 '사람이 다스리는 언어'가 존재하지만, 근본적으로는 '사람이 다스리는 언어'는 존재하지 않는다."12) 邵敬敏의 '어법이 다스리는 언어'와 '사람이 다스리는 언어'에 대한 논술은 정확하고도

---

10) 申小龍, 「歷史性的反撥: 中國文化語言學」, 『學習與探索』 1987년 제3기.

11) 申小龍, 「論漢語的文化特徵與文化語言學方法」, 『漢語學習』 1988년 제2기.

12) 「關於中國文化語言學的反思」, 『文化語言學中國潮』, 語文出版社 1995.

심도 깊은 것으로, 일방적으로 '사람이 다스리는 언어'라는 것을 강조한 관점에 대한 비판 역시 합당한 것이다. 세상에는 어법이 없는 언어는 없으며, 단지 언어마다 그 어법이 다를 뿐이다. '언어의 동질성'과 '문화의 공통적 관습'의 관계를 어떻게 보는가 하는 측면에서 邵敬敏은 한어와 세계의 기타 언어는 모두 언어적 동질성을 가지고 있는 동시에 한어는 한족사람들이 사용하는 언어로, 한족의 철학·예술·문학·사유상식과 같은 '문화적 관습'을 가지고 있다고 인식했는데, 이러한 두 가지 서로 다른 차원의 공통성은 모두 한어에 작용하고 있다. 이 두 가지 속성 가운데 언어의 동질성은 주도적인 작용을 하고 있고 문화적 관습 역시 거대한 작용을 하고 있으며, 또한 한어의 본질과 그 면모를 결정하고 있다. 그는 아울러 "중국의 현대 언어학의 근본적인 모순은 언어연구의 이론과 방법이 아직 과학적이지 못하고, 아직 한어의 특징과 규율을 충분히 제시하지 못하는 데 있다. 이것이 바로 우리들이 앞으로 연구할 주력 분야이다."[13]라고 지적했다.

3. 한어어법의 특징

한어어법의 특징은 기타 언어와의 비교를 통해 정리되었는데, 비교대상으로 삼은 언어는 주로 인도유럽어이다. 인도유럽어 중에서도 특히 영어는 세계의 많은 언어 중에서도 가장 영향력이 큰 언어여서, 세계의 여러 어계(語系) 중에서도 가장 깊고 세밀하게

---

13) 「關於中國文化語言學的反思」, 『文化語言學中國潮』, 語文出版社 1995.

연구되었다. 동시에 또한 인도유럽어와 한어는 서로 다른 어계에 속하므로, 그 차이는 상대적으로 명확하여 대비를 통해서 각자의 특징은 더욱 쉽게 드러난다. 전통적인 어법연구에서 한어어법의 특징을 네 가지로 정리하고 있다. 첫째, 형태변화의 부족, 둘째, 어순의 중요성, 셋째, 어법관계가 다분히 허사의 도움을 빌려 표현되는 것, 넷째, 양사가 매우 풍부한 것이다. 그 밖에 연구자들은 한어어법을 심도 깊이 분석하는 동시에 또한 계속해서 새로운 관점을 제시하고 있다. 한어어법 특징에 관한 토론은 王力이 『中國文法學初探』[14])에서 주목을 끌 만한 관점들을 제시했다. 그는 한어어법은 아래와 같은 특징이 있다고 인식했다.

(1) 단어의 (문장 내에서의) 순서는 비교적 고정적인데, 예를 들어 주격(主格)은 동사 앞에 있고 목적격(目的格)은 동사 뒤에 있다.

(2) 허사가 한어에서는 어법성분으로 마땅히 어법학의 주요 대상이 된다.

(3) 한어에서는 어법성분이 비교적 적어서 사물관계의 표현이 종종 분명하지 않은데, 예를 들어 관계사가 서양언어에 비해 훨씬 적다.

(4) 한어는 매우 탄력적이어서 품사론의 변화가 다양하지만 절대 무조건적인 것은 아니다. 예를 들어 단어 성분 변화에는 약간의 정해진 규율이 있다.

(5) 중국은 한 글자가 하나의 단어로 대표되지 않으며, 중국어는 절대 단음절 언어가 아니다.

(6) 중국어에서 '시(時)'의 개념은 서양언어와는 다르다. 등등.

---

14) 『淸華學報』 제11권 제1기.

王力의 관점은 매우 중요한 것으로 당시 서양어법을 모방하는 풍토가 농후할 때, 처음으로 한어의 어법 특징을 중시한 연구인데, 이는 정말 어려우며 값진 것이었다. 아래에는 한어어법의 특징에 대해 각각의 논술을 덧붙이고 있다.

1) 엄격한 의미의 형태변화 부족

인도유럽어어법의 의미는 주로 단어의 형태변화에 의거하여 표시하는 것으로, 중국언어학계에서는 이러한 형태변화를 엄격한 의미의 형태변화 혹은 협의(狹義)의 형태라고도 칭한다. 예를 들어 영어의 명사는 단수 복수의 구분이 있어 복수일 때는 명사 뒤에 접미사 '-s'를 붙인다. 'desk'는 단수이지만, 'desks'는 복수이다. 영어의 술어동사는 또 인칭·수·시제의 변화가 있다. 러시아어의 형태변화는 더욱 복잡하여, 명사의 성에 양성·중성·음성의 3종류가 있고, 수에는 단수·복수의 구분도 있으며, 격에는 주격·속격(屬格)·여격(與格)·목적격(賓格)·공구격(工具格)·전치격(前置格)이 있다. 동사에는 체(體)·시(時)·형식(式)·인칭·태(態) 등의 형태변화가 있다.

한어에서 협의의 형태변화는 적은데, 呂叔湘이 말한 바와 같이 "서양언어와 비교해 보면 한어의 어법 분석은 견해의 차이를 일으킬 요소가 특히 많은데, 이것은 무엇 때문인가? 근본적인 원인은 한어가 엄격한 의미의 형태변화가 부족하기 때문이다."[15] 일반적으로 한어의 형태변화는 주로 일부분의 동사 및 형용사의 중첩형

---

15) 『漢語語法分析問題』.

식을 가리키는데, 예를 들면 동사 '看·商量'은 중첩하여 '看看·商量商量'이 될 수 있고, 중첩한 후에는 '시도'와 '조금'의 의미를 나타낸다. 형용사 '高·漂亮'은 중첩하여 '高高·漂漂亮亮'이 될 수 있는데, 중첩된 이후에는 정도가 심해짐을 나타낸다. 또한 명사 뒤에는 종종 접미사, '子·兒·頭·家·者·手·員' 등이 붙을 수 있는데, 예를 들면 '桌子·柜子·帽子·褲子·石頭·木頭·磚頭·斧頭' 등이다. 또 부분접미사가 있는데, 예를 들어 '老·小·阿·初' 등은 명사를 표시한다. 기타 어법들을 표시하는 형식으로 예를 들어 '了·着·過'는 동사의 시태(時態)를 표현하며, 們은 인칭명사의 복수를 나타낸다. 이러한 조사(助詞)들은 독립적인 어휘 의미는 없고 문장 중에서 단독으로 사용할 수 없으며, 단지 실사(實詞) 혹은 구(短語) 뒤에 부가되어 어떤 어법의미를 나타내는데, 이를 광의(廣義)의 형태라고 일컫는다. 한어의 이러한 형태는 인도유럽어와 매우 큰 차이가 있어 한어에서 '們'을 예로 들면, 영어에서 접미사 '－s'는 명사의 복수에 사용될 때 강제성을 가지고 있어 사용하지 않으면 안 되지만 한어의 '們'이 다수를 나타낼 때의 용법이 비교적 자유로워 사용해도 되고 사용하지 않아도 된다. 예를 들어 '同學們都來了.'와 '同學都來了.'에서 '們'을 사용하건 사용하지 않건 의미는 결코 다르지 않다. 영어의 －s는 단지 명사 뒤에만 사용할 수 있지만 한어의 '們'은 명사 뒤에 사용할 수도 있고 구(短語) 뒤에도 사용할 수 있는데 예를 들면 '兄弟姐妹們.'과 같다. 그 밖에 영어의 －s는 명사 뒤에 나올 때 앞에 다수를 나타내는 수사의 수식을 받을 수 있는데, 예를 들어 'two books'와 같지만 한어의 명사 뒤에 '們'이 더해지면 앞에 복수를 표시하는 수량구의 수식을 받을 수 없어, '三個同學們' 등이라고 말할 수 없다. 한어의 형태와 인도유럽어의 형태가 일치하는 점도 찾을 수 있지만 명확한 차이도 있음을 볼 수 있다. 范曉는 과거에 사람들은 한어가 인도유럽어와 같은 그러한 형태변화가 없는 것을 이유로 삼아, 한어는 형태가 없거나 혹은 형태가 부족하다고 말하지만, "사실 형태변화가 없는 언어는 없으며, 어떤 어법의미를 나타내려면 일정한 형태가 있어야 한다. 차이점은 서로 다른 언어는 어법의의의 형태가 같지 않을 뿐"16)이라고 여겼다.

2) 어순의 중요성

한어는 인도유럽어와 같은 형태변화가 부족하여 어법 의의가 어순에 더 많이 의존되어 표현된다. 같은 단어도 어순 배열이 다르면 나타내는 의미가 완전히 달라진다. 예를 들어 '不吃飽'와 '吃不飽'에서 앞에 것은 배불리 먹기를 원하지 않음을 나타내고, 뒤에 것은 배부르고 싶지만 배불리 먹을 수 없음을 나타낸다. 하나의 학생모집 광고에서 "一切爲了學生·爲了一切學生·爲了學生一切"에서 '一切'의 위치가 다르므로 나타내는 의미도 다르다. "不怕辣·辣不怕·怕不辣"의 세 단어의 어순이 변하면 의미도 크게 달라진다. 어떤 단어는 배열순서가 변화되면 의미가 통하지 않는데, 예를 들어 '我買書'라고 말할 수 있지만 '書我買'라고 말할 수 없다. 한어어법 단위의 배열에는 일정한 순서가 있으며, 일반적인 배열은 주어는 앞에, 위어(謂語)는 뒤에, 술어(述語)는 앞에, 빈어(賓語)는 뒤에, 정어, 상어는 앞에, 중심어는 뒤에, 보어(補語)는 뒤에,

---

16) 『論漢語語法的特點』.

중심어는 앞에 있다. 우리들은 한어 어순이 비교적 고정되어 있다고 말하지만 어떠한 변동도 있을 수 없다고는 말하지 않는다. 어떤 때는 표현의 필요에 의해, 통사성분의 순서도 적당히 조정할 수 있는데, 예를 들면 '我要寫下我的悔恨和悲哀, 爲子君, 爲自己.'이다. '爲子君, 爲自己'는 상어의 후치(後置)이다. 또 예를 들어 '他們應該有新的生活, 爲我們所未經生活過的.'에서 '爲我們所未經生活過的'는 정어의 도치이다. 이상의 문장을 통상 변식문(變式句)이라고 칭하며, 변동은 화용(語用)의 필요에 의한 것으로, 도치한 성분의 의미를 두드러지게 하고 강조하려는 데 목적이 있다. 한어와 비교해 볼 때 인도유럽어의 어순은 매우 융통성 있고 자유롭다. 특히 형태변화가 복잡한 언어들, 예를 들어 러시아어는 주격·목적격·속격 등의 형태가 있어 주어 혹은 목적어를 문장의 어떤 위치에 가져다 두든지 그 주어와 목적어의 신분은 결코 변하지 않는다. 한어는 위치를 매우 강조하는데, '我是隊長' 중에서는 '我'가 주어이고, '隊長是我'에서는 '隊長'이 주어가 된다. 이것은 인도유럽어와 매우 다른 점이다.

3) 허사는 어법관계를 나타내는 중요 수단이다.

허사를 사용해서 단어와 단어 간의 어법관계를 나타내는 것은 한어어법의 또 다른 중요한 특징이다. 단어 사이에 허사를 사용하는가 사용하지 않는가, 어떤 허사를 사용하는가에 따라 어법관계는 크게 달라진다. '祖國偉大'는 주위(主謂)관계이지만 허사 '的'를 첨가한 "祖國的偉大"는 편정(偏正)관계가 된다. '哭得傷心'은 중심어 보어 구조이지만 '得'를 없애 '哭傷心'이 되면 말이 되지 않는다. 한어의 허사에는 주로 아래와 같은 것이 있다.

(1) 조사(助詞): 조사 중 구조관계를 나타내는 것으로는 '的·地·得'가 있으며, 동태(動態)를 나타내는 것으로는 '了·着·過'가 있다.

(2) 연사(連詞): 연사는 두 개 혹은 두 개 이상의 통사 단위를 연결하는 데 사용되며 성분 간의 어떤 어법관계를 나타내는 것으로 '和·跟·同·與·不但·而且·因爲·所以' 등이 있다.

(3) 개사(介詞): 개사는 동작과 관련 있는 의미성분을 이끌어 내는 것으로 '在·從·自' 등은 시간 혹은 장소를 이끌어 내는 데 주로 사용하고, '用·以·凭·按' 등은 공구 혹은 방식을 이끌어 내는 데 사용되며, '把·將·對'는 대상을 이끌며, '被·讓'은 시사(施事)를 이끈다.

(4) 어기사(語氣詞): 어기사는 문장 끝에서 각종 어기를 나타내는 단어로 진술 어기를 나타내는 '的·了', 의문어기를 나타내는 '嗎·呢', 기사(祈使)어기를 나타내는 '吧', 감탄어기를 나타내는 '啊'가 있다. 인도유럽어에도 허사는 있지만 한어의 허사 수량에는 훨씬 미치지 못한다.

4) 양사(量詞)가 매우 풍부하다.

양사가 풍부하고 다양한 것은 한어 특히 현대한어의 또 하나의 중요한 특징이다. 인도유럽어에서는 양사가 거의 없으며, 수사가 직접적으로 명사를 수식하는데 예를 들어 'a book'·'four children'

과 같은데 현대한어의 수사는 일반적으로 직접적으로 명사를 수식하지 않으며, 사물의 다소를 계산할 때, 수사는 먼저 양사와 조합하여 수량구를 이루며, 그런 다음 다시 명사를 수식한다. 한어의 양사는 오랜 발전 역사를 가지고 있는데, 은상(殷商)에서 한(漢)대의 상고 한어에서 몇몇 양사들이 생겨났고, 중고(中古)한어에서 양사가 점점 발전하기 시작하여, 현대한어에 이르러서는 양사가 이미 매우 풍부해졌다. 현대한어의 양사는 수량이 많을 뿐 아니라 용법도 다양하여 전통적인 양사 '個·件·隻·條' 등이 있을 뿐 아니라, 수시로 동사와 명사에서 빌려 사용할 수도 있는데 예를 들어, '一抹夕陽·三發子彈·一湖秋水·一身正氣'와 같다. 현대한어에서 양사의 기본적인 용법은 사람 혹은 사물의 다소를 나타낼 때는 수량구가 명사 앞에서 정어가 되고 동작행위의 다수를 나타낼 때는 수량구가 동사 뒤에서 보어가 된다.

5) 한어품사와 통사성분 간에는 간단한 일대일의 대응관계가 존재하지 않는다.

한어어법에 관한 특징을 언급하는 데 있어서 朱德熙는 매우 심오한 관점을 제시했다. 그는 전통적인 관점 가운데 몇 가지 특징 중 형태변화가 부족하다는 사실 이외에 그 나머지 두 가지는 문제를 설명하지 않았다. 왜냐하면 그는 그 두 가지를 인도유럽어와 비교하여 한어의 특징으로 제시할 수 없다고 여겼기 때문이다. 그는 『語法答問』에서 통상적으로 한어는 형태가 부족하여 단어의 순서와 허사가 특히 중요하다고 지적했다. "이러한 관점은 매우 모호하다. 한어의 어순이 특히 중요하다고 말하는 것은 인도유럽어의 어순은 그다지 중요하지 않다는 것을 암시하는 것 같다. 그러나 실제 상황은 아마도 그렇지 않은 것 같다. 영어로 말할 때 문장 안에서의 단어의 위치는 상당히 고정적이지만 오히려 한어의 어순은 분명히 어느 정도 융통성을 가지고 있다.……" "만약 한어와 라틴어를 비교하면 라틴어가 한어의 어순보다 훨씬 자유롭다고 인정할 수 있을지도 모른다." 朱德熙는 여러 가지 어순이 한어 안에서 종종 서로 다른 구조를 대표한다고 여기면서 "이러한 각도에서 보면 오히려 한어의 어순이 인도유럽어보다 중요하다고 말할 수 있다."라고 했다. 그는 한어어법의 진정한 특징은 주로 두 가지인데 "첫 번째는 한어품사와 통사성분(주로 문장성분을 말한다) 간의 간단한 일대일 대응관계가 존재하지 않는 것이며, 두 번째는 한어 문장의 구조원칙은 단어조합(구)의 원칙과 기본적으로 일치한다는 것이다."라고 여겼다.

　인도유럽어의 품사와 통사 간의 대응은 비교적 고정되어 있어 예를 들어 명사는 주어·목적어가 되고, 동사는 술어, 형용사는 관형어, 부사는 부사어가 된다. 동사·형용사는 직접적으로 주어와 목적어의 위치에 나타날 수 없고, 단지 조어(造語) 혹은 통사 수단을 통하여 명사성 성분으로 바뀐 후에 비로소 목적어가 될 수 있다. 영어를 예로 들면, 'read'는 동사이고, 일반적으로 술어만 될 수 있으나, 만약 주어 혹은 목적어가 되려면 부정사 'to read' 혹은 분사형식 'reading'으로 바꾸어야만 가능하다. 그렇지만 한어는 결코 그렇지 않다. 한어에서 어떠한 품사의 단어는 종종 다양한 통사성분이 될 수 있으며, 단어의 형태와 성질 역시 변화가 일어나지 않는다. 또 한어의 품사는 다양성을 가지고 있다고 말할 수 있다. 예를 들어 한어의 명사는 주어가 될 수 있는데, '衣服很好看'의 '衣服'은 주어이다. '買衣服'에서 '衣服'은 빈어이다. '衣服'은 정어가 될 수도 있는데, 예를 들면 '衣服的顔色'와 같다. 명사도 위어(謂語)가 될 수 있는데, 예를 들어 '今天晴天'·'明天春節'에서 '晴天, 春節'은 모두 위어이다. 명사가 서로 다른 통사성분으로 충당될 때, 단어의 형태는 언제나 변화하지 않으며, 품사 역시 여전히 명사이다.

한어의 동사와 형용사는 주로 위어가 되는데 예를 들어 '他笑了'·'這裏淸靜'와 같지만, 또 주어와 빈어가 될 수도 있는데, 예를 들어 '笑比哭好'에서 동사 '笑'는 주어가 되며, '小女孩喜歡笑'의 '笑'는 빈어이다. '淸靜是這裏的特點.'에서 형용사 '淸靜'은 주어가 되고, '我愛淸靜' 중의 '淸靜'은 빈어이다. 동사, 형용사는 또 정어가 될 수 있는데 예를 들어 '淸靜的環境'·'旅遊團體'에서 '淸靜'과 '旅遊'는 각각 정어가 되었고, '認眞閱讀' 중의 '認眞'은 상어가 되었다. 무슨 성분이 되든 간에 동사, 형용사의 단어형태와 성질에는 변화가 일어나지 않았다. 과거 몇몇 연구자들은 한어의 동사와 형용사가 주어 혹은 빈어의 위치에 나타날 때는 이미 명사로 전환되고, 형용사가 위어가 될 때에는 동사로 전환된다고 여겼지만 이것은 한어의 어법 특징을 충분히 고찰하지 않고 인도유럽어어법을 모방한 이해였다. 사실 명사가 정어가 되거나 위어가 되고 혹은 동사와 형용사가 주어 혹은 빈어가 되는 것과는 상관없이 이러한 몇몇 품사의 단어 가운데 절대다수는 모두 상술한 성분이 될 수 있는 능력을 가지고 있어서 만약 서로 다른 통사성분이 되어 품사의 전환이 발생했다고 여긴다면, 한어의 '단어는 품사를 정할 수 없다.'라는 잘못된 결론이 나올 수밖에 없을 것이다.

6) 여러 가지 어법단위의 구조원칙은 근본적으로 일치한다.

    인도유럽어의 문장구조와 구의 구조는 다르다. 예를 들어 영어의 문장에서 술어 부분은 반드시 한정동사로 충당되어야 하고, 문장 안에 종속된 절 역시 독립된 문장처럼 한정동사가 술어가 될 수 있다. 그러나 구는 한정동사를 사용할 수 없는데 그것은 문장과 절은 하나의 구조원칙을 가지지만 절은 다른 구조원칙을 가지기 때문이다. 그러나 이와 달리 한어어법은 동사, 형용사가 위어의 위치에 출현하든지, 다른 위치에 출현하든지 그 형식과 품사에는 어떠한 변화도 일어나지 않는다. 예를 들어 '學習英語'는 동사구이고, '我們學習英語'에서는 위어이며, '學習英語很重要'에서는 주어이며, '你想幹什麽? 學習英語.'의 대답 중의 '學習英語'는 독립 문장이 되지만, 그 형식에는 전부 변화가 없다. 이와 같이 주위구도 문장성분이 될 수 있는데, 예를 들면 '他身體健康.'과 같다. '身體健康'은 위어이다. 한어의 주위구와 기타 유형의 구의 지위는 완전히 평등하여, 단독으로 문장이 될 수도 있고, 통사성분으로 충당될 수도 있다. 영어의 절과 구의 구조는 다른 것이며 한계가 분명하다. 그래서 朱德熙는 "인도유럽어와 비교할 때 주위구조가 위어가 될 수 있는 것은 한어어법의 하나의 분명한 특징이다."라고 말했다. 그는 "빈어를 앞으로 당겼다는 견해는 근거가 없다. 과거에 빈어를 앞으로 당긴 SOV(我羊肉不吃)와 OSV(羊肉我不吃)의 두 종류의 형식은 모두 주위구조가 위어가 되는 SSV로 해석되어야 한다. SOV와 OSV가 모두 존재하지 않으므로 SVO와 서로 짝을 이루는 것은 단지 SSV이다."[17]라고 말했다. 한어는 구와 문장의 구

---

17) 『語法答問』.

조형식이 서로 같을 뿐 아니라, 복합사의 구조형식 역시 앞의 양자와 근본적으로 일치한다. 예를 들어 주위구조는 단어의 구조형식(地震/膽怯)일 수 있고 구의 형식(校園美麗 / 衣服漂亮)일 수도 있으며, 또한 문장의 형식(天黑了. / 你來嗎?)일 수도 있다. 단어, 구 그리고 문장이 구조상에서는 약간의 차이가 있을 수 있지만, 구조원칙의 일치성은 한어의 가장 근본적인 특징이다. 어떤 학자는 朱德熙가 내린 한어어법에 대한 특징은 한어어법 면모를 결정하는 특징에 대한 언급이었다고 여겼다. 그러한 평가는 공정한 것이다. 朱德熙는 그의 연구에서 비교적 많이 구조주의의 분석 이론을 흡수하였으며, 그래서 일관되게 통사 측면에서 분석하고, 구조 표지를 찾을 것을 주장했는데, 만약 표지가 없으면 승인하지 않았다. 그는 의미(語義)는 단지 일종의 해석이며, 다른 의미는 형식상의 차이에서 찾아내야 한다고 여겼다. 朱德熙의 한어어법 특징에 대한 논술은 그의 총체적 어법 사상을 나타내고 있다.

呂叔湘은 논저『現代漢語八百詞』에서 한어어법의 특징을 네 가지로 결론짓고 있다. 첫째, 형태변화가 없고, 둘째, 자주 허사를 생략하며, 셋째, 단음절과 이음절이 단어구조에 영향을 미치며, 넷째, 한자는 단어형태에 영향을 미친다. 여기서 말한 허사를 생략하는 것은 다음의 세 가지 사항을 가리킨다. (1) 대사를 생략할 수 있다. 예를 들어 '他有個兒子, 去年參的軍.'에서 뒤 절에서 대사 '他'가 생략되었다. (2) 연사(連詞)를 생략할 수 있다. 예를 들어 '你不寫我寫.'에서 처음에 '如果'가 생략되었다. (3) 개사를 생략할 수 있다. 예를 들어 '我前頭帶路.'에서 '前頭' 앞에 개사 '在'가 생략되었다.

단음절과 이음절의 단어구조에 끼친 영향에 관해서 呂叔湘은 "현대한어에서 단어구조는 항상 단음절·이음절에 영향을 받는데 가장 분명한 것은 '이음절화'의 경향을 보인다는 것이다."라고 말했다. 范曉 또한 "인도유럽어의 음절의 다소는 어법에 그렇게 큰 영향을 주지 않지만 한어에서는 그렇지 않다. 음절의 다소는 단어와 단어의 조합관계와 용법에 영향을 줄 수 있다."[18]라고 말했다. 예를 들어 몇몇 단음절 실사는 단독으로 말할 수 없는데, 예를 들어 한 사람의 성이 李씨이면 '老李'·'小李'라고 말할 수 있지만, '李'라고는 부를 수 없다. 만약 복성 '歐陽'이라면 직접 '歐陽'이라고 부를 수 있지만, '老歐陽'·'小歐陽'이라고 말할 수 없다. 지명에 대한 관점도 마찬가지이다. '上海市'는 '上海'라고 말할 수 있지만, '沙市'는 단독으로 '沙'라고만 말할 수 없다. 몇몇 품사들의 음절은 다른데 조합 기능에 있어서도 차이가 있다. 예를 들어 단음절 동사와 이음절 동사가 동사+명사의 구조에서 이음절 동사는 단독으로 정어가 될 수 있지만(學習成績 / 勞動紀律), 단음절 동사가 정어가 될 때, 특히 이음절 명사를 수식할 때는 일반적으로 的을 더한다(走的路線 / 買的東西). 이러한 특징의 형성은 한족 사람들의 언어 사용 습관 및 심미 심리(예를 들어 대칭을 좋아하는 것)와 모두 관련이 있으며, 또한 모호의(模糊義: 歧義)를 없애려는 화용 목적과도 연관이 있다. 한자가 단어형태에 미친 영향에 대해 말할 때, 呂叔湘은 한어는 지금도 여전히 한자를 사용하여 쓰고 있는데, 이는 현대한어의 서면(書面) 형식에 대해 어느 정도 영향력을 발휘하고 있다고 여겼다. 한어에서 동음자(同音字)는 많지만, 이러한 동음자를 한자로 쓰면 변별할 수 있다. 한자를 쓰는 것은 비교적 힘든 일이기 때문에, 구어(口語)에서의 다음사(多音詞)는 서면상에서는 종종 전부 쓰지 않는다. 예를 들어 '但是'는 '但'

---

18) 『論漢語語法的特點』.

이라고만 쓰고, '的時候'는 '時'라고만 쓰며, '兒'의 어미를 가진 단어는 서면상에서는 종종 '兒'를 쓰지 않는다. 齊滬揚은 呂叔湘의 관점을 정리하면 한어의 특징은 형태변화가 부족하므로 융통성과 경제성을 지니게 되었다는 것으로 나타낼 수 있다고 여겼다. 이상의 두 점에 대해서 그는 의견을 검토할 것을 제시했다. 그는 (1) 경제성은 어떤 언어도 표현에 있어서 모두 준수하는 원칙이므로, 이 점으로 한어어법의 특징을 삼는 것은 구별성이 명확하지 않다. 왜냐하면 인도유럽어에서도 생략은 많기 때문이다. (2) 융통성은 그 척도를 파악하기가 매우 어렵다. 파악하기 힘들고 …… 이 외에 '한자가 단어형태에 영향을 미쳤다.'는 것을 어법상의 특징으로 삼을 수 있을지 없을지는 역시 토론해 봐야 할 것이다[19]라고 했다.

胡附·文煉 두 사람이 한어어법 특징 중의 가장 주요하다고 여긴 것은 엄격한 의미의 형태변화의 부족이며, 기타 특징은 모두 이를 기본으로 해서 생산된 것이라는 것이다. 과거의 귀납은 모두 엄격한 의미의 형태변화의 부족을 기타의 특징과 함께 제기하고 토론한 것으로, 이것은 많은 특징 간의 본질적 구별과 내재적 관계를 뒤섞어 놓은 것이다. 엄격한 의미의 형태변화가 부족하다는 특징으로 인해 생긴 기타의 특징은 다섯 가지 항목으로 나눌 수 있다. (1) 어순은 한어에서의 중요한 어법수단이다. (2) 한어품사와 통사성분의 관계는 뒤섞이고 복잡한 것이다. (3) 음절의 다소는 어법형식에 영향을 준다. (4) 현대한어 안에서의 약칭된 항목은 많으며, 특징을 가진다. (5) 한어 안에는 풍부한 양사와 어기사가 있다.[20]

---

19) 「評漢語語法特點的最新探索」, 『中文自學指導』 1991년 제3기.
20) 『漢語語法硏究』, 商務印書館 1989년.

龔千炎은 한어는 엄격한 의미의 형태변화가 부족하기 때문에, 한어어법의 특징은 "구조가 독특하고, 융통성이 많으며, 감추어진 함의가 많고, 관념을 중시한다."[21]라고 여겼다. 그는 또한 앞으로의 한어 특징에 대한 탐색은 두 가지 방면에서 착수해야 하는데, 첫째는 계속해서 이론적이고 총체적인 탐색을 진행하는 것이고, 둘째는 구체적이고 중요한 언어현상에 대한 연구를 통해 특징을 정리하여 제시하는 것이다. 예를 들어 한어의 시제(時制)와 시태(時態) 및 복문(複句) 특히 단락(句群)의 연구를 통해 한어의 특징을 깊이 토론해야 한다고 지적했다.

邢福義는 "한어어법구조는 총체적인 모습에서 의미(語義) 겸용(兼容)과 구조 축약화의 특징을 드려내고 있다."[22]라고 여겼다. 의미 함축 측면에서 한어어법은 같은 하나의 구조 안에 종종 많은 종류의 의미를 포함하고 있는데, 예를 들어 같은 구조관계 유형, 주위 · 동사빈어 · 동사보어 · 정어 중심어 · 상어 중심어 등에서, 그것들이 포함한 의미유형은 각양각색이다. 어떤 것은 형식상으로는 부분적으로 같거나 심지어 완전히 같아도, 종종 서로 다른 의미를 함께 수용할 수 있다. 예를 들어 '老司機'는 운전기사의 기술 혹은 대담성 등을 살피는 것을 가리킬 수 있으며, 또한 시험을 통해 운전기사의 자격을 얻는 것을 가리킬 수도 있다. 한어가 언어의 표면 형식의 총체성에 대해 말하자면, 어법구조는 축약화하는 성향을 가지고 있는데, 이것은 바로 같은 의미의 함의가 나타낼 때, 가능한 한 있을 수 있는 모든 형식을 채용해도 되지만, 감축을 통한

---

21) 『世界漢語教學』와 『語言教學與研究』 잡지 편찬부가 펴낸 『80年代與90年代中國現代語法研究』, 北京語言學院出版社 1992년판.
22) 『漢語語法三百問』, 商務印書館 2002년판.

축약의 형태를 채용할 수도 있다는 것이다. 형식의 축약화에는 여러 가지 방법이 있다. 예를 들어 '一手錢, 一手貨!'는 위어를 생략한 것에 속하며, '往年棉花賣議價……'는 구조 변이에 속한다. '賀兄, 我找得你好苦哇.'는 성분의 합병에 속한다. 축약화와 겸용은 서로 조건이 된다. 구조형식의 축약은 의미의 겸용을 불러일으키고, 의미 겸용의 가능성은 구조 축약의 가능성 또한 제공한다. 邢福義는 "말이 이루어지면 그만이다."는 한족사람들이 예부터 준수해 온 하나의 화용 원칙으로, 한어어법구조의 축약과 겸용은 화용 원칙에 따르고 있다. "의미 겸용과 형식의 축약은 한어어법이 뜻을 중시하고 형식은 간단히 한다는 것을 표명하고 있다. 이것은 표리(表裏)관계의 측면에서 한어어법구조가 의미의 범위에서는 항상 덧셈법을, 형식의 선택 사용에 있어서는 항상 뺄셈법을 사용하는 경향을 반영하고 있다."[23]라고 인식했다.

백여 년의 한어어법 연구에서, 한어어법의 특징은 줄곧 어법학자들이 손에서 놓지 못하는 중대한 과제였다. 비록 연구에서 장족의 발전과 풍부한 성과를 거두었지만, 한어어법 연구가 비교적 늦게 시작되어, 아직은 충분하고 완전하지 않다. 연구이론의 새로움이나 연구방법의 운용 혹은 자료 분석과 특징 정리와는 상관없이 사람들의 인식은 아직도 많은 부분이 일치되지 못하고 있으며, 어떤 문제들은 아직도 보다 발전적이고 심도 깊은 토론이 필요하다. 그래서 한어어법 특징의 연구는 여전히 어법학자들이 장기적으로 관심을 기울이는 핫이슈이다.

---

23) 『漢語語法三百問』 18쪽.

한어어법 분석 이론의 탐색

1. 중국어법 의식의 맹아(萌芽)와 서양어법에 대한 모방

　　중국어법학의 발전은 매우 완만했다. 청말(淸末)에 이르러 『馬氏文通』이 출현한 후에야 비로소 독립된 한어어법학의 체계가 세워졌다. 龔千炎은 "중국언어학 전문 저서가 출연한 순서는 훈고학(訓詁學)이 가장 먼저 이루어졌고 문자학(文字學)이 그 다음이며, 음운학(音韻學)은 그 다음이고 어법학은 가장 늦게 출현했다."라고 말했다.24) 문헌상으로 볼 때 어법 의식의 싹은 아주 일찍이 출현했다. 주(周)나라 말 『공양전(公羊傳)』·『곡양전(穀梁傳)』에서 언급된 『춘추(春秋)』에 대한 해설 중 어법연구에 관한 내용이 있다. 예를 들면 『공양전(公羊傳)』에서 "희공 원년 여름 6월에, 형은 진의로 옮겼다(僖公元年, 夏六月, 邢遷於陳儀)."라는 구문에 대한 해석에서 "옮겨 가는 것은 무엇인가? 그의 뜻이다. 옮겨지게 된 것은 무엇인가? 그의 뜻이 아니다(遷者何? 其意也. 遷之者何? 非其意也)."라고 했다. '천(遷)'은 스스로 옮기는 것으로 '형(邢)' 자신이 원한 것이며, 자동적(自動的)인 것이므로 "그의 뜻이다(其意也)."라고 말했다. 반면 만약 어떤 사람이 나로 인해 옮겨졌다면 옮겨진 것은 "그의 뜻이 아니다(非其意也)."인 것이다. 楊樹達은 "이것은 동일한 동사에 내동(內動)과 외동(外動)의 두 가지 다른 용법이 있

---

24) 『中國語法學史』.

44

는 것을 명시한 것이다."25)라고 설명했다. 陳望道는 이것은 "어법에서 자동(自動)과 타동(他動)의 구별을 제시한 셈이다. …… 이 점을 현대의 소위 어법연구가 아니라고는 볼 수 없다."26)고 생각했다.

18세기 중국의 어문학자들은 글자를 허자(虛字)와 실자(實字)로 나누었다. 그러나 허사와 실사의 개념은 이미 한(漢)나라 때에 존재했다. 예를 들어 훈고학 전문서적인 『이아(爾雅)』는 모두 19편으로 나뉘어 있는데, 앞의 3편과 뒤의 16편에서 각각 허사와 실사를 연구하고 있다. 동한(東漢) 허신(許愼)의 『설문해자(說文解字)』에는 실제적 의미를 나타내지 않는 단어를 '사(詞)'나 '어(語)'로 불렀고, 실제적 의미가 있는 단어를 '자(字)'로 불렀다. "자(者)는 사물을 구별하는 단어이고, 개(皆)는 '모두'라는 뜻을 지닌 단어이며, '우(吁)'는 경탄의 뜻을 지닌 단어이다(者, 別事詞也. 皆, 俱詞也. 吁, 驚語也)."라고 언급했는데, 이것은 가장 일찍 어법의 기능에 근거하여 용어를 나눈 것이었다. 정현(鄭玄)의 『설문해자주(說文解字注)』에서는 이미 분명하게 실자를 '명(名)'으로, 허자를 '사(辭)'로 지칭했다. 실사에 대한 연구 측면에 있어서도 옛사람들은 이미 형용사의 중첩(重疊)형식, 양사(量詞)의 용법과 배열, 탄사(歎詞)의 용법 그리고 품사의 차용(假借)과 활용, 품사의 전환 등을 알고 있었다. 중국 고대 어법연구의 뚜렷한 특징은 허사에 대한 연구가 상대적으로 발달되어 있다는 것이다. 왜냐하면 한어는 형태변화가 부족하여 주로 어순·허사 및 의합(意合) 등의 방법에 따라 문장을 만들었는데, 그 중에서 특히 허사의 사용이 빈번하고 용법이 다양했기

---

25) 『高等國文法』.

26) 『中國文法革新論叢』.

때문이다. 또 옛사람들은 경적(經籍)을 훈석(訓釋)할 때 단어의 의미에 대한 연구를 중시했는데, 허사의 뜻은 실사처럼 이해와 해석이 쉽지 않았다. 그래서 경전을 훈석하기 위해서 연구의 중점을 허사에 더욱 많이 두었다. 원대(元代)부터 허사를 연구한 저술들이 출현하기 시작했다. 예를 들면, 원대 노이위(盧以緯)의 『어조(語助)』에는 허사 및 허사와 관련된 66개의 구가 수록되어 연구되었다. 청대의 허사 연구는 매우 성행하여 많은 허사 연구 저작들이 출현했다. 예를 들어 유기(劉淇)의 『조자변략(助字辨略)』, 왕인지(王引之)의 『허자주석(虛字註釋)』, 정수존(丁守存)의 『사서허자강의(四書虛字講義)』, 사정경(謝鼎卿)의 『허자천의(虛字闡義)』 등이 있는데, 그 중에 영향이 가장 크고, 가장 학술가치가 높은 것은 유기(劉淇)의 『조자변략(助字辨略)』과 왕인지(王引之)의 『경전석사(經傳釋詞)』라고 볼 수 있다. 그러나 이러한 저서들은 현대적 의미의 어법저작과는 다르다. 왜냐하면 그 저술들이 전문적으로 허사 자체에 대한 체계적이고 과학적인 연구가 아니라 단지 경서의 훈석을 주목적으로 하고 있기 때문이다. 옛사람들도 구두점(句讀)에 관한 연구를 매우 중시했는데 그 목적은 경서를 송독하기 위한 것이었으며, 후에 점점 일종의 전문적인 학문으로 변하여, '구(句)'·'두(讀)'의 두 언어단위에 대한 연구를 진행했다. '구두'에 대한 학설은 후세에 매우 큰 영향을 미쳤는데, 『馬氏文通』이 바로 '구'와 '두'를 기초로 삼아 한어의 통사론 체계를 세운 것이다. 통사론 측면에서 옛사람들은 체계적인 연구는 부족하지만, 개별적으로는 통사적 현상에 대해 언급했는데, 예를 들면 고문(古文)의 문장형식 문제, 생략과 도치 현상, 단어의 조합 등이다. 예를 들어 송대 진규(陳騤)의 『문칙(文則)』에는 작문법 연구 이외에도 품사론과 통사론의 문제를 언급했는데 "중국에서 가장 먼저 어법과 수사(修辭)를 집중적으로 논술한 전문 저술이다."라고 말할 수 있다. 청대 유월(俞樾)의 『고서의의거례(古書疑義擧例)』에는 고인들의 품사론과 통사론에 관한 연구 성과가 많이 수록되어 있다. 전문적인 어법 논문도 출현했는데, 예를 들어 송대 왕관국(王觀國)의 「논'불''부'(論'不''弗')」가 있고, 청대 황이주(黃以周)의 「석'시'(釋'是')」, 「석'기'(釋'旣')」 등에서는 구체적인 어법문제들에 대해 전문적으로 연구하고 있다. 王力은 "어법은 중국의 언어연구에서 하나의 신흥 학문이지만, 중국 고대 학자들이 완전히 어법 개념이 없다고는 말할 수 없다."[27]고 강조했다. 이것은 매우 정확한 평가이다.

『馬氏文通』은 중국의 첫 번째 어법저서이다. 이 책은 중국어법학의 기초를 다졌고 중국언어학사에서 하나의 금자탑이라고 말할 수 있다. 그 이전에 한어품사의 연구가 산발적이고 개별적이었던 것에 비해 『馬氏文通』은 종합적으로 고대 한어어법을 논술하고 있다. 이 저작은 처음으로 한어의 품사체계를 확립하였는데, 우선 한어의 단어를 실자(實字)와 허자(虛字) 두 종류로 나누고, 의미에 따라 실자를 명자(名字)·대자(代字)·정자(靜字)·동자(動字)·상자(狀字) 등의 종류로 나누었고, 허자를 개자(介字)·연자(連字)·조자(助字)·탄자(嘆字) 등으로 분류하였다. 馬建忠은 한어의 단어를 여러 가지 품사로 나누었고 자(字)에도 고정된 품사가 있다고 생각했지만, 또한 "글자에는 정해진 뜻이 없으므로 고정된 품사도 없으나 그 품사를 알고 싶으면, 마땅히 위아래 문장의 뜻이 무엇인지를 먼저 알아야 한다(字無定義, 故無定類, 而欲知其類, 當先知上下之文義何爲)."[28]라고 하였다. 이 논술은 글자가 고정된 품사가

---

27) 『漢語史稿』.

없다고 표명했는데, 그로 인해 자체 모순에 빠져들었다. 이러한 모순을 해결하기 위해서 馬建忠은 품사의 통가(通假)라는 방법을 사용했는데, 실제적으로 '의미에 근거해서 품사를 정한 것'이고 '의미를 따라서 품사를 전환한 것'으로, 결국 품사와 문장성분 간의 모순을 해결하지 못했다. 그는 서양어법의 속박에 얽매어서 한어어법 중에 중요한 특징 중 하나인 한어의 단어가 통사구조 속에서 지니는 다기능적인 특징을 보지 못한 것이었다. 예를 들면, 명자(名字)는 기사(起詞)·지사(止詞)·표사(表詞)를 만들 수 있고, 또 주차(主次) 및 편차(偏次)에서 위치할 수 있으며, 단어의 위치가 다르기 때문에 가차(假借)하여 기타 품사로 삼을 필요가 없다.

통사론 측면에서 馬建忠은 문장성분을 기사(起詞)·어사(語詞)·지사(止詞)·표사(表詞)·사사(司詞)·가사(加詞)·전사(轉詞) 등 모두 일곱 개로 나누었다. 기사는 현재 말하고 있는 주어(主語)이고, 어사는 바로 위어(謂語)이고, 지사는 바로 빈어(賓語)이고, 표사는 어사와 같아, 즉 위어이다. 책 속에 "어사는 기사가 어떠함을 말하는 것으로 이미 그렇게 된 정황을 설명하고 있으므로 마땅히 정자(靜字)로 주를 삼아야 한다. 정자 뒤에의 기사가 어사로 사용되면 그것이 어떠하다는 것을 단언하는 것이다. 단지 정자가 어사가 되면 곧 표사라고 부른다."[29]고 말했다. 정자를 위어로 만들 때 어사라고 부르지 않고, 따로 '표사'라는 이름으로 부르는 것은 서양언어의 어법 측면에서 보면 문장 중에서 반드시 하나의 동사가 위어의 핵심이 되어야 하고, 적어도 성질과 관련된 동사를 필요로 하기 때문에, 그 뒤에 있는 명사·대사·형용사 등은 표어로 명칭된

---

28) 『馬氏文通』 9쪽.

29) 『馬氏文通』 12쪽.

것이다. 가사는 바로 수식어이고, 사사는 개사구조에서 개사의 뒤에 있는 명사나 대사이고, 전사는 현재의 개사구조로 이해할 수 있다. 문장의 성분을 제외하고 馬建忠은 또한 문장을 구성하는 세 가지 구조 단위 '돈(頓)·두(讀)·구(句)'로 분석하였다. '돈'은 문장을 구성하는 구와 같고, '두'는 주어와 위어의 두 부분을 가지고 있는 '단문'나 '절', 즉 작은 문장의 단위와 같으며, '구'는 상대적으로 완전한 뜻을 내포하고 있는 문장이다. 馬建忠은 복문(複句)의 연구에 대해서도 언급하여 복문을 네 종류로 나누었다. '배구(排句)'는 뜻에 고저 우열을 가리지 않는 문장이고, '첩구(疊句)'는 뜻의 정도를 구별하는 문장이며, 그 밖에 '양상지구(兩商之句)'와 '반정구(反正句)'가 있다. 구 사이의 관계를 설명하기 위해서 馬建忠은 '차(次)'라는 개념을 설립했는데, 예를 들어 동사와 주빈(主賓) 관계를 발생했지만, 주어나 빈어가 아닌 것은 주차(主次)나 빈차(賓次)라고 칭했다. 馬建忠이 구두(句讀)를 논할 때에 먼저 구와 두의 성분을 분석한 후, 기사·어사·지사·전사 등에 대해 각자 나누어서 토론하였으며, 나가서 '돈(頓)·두(讀)·구(句)'를 언급하면서 각종 구와 두의 형식을 분석하였다. 구성이 엄밀하고 조리가 정연하게 한어의 통사론 체계를 창립했다.

『馬氏文通』은 처음으로 한어품사체계를 확립하였고 품사를 구분하는 표준을 제시하여서, 이후의 한어품사 연구의 길을 개척했다. 『馬氏文通』의 가장 큰 결함은 의미로 품사를 구분하였다는 것으로, 의미를 근거해서 얻은 '글자는 정해진 품사가 없다(字無定類)'라는 설은 후세의 어법연구에 대해 장기간 부정적인 영향을 미쳤는데, 黎錦熙의 '문장위주설(句本位說)'과 '한어무품사설(漢語無詞類說)' 등은 모두 여기서 유래된 것이다. 시간이 많이 흐른 이후에 학자들은 비로소 『馬氏文通』이 서양어법을 모방하는 것에 대해 적지 않은 비난을 했지만, 과학이 발전하는 각도에서 보면 그가 이룬 어법 분야의 새로운 개척에 관한 공로는 매우 크다는 것을 알았다. 학습은 종종 모방하는 것부터 시작하여 도입하고, 개조하는 동시에 창조하는 것이라는 개념을 내포하고 있다.

『馬氏文通』이 출판한 이후 한어어법에 대한 연구는 매우 활발히 전개되었다. 많은 어법책이 연달아 출판되었는데, 胡以魯의 『國語學草創』(1913년), 陳承澤의 『國文法草創』(1922년), 金兆梓의 『國文法之研究』(1922년), 楊樹達의 『高等國文法』(1930년) 등의 책들이 비교적으로 뛰어났다. 이러한 저작들은 일반적으로 품사론을 중시했고, 통사론을 경시했다.

胡以魯의 『國語學草創』은 중국에서 아주 일찍이 출현한 일반 언어학 저서로 그 속에는 언어의 기원·본질·발전·유형 등의 문제를 논술하고 있으며, 한어어법을 인도유럽어 체계와 비교함으로써 한어어법은 형식이 간단하고 어순을 중요시하며, 단어의 결합이 어법의 관계를 드러내는 등의 특징을 지니고 있다고 여겼다.

陳承澤의 『國文法草創』은 자못 특색 있는 문언어법 저작으로, "순수한 이론 연구를 중시하였다(自序)."라고 표명한 것과 같이, 한어의 본래의 규율에 대한 연구와 설명을 강조하였고 서양어법을 모방하는 것을 반대했다. 그는 "『馬氏文通』이 출현한 이래로 중국 어어법을 연구하는 사람들은 종종 모방의 범주에서 벗어나지 못했는데, 지금 그의 폐단을 바로잡고자 한다면, 오로지 독립적으로 연구하는 것에서부터 착수하는 것뿐이다."라고 말했다. 그는 또한 어법연구의 실용성을 강조하여, 번잡하고 쓸모없는 분석을 반대하였다. 이러한 관점은 모두 깊이 있고 선견지명적인 견해였다. 그는

'어법연구에서 해결되어야 할 현안들' 가운데 네 개의 문제를 제시하였는데, 이것은 각각 '품사의 체계(字類系統)'·'품사의 구분(字類劃界)'·'원래의 쓰임과 활용(本用活用)'·'순서의 인신(引申順序)' 등으로 품사 구분 문제가 중점적으로 토론되었다. '활용의 실례'에서 陳承澤은 먼저 '활용'이 무엇인지를 언급하면서, 그는 단어의 겸류(兼類)는 활용이 아니라고 생각했고 활용과 변의(變義)를 구분하였으며, 원래의 쓰임과 활용에 대하여 세밀한 분류를 했다. 그리고 가장 처음으로 '치동(致動)'설과 '의동(意動)'설을 제시하여 이후의 어법연구에 있어서 의미 있는 작업을 진행했다.

楊樹達의 『高等國文法』은 『馬氏文通』의 착오를 상세하게 정정하는 기초 위에서 완성된 것이다. "자료가 풍부하고 조리가 분명하며, 분석이 정확하고 적절하며 찾아 읽기가 편해 그 당시와 후세에 큰 영향을 미쳤다. 그래서 龔千炎은 『中國語法學史』에서 『高等國文法』은 『馬氏文通』이 출현한 이후에 내용이 가장 풍부하고 영향력이 가장 심원한 문언 어법 저작이다."라고 평가하였다. 이 책은 품사만 중점적으로 소개하고 어법 특징과 통사론의 관계에 대해서는 토론하지 않아 체계적인 완전성에 있어서는 결코 『馬氏文通』을 뛰어넘지 못했으며, 또한 작자가 영어어법을 근거하여 『馬氏文通』을 비평하면서 수정하였기 때문에, 자연히 모방의 범주를 벗어나지 못했다.

黎錦熙의 『新著國語文法』은 교육의 기초해서 쓴 것으로, 이 책에서 백화 어법의 분석에 착안하였다. 책 속에 인용한 예문들이 모두 원(元)·명(明)·청(淸)의 소설·희곡과 당시의 표준어에서 뽑아낸 것이다. 黎錦熙는 품사의 구분에 대해서는 뜻으로 표준을 삼아서 "단어가 언어행위의 조직에서 표현되는 각종 관념들에 대해서 여러 종류로 나눈 것을, 품사(詞類)라고 부른다."30)라고 정의를 내렸다. 뜻에 따라 품사를 구분하는 것은 논리적인 분류로 어법적인 분류가 아니며 단어 의미에 대한 이해도 사람마다 다르기 때문에 종종 단어에 '고정된 성질'을 부여하기는 어렵다. 黎錦熙는 품사에 대해 "중국어의 품사는 단어 자체로는 (즉 글자의 형체상에서) 구별할 수 없다. 반드시 그 품사가 문장 중에 놓인 위치와 지위를 고려해야만 비로소 이 단어가 어떠한 품사에 속하는지를 판단할 수 있다."31)라고 인식했다. 바로 "무릇 단어는 문장에 근거하여 품사를 구별할 수 있으며, 문장을 떠나서는 품사를 구분할 수 없을 것이다."32)라고 설명하였다. 黎錦熙는 의미 표준에 근거하여 한어의 단어를 아홉 가지로 나누었고, 다섯 종류의 큰 부류로 총괄했는데, 즉 명사, 대명사를 실체사(失體詞)로 삼았고, 동사를 서술사(述說詞)로, 형용사와 부사를 구별사(區別詞)로, 개사와 연사를 관계사(關係詞)로, 조사와 탄사를 정태사(情態詞)로 삼았다.

黎錦熙는 문장을 분석할 때, 중심어(中心語) 분석법을 채용했는데 단번에 전체 문장의 중심어를 찾아내어, 기타 문장성분은 중심어에 의존하도록 하였다. 그는 문장의 성분을 세 종류로 크게 나누었는데, 주어와 위어는 주요한 성분이고, 빈어와 보족어는 연대 성분이며, 형용사성의 부가어와 부사성의 부가어를 부가성분을 삼았다. 주어와 빈어는 시수(施受) 관계로 확정하였다. 통사론의 분석에서 黎錦熙는 '문장위주(句本位)설'을 말했는데, 이것은 서양의 '단어위주(詞本位)설'을 겨냥하는 말이었다. '문장위주'의 어법은

---

30) 『新著國語文法』 5쪽.
31) 『新著國語文法』 6쪽.
32) 『新著國語文法』 29쪽.

"'문장위주'를 중심으로 하여, 문장을 조직하는 여섯 가지의 성분으로 출발점을 삼는다는 것이다."[33] 呂叔湘은 이에 대해 "이전에 어법 법칙은 언제나 '품사론'을 위주로 하였고, 통사론은 중시하지 않았으며, 많은 통사 현상들을 모두 품사론에서 언급했다. 이것은 오래된 전통으로 고대 그리스 어법과 라틴 어법 때부터 이와 같았다. 그리스어, 라틴어는 모두 형태가 복잡하고 어순이 자유로워 어법을 주로 품사론으로 논술하는 것이 매우 자연스러운 것이었다. 이후 서양의 어법저서에서는 이러한 전통이 계속 유지되었다. 20세기 초에 비로소 몇몇 어법학자들이 영어와 같이 그다지 복잡하지 않은 언어의 형태를 언급하는 저서 속에서 통사론의 중요한 위치를 언급하기 시작했다."[34]라고 말했다. 黎錦熙는 '단어위주'라는 어법체계를 포기하고 처음으로 '문장위주'의 어법체계를 전개했는데 이 점은 『馬氏文通』보다 한 걸음 발전한 것이다.

黎錦熙는 단문 성분 분석에서 도해법(圖解法: Diagram)을 채용했는데, 이것은 당시 인도유럽어법에서 매우 유행하는 일종의 분석방법이었다. "도해법의 용도는 학자가 직접적이고 민첩하게 한눈에 복문 속의 각각의 절의 기능과 절 속의 구의 기능을 분명히 볼 수 있게 하는 것이다. 도표를 그려서 문장을 분석하면, 주된 것과 종속된 것의 관계가 명확해지고, 어떠한 위치에서 어떠한 역할을 하는지 기능이 분명하다."라고 설명했다.[35] 黎錦熙는 복문을 '내포 · 병렬 · 주종'의 세 종류로 나누었다. '내포문' 중에 내포되는 있는 절을 '명사절 · 형용사절 · 부사절'의 세 가지로 분류했다. '병렬복

---

33) 『新著國語文法 · 今序』.

34) 『漢語語法分析問題』.

35) 『新著國語文法 · 引論』.

문'은 '나열・선택・계승・전환' 등 네 가지로 분류했다. '주종복문'은 '시간절・원인절・가설절・범위절・양보절・비교절' 등의 여섯 가지로 분류하였다. 어기(語氣)에 따라 문장을 '판단문・추측문・기사문・의문문・감탄문' 등 다섯 가지로 분류하였다. 『新著國語文法』은 품사론 측면에도 적지 않은 공헌이 있었는데, 예를 들어 분명하게 '자(字)'와 '단어(詞)'를 구분했다. "글자(字)는 곧 하나하나의 단일 글자이다. 단어(詞)는 말을 할 때, 생각 속에 있는 하나의 관념을 표시하는 단어이다. 때로 한 자가 바로 하나의 단어가 되는데, '人'・'馬'・'紅'・'來' 등의 예를 들 수 있다. 때로는 두 개 이상의 자를 조합해서 비로소 하나의 단어가 될 수 있다. '鸚鵡'・'老頭子'・'便宜'・'吩咐' 등의 예를 들 수 있다. 어법 중에 문장을 구성하고 품사를 분별할 때, 단어(詞)를 단위로 삼는데 그것이 하나의 글자인지 혹은 몇 개 글자인지 막론하고, 다만 하나의 관념으로 표시할 수 있다면, '단어(詞)'라고 부른다."[36]라고 지적했다. 이 책에서 동사・개사에 대한 분류와 연구는 더욱 면밀하고 심화되었다. 양사를 단독적으로 한 종류로 분류했는데, 비록 당시에는 명사 속의 하나의 하위 부류였지만 이는 한어의 특징을 두드러지게 한 것으로 매우 식견이 있는 일이었다.

　『新著國語文法』도 여전히 서양어법을 모방하는 폐단을 피할 수 없어서 『新著國語文法』의 영어법의 면모는 자못 농후하고 흉악했다(이 책의 '今序'). 책은 뜻에 따라 단어의 품사를 분류하였지만 "무릇 단어는 문장에 따라 품사를 분별해야 하고, 문장을 떠나면, 품사는 없다."라고도 말해 앞뒤가 모순이 되었다. 문장을 분석하는데, '중심어분석법'을 사용하면, 비록 빠른 속도로 문장의 줄기와 의미

---

36) 『新著國語文法・緒論』.

를 파악하는 데에 도움이 되고 어법교육에서도 다소 적극적인 작용이 있지만, 문장의 층위성을 외면하게 된다. 이러한 부족함은 몇 십년 이후, 구조주의 어법이 도입된 이후에 비로소 면모가 달라졌다.

2. 어법이론의 탐색과 혁신

1936년 1월에 王力은 『中國文法學初探』이라는 문장을 발표하여,[37] 이전의 어법연구방법에 대해 비판하면서 한어의 특징과 중국어법의 연구방법을 논술하였다. 이것은 어법 혁신의 선언서로 볼수 있다. 陳望道 등이 발기한 어법혁신문제에 대한 토론이 1938년 10월부터 시작하여 4년 반이라는 오랜 시간 동안 진행되었다. 이토론의 목적은 "과학적인 방법과 엄격한 태도로 중국어법체계를 만든다."[38]는 것이다. 새로운 체계에 관한 논의는 주로 품사 구분에서 이루어졌다. 傅東華는 "위로는 묵자(墨子)·순자(荀子)의 명리(名理)를 채용하고, 소학(小學)과 훈고(訓詁)의 설을 널리 채용하여"[39] 어법의 새로운 체계를 건립하였다. 그는 한어의 단어를 여덟 가지로 분류하였다 즉 명사·언사(言詞)·훈사(訓詞)·지사(指詞)·조사(助詞)·계사(系詞)·어사(語詞)·성사(聲詞) 등이다. 王力은 단어를 명사·대명사·동사·한제(限制)사·관계사·조사·감탄사 등 일곱 가지로 분류했다. 金兆梓는 품사를 실사·허사·전감(傳感)사 등의 세 가지로 분류했는데, 실사는 체사·상사(相詞)·

---

37) 『清華學報』제11권 제1기.

38) 陳望道, 『中國文法革新論叢·序言』.

39) 『文法稽古篇』.

부사로 다시 분류했고, 허사는 다시 제명(提命)허자・연계(聯系)허자・전물(傳吻)허자・절대(絶對)허자로 분류하였다. 孟起는 단어를 실체사・동사・형용사・연계사 등으로 분류하였다. 傅東華는 또 '일선제(一線制)'를 주장하면서 기존에 단어가 다만 문장 속에서만 품사를 분류할 수 있다면, 품사의 명칭과 문장성분의 명칭을 각각 다른 용어로 분류할 필요 없이, 이 두 개를 하나로 합쳐야 한다고 생각했다. '일선제'라는 주장을 제시하자 바로 陳望道와 方光燾의 격렬한 반대에 부딪히게 되었다. 陳望道는 여전히 반드시 품사를 나누는 것과 문장을 분석하는 것의 두 부분으로 나누어야 하며, 문장을 분석하여 그 세로선을 만들고 품사를 분석하여 가로선을 만들어 그 두 선이 두 개의 축을 이루도록 해야 한다고 주장했다. 토론의 결과 陳望道의 의견 쪽으로 일치되는 경향을 보였다.

품사의 구분에 관해서, 傅東華는 "단어는 문장에서 바로 분류할 수 없다."고 여겼는데, 실질적으로 이는 단어가 정한 품사가 없다는 것이다. 方光燾는 傅東華의 의견에 대해 '광의의 형태설'을 제시하면서 "나는 단어와 단어의 상호 관계, 단어와 단어의 결합은 광의적인 형태일 뿐으로, 중국 단어 자체의 형태가 기왕 부족하다면 단어 성질을 변별하는 것은 어쩔 수 없이 이러한 광의의 형태에 의존하지 않을 수 없다고 생각한다."[40]고 말했다. 陳望道는 '기능설'을 제시하면서, 단어의 기능을 근거하여 품사를 구분할 수 있다고 생각했다. "기능이라는 것은 단어가 조직 속에서 활동하는 능력이다."・"조직은 기능의 제한을 받아야 하고, 기능은 조직 속에 들어가야 비로소 드러날 수 있다."[41]고 설명했다. 陳望道・方光燾

---

40) 『體系與方法』.

41) 陳望道, 『文法的研究』.

가 단어 사이의 어법관계로 품사를 구분하는 것을 강조했는데, 이 것은 뜻에 따라 또는 문장성분에 따라 품사를 나누는 것을 배제시 켜 한어어법 연구의 정밀화와 과학화에 도움이 될 수 있었다. 傅東華는 또한 문언문과 백화에 통용하는 어법체계를 건립할 수 있 다고 여겼다. 方光燾는 마땅히 통시(通時)언어학과 공시(共時)언어 학을 구분해야 하는데, "통시언어학에서 논의하는 것은 요소의 교체 사실이고, 공시언어학에서 연구되는 것은 오히려 체계적 사실이 다."[42]라고 생각했다. 한어의 성질과 한어의 단어에 어미(詞尾)가 있는지 여부 문제에 관해서, 傅東華는 "중국어는 단음절어이기 때 문에 근본적으로 어미는 없다."[43]라고 여겼다. 方光燾는 오히려 중국 고대어를 단음절어로 단언하는 것은 설득력을 얻기 어려우며 현대중국어는 하루가 다르게 다음절로 향해 발전하고 있는데, '子'·'頭' 등이 바로 어미라고 생각했다. 이번 토론에서 어법체 계·어법연구의 방법·어법용어·어법현상과 사회현상의 관계 등 의 문제도 언급됐다. 이 어법혁신 토론은 범위나 심도 면에서 이 전의 연구를 모두 훨씬 뛰어넘은 것이었다. 일반적인 언어학이론을 이용하여 한어어법 현상을 설명하는 것도 포함하는데, 예를 들면 陳望道, 方光燾 등 소쉬르의 '랑그(Langue)'와 '빠롤(Parole)'·'공 시'와 '통시'·'언어는 하나의 구조체계이다'라는 이론을 이용하여 한어어법 연구를 이끌었으며 어법 토론을 보다 심도 깊은 방향으 로 발전시켰다.

1942~1944년에 출판된 『中國文法要略』은 呂叔湘의 대표 저작 중의 하나이다. 이 책은 과거 어법저서들이 가진 틀에 얽매이지

---

42) 『要素交替與文法體系』.

43) 『文法稽古篇』.

않고, 한어의 구조적 특징 및 그 규율을 깊이 탐구하여, 사람들의 이목을 집중시켰다. 呂叔湘은 품사를 구분하는 표준은 "뜻과 작용이 서로 비슷한 것을 한 종류로 귀납한다."는 것이다. 그는 먼저 단어를 실의사(實義詞)와 보조사(補助詞)의 두 종류로 나누었고, 그 중에 명사·동사·형용사를 실의사로, 한제(限制)사·지칭사·관계사와 어기사를 보조사로 하여 다시 일곱 개 작은 종류로 분류했다. 단어와 단어가 서로 만나게 될 때, 발생하는 관계에 따라서 문장을 '연합관계, 조합관계와 결합관계'의 세 종류로 분류했다. 책에서 문장을 서사문·표태(表態)문·판단문와 유무(有無)문의 네 종류로 분류하였다. 이 책은 문장을 분석하는 방법도 뛰어났다. 기능과 사물의 관계에 착안하여, 기사(起詞)·지사(止詞)·보사(補詞) 등의 명칭을 붙여 서사문을 분석하기도 했고, 또 한편으로 전체의 구조에 착안하여 문장을 주어와 위어의 두 부분으로 나누어, 표태문, 판단문과 유무문을 분석하기도 했다. 그 중에 '把'자문과 '被'자문에 대한 연구는 매우 상세히 진행되었다. 이 책에는 통사론의 변화를 매우 중시했는데, 예를 들어 표태문인 '山高'·'水深'은 수식어가 형용사성인 구로 전환되어 '高山'·'深水'로 바꿀 수 있으며, 대다수 유무문은 소유의 성격을 지닌 수식어를 가진 구로 전환될 수 있는데, 예로 '我有書'를 '我的書'로 바꿀 수 있다. 이 책은 비교의 방법을 매우 중시하여, 각 장과 절에서 모두 문언문과 백화문의 서로 다른 점과 같은 점을 상세하게 비교했다. 그래서 『中國文法要略』은 하나의 고금(古今)비교어법 저작이라고 볼 수도 있다. 이 책은 중국어법학사상 매우 큰 영향력을 가진다. 朱德熙는 "『中國文法要略』은 특히 우리들에게 흥미를 일으켰다. 첫째, 이 책 상권의 '품사 문장론(詞句論)'에서 문장과 구 사이의 변환관계를 토론했는데 그 중에 몇몇 관찰은 상당히 깊이가 있다. ……『中國文法要略』은 한어통사론 구조변환관계를 연구하는 선구자로 여기는 것은 마땅하다. 둘째로, 하권의 '표현론(表達論)'에서 의미로 요점을 삼아 한어통사론을 썼는데, 많은 견해들이 매우 선구자적이다. 특히 언급하고 싶은 것은 『中國文法要略』이 지금까지의 저작 중 한어통사론에 대해 전면적으로 의미를 통해 분석한 유일한 저작이라는 점이다."[44]라고 말했다.

王力의 『中國現代語法』(1943년)은 현대 언어학 이론을 이용하여, 한어의 구조 규율을 세밀하게 묘사했으며 한어어법의 특징을 제시하고 한어어법의 철학을 건립함으로써 한어어법의 연구를 촉진시켰다. 이 책은 통사론을 중시하고 단어의 등급과 문장의 격식을 중시했다. 저자는 예스페르센(Jespersen, Otto)의 '어법철학' 이론에 근거하여 단어를 세 등급으로 분류했다. "무릇 단어가 문장 중에서 가장 중요한 위치에 놓이는 것을 '수품(首品)'이라고 부르며 '수품'의 다음 위치에 놓인 것을 '차품(次品)'이라고 부르며, 위치가 '차품'에 미치지 못한 것을 '말품(末品)'이라고 칭한다."고 정의를 내렸다. 그러나 모든 단어가 다 등급이 있는 것이 아니었다. "실사는 실물을 가리킨 것이어서 실사는 모두 등급이 있다. 그러나 허사는 다만 어법의 도구일 뿐 실물에 대해 가리킨 것이 아니기 때문에 허사는 모두 등급이 없다."라고 하였다. 저자는 단어를 아홉 가지로 나누었는데, 그 가운데 명사, 수사, 형용사, 동사를 이해하는 성분으로 삼았고, 부사, 대사, 계사(系詞), 연접사, 어기사의 다섯 종류는 어법의 성분으로 삼았다. 이 책에서 수사를 단독적으로 하나의 종류로 분류한 것은 하나의 공헌이다. 또한 어법성분 중에

---

44) 『漢語語法叢書·序』.

'기호(記號)'라는 항목을 따로 만들었는데, 기호는 부가성분 중 하나로 예를 들어, '第·阿·老·兒·的·子·頭·們·了·着' 등이다. 呂叔湘은 "'기호'를 품사 이외에 둔 것은 좋은 방법이 아니다. '조사'라는 명칭을 회복하는 편이 낫다. 앞의 단어나 구, 문장에 부속되어 있는 것들을 어기와 관련이 있는 것이든 구조와 관련이 있는 것이든 상관없이 모두 넣고, '的'자도 그 속에 놓으면 매우 적합할 것이다."[45]라고 하였다.

이 책이 통사론 측면에서 뛰어난 점은 늑어(仂語)에 대한 설명과 분석을 한 데 있다. 무릇 두 개 이상의 실사로 구성되어 있고 복합된 의의를 구성하는 단위를 '늑어(仂語)'라고 칭하다. 늑어는 단어의 조합이지만 구(詞組)와 비교하면, 늑어의 범위가 좁고 구의 범위는 넓다. 예를 들어, 구 중에서 주위(主謂)형식은 늑어라고 볼 수 없다. 저자는 늑어를 '주종늑어'와 '병렬늑어' 두 종류를 분류했다. 늑어와 복합어를 어떻게 구분하느냐 하는 문제에서 저자는 세 가지의 방법을 사용했다. 첫 번째 방법은 삽입법(揷入法)이다. 무릇 두 개의 글자 사이에 다른 글자가 삽입될 수 있는 것이 바로 늑어이고, 그렇지 않으면, 단지 하나의 단어일 뿐이다. 두 번째 방법은 변위법(變謂法)이다. 연계식(連繫式)으로 변할 수 있는 것이 늑어이고, 그렇지 않으면 복음(複音)어이다. 세 번째 방법은 병용법(倂用法)이다. 이는 이상의 두 가지 방법을 병용하는 것을 가리킨 것이다. 이러한 구분법은 어법연구에 있어 큰 공헌이다. 이 책은 문장분석에서 문장의 형태구조에 치중했고, 성분분석에서는 주의를 별로 기울이지 않았다. 우선 문장을 위어의 성질에 따라 '서술문'·'묘사문'·'판단문' 등 세 종류로 분류했는데, 이렇게 문장

---

45) 「語法三問」, 『語文學習』 1953년 제8기.

유형을 삼분하는 방법은 인도유럽어의 문장을 '명사문'와 '동사문'으로 분류하는 이분(二分)하는 방법을 타파한 것으로, 이후 한어연구에 매우 큰 영향을 미쳤다. 그런 다음에 구조특징에 따라 단문의 문장유형을 귀납했는데, 예를 들면, '점층식(漸層式:遞系式)'・'처치식(處置式)'・'사성식(使成式)'・'피동식(被動式)'・'능원식(能願式)'・'긴축식(緊縮式)' 등이 있다. 이렇게 상세하고 심도 있는 귀납분석은 한어의 구조특징을 두드러지게 하였고, 한어통사론의 연구를 촉진시켰다.

『中國現代語法』의 뛰어난 성취는 한어의 어법 특징을 제시했고, 한어의 구조규칙을 총결하였으며, 한어어법의 새로운 체계를 세울 것을 제시한 데 있다. 저자는 이 책의 도입부에서 "이 책을 쓴 목적은 중국어법 특징을 나타내는 데 있다. 한어와 서양언어의 같은 점에서 억지로 다른 점을 찾아내지 않고, 다른 부분에서는 더욱더 억지로 같은 점을 찾아내지 않으며, 심지어 서양어법 책의 학설을 위반하는 것도 문제 삼지 않는다."고 말했다. 책에서 가장 창조적인 내용은 단문의 문장형식을 제시한 것이며, 또한 언어의 발전과 구어를 중시한 것이다. 인용된 예문들이 대부분『紅樓夢』이나『兒女英雄傳』에서 따온 것이다. 책에서 한어 특징을 결합하여, 예스페르센(Jespersen)・방드리에스(Vandryes)・블룸필드(Bloomfield) 등의 학자들 학설을 운용하여 취할 것을 취하고 버릴 것은 버려서 한어어법의 연구에 있어서 이론의 심도와 넓이를 더했다. 朱德熙는『中國文法要略』과『中國現代語法』에 대해 "呂叔湘과 王力 두 사람의 책은 전 반세기의 한어어법 연구가 도달한 수준을 보여주고 있다. 이 두 권의 저작은 거의 동시에 출판되었고, 모두 훌륭하고, 모두 자기의 특성을 지니고 있었다."[46]라고 평론했는데 이것은 매우 정확한 평가이었다.

이 시기에 미국 구조주의는 중국의 어법연구에서 초보적인 영향을 미쳤다. 陸志韋가 출판한 『國語單音詞詞匯』에서는 '동형대체법(同形替代法)'을 사용하여 단어의 구성을 분석했는데, 한어에서 품사를 분석하는 가장 중요한 표준은 문장 중 단어의 가장 적합한 위치이며, 그 다음에는 그 의미라고 생각했다. 이러한 방법은 단어가 다른 성분과 결합하는 능력의 정도를 이용하여 단어를 확정하고 품사를 구분하는 표준으로 삼는 것이다. 이것은 이전의 의미로 표준을 삼아 품사를 구분하는 방법과 비교하자면 당연히 하나의 큰 진보였다.

趙元任은 1948년에 『國語入門』을 출판했는데, 이것은 외국 사람에게 한어를 가르치는 교재였다. 이것은 중국에서 첫 번째로 묘사언어학의 방법을 응용해서 한어를 연구한 첫 번째 저서이다. 이 책의 가장 큰 특징은 구조에서 출발하였고 문장을 분석하는 데 전적으로 직접성분분석법을 채용했고, 품사 구분과 복합어의 구조분석에서 모두 위치관계에 따라서 주어와 빈어를 확정했으며, 단어와 단어의 조합관계로 표준을 삼았다는 것이다. 이러한 것들은 모두 이전에 없었던 방법이었다. 책에서는 새로운 이론을 도입하여 많은 참신한 어법체계를 형성하였다. 『國語入門』은 구어에 편중한 교재이며, 일부 과거 어법계에서 그다지 주의하지 않았던 모호의(模糊義) 현상(예를 들면 '鷄不吃了')과 어법형식과 논리가 일치되지 않은 현상(예를 들면 '我是兩毛錢') 등에 대해 분석하여 어법연구 중에서 형식과 의미의 관계를 더욱더 깊이 관찰할 수 있도록 하였다.

어법혁신시기에 어법의 전문적인 문제에 대한 연구에도 장족의 발전이 있었다. 呂叔湘은 현대한어어법의 연구 중에 학술가치가

---

46) 『漢語語法叢書·序』.

매우 높은 논문을 많이 썼다. 예를 들면 「從主語賓語的分別談國語句子的分析」(1946년), 「把字用法的硏究」(1948년) 등이다. 역사어법연구 측면에서 呂叔湘은 또한 거대한 공헌을 해내며 영향이 있는 논문을 많이 발표했다. 예를 들면 「釋<景德傳燈錄>中'在' '著'二助詞」(1940년)·「論'底''地'之辨兼及'底'字的由來」(1943년)·「與動詞後'得'與'不'有關之詞序問題」(1944년)·「說'們'」 (1949년)·「說代詞語尾家」(1949년) 등이다. 또한 그는 근대 한어어법 연구의 찰기(札記)와 고대 한어어법 연구 논문도 많이 썼다. 이 시기에 王力과 丁聲樹 등의 학자들도 모두 매우 영향이 있는 고대 한어어법을 연구하는 논문을 발표했다. 王力의 「中國文法中的系詞」(1937년)·丁聲樹의 「釋否定詞'弗'·'不'」(1935년)·「'何當' 解」(1947년) 등의 논문들은 모두 자료들이 풍부하고 견해가 정밀하여 학계의 높은 평가를 받았다.

3. 어법연구의 발전과 번영

1952년 6월 6일부터 시작해서 『人民日報』에서 연재된 『語法修辭講話』는 '잘못된 것과 속된 것을 바로잡는' 저작이었다. 이 연구의 뚜렷한 특징은 실용에 치중했다는 것으로 저자는 다음과 같이 말했다. "이 연구를 이용해서 문장을 짓는 방법을 배우려는 자에게 어떤 격식은 정확한 것이고, 어떤 격식은 틀린 것인지와 같은 실제적인 문제들을 해결하는 데 도움을 주고자 한다."[47] 이는

---

47) 『語法修辭講話·序』.

기존의 어법저작이 이론을 중시하고 실천을 중시하지 않았던 방법과는 사뭇 다른 것이다. 이 책의 또 다른 뛰어난 특징은 예문이 매우 풍부하고 전형적이라는 것이고 특히 사용하기에 적당하지 않은 예문도 제시하였다는 것이다. 예문에 대한 분석은 매우 투철하고 독자들의 요구를 정확히 파악하고 있다는 것이다. 『語法修辭講話』는 단어의 품사를 모두 여덟 종류로 분류하였는데, 양사를 명사에 귀납시키고(부명사(副名詞)라고 칭함), 개사를 동사에 귀납시켰다(부동사(副動詞)라고 칭함). 단문을 연합단문·주종단문·동빈단문·주위단문 등 네 가지로 분류하였다. 문장성분은 주어·위어·빈어·표어(表語)·부가어(附加語)·동위어(同位語)·외위어(外位語) 등으로 나누었다. 복문 중에서 절 사이의 관계를 열 가지로 분류하였는데, 이는 병렬·점층·교체·비례(比例)·비교득실·인과·조건·무조건·종속 등이다. 이 책은 품사의 구분에 관한 매우 중요한 하나의 원칙을 제시했다. 즉 "한 단어의 의미가 변하지 않을 때, 그 단어가 모두 소속될 가능성이 있는 품사 역시 변하지 않는다는 것이다." 이는 품사의 변별과 분석에 있어 매우 중요한 의의를 지니고 있다. 『語法修辭講話』는 결합으로 인해 발생한 비문의 오류 수정에서 다층 수식어의 일반적인 순서 규율을 총괄하여 제시했는데, 명사 앞의 수식어의 일반적인 순서는 1) 피부가어에서 가장 멀리 있는 것은 문장형식과 동사가 중심어가 구이며, 2) 소속관계를 표시하는 것과 시간이나 장소를 표시하는 명사와 대사이며, 3) 수사와 지시대사, 4) 동사와 동사가 중심이 되는 몇몇 다른 구, 5) 형용사, 6) 피부가어에서 가장 가까운 것은 소속관계를 표시하지 않은 명사이다. 동사 앞에 여러 개의 부가어가 있을 때의 일반적인 순서는 1) 상태를 표시하는 형용사는 동사에 가까이 있고, 2) 그 다음에 장소 혹은 방향을 표시하는 단어나 구이며, 3) 그 다음은 상태 이외의 형용사와 일반적인 부사이며, 4) 동사에서 가장 먼 것은 시간을 표시하는 단어나 구와 원인, 목적을 표시하는 구이다. 책에서 이와 같이 상세하게 부가어의 순서를 서술한 것은 중국어법학사에서 최초로 출현한 일이었다. 이것은 한어의 구조규율을 인식하고 언어운용을 지도하는 데 있어 모두 중요한 작용을 하고 있다. 『語法修辭講話』는 문장부호의 작용에 대해서도 깊이 있고 생동적인 서술을 하였다. 그 실용성과 보급성 및 학술성으로 인해, 『語法修辭講話』는 이후의 언어연구와 응용에 있어 매우 심원한 영향을 미쳤다.

丁聲樹 등의 『現代漢語語法講話』는 1952년 『中國語文』에 연재하면서부터 매우 높은 평가를 받았다. "이 책은 중국대륙에서 출판된 가장 좋은 어법 책이라고 할 수 있다. 미국의 구조언어학파 및 여러 학파의 어법이론을 참고했지만, 어떤 부분은 실용의 편리를 아울러 살피고 있어 결코 미국의 구조언어학파와 같은 그런 구속은 없다."[48]라고 周法高가 평가했다. 『語法修辭講話』의 두드러진 공헌은 풍부한 한어자료를 사용하여 묘사언어학의 방법을 종합적으로 검증하고 참신한 형식분석법, 즉 구조분석법을 형성하였다는 것이다. 이 책에서 품사를 구분하는 표준은 단어의 공동적인 성질과 용법이다. 예를 들어, '人·馬·蒲公英' 등은 모두 사물을 표시하는 명칭이고, 앞에 모두 수량사를 추가할 수 있으므로 명사로 귀납된다. '來·去·告訴·打聽' 등의 단어의 성질은 '모두 하나의 동작을 표시하고, 앞에 모두 '不'를 사용해서 부정할 수 있으므로' 동사의 종류로 귀납시킬 수 있다. 이상의 표준에 근거하여

---

48) 『二十世紀的中國語言學』.

단어를 열 가지 종류로 나누고 있다. 즉 명사·대사·수사·양사·동사·형용사·부사·연사·어조사·상성사(象聲詞) 등이 그것이다. 또 이 책은 많은 단어들은 단지 하나의 고정된 품사에만 속하고, 단지 몇몇 단어만이 몇 개의 다른 품사에 속할 수 있다고 여겼다. 이 책은 처음으로 양사를 단독적으로 하나의 종류를 열거하였는데, 이것은 대단히 필요한 것이었다. 책에서 한어의 주된 통사구조를 다섯 가지로 분류했는데, 즉 주위구조·보충구조·동빈구조·편정구조·병렬구조 등이다. 한어의 다섯 가지의 기본 통사구조를 확립한 것은 이 책에서 가장 뛰어난 특징 중 하나이다. 저자는 비교적으로 상세하게 한어의 조어법(構詞法)을 연구하여 한어의 조어방식을 일곱 가지로 나누고 있다. 이 책은 통사구조에서 착수하여 한어구조 중에 가장 본질적인 특징을 잡아내었고 문장을 분석하는 기본방법을 확정하여 병렬구조에 대해 다분법(多分法)을 적용하고, 기타의 네 종류 구조에 대해는 이분법을 적용하였다. 구조특징에서 출발하면 문장분석은 순차적으로 문제가 해결된다. 저자는 층위(層位)분석법을 채택하는 동시에 성분 사이의 구조관계를 중시하였는데, 이는 한어의 어법 특징을 돋보이게 할 뿐 아니라, 구조주의에 대한 일종의 발전과 창조이다. 저자는 문장성분의 분석과 전통분석에 대한 이념은 완전히 달랐다. 즉 "주어는 위어에 대한 언급이고, 빈어는 동사에 대한 언급이다."[49]라고 여겼다. "총괄해서 말하자면, 주어는 진술의 대상라고 말할 수 있고, 위어는 주어와 대치되는 진술되는 말이다."[50] 이러한 논술 곳곳에서 언어의 층위적 요소가 구현되고 있다. 책에서 수사주어와 시사빈어에 대한

---

49) 『二十世紀的中國語言學』 29쪽.

50) 『二十世紀的中國語言學』 18쪽.

66

확정과 섬세한 분석은 중요한 의의를 지니고 있다. 위치와 의미를 결합하여 문장의 성분을 확정하는 것은 단순히 시수관계에 의지하여 주어와 빈어를 확정하는 것에 비해 더욱더 한어의 특징을 드러나게 할 수 있고, 문장의 구조와 의미가 나타나는 실제상황에 더욱더 부합될 수 있다. 저자의 문장성분에 대한 분석, 특히 보어에 대한 분석은 극히 상세하고 꼼꼼하여 기존의 전통 어법의 저서들과는 사뭇 다르다. '겸어식'과 '연동식'의 채택은 자연적으로 과거에 사용하였던 빈어보족어(賓語補足語)라는 명칭을 취소하도록 하였다. 저자는 특별히 어법현상에 대한 묘사와 탐색에 주의를 기울였는데 예를 들면, '的'의 통상적인 용법을 묘사하는 것을 제외하고, 그것의 특수한 용법에 대해 분석하여 사람들에게 많은 시사점을 안겨주었다. 이 책은 문장을 분석하는 데 특별히 위어의 작용을 중시하였으며, 위어성질의 차이에 근거하여 문장 체사위어문·형용사위어문·동사위어문·주위위어문 등 네 종류로 나누었다. 책 속에 사용한 예들이 매우 정확해서 줄곧 사람들의 칭찬을 받았다. 이 책이 출판된 후, "중국어법학은 더욱 과학적인 이론과 방법의 기초 위에 건립되었고, 아울러 순조롭게 발전을 얻었다."[51] 품사 문제는 중요하면서도 비교적 복잡한 문제로, 과거에는 줄곧 잘 해결되지 못했다. 馬建忠으로부터 시작한 전통적인 방법은 모두 의미를 표준으로 삼아 품사를 분류하였는데, 각자 분류하는 결과도 크게 달랐다. 어법혁신 토론에서 비로소 연구자들은 이 문제에 대해 많은 견해를 발표했지만, 품사문제는 아직도 어법연구 중 가장 의견의 차이가 크고 쟁론의 초점도 가장 많은 문제 중 하나이다. 50년대 초에 한어품사문제의 토론은 소련학자인 콘라드(康拉德: H.

---

51) 龔千炎, 『中國語法學史』 198쪽.

И. Конрад)의 『論漢語』에서 발기되었고, 이 문장은 1952년에 소련 『語言學問題』 제3기에서 발표되었다. 이 문장은 "한어가 무형태 언어가 아니다."라고 여기며, 馬伯樂・高本漢 등이 주장하는 '한어무품사론'을 반박했는데, 매우 큰 반향을 일으켰다. 高名凱는 줄곧 한어의 단어는 형태의 구별이 없다고 여겼고, 아울러 「關於漢語的詞類分別」이라는 문장을 지어 반론했다. 高名凱의 글이 발표된 이후에 많은 학자들이 다른 관점을 가지고, 잇달아 문장을 발표하여 쟁론의 대열에 참여했다. 토론을 통해서 사람들은 보편적으로 한어 단어에는 '정해진 품사가 없다는 설'이 잘못된 것이라는 것을 인식하였고, 단어는 분류할 수 있는 것으로, 품사를 구분할 때, 단순히 뜻만을 근거해도 안 되고, 또 단지 형태만 의지해도 안 되며, 반드시 몇 개 표준을 조합하여 사용해야 하는데, 그 가운데 구조관계는 가장 중요한 분류 표준이 되어야 한다고 했다. 품사문제의 토론이 진행된 이후에, 『語文學習』 편집부가 발기한 주어빈어 문제에 관한 토론도 역시 사람들의 이목을 끌었다. 이 잡지는 1955년 7월호의 '편집자의 말'에서 다음과 같이 말했다.

한어어법체계의 불규칙은 어법학습과 어법교육에 적지 않는 어려움을 가져다주었다. 문장을 분석하는 것과 같이 기본문제에까지도, 예를 들어 주어와 빈어의 문제에 대하여 여러 종류의 책에서 그 견해가 모두 매우 다르다. 편집부로 자주 독자들이 편지를 보내와서 이 방면의 문제를 물어본다. 예를 들어 최근에 요녕(遼寧) 면서(錦西) 지역의 어떤 간부업여학교(幹部業餘學校)의 국어교사 吳慶忱에게서 온 편지에는 "우리들은 어법교육에서 하나의 문제에 부딪히어 해결할 방법이 없었습니다. '地裏走出了一群累得晃晃蕩蕩的人', '車裏走出好些人來'과 같은 문장들이 『新著國語文法』・『語法學習』의 분석법을 따르면, '人'은 후치된 주어이고, 『語法講話』・『漢語語法常識』의 분석법을 따르면, '人'은 빈어로 우리는 어떤 분석법을 채택해야 좋을지 모르겠고, 교사들의 의견도 다 불일치했습니다. 순조로운 교육을 진행하기 위해서 선생님들이 해답을 얻는 데 협조해 주시기를 부탁드립니다."라고 적혀 있었다. 우리들은 이런 편지를 가끔 받는 것이 아니라, 끊임없이 자주 받고 있다. 체계의 불일치가 교육에 미치는 영향을 여기서 엿볼 수 있다.

이 잡지는 같은 호에 呂冀平의 「主語和賓語的問題」 등의 문장을 게재했다. 呂冀平의 문장은 당시 주어빈어의 주된 견해들에 대해 비교와 분석을 했고, 아울러 관련된 문제들을 제시하여 토론의 장을 제공하였다. 呂冀平은 기존의 의미에서 출발하여 시수(施受)관계에 근거하여 문장의 성분을 구분하는 표준으로 삼는 것은 결점이 많다고 생각했다. 우선 시수관계에 근거하여 주어빈어를 확정하면 소위 빈어를 전치(前置)하는 문제가 생기는데, 이 앞당겨진 빈어는 대개 원상회복할 수 없다. 그 다음, 같은 문장구조를 오히려 억지로 다르게 분석하려고 하는 것이다. 예를 들면, '屋裏站着一個人'에서 '人'은 시사(施事)이므로 주어로 보아야 한다. '墻上掛着一幅畵兒'에서 '畵兒'은 수사(受事)이므로 단지 빈어일 뿐이다. 구조는 같지만 분석 결과는 다르다. 마지막으로, 시사인지 수사인지 종종 확정하기가 어렵다. 어떤 문장은 시사 혹은 수사가 없는데 그러면 어떻게 주어빈어를 확정할 것인가? 呂冀平의 문장은 "어법 분석은 반드시 구조에 충분히 주의를 기울여야 한다. 이것은 추호의 의문도 없는 것이다. 그러나 구조를 중시함에 있어 의미에서 벗어날 수 없기에, 우리는 이 양자를 떼어 놓을 수 없다."라고 여겼다.

토론 초기의 쟁론의 초점은 주어와 빈어를 구조형식(위치의 앞뒤)으로 확정해야 하는가 아니면 의미로 확정해야 하는가 하는 것이었는데, 徐仲華·邢公畹 등 대부분의 사람들은 모두 전자의 경향을 띠었다. 徐仲華는 "문장을 분석할 때 어법표지는 주요 기준이 된다. 한어에서 어순은 중요한 어법표지 가운데 하나로 일반적인 상황에서 시사(施事)와 수사(受事)를 막론하고 동사 앞의 것은 주어이며, 동사 뒤의 것은 빈어이다."[52]라고 여겼다. 邢公畹은 또 주어와 빈어를 확정하는 네 가지 원칙을 좀 더 깊이 있게 논증하였는데,[53] 의미를 기준으로 삼아야 한다고 주장한 사람은 傅子東과 王宗炎·顏景常 등이다. 傅子東은 "하나의 문장은 예외 없이 사물에 대해 그것의 동작을 진술하거나 혹은 그것의 성상(性狀)을 판단(논리적 판단 혹은 설명을 포함)하는 것으로, 이러한 사물을 가리키는 명사는 문장 가운데에서 주어를 구성하며, 사물의 어떤 동작 혹은 동작의 영향은 다른 사물을 나타내는 명사에 도달하거나 영향을 미쳐 문장속의 빈어를 구성한다."라고 여겼다.[54] 胡附·文煉은 "이번 주어와 빈어 문제의 토론에서 모두들 몇몇 견해를 제시했다. 그 가운데 하나는 거의 일치되어 긍정적인데, 그것은 바로 주어와 빈어의 범위를 확정하는 것이 반드시 구조와 의의를 동시에 고려해야 한다는 것이다. 우리의 견해도 이와 같다. 여기에 다시 몇 마디를 보충 설명할 수 있다. 우리가 이해한 '동시에 고려하다.'라는 것은 어떤 때는 구조라는 기준을 사용하고 어떤 때는 의미라는 기준을 사용한다는 것이 아니라, 구조 가운데서 의미를 발견하여 구조와 의미 사이의 확실하고 적절한 관계를 찾아내려는 것이다."[55]라고 여겼다. 張志公 또한 유사한 견해를 제시했는데 "'구조에서 출발지만 의미에서 벗어나지 않는다.'라는 것으로 그

---

52)「分析句子應該從語法標志出發」,『語文學習』1955년 제9기.

53)「論漢語造句法上的主語和賓語」,『語文學習』1995년 제9기.

54)『主語和賓語』.

55)「談賓語」,『語文學習』1955년 12월호.

뜻은 먼저 위치에 의해 성분을 확정하고 나중에 다시 성분 사이의 관계를 분석하는 것이 아니라, 성분을 확정하는 기준 자체가 마땅히 구조와 의미의 통일이다."56)라는 것이다. 토론의 깊이가 더해짐에 따라 사람들은 매우 자연스럽게 빈어와 주어에 대한 정의를 심도 깊게 고찰하는 데 관심을 기울였다. "무엇이 빈어인가? 우리는 정의에서 출발하여서는 이 문제를 이해할 수는 없다. 일반 언어학은 일찍이 빈어에 약간의 정의를 내린 적이 있으나, 그 정의는 자체가 매우 불분명하다. 인도유럽어에서는 이러한 정의가 다소 쓸모 있을 수도 있으나, 한어에는 어떤 작용도 미친다고는 말하기가 어렵다. 따라서 한어에서 빈어의 범위를 확정하는 비교적 적당한 방법은 먼저 동사의 후치(後置) 성분을 좀 더 분석하고, 그들의 어법 특징에 근거하여 몇 개의 종류로 분류한 다음 다시 그 가운데의 어느 한 종류 혹은 어떤 여러 종류가 빈어가 되는 것을 확정해야 한다."57) 이번 토론에서 언급된 문제는 매우 많다. 예를 들어, 어떤 사람은 한어의 동빈(動賓)관계가 매우 복잡하므로 '빈어'라는 명칭을 없애고 '보어'라는 명칭으로 고쳐서 써야 한다고 주장했다. 이번 토론은 "모두가 주어와 빈어 문제의 중요성에 대해 인식하고 한어의 특징을 좀 더 깊이 있게 이해시켰는데, 특히 문제의 복잡성과 문제의 난점을 더욱 분명하게 인식하여 한어어법 연구의 발전을 촉진시키는 데 큰 공헌이 있다."58)

'잠의한어교학어법계통(暫擬漢語敎學語法系統)'59)은 전통어법체

---

56) 「關於漢語句法的幾點意見」, 『語文學習』 1956년 4월호.

57) 胡附·文煉, 「談賓語」.

58) 龔千炎, 『中國語法學史』.

59) 잠의한어교학어법계통(暫擬漢語敎學語法系統): 1956년 전후에 편찬된 초중등 『漢語』 교본에서 추측하여 단정한 교학어법체계를 가리킨다. 이 어법체계는 집단성의 산물이

계에 속하며, 이는 어법을 품사론과 통사론의 두 부분으로 나누어, 품사론 부분은 주로 품사를 설명하고, 통사론 부분은 주로 문장성분을 설명하여 품사와 문장성분 사이는 대응관계가 있으며, 문장은 단어로 구성된다고 여겼다. '잠의계통'이 단어에 내린 정의는 '단어는 제일 작고 자유롭게 운용할 수 있는 단위'이다. 단어는 포함된 의미성분의 많고 적음에 의해 단순사와 합성사의 두 종류로 나누어진다. 품사는 단어의 의미와 단어의 어법 특징에 근거하여 나눈 것이다. 단어의 어법 특징은 두 가지 방면에서 나타나는데, 첫째는 단어 자체가 어떤 수단을 사용하여 어떠한 부가 의미를 표현해 내느냐 하는 것이고, 둘째는 단어의 조합능력이다. 이상의 기준에 근거하면 '잠의한어교학어법계통'은 단어를 열한 종류로 나눈다. 이 계통은 과거 품사론적 전통을 경시함에 대한 반박으로, 각종 단어의 어법 특징에 대해 상세한 설명을 덧붙여 품사의 구분에 있어 과학적인 기초를 마련하였다. '잠의한어교학어법계통'은 구를 "실사와 실사는 일정한 방식에 의해 조합되어 문장 속에서 한 성분으로 만들어 진 것을 구(詞組)라고 부른다."라고 정의했다. 구를 연합(聯合)·편정(偏正)·동빈(動賓)·주위(主謂)의 네 종류로 나누었다. 실사와 허사의 조합을 '구조(結構)'라고 칭하는데, 예를 들면

며, 하나의 종합적인 체계이다. 이것은 중국 『馬氏文通』 이후 몇십 년 동안의 많은 어법학자들의 연구 성과를 융합한 것으로, 참여와 토론은 물론 심사수정과 시험적 가르침을 맡았던 많은 어법학자들과 어문교사들의 근면성실함을 내포하고 있다. 이 체계의 설명(『"暫擬漢語敎學語法系統"簡述』)은 『語法和語法敎學』(人民敎育出版社 1956년판)에 수록되어 있으며, 이 체계에서 품사를 나누는 기준은 어휘·어법범주를 근거로 하는데, 구체적으로 말하면 품사는 단어의 뜻과 단어의 어법 특징에 의해 나누어지는 것으로, 문장을 분석할 때는 기본적으로 성분분석법(成分分析法)을 사용하여 문장을 主·謂·賓·定·狀·補語 여섯 개 성분으로 나누어 '중심어를 찾고' '줄기를 잡을 것'을 강조하며, 여섯 개 성분의 결합과 배열은 문장의 짜임새를 결정짓는다. 이것은 중학한어어법교학을 촉진시켰을 뿐만 아니라 전국에 어법 지식을 보급하는 데도 상당한 공헌을 했다(『現代漢語知識大詞典』 1155쪽). 역자주.

개사구조 · 방위구조 · '的'자구조 등이다. 이 계통은 "문장은 언어의 운용단위이다."라고 여겼다. 하나의 문장은 하나의 완전한 의미를 전달할 수 있다. 문장의 지표는 특정한 어조가 있으며, 앞뒤에 비교적 큰 휴지가 있고, 서면상에는 마침표 · 물음표 · 감탄사를 써서 표시한다. 문장에 대한 분석은 여전히 전통적 관점을 유지하여 문장은 기본적으로 단어로 구성되었으며, 또한 주로 주어와 위어를 충당하는 두 개의 단어로 구성된 것이라고 생각했다. 주어와 위어는 문장의 주요 성분이며, 빈어 · 정어 · 상어 · 보어는 문장의 부차적 성분이다. 또 두 개의 특수한 성분으로는 독립성분(獨立成分)과 복지성분(復指成分)이 있다.

'잠의한어교학어법계통'의 위어에 대한 분석은 비교적 상세하며, '합성위어(合成謂語)'와 '복잡위어(複雜謂語)'의 명칭을 갖고 있다. 합성위어는 세 개의 작은 하위 부류를 포함하는데, 첫째는 '판단합성위어(判斷合成謂語)'로 곧 판단사는 명사위어 앞에서 구성되어 설명을 나타내는 데 사용되는 합성위어이다. 예를 들면, '他是小王'의 '是小王'이다. 둘째는 '능원합성위어(能願合成謂語)'로 곧 능원동사가 다른 동사 혹은 형용사위어 앞에 쓰여 일종의 합성위어를 구성하는 것으로 가능성 혹은 희망을 나타낸다. 예를 들면 '我可以去'의 '可以去'이다. 셋째는 '추향합성위어(趨向合成謂語)'로 곧 추향동사가 다른 동사위어 뒤에 쓰여 일종의 합성위어를 구성하는 것으로 방향을 나타낸다. 예를 들면, '跑過來一個人'의 '跑過來'이다. 합성위어의 설립은 당시 판단동사 · 능원동사 · 추향동사가 통사론적 분석 중의 의견 불일치를 피하기 위해 채택한 일종의 절충 방법이었다. 그러나 합성위어의 설립은 새로운 문제 또한 가져왔다. 예를 들면, '他能够走回來' · '我應該是他們的人'과 같은 문장을 도대체 어떤 종류의 위어로 간주해야 하는지 곤란스럽게 한다. 이 밖에 위어가 이미 '합성'된 것인데, 단어와 단어의 조합은 또 무슨 구인가? 구의 유형 중에는 '판단합성구'는 견해가 전혀 없으므로 그 내부구조를 분석할 방법이 없는데, 만약 분석하지 않는다면 이것은 또 단지 단어만이 위어에 충당되는 것을 허락하는 규칙에 상호 위배된다. 또한 이상의 세 종류의 구조도 위어의 위치에만 출현하지 않고 기타 성분이 될 수 있다. 예를 들면, '跑過來的人是老張'와 같은 종류의 문장에서 그 명칭을 일컬을 방법이 더욱더 없게 되는 것이다. '복잡위어'라는 명칭은 동사의 연용(連用) 또는 동사와 형용사의 연용 격식을 가리키는 것으로 '복잡'이란 말 자체의 의미가 매우 모호한데, 무엇이 '복잡'하다는 것인가? 문장을 구성하는 구조가 복잡한 상황은 매우 많아, 비단 동사의 연용에만 국한된 것은 아니다.

'잠의한어교학어법계통'은 단문을 두 개의 큰 종류로 구분하는데, 주어와 위어 두 부분으로 구성된 문장을 '쌍부문(雙部句)'이라고 하고, 위어로 구성된 문장 또는 주어 혹은 위어로 구성되었는지를 단정할 수 없는 문장을 '단부문(單部句)'이라고 한다. 단부문은 또 무주문(無主句)과 독사문(獨詞句)의 두 종류로 나뉜다. 이 계통은 처음으로 한어의 문장구조유형을 정리했는데, 이것은 어법연구에 있어 매우 중요한 것이다. 문장분석에서 채택한 것은 '문장성분분석법(句子成分分析法)'으로 그 분석 순서는 먼저 두 개의 중심어(주어·위어)를 찾은 다음, 다시 이들의 연대성분인 빈어·보어·정어·상어를 찾는 것이다. 구가 문장성분이 되는 것을 인정하지 않으므로 분석의 결과는 왕왕 문장구조를 산산이 흩어지게 한다. 예를 들면, '你已經長得很高了'에서 '高'는 보어이고, '很'은 단지 상어만 될 수 있다. '盆裏的水熱得燙手'에서 '燙'은 보어이고 '手'는 단지 빈어만 될 수 있다. 이러한 분석은 문장성분 사이의 결합을 매우 혼란스럽게 하였는데, 이것은 전통어법을 분석할 때 구조순서를 따지지 않는 데서 초래한 것이다. '잠의한어교학어법계통'에는 '명물화(名物化)'라는 설이 있는데, 즉 동사·형용사가 주어와 빈어의 위치에 있어 본래의 어떤 특징을 상실하고 명사의 특징을 얻었다고 생각했다. 명물화라는 설은 결코 한어에 적합한 것이 아니다. 왜냐하면 한어의 수많은 동사와 형용사는 흔히 주어와 빈어가 되지만 그 본래의 품사는 결코 변하지 않기 때문이다. 만약 명물화를 말하고자 한다면 명물화가 너무 많아 그것을 명물화라고 부르느니 차라리 동사·형용사가 주어와 빈어를 충당한다고 하는 것이 더욱 간단명료하다. 또한 문장성분이 되는 것도 단지 단어만이 아니라 구도 흔히 문장성분이 된다. 문장성분이 되는 구에서 동사는 빈어를 가질 수 있으며, 형용사는 다시 부사의 수식을 받을 수 있고, 그 동사와 형용사의 특징이 매우 충분히 설명되고, 명사의 성질은 하나도 없으므로 명물화의 설은 이러한 구에서는 조금도 유용하지 않다. 근원에서 본다면 명사화의 표현법은 인도유럽어법을 기계적으로 옮겨 놓은 결과로 주어·빈어에 충당되는 것이 응당 명사이므로, 동사·형용사는 직접 주어·빈어가 될 수 없다고 여겼다. 黎錦熙의 "문장에 근거하여 품사를 변별하다."는 설 또한 여기에 근원을 두고 있다.

'잠의한어교학어법계통'이 제정되어 출발된 이후, 수년간 출간된 각종 현대한어어법저서는 매우 많은데, 비교적 두드러진 것은 陸宗達과 兪敏의 『現代漢語語法』(상권), 黎錦熙와 劉世儒의 『中國語法敎材』, 胡附·文煉의 『現代漢語語法探索』 등이 있다. 이 시기의 어법 논문 역시 훌륭한 저작들이 차례로 출현했는데, 예를 들면, 王力의 「語法的民族特點和時代特點」[60]는 어법계가 한어어법의 특징을 연구하는 것을 중시하지 않는 경향과 고금의 어법을 구분하지 않는 경향에 대해 "함께 나아갈 명확한 방향은 바로 전면적이면서도 깊이 있게 한어어법의 특징을 발굴하는 것이다."·"고금의 어법이 뒤섞어 놓고 과학적인 연구 작업을 하는 것은 틀린 것이다."라고 지적하였다. 朱德熙의 「現代漢語形容詞研究」[61]는 미국 구조주의의 '합병'과 '대립'의 방법을 운용하여 현대한어 속의 형용사에 대해 전면적인 연구를 실시하였고, 형태와 통사기능이라는 두 가지 특징에 근거하여 형용사를 성질형용사와 상태형용사로 나누어 이 두 종류의 형용사가 대립된 것이라고 주장했다. 1960년대 초 몇몇 영향력을 갖춘 논저들이 출현했는데, 예를 들면 朱德熙의 「說'的'」[62]는 구조주의의 '분포'와 '기능' 이론에 근거하여 한어에서 사용빈도가 가장 높은 '的'를 '的1'·'的2'·'的3'이라는 세 개의 서로 다른 형태소로 분석하고 이 세 가지 '的'의 분포상황을 상세히 고찰하여 그들의 어법 의의가 환경에 따라 달라짐을 지적하면서, "만약 세 개의 '的'를 하나의 형태소로 묶는다면 이 '的'는 단지 고정된 형식만 있을 뿐 고정된 어법 의의는 없다."라고 하였다. 이 문장의 분석은 세밀하고 논증은 엄밀하여 구조주의 이론을 운용하여 한어어법을 분석한 성공적 모범 사례라 할 수 있다. 呂叔湘의 「說'自由'和'粘着'」[63]는 미국 구조주의 학파의 이에 대한 기본개념을 소개하고 평가했으며, 또한 그것을 이용해 한

---

60) 『中國語文』 1956년 제10기.

61) 『語法硏究』 1956년 제1기.

62) 『中國語文』 1961년 12월호.

63) 『中國語文』 1962년 1월호.

어 단어의 구성, 각 품사의 조합 상황 그리고 단어와 비단어의 한계를 구체적으로 분석했다. 이것은 한어어법 분석의 개선과 한어품사 문제의 해결에 있어 모두 중요한 선도적인 의미가 있다. 朱德熙가 1962년 『中國語文』 8～9월호에 발표한 「句法結構」는 층위 관념에서 시작하여 서로 같은 단어가 서로 같은 어순에 의해 배열되더라도 의미는 결코 '동일'한 것이 아님을 지적했다(예: '咬死了獵人的狗(사냥꾼의 개를 물어죽이다/사냥꾼을 물어 죽인 개)'). 따라서 몇 개의 단편적 언어가 '동일'한지의 여부는 그들이 가지는 '단어'가 서로 같은지 그리고 배열이 일치하는지의 여부를 보는 것만으로는 부족하므로, 반드시 그들의 층위구조가 같은지의 여부도 살펴보아야 하는데, 다시 말해 '층위분석법(層次分析法)'을 채택해야 한다는 것이다. 저자는 '변환(變換)'분석법도 운용하여 '臺上坐着主席團'과 '屋裏開着會'에 대한 분석에서 이것은 두 가지 다른 구조 격식을 가지고 있다고 증명했다. "한어구조에 대한 발굴이 이토록 깊고, 분석이 이토록 세밀한 것은 이전에는 없는 것이며, 이와 같은 새로운 방법의 거대한 힘을 충분히 보여주는 것이라고 말할 수 있다."[64] 范繼淹의 「動詞和趣向性後置成分的結構分析」[65]은 중국에서 처음으로 분포이론(分布理論)과 층위분석법을 운용하여 방향성 후치(後置)성분을 분석한 것으로 개척자적이다. 李臨定의 「帶'得'字的補語句」[66]는 '得'자를 가진 보어문에 대해 세밀하게 묘사하고 분석했으며 변환분석법을 사용하여 '得'자 형식의 분포 현황을 보여주고 있다. 范方蓮의 「存在句」도 변환분석법을 운

---

64) 龔千炎, 『中國語法學史』 286쪽.
65) 『中國語文』 1963년 제2기.
66) 『中國語文』 1963년 제5기.

용하여 존현문에 대해 분석했다. 朱德熙는 盧甲文·馬眞과 함께 「關於動詞形容詞的'名物化'的問題」[67]를 발표했는데, 이론적인 측면에 근거하여 '명물화'의 관점을 심도 있게 다루면서 '명물화'의 관점이 품사 구분에 미치는 영향 및 품사 구분에 있어 반드시 주의해야 할 몇 가지 중요한 문제를 지적했다. 이 시기에 고한어(古漢語) 연구와 방언(方言)어법연구에 관한 몇몇 영향력 있는 논저들도 나왔다.

4. 더욱 깊이 있고 다원화된 어법연구

　呂叔湘의 『漢語語法分析問題』는 1979년에 출판된 것으로, 이 책은 중국어법 연구의 새로운 시대가 시작되었음을 의미하고 있다. 이 책은 약 7만 자로 편폭은 길지 않지만, 시야가 광범위하고 내용이 풍부하여 중국어법 연구 역사 80여 년간 다루어진 거의 모든 문제를 논의의 대상으로 하고 있다. 특히 어법체계와 어법 분석 문제에 있어서는 매우 깊이 있고 종합적인 회고와 연구가 이루어지고 있으며, 앞으로 전개되어야 할 연구방향을 분명히 제시하고 있어, 그 후 이루어진 어법연구에 중대하고 심원한 영향을 끼쳤다. 이 책의 머리말에는 해외 3대 어법연구의 유파가 중국에 미친 영향을 간략히 소개하고 있다. 저자는 서양의 언어와 비교할 때, 한어의 어법 분석은 의견의 대립을 야기하는 요인이 특히 많은데, 그 근본 원인은 한어가 엄격한 의미의 형태변화가 부족하기 때문

---

67) 『北京大學學報』 1961년 제4기.

이라고 생각했다. 형태와 기능이라는 두 요소와 의미라는 요소는 일반적으로 어법 분석의 근거가 될 수 있다고 여겨진다. 이 세 요소가 불일치하거나, 혹은 결론이 이것도 되고 저것도 될 때는 일반적으로 형태를 기준으로 삼는다. 어법 분석에 있어서 의미는 주요한 근거가 될 수 없으며, 유일한 근거는 더욱 될 수가 없지만, 하나의 중요한 참고사항이 되기에는 충분하다.

저자는 '단위(單位)' 부분에서 전통적인 '자(字)'와 현행의 '단어(詞)'·'문장(句)'·'형태소(語素)' 간의 구별을 비교하면서, 한어어법은 역사적인 원인으로 인해 형태소와 구의 중요성은 단어에 뒤지지 않으며, 절(小句)의 중요성은 문장에 뒤지지 않는다고 생각했다. 형태소는 '가장 작은 소리와 뜻의 결합체'이다. 형태소의 표현법은 어휘소(詞素)보다 뛰어나며, "형태소의 구분은 단어의 구분보다 먼저일 수 있으나, 어휘소(詞素)의 구분은 반드시 단어의 구분보다 나중이어야 하기 때문에, 한어에서 단어의 구분은 문제가 비교적 많다."[68] 이 절에서는 또 형태소와 한자 그리고 단어의 관계·형태소의 분류·단어와 구의 경계·절과 문장의 관계 등을 언급하였다. 저자는 절을 소구(小句)라고 표현하는 것이 분구(分句)라고 표현하는 것보다 나은데, "분구(分句)라고 부르는 것은 문장을 기본단위로 가정하면서, 우선 문장이 있고, 분구(分句)는 그 문장에서 나누어진 것이 된다. 소구(小句)라고 표현하면 이러한 가정을 할 필요가 없으며, 절(小句)이 기본 단위이며, 몇 개의 절(小句)이 엮여 하나의 큰 문장이 되는 것이다. 이렇게 하면 단문·복문과 통할 수 있으며, 단문은 하나의 절(小句)이 문장을 이룬 것이다. 만약 분구(分句)로 바꿔 쓰면, 단문은 하나의 분구(分句)가 문장을

---

68) 『漢語語法分析問題』 15쪽.

이룬 것으로 어색하게 보인다."라고 말했다.[69] 저자는 문장은 구보다 한 등급 높은 언어단위이며, 동시에 단어·구·주위구까지도 모두 언어의 정태단위(靜態單位) 혹은 비용단위(備用單位)이며, 문장(句子)과 절(小句)은 언어의 동태단위(動態單位)라고 여겼다.

'분류(分類)'에서는 단어·형태소·구·문장의 분류 문제를 다루었다. 한어에는 엄격한 의미의 형태변화가 없기 때문에 통사기능 — 넓은 의미로, 특정 단어와의 접촉을 포함하여 — 에 주로 의지하지 않을 수 없다. 통사기능으로 품사를 구분하는 기준으로 삼으면, 단일표준(單一標準)과 다중표준(多重標準)의 문제가 생긴다. 이상적 표준은 응당 내적으로는 보편성이 있어야 하며, 외적으로는 배타성 — 개방성은 아니다 — 이 있어야 하지만, 이러한 표준은 종종 찾을 수 없어 할 수 없이 다중표준을 채용하는데, 다중표준의 결과는 항상 들쭉날쭉하여 조화에 문제가 있다. 책에서는 각각의 품사가 지닌 문제를 상세히 소개하고 있는데, 예를 들어 명사 가운데 가장 어려운 문제는 어떤 동사들이 이미 명사로 전환되었고 — 두 종류에 다 속하는지 — 어떤 동사들은 단지 '명사적인 활용'이 될 뿐, 아직 명사로 전환되지 않았는지를 어떻게 구분하는가 하는 것이다. 저자는 통사기능에서 볼 때, 양사는 방위사보다 독립적인 한 품사가 될 수 있는 이유가 있다고 여겼다. 어떤 단어, 예를 들면 '年·季·天·夜·章·節' 등의 앞에는 수사를 직접적으로 붙일 수 있고, 뒤에 명사를 붙일 필요가 없다. "이러한 단어를 특수 명사라고 말할 수 있는데 직접 수사와 조합시킬 수 있으며, 중간의 양사를 뺄 수 있다. 또한 특수 양사라고도 할 수 있는데, 의미상으로 스스로 만족할 수 있어 다른 명사를 필요로 하지 않는

---

69) 『漢語語法分析問題』 27쪽.

다."70) "비위형용사(非謂形容詞)와 형용사의 다른 점은 매우 많아 이들을 형용사로 귀속시키는 것은 그야말로 매우 타당하지 못한 것이다."71) 형태소의 분류는 어근의 분류와 접어의 분류를 포함한다. 어근은 명사성·동사성·형용사성 등으로 나눌 수 있고, 접어는 일반적으로 접두어·접중어·접미어로 나눌 수 있다. 구는 구조에 따라 병렬식·주종식·주위식·기타방식 — 예를 들어 개사구·'的'자구 등 — 의 네 가지 종류로 나눌 수 있다. 구는 기능에 따라 명사성구·동사성구(형용사구 포함)·기타 성질의 구 등 세 가지 종류로 나눌 수 있다. 책 속에서는 또 주위문과 '사자어(四字語)'에 대해 비교적 상세하게 설명되어 있다. 문장의 분류에서 만약 구조를 표준으로 삼는다면, 먼저 주위문과 비주위문으로 나눌 수 있으며, 주위문은 다시 동사위어문·형용사위어문·명사위어문·주위위어문으로 나눌 수 있으며, 비주위문은 다시 무주문·존현문·명사문으로 나눌 수 있다. 일반적으로 어법을 말할 때는 문장까지만을 언급하는데, 문장을 가장 큰 어법단위로 삼기 때문에 문장에는 다만 구조적 분류만 있고 기능적 분류는 없다. 저자는 "사실 이것 또한 일종의 낡은 관습이다."라고 여겼다. 몇몇 단어가 하나의 단락을 형성할 때 문장과 문장 사이에는 의미상 관련이 있을 뿐 아니라 흔히 형식상의 관계도 가지는데, 이러한 것들은 모두 어법의 수단으로 간주되므로 문장에 따라 단락 안에서의 기능을 구분하는 것은 불가능한 것이 아니다. 만약 기능에 의해 분류한다면 시발문(始發句)과 후속문(後續句)으로 나눌 수 있다.

저자는 '구조(結構)' 부분에서 먼저 구조층위와 구조관계의 문제

---

70) 『漢語語法分析問題』 37쪽.

71) 『漢語語法分析問題』 39쪽.

를 다루었다. 임의의 한 언어 단면은 모두 몇 개의 형태소로 구성되지만, 한 번에 이루어진 것이 아니라 한 층위 한 층위 조직되어 이루어진 것이다. 한 언어의 단면을 분석할 때는 항상 먼저 하나를 둘로 나눈 다음 한 층 한 층 나누어 마침내 모두 단일한 형태소(語素)가 될 때까지 나눈다. 이러한 분석법을 직접성분분석법(直接成分分析法)이라고 부른다. 책에는 각종 도해법(圖解法)과 문장을 분석하면서 만나게 될 문제점들을 상세하게 소개하였다. 저자는 단지 층위를 분석하는 것이 어떤 한 언어의 단면적 특징을 설명하기에는 턱없이 부족하므로, 반드시 성분 간의 구조적 관계를 분석해 내어 층위와 관계를 모두 표시해 내어야만 한 언어의 단면적 면모가 분명해진다고 여겼다. 단어와 구의 구조는 그 층위와의 관계를 분명히 밝혀야만 가능한데, 문제가 많은 것은 문장의 구조이다. 책에서는 성분분석법(成分分析法)·층위분석법(層次分析法)·전환어법학파적 분석방법(轉換語法學派的分析方法)의 세 가지 주요 문장분석방법을 소개함과 동시에, 비록 층위분석과 전환분석과 같은 이러한 새로운 학파가 언어학계에 끼친 영향이 크기는 하지만 초·중학 어법교육에 끼친 영향에는 한계가 있음도 지적하였다. 학교에서의 어법교재는 기본적으로 아직은 문장의 짜임새 분석을 위주로 하고 있지만 층위분석법의 장점도 받아들였다.

  문장성분과 구조의 관계에 대해서 저자는 "주의해야 할 것은 이것이 무슨 성분이고, 저것은 무슨 성분임을 만족스럽게 말하지 못하는 것이다. 바꾸어 말하면 상표를 붙여서 일을 완성할 수 없다는 것이다. 세상의 일은 복잡하므로, 문장 속의 한 성분과 다른 성분의 관계는 하나의 이름 혹은 한마디 간단한 말로 요약하는 것도 필요하고, 또 좀 더 깊이 분석하여 그것이 어떠한 구체적 내용을 포괄하고 있는지를 보아야 한다."[72]라고 여겼다. 저자는 구조관계와 연계하지 않고 연구를 진행하여 단순히 문장성분을 분석하는 것은 문제가 그래도 단순하지만 구조관계를 좀 더 깊이 있게 연구한다면 해야 할 것이 많아진다고 지적했다. 어법연구에서 진전을 얻으려면 이 점은 중요한 점 가운데 하나이다. 呂叔湘의 이러한 관점은 어법 분석의 단순화를 극복하는 하나의 방법으로 심도 있는 어법 분석을 이루는 중요한 선구자적 의미를 지니고 있다. 저자는 통사 변화 수단의 문제에 관해서도 언급하여, 생략과 도치현상을 집중적으로 토론했다. 문장성분의 논의에 대해서는 주어와 빈어의 분쟁 그리고 보어 문제를 중점적으로 언급했다. 주어와 빈어 문제의 난점은 위치의 선후(先後)와 시수관계(施受關係)의 모순에 있다. 이러한 모순을 해결하는 관건은 아래의 두 가지 사실을 분명히 인식하는 것으로, 첫째, 의미 방면에서는 명사와 동사 사이, 즉 사물과 동작 사이에는 여러 가지 관계가 있을 수 있으며, 결코 시사(施事와) 수사(受事)에만 국한되지 않는다. 둘째, 주어와 빈어는 서로 대응되는 두 가지 성분이 아니라 주어는 위어에 대해 말한 것이고, 빈어는 동사에 대해 말한 것이다. 주어는 문장의 짜임새를 말한 것이고, 빈어는 사물과 동작의 관계를 말한 것이다. 주어와 빈어는 하나의 평면에 있지 않으며 대립된 것도 아니므로, 서로 배척하지 않는다. 빈어는 시사·수사·당사(當事)·공구(工具) 등으로 나누어질 수 있을 뿐 아니라, 주어 또한 이상의 각종 유형일 수 있으므로 일정한 범위에서 빈어와 주어는 서로 바뀔 수 있다. 주어는 단지 동사의 몇 개 빈어 중에서 뽑아내어 주제(主題) 위치에 놓은 하나라고 말해도 무방할 듯하다. 빈어를 주어와 대립

---

72) 『漢語語法分析問題』 65쪽.

된 것이라는 오해를 피하기 위해 저자는 '빈어'를 '보어(補語)'로 고쳐 부를 것을 건의하면서 원래 일반적으로 보어라고 간주되던 것을 어떤 것은 복합동사의 일부분(走出來)으로 어떤 것은 상어(好得很)로 귀속시켰으며, 어떤 것은 여전히 보어(學三年)로 보았다. 또 한 가지 종류는 동사 뒤에 형용사(鞋買小了)가 있는 것으로, 이러한 종류의 형용사는 지금껏 아무도 그것을 빈어로 분류하지 않았는데, 만약 빈어를 보어로 바꿔 부른다면, 이러한 종류의 성분도 보어가 될 수 있다. 만약 보어를 명사성 어휘의 범위 내로 한정시키려면 이러한 종류의 성분은 상어로 귀속될 수밖에 없다. 이 외에도 저자는 또 위어와 관련된 몇 가지 문제에 대해 언급하면서 술어(述語)라는 명칭을 도입하는가 하지 않는가 하는 문제를 포함하여, '是'자문·주위구가 위어가 되는 것·연동문(連動式)·겸어문(兼語式) 등 특수 구문에 대해 중요한 분석과 설명을 했다.

책에서 단문과 복문의 구분은 한어어법 연구 중 아주 귀찮은 문제 가운데 하나라고 했다. 단문과 복문을 구분하는 세 가지 요소를 언급하였는데, 첫째는 단지 하나의 주위구조만 있는가 아니면 몇 개의 주위구조가 있는가이며, 둘째는 중간에 접속 어휘가 있는가 없는가이며, 셋째는 중간에 휴지가 있는가 없는가이다. 이 세 가지 요소가 서로 조합을 이루면 여덟 가지의 상황이 있을 수 있으며, 주어를 확정하기 어려운 경우를 더한다면 문제는 더욱 복잡해진다. 저자는 단문과 복문 문제는 여전히 계속하여 연구·토론할 수가 있지만, 시야를 좀 더 넓혀 문장구조의 복잡성과 문장 격식의 다양성을 연구해 보는 것도 괜찮다고 생각했다. "문장의 복잡화와 다양성을 연구하는 것은 정태 연구의 기초에서 동태 연구를 진행하는 것이며, 단순히 몇 개의 정지된 격식을 찾아내는 것에만 만족하지 않고, 더 나아가 이러한 격식의 결합과 변화의 규율을 관찰해야 한다고 말할 수 있다."[73] 저자는 어법 분석의 최종 목적은 어떻게 제한된 격식을 이용하여 번잡하고 변화무궁한 문장을 설명해 내는가 하는 것이라고 여겼다. 이것은 또한 학습자들에게 좀 더 쓸모 있는 일이 될 것이다.

1980년대, 朱德熙의 『語法講義』(1982)와 『語法答問』(1985)은 어법연구 영역에 아주 큰 반향을 일으켰다. 『語法講義』의 두드러진 특징은 이론·방법·관점이 모두 새롭다는 것이다. 책에는 구조주의와 변환분석법을 이용하여 어법현상에 대해 매우 세심하고 깊이 있는 묘사를 진행하는데 몇몇 새로운 견해는 사람들을 일깨워 깊이 사고할 수 있게 하였다. 예를 들면, "어법체계 속의 기본 부호는 형태소이다(9쪽)."·"한 단어의 어법기능이 가리키는 것은 이 단어가 통사적 구조 속에 차지하는 어법 위치이다(37쪽)." 『語法答問』은 대화 형식을 채택하여 오랜 시간 동안 쟁론되어 오던 어법 문제에 대해 자신의 견해를 발표했다. 그 가운데 한어어법의 특징·품사·문장성분·문장분석방법(析句方法)·한어어법체계·형식과 의미 등 문제를 언급했다. 한어어법의 특징에 관하여 저자는 일반적으로 말하는 "어순과 허사는 매우 중요하게 보인다."는 한어의 가장 주된 어법 특징이 아니며, "주된 것은 단지 다음의 두 가지다. 즉 하나는 한어품사와 통사성분 ― 곧 흔히 말하는 문장성분 ― 사이에는 간단한 일대일 대응관계가 존재하지 않으며, 둘째는 한어 문장의 구조원칙과 구의 구조원칙은 기본적으로 일치한다(4쪽)."라고 생각했다. 이것은 매우 심각하면서도 계몽적인 발상이 풍부한 견해이다. 책에는 품사의 구분 문제를 상세하게 토론했는

---

73) 『漢語語法分析問題』 91쪽.

데, 단어의 의미에 근거하여 품사를 구분하는 것은 통하지 않는다고 여겼다. 예를 들면, '戰爭'과 '打仗'의 의미는 서로 비슷하지만 '戰爭'은 명사이고, '打仗'은 동사이다. 품사를 나눌 때 '엄격하게 말하자면, 단어의 의미는 지위가 없다.' 근거는 단지 단어의 어법 기능뿐이다. 동사와 형용사의 명사화 문제를 토론할 때, 저자는 한어에서 무릇 진정한 명사화는 모두 형식상의 기호가 있으며, 주어와 빈어 위치의 동사와 형용사 형식은 바뀌지 않으므로, 그것이 이미 명사가 되었다고 말하는 것은 적합하지 않다고 여겼다. "위어와 위어성구 뒤에 '的'을 더하여 명사성 성분으로 전환되는 것이 진정한 명사화이다. '的'을 명사화의 기호로 간주할 수 있다(22쪽)." 저자는 '編輯'과 '報告' 같은 종류의 단어는 어떨 때는 사람 혹은 사물을 가리키고, 어떨 때는 동작의 행위를 가리키는데, 두 가지의 뜻은 완전히 다르므로 마땅히 다른 단어로 보아야 한다고 생각했다. 동작을 가리키는 것은 동사이고, 사람 혹은 사물을 가리키는 것은 명사이다. 몇몇 동사는 세 가지 기능을 모두 가지는데, 예를 들면 '研究'는 빈어(有研究)가 될 수도 있고, 정어(研究方向)가 될 수 있고, 명사성구조의 중심어(歷史研究)가 될 수 있으므로, 저자는 "이러한 동사는 명사의 성질을 겸유한다. 일반 동사와 구별하기 위해 그것을 '명동사(名動詞)'라고 부를 수 있다."라고 여겼다. 책에는 주어와 빈어의 구분·연동식과 겸어식·중심단어분석법과 층위분석법 등의 문제 관해서도 모두 매우 선도적인 관점을 보이고 있다.

중국에서 제일 먼저 동사의 '향(向)'['가(價)']에 대해 연구를 진행한 것도 朱德熙인데, 그는 "단지 하나의 명사성 성분과 관계하는 동사를 단향동사(單向動詞)라고 부른다." "두 개의 명사성성분

과 관계하는 동사를 쌍향동사(雙向動詞)라고 부른다." "세 개의 명
사 성분과 관계하는 동사를 삼향동사(三向動詞)라고 부른다."라고
말하였다."[74) '향'에 근거하여 동사로 분류하는 것은 어떠한 동사
와 명사성 성분 간의 단어조합관계를 설명하는 데 도움이 될 뿐
아니라, 숨겨져 있는 어법관계 및 문형 격식을 설명하는 데도 도
움이 된다.

　같은 시기에 어법연구는 아주 많은 부문에서 중대한 진전을 얻
어 냈다. 현대한어 문형 연구에 있어서는 좀 더 심도 있고 광범한
연구가 이루어졌는데, 예를 들면, 邢福義의 『論現代漢語句型系統』
(1983)은 문형 분류에 대해 종합적인 연구를 진행했다. 李臨定의 『現
代漢語句型』(1986)은 문형의 연구 내용이 충실하고, 자료가 풍부하
며, 논증이 세밀하고 꼼꼼하다. 陳建民의 『現代漢語句型』(1986)은
단문과 복문의 구분을 없앨 것을 주장하고, 주위(主謂) 조합의 상
황에 근거하여 문장을 5가지의 상위 유형으로 나눈 다음 다시 다
른 층위의 하위 유형을 분석하여 문형의 층위성을 나타내었다. 또
邵敬敏의 『句型的分類及其原則』, 陸丙甫의 『從心理學角度看句
型問題』는 모두 다 상당한 특색과 영향력이 있다. 동시에 연구자
들은 이전보다 더 많은 관심을 몇몇 특수문형 연구로 돌렸다. 예
를 들면, 李臨定의 「'被'字句」·「連字句」 등 연구와 龔千炎의 「論
幾種表示强調的固定格式」(1983)·「'把'字句及其應用」(1985)·「'是'
字句及其應用」(1985)·「論'把'字兼語句」(1988)·詹開弟의 「有字句」
(1981)·「把字句謂語中動作的方向」(1983) 등 문장, 宋玉柱의 『現
代漢語特殊句式』(1991), 饒長溶의 『'把'字句否定式』, 邵敬敏의 『'把'
字句與'被'字句合用小議』 등 논저는 모두 그 분석의 깊고 세밀함

---

74) 「'的'字結構和判斷句」, 『中國語文』 1978년 제1 - 2기.

혹은 각도의 참신함과 독특함으로 어법계의 관심을 불러 모았다. 문형변환, 특히 특수문형의 변환 또한 신시기 연구의 이슈 가운데 하나이다. 노암 촘스키(Noam Chomsky)의 변환생성문법(轉換生成語法)이 중국에 들어온 이래로, 朱德熙는 앞장서서 이를 운용하였다. 이어 적지 않은 학자들도 모두 이 방법을 한어의 분석에 응용하였는데, 예를 들면, 李臨定의 『漢語比較變換語法』(中國社會科學出版社 1988년판), 陸儉明의 『變換分析在漢語語法研究中的運用』, 傅雨賢의 『'把'字句與'主謂賓'句的變換及其條件』(1981)·『被動句式與主動句式的變換』(1987), 袁毓林의 『論變換分析法』 등은 모두 특수한 문장형식의 변환 연구가 깊이를 더하는 방향으로 발전했다는 것을 상징한다.

중국에서 이전의 어법연구는 모두 서면어를 중시하고 구어를 경시했는데, 陳建民의 『漢語口語』(1984)는 중국에서 맨 처음으로 한어구어를 전문적으로 연구한 저작이다. 구어어법연구 논문 가운데 詹開弟의 「老舍作品中的北京口語句式」(1985), 許德楠의 「口語句子中'吞掉'語法成分的現象」(1984), 劉寧生의 「漢語口語中的雙主謂結構句」(1983)·孟琮의 「北京話的擬聲詞」(1983) 등은 모두 구어어법연구에 대한 관심을 불러일으킨 것들이다. 모호의 구조의 분석 연구·단락(句群)의 연구·고대한어어법 그리고 근대한어어법의 연구 등은 모두 사람들의 주목을 끄는 성과가 있었다.

1980년대 이후, 한어어법의 삼개평면이론(三個平面理論)은 점차 중국어법학계의 핫이슈가 되었다. 삼개평면이론을 운용하여 한어어법을 분석한 것은, 제일 먼저 胡裕樹가 편찬한 『現代漢語』 증정본에서 볼 수 있다. 당시에는 "반드시 세 가지, 즉 의미적·화용적·어법적 어순을 분별해야 한다(337쪽)."라고 하며 단지 어순만을 설명하였다. 胡附와 文煉이 1982년 「句子分析漫談」에서 삼개 평면이론에 관해 좀 더 깊이 있게 설명했다. 1985년 胡裕樹와 范曉는 『論語法硏究的三個平面』이란 책에서 "어법학에 새로운 돌파구를 찾으려면 어법을 연구할 때 반드시 삼개 평면을 구별해 내어야 하며, 한 문장을 구체적으로 분석할 때는 다시 이 세 가지를 결합하여, 어법 분석이 형식과 의미의 상호 결합·동태와 정태의 상호 결합·묘사성과 실용성의 상호 결합이라는 것을 밝혀야 하며, 이렇게 하면 어법 분석이 더욱 풍부하고, 더욱 전면적이고, 더욱 체계적이며, 더욱 과학적이게 된다."라고 말했다. 삼개평면이론은 통사론적 분석이 문장분석의 기초가 되지만, 통사론적 분석만으로는 충분하지 않으므로 의미적인 분석과 화용적인 분석 또한 진행되어야 하며, 어순이 나타내는 것이 의미에 속할 때도 있고, 통사 또는 화용에 속하기도 한다고 여겼으며, 통사론·의미·화용의 세 가지는 구별이 있을 뿐만 아니라 관계도 있으며, 허사의 작용 또한 통사론적·의미적·화용적 구별이 있다고 여겼다. 이 후에도 삼개평면이론에 관해 연구한 영향력 있는 문장이 적지 않았다. 예를 들면, 范開泰의 「語用分析說略」(『中國語文』 1985년 제6기), 施關淦의 「關於語法硏究的三個平面」(『中國語文』 1991년 제6기), 范曉·胡裕樹의 「有關語法硏究三個平面的幾個問題」(『中國語文』 1992년 제4기) 등이 있다. 삼개평면이론이 중국어법학계에 끼친 영향은 갈수록 커졌다. 陸儉明은 「90年代現代漢語語法硏究的發展趨勢」에서 "90년대에는 어법에 대해 다각적·다방면·다단계적인 연구가 심도 있게 전개될 것인데, 특히 어법·의미·화용의 결합 연구는 하나의 추세로 발전할 것이다."[75]라고 지적하였다. 학자

---

75) 『語文硏究』 1990년 제4기.

들은 삼개평면이론의 어법은 문장을 연구대상으로 삼으며, 단어와 구는 문장을 만드는 재료가 되므로 마땅히 연구 대열에 있어야 한다고 생각했다. 삼개평면에서 '통사론'은 부호와 부호의 관계를 연구하고, '의미'는 부호와 객관사물의 관계를 연구하며, '화용'은 사용자와 부호의 관계를 연구하는 것이다. 여기에서 '부호'는 단어를 가리킨다. 삼개평면이론의 운용은 구조 요소의 다원성이 하나의 뚜렷한 추세임을 밝히고 있다. 품사·구·문장격식의 연구에서는 통사론·의미·화용의 특징을 밝히는 데 주력하였으며, 모호의 현상의 분석에서는 통사론적 층위의 모호의·통사론적 관계의 모호의·의미관계의 모호의와 언어환경의 모호의 등으로 구분하였고, 조합 배치 관계의 분석에서는 통사상의 조합·의미상의 조합·화용상의 조합을 제시하였으며, 더 나아가서는 생략·은유와 암시의 구별 등도 분석했다.

삼개평면이론에서 통사론은 핵심이며, 의미·화용의 연구는 통사론을 둘러싸고 전개된다. 세 가지는 서로 대립되며, 또 서로 관계된다. 통사와 의미의 관계는 형식과 뜻의 관계이다. 통사론과 의미론은 함께 화용론과 관계를 발생한다. 통사론의 분석과 의미론의 분석은 모두 정태분석인 반면 화용분석은 동태분석이다. 삼개평면이론을 결합하여 분석하면, 형식과 뜻이 서로 결합되는 원칙에 부합될 뿐 아니라, 정태분석과 동태분석이 서로 결합되는 원칙에도 부합된다. 몇몇 학자들은 삼개평면이론이 전통어법·구조주의어법·변환생성어법 그리고 격어법 등의 장점을 계승한 기초에서 나온 것이며, 동시에 부호학(符號學)과 현대 의미학·화용학의 영향을 받은 것이라고 생각했다. 전통어법 계승은 주로 통사론적 성분 분석을 중시하고, 허사와 어순의 연구를 중시하며, 문장의 짜임새와 문형의 연구도 중시한다. 구조주의어법 계승은 주로 형식화를 중시하여 "통사론을 기초로 삼는다."라는 것을 제시하였으며, 직접 성분분석법·변환분석법·분포분석법 등을 채용한 비교적 엄밀한 분석방법이다. 변환생성어법 계승은 주로 '생성'의 관점을 받아들였으며, 하나의 문형에 근거하여 많은 문장을 만들어 내는 것이 생성인데, 생성의 과정은 하나의 의미가 형식이 되는 과정이다. 격어법의 계승은 주로 동사와 명사성 성분 간의 의미관계를 중시한다. 이상의 계승적 기초 위에서 또 다른 새로움이 창조된 것이다. 삼개평면 분석 순서에 관해 胡裕樹는 하나의 기초(통사론을 기초로 삼는다)와, 세 개의 결합(형식과 뜻의 상호 결합·통사론과 의미의 상호 결합·정태와 동태의 상호 결합)된 분석방법을 제시했다. 먼저 통사론과 의미의 결합으로 정태단위, 즉 층위·관계·기능 그리고 격식을 분석하고, 다시 화용의 요소를 첨가하여 동태분석을 한다. 화용 요소는 어조·휴지·악센트 등의 음률 요소 외에도 삽입어성분(揷說成分)·동위성분(同位成分)·외위성분(外位成分)·전체문장수식어(全句修飾語) 등의 특수 성분과 대부분의 조사·어기사, 나아가서는 생략·도치·격식변화 등도 포함한다.

삼개평면이론은 한어어법과 의미의 연구를 촉진시켰으며, 이와 관련하여 1980년대 이후 점점 많은 어법논저들이 어법을 연구하는 데 있어서 의미관계·의미지향·의미특징·화제·전제·문맥 등에 대한 분석을 하고 있다. 이는 한어연구의 새 국면을 개척한 것이다.

제3절 한어의 통사적 분석방법의 변화

한어어법의 연구 깊이가 깊어짐에 따라 문장을 분석하는 방법도 끊임없이 변화 발전했다. 문장분석방법은 어법학의 중심 중 하나로 예로부터 연구자들에 의해 중시되어 왔다. 1950년대 '잠의계통(暫擬系統)'은 '중심어분석법(中心詞分析法)'을 채택하였는데, 이것은 전통적인 문장분석방법으로 중국의 어법연구와 교육에 아주 큰 역할을 했다. 그러나 어법학 연구가 발전함에 따라 이런 분석법은 점점 그 결점을 드러냈다. 『中國語文』 편집부에서는 어법 분석방법 문제에 대해 토론하기로 결정했다. 편집부는 먼저 邢福義의 「評 "暫擬漢語敎學語法系統"」[76]을 발표하였는데, 이 글에서는 중심어분석법의 결점을 분석하면서 "층위가 있는 문장의 구조를 동일한 평면에서 여러 가지 성분이 하나로 합쳐진 것으로 보면" 정확하게 문장의 뜻을 나타내지 못하며, "풍부하고 다채로운 언어사실이 여섯 가지 성분의 조합배열상황으로 규정된 문장의 틀 속에 얽매이고 있어" 한어의 모든 문장을 총괄하는 데는 턱없이 부족하다고 지적하고 있다. 이어서 『中國語文』은 일련의 문장을 발표하여 점차 심도 있는 토론을 진행했다. 陸儉明의 「分析方法芻議 – 評句子成分分析法」(1981년 제3기)은 성분분석법의 결점을 분석함과 동시에 이런 분석법의 장점도 제시했다. 저자는 이 분석법은 "문장의 어법구조의 층위성을 매우 홀시하고 있어서 언어사실에 대한 해석의 넓이나 심도 면에서 볼 때 모두 사용의 제한이 크고 해석능력

---

76) 『中國語文』 1981년 제2기.

이 떨어지나", 취할 장점은 문장의 어법구조의 귀납적인 특징을 반영하고 있어서 문장 속에서 단어와 단어 사이의 어법관계의 분석은 매우 중시되고 있다는 것이다. 그 외에 卞覺非의 「漢語語法分析方法初議」(1981년 제3기), 陸丙甫의 「對成分分析法和層次分析法相結合的一些看法」(1981년 제4기), 朱德熙의 「語法分析和語法體系」(1982년 제1기), 胡附・文煉의 「句子分析漫談」(1982년 제3기)에서 모두 중요한 관점을 발표하였다. 토론을 통해 사람들의 시야가 넓어졌고 문장분석방법에 대한 인식이 깊어졌는데 층위분석법의 영향 또한 더욱 컸다. 80년대에 들어와서 변환어법과 의미분석법도 더욱더 많은 연구자들의 중시를 받았으며, 아울러 이런 방법을 성공적으로 한어어법 분석에 응용하여 한어어법 분석방법의 진일보 발전과 완성을 보여주었다. 다음에서 우리는 이런 몇 가지 문장분석방법에 대한 논평과 서술을 하고자 한다.

1. 성분분석법과 층위분석법

1) 성분분석법

(1) 성분분석법이란?

성분분석법은 서양의 전통어법에서 유래했다. 전통어법은 서양의 고대 그리스 라틴어의 어법 기초 위에서 형성된 전통적인 어법체계를 가리킨다. 중국에서 전통어법을 운용하여 한어를 체계적으로 분석한 것은 『馬氏文通』에서부터였다. 黎錦熙의 『新著國語文法』(1924), 呂叔湘의 『中國文法要略』(1942~1944)은 모두 전통어법을 활용하여 한어를 분석한 초기의 중요한 저작이다. 1950년대에 제정한 '잠의한어교육어법계통'도 전통어법체계의 분석방법을 채용하였다. 『馬氏文通』과 『新著國語文法』을 대표로 하는 한어어법은 비록 전통어법을 근원으로 하고 있지만, 전통어법의 분석표준과 분석절차와 완전히 같지는 않았다. 왜냐하면 전통어법의 분석표준은 형태가 주된 것이고 기능이 부차적인 것이나, 한어는 기본적으로 형태의 변화가 없어, 呂叔湘이 "한어에는 형태변화가 있는가? 있다고 해도 전면적이 되지 못하고 원칙적이지 못해서, 분석할 때 큰 역할은 하지 못한다."[77]라고 말한 것과 같다. 그래서 한어어법 분석은 단지 의미와 기능에 의거해야 한다. 전통어법이 중국에 도입된 후, 어법학자들은 이를 한어의 특징과 결합시켜 끊임없이 발전시키고 완벽해지게 하였기 때문에, 똑같이 전통어법을 응용하여 한어를 분석한 저작이라 할지라도 사용한 전문용어와 방법들은 비교적 큰 차이가 있다.

성분분석법은 하나의 언어분석방법으로, 그 기본특징은 문장을 약간의 구성 부분으로 나누고 거기에 명칭을 달아 주는 것이다. 예를 들면 주어·위어·빈어·정어·상어·보어 등이다. 또 문장 성분은 중심성분과 연대성분 두 가지로 나눈다. 문장을 분석할 때 먼저 중심성분을 찾아내고, 그 다음 연대성분을 중심성분에 덧붙여, 동일한 평면에서 모든 성분의 구성 상황을 펼쳐 보인다. 맨 마지막에 성분분석의 기초 위에서 중심성분의 결합에 근거하여 문장의 기본 틀을 귀납해 낸다. 이런 분석방법은 문장의 성분을 기초

---

77) 『漢語語法分析問題』 11쪽.

로 하기 때문에 '문장성분분석법' 또는 '성분분석법'이라고 한다. 그리고 분석할 때 어디에서나 중심을 찾아야 하기 때문에 '중심어분석법'이라고도 한다. 층위분석법과 비교하여 성분분석법은 층층이 이분(二分)하는 것이 아니고 여러 개로 나누기 때문에 '다분법(多分法)'이라고도 한다. 이러한 다른 명칭에서 성분분석법의 문장분석 특징을 알 수 있다.

성분분석법은 미리 정해진 문장의 구성성분부터 시작하여 문장의 기본성분과 연대(連帶)성분을 하나의 평면에서 전부 분석해 낸다. 예를 들면 '北京太可愛了'에서 주어는 '北京'이고 위어는 '可愛'이며 상어는 '太'이다. 또한 성분조합 정황에 의거하여 문장유형을 주위문으로 확정한다. '他們沒有告訴你旁的事情麽?'에서 '他們'은 주어이고 '告訴'는 위어이고 '沒有'는 상어이고, '你'는 빈어이고, '旁'은 정어이며, '事情'은 빈어이다. 위의 문장은 이중빈어문이다. 분석한 과정과 결과는 흔히 도해법으로 표시한다. 黎錦熙의 『新著國語文法』은 처음으로 도해법을 채용하여 한어의 문장을 분석하였다. 다른 하나의 아주 보편적인 도해법은 '잠의계통(暫擬系統)'과 적지 않은 어법교재에서 채용한 '간이가선법(簡易加線法)'[혹은 간이부호표기법(簡易符號標記法)이라고도 부른다]으로 일부 간단한 부호와 선분으로 서로 다른 문장성분을 표시한다. 예를 들면 쌍횡선(∥)으로 주어를 표시하고, 단횡선(│)으로 위어를 표시하며, 파도형선(∼)으로 빈어를 표시하는 등이다. 도해법의 주요 장점은 어법분석이 상세하고 형상적이며 주(主)와 부(副)의 경계가 분명하다는 것이다. 呂叔湘은 "도해법은 추상적인 원리를 형상화하여 교육에서뿐만 아니라 연구에서도 유용한 도구라고 할 수 있다."[78]라고 말했다.

---

78) 『漢語語法分析問題』 69쪽.

(2) 성분분석법의 장점과 단점

'잠의계통'이 채용한 성분분석법은 어법 형식과 어법 의미를 서로 결합되었다는 생각을 확고히 했다. 품사론 측면에서 한어의 단어는 품사를 나눌 수 있다는 확고한 관점을 고수하고 있으며, 개념·통사론·형태의 세 가지를 결합표준으로 가지고 있다. 통사론 측면에서는 위치에 근거하여 주어와 빈어를 확정해야 한다고 주장하여 논리적 관념에만 의거하여 주어와 빈어를 구분해 온 종래의 경향을 바꾸었다. '잠의계통'은 당시의 어법학계에서 공인하는 하나의 종합적인 어법체계가 되었고, 어법교육에서 여러 가지 체제가 서로 혼란을 일으키는 것을 종식시켰으며, 어법연구와 교육에서 큰 역할을 수행하였다. 성분분석법의 장점은 다음과 같은 몇 가지 방면에 있다.

첫째, 성분분석법은 문장의 기본줄기를 파악하는 데 편리하며, 그 문장을 이해하는 데 유리하다. 성분분석법으로 문장을 분석할 때 먼저 문장의 기본성분인 주어와 위어를 찾고, 그 다음 연대성분인 빈어, 보어, 정어, 상어를 분석하도록 한다. 일반적으로 기본성분을 찾게 되면 문장의 요점을 파악하게 된 것이다. 예를 들면 다음과 같다.

① 他 ‖ [昨天] [從北京]來.

② (我)的妹妹 ‖ 買了(一件)(新)衣服.

예 ①의 기본의미는 '他來'이고 예 ②에서 기본적인 뜻은 '妹妹買衣服'이다. 기본성분을 찾은 후에 다른 연대성분을 그 기본성분 위에 부가하면 기본줄기와 부수적인 관계가 분명해져 정확한 문장의 뜻을 파악할 수 있다. 성분분석법은 분석의 기초에서 여러 가

96

지 성분의 배열과 조합의 정황에 근거하여 문장의 구조를 확정할 것을 중시한다. 예를 들면 예 ①의 구성은 '주어 ‖ 위어'이고, 예 ②의 구성은 '주어 ‖ 위어 - 빈어'이다. 비교적 긴 문장은 더욱더 빨리 문장의 기본줄기를 파악할 수 있다. 문장구성에 대한 정리는 문장의 뜻을 정확히 파악할 수 있게 할 뿐만 아니라, 문장을 분류하고 명칭을 붙이는 데 편리하게 하며, 문장구조 규율을 총괄하는 데 유리하다.

둘째, 성분분석법은 문장을 분석할 때 성분 사이의 의미관계에 대한 분석을 중시한다. 예를 들면 "위어는 주어에 대하여 진술하는 것으로 주어가 어떠하다는 것을 설명한다." "정어는 명사 앞의 수식성분으로 명사를 수식하고 제한하며, 사물 혹은 사람의 성상·수량·소속 등을 나타낸다." 이러한 것은 문장성분 사이의 논리관계를 설명한다. "층위만으로 어떤 언어의 단편적인 특징을 충분히 설명하기에는 매우 부족하다." 그러므로 우리는 보통 층위분석법을 활용할 때, 층위구조를 중시해야 할 뿐만 아니라 아울러 구조관계도 중시해야 하는데, 이것은 바로 성분분석법에서 나온다.

셋째, 성분분석법은 규범에 맞지 않는 문장을 검사하는 데 편리하다. 오류를 검사할 때, 우리는 흔히 먼저 줄기를 검사하고 그 다음에 부수적인 문제를 검사하는 '긴축법(緊縮法)'을 사용하는데, 이런 방법은 바로 성분분석법을 기초로 한 것이다. 이런 방법은 문장의 여러 가지 성분에 대한 분석을 중시하고 성분 사이의 의미관계를 중시하기 때문에 성분이 필요한지 그렇지 않은지, 성분 사이의 의미조합이 타당한지 그렇지 않은지를 비교적 쉽게 판단할 수 있도록 한다.

성분분석법은 언어사실에 대해 어느 정도 해석능력이 있으며, 장

기간의 어법연구와 교육과정에서 하나의 완벽한 어법체계와 하나의 전문용어를 형성하였으며, 한어의 어법교육과 연구를 위하여 적극적인 공헌을 하였다. 그러나 세계언어학과 중국어법학의 신속한 발전에 따라 특히 층위분석법의 도입으로, 사람들은 성분분석법의 일부 부족한 점에 대해 점차 주시하게 되었다.

첫째, 성분분석법은 문장구조의 층위구조를 나타내지 못한다. 한어의 문장은 단어와 구가 층층이 조직되었으며, 단어 혹은 구가 문장 속에서 사용되면 일정한 층위관계를 구성하고 일정한 층위에서 역할을 담당하게 된다. 층위성은 언어의 기본속성의 하나이다. 예를 들면, '他昨天從北京來'에서 첫 번째 층위는 '他'와 '昨天從北京來'가 주위(主謂)관계를 형성하고, 두 번째 층위는 '昨天'과 '從北京來'는 상중(狀中)관계를 형성하며, 세 번째 층위는 '從北京'과 '來'는 또 상중관계를 형성한다. 그러나 성분분석법은 문장을 분석할 때 주와 부의 의미의 원근(遠近)관계를 나누지 못하고, 모든 성분을 하나의 평면 위에 놓이게 하여 문장구조에서의 층위구조를 보여주지 못한다.

둘째, 문장성분의 전체성을 파괴하였다. 성분분석법이 이론에 있어 치명적인 결함은 오직 단어만이 문장성분을 구성하는 기초라고 인정한 것이다. 서양의 전통어법이 단어를 통사론의 기본단위로 하는 것은 아주 자연스러운 것이다. 그것은 인도유럽어가 풍부한 형태변화가 있으며 문장에서 단어의 위치는 아주 자유롭기 때문이다. 그러나 한어는 엄격한 형태변화가 부족하여 "한어의 어법범주는 주로 작은 언어단위가 서로 결합한 순서와 층위로 나타난다. 형태소로부터 문장에 이르기까지, 만약 중간에 교체하는 부분이 있다면 그것은 절대로 흔히 말하는 단어가 아니고 일종의 구라고 하는 것이다."(呂叔湘 『漢語語法分析問題』) '잠의계통'으로 대표되는 성분분석법은 구의 통사론에서의 중요한 지위와 작용을 승인하지 않고, 단어를 문장성분을 나누는 기본단위로 삼아, 단어가 문장 안에서 다른 단어와 일정한 관계를 맺어 하나의 문장성분으로 된다고 여겼다. 예를 들면, 다음과 같다.

③ 孔乙己 ‖ 顯<出>[極](高興)的樣子.

빈어 중심인 '樣子' 앞의 정어는 표의(表義)와 구조상에서 모두 응당 '極高興'이어야 하는데, 성분분석법은 '高興'만 정어이고 '極'은 '高興'의 부사어라고 인정한다. 이렇게 하여 구조층위가 분명하지 않아 의미의 이해하는 데 영향을 준다.

셋째, 문장에 대한 해석능력이 비교적 부족하다. 분석한 결과가 때로는 문장의 기본의미를 나타내지 못하여 흔히 사람들의 비판을 받는다. 예를 들면 '學習語法很重要'이다. 성분분석법은 주어를 '學習'로 하고, 위어는 '重要'라고 하여, 기본성분 '學習重要'와 원래 문장의 의미는 그 차이가 아주 크다. '心情不平靜.'의 주어는 '心情'이고, 위어는 '平靜'으로 기본성분 '心情平靜'은 공교롭게도 원래의 의미와 상반된다. 어떤 사람들은 성분분석법에 대한 이런 비판에 동의하지 않고, 기본성분이 단독으로 문장의 내용을 반영하는 데 동의하지 않으며, 그렇지 않으면 연대성분은 존재할 필요가 없다고 말한다. '잠의계통'에서도 이 문제에 주의를 기울이며 문장성분을 이야기할 때 다음과 같이 말했다. "의미를 나타내는 측면에서 보면 문장의 한 단어는 그 연대성분까지 포함하여 함께 작용을 일으키기 때문에 연대성분은 표현의 측면에서 말하자면 역시 중요하다."79) 우리는 문제의 관건이 주요 성분이 문장의 기본내용에

---

79) 『漢語知識』 134쪽.

반영된 것이 지나친 것인가 아닌가에 있는 것이 아니라, 성분분석법의 이론이 충분히 엄밀하지 못하고, 분석방법 사이에 모순이 존재하는 데 있다고 여긴다. 분석방법에서 성분분석법의 가장 기본적인 방법은 중심어를 찾는 것이며 중심어가 아닌 것은 문장의 중심 밖으로 배제해야 한다. 그렇지만 문장성분의 규정에서 오히려 이와 상응한 논술이 없다. 예를 들면 『漢語知識』에서 주어와 위어를 논술할 때 "주어 부분에서 주 단어는 주어이고, 위어 부분에서 주 단어는 위어이다. 주어는 위어의 진술대상이며, 위어가 말하는 것이 누구이고 무엇인가 하는 것을 가리키는 것이며, 위어는 주어에 대하여 진술을 하여 주어가 어떻다는 것을 설명하는 것이다."(145쪽)라고 설명하고 있다. 이 책은 주어와 위어만이 진술과 피진술의 관계이며, 주어 부분과 위어 부분은 그와 같은 관계가 아니라는 것을 아주 분명히 말하고 있다. 이렇게 하면 주어 부분과 위어 부분이 의미상으로 지위가 없는 것처럼 나타나며, 분석에서도 여섯 가지 성분 밖으로 밀려나므로 형식적 설치에 불과하게 된다. 실제로 위의 예문에서 이미 설명하듯이 단지 주어와 위어만으로는 진술과 피진술의 관계를 나타내지 못하며, 응당 주어 부분과 위어 부분이어야 한다. 이론의 설명과 분석방법의 모순은 문장의 해석능력에 영향을 주었는데 문제는 바로 여기에 있는 것이다. 그 밖에 성분분석법은 언어의 분석에서 적용되는 범위가 아주 작으며, 단지 통사론에만 적용되고 품사론에는 적용되지 않는다. 합성어 내부구조분석에서 성분분석법은 사용되지 못하며, 복문과 단락의 분석에도 이 방법을 사용하지 못하므로 층위분석법에 비하면 부족한 점은 아주 뚜렷하다.

2) 층위분석법

(1) 층위분석법이란 무엇인가?

층위분석법은 '직접성분분석법'이라고도 하는데, 이것은 미국의 묘사언어학파가 1930년대에 제시한 일종의 언어분석법이다. 창시자는 미국언어학자 블룸필드(Bloomfield)이다. 50년대 중국에서 이 것을 '이분법(兩分法)'이라고도 했는데, 60년대 이후에는 '층위분석법'이라는 명칭을 쓰게 되었다. 층위분석법은 중국어법계에서 직접성분분석법을 다르게 부르는 말이다. 丁聲樹 등이 쓴 『現代漢語語法講話』는 1952년부터 『中國語文』에 연재되기 시작했는데, 이것은 중국에서 제일 먼저 직접성분분석법을 사용하여 한어를 분석한 저작이다. 60년대 초에 朱德熙는 논문에서 비교적 체계적으로 이 방법을 사용하여 문장을 분석하였으며, 呂叔湘의 『漢語語法分析問題』에서도 층위분석법에 대하여 상세하게 토론하였다.

층위분석법은 문장의 내부구조가 한 꾸러미의 구술처럼 형태소 혹은 단어가 하나하나 이어져 꿰여진 것이 아니며, '중심성분(中心成分)'으로 직접 구성되고 그 다음 각자의 부가성분을 첨부한 것도 아니라, 형태소 혹은 단어가 다른 형태소 혹은 단어와 비교적 큰 단위를 구성하고, 그런 후에 다시 다른 형태소, 단어 및 구성성분과 더 큰 단위로 결합된다고 여긴 것이다. 이렇게 층층이 조합하여 문장이 이루어진다. 문장의 내부구조는 층위를 나누어서 조합된 것이지만, 나타난 형식은 시간과 공간의 제한으로 선형(線形)순서로 배열되었을 뿐이다. 이것은 흔히 사람들에게 착각을 일으켜, 문장의 각 구성 부분이 마치 하나의 평면에 놓여 선형의 방식으로 한꺼번에 조합되어 이루어진 것처럼 보이게 된다. 이것은 언어의 층위성이라는 기본특징을 보지 못한 것이다. 층위분석법의 목적은 바로 선형의 배열이라는 표면형식을 꿰뚫고 문장의 내재적인 구조층위를 보여주는 데 있다.

(2) 층위분석법의 분할원칙

문장의 구성에는 층위성이 있으며, 문장구조를 분석하려면 층위를 차츰차츰 더 작은 조성단위로 분석해야 하는데, 이것이 바로 문장에 대한 분할이다. 선형배열에서 언어의 진실한 구조를 발견하고 묘사하기 위하여 묘사언어학파는 40·50년대에 분할원칙과 분할표준문제를 폭넓게 토론하였다. 해외에서는 잇따라 어감법(語感法)·어음법(語音法)·대체법(替代法)·확장법(擴展法)·확률계산법(概率計算法) 등 형식주의 분할기준을 제시하였다. 이런 기준은 의미를 떠나 언어의 구조형식에서부터 출발하여 파악되었는데, 저마다 자기의 주장이 첨예하여 의견의 대립이 생겼다. 직접성분분석법이 중국에 전해진 후 중국어법학계에서는 한어실정에 맞는 분할원칙과 분할기준을 제정하였는데, 정리하면 바로 '의미가 있으며', '조합할 수 있으며', '본래의 의도에 맞는 것'이다.

'의미가 있다는 것'은 층위를 잘라서 나누어 얻은 두 개 직접성분이 반드시 모두 의미가 있는 것이어야 하며, 어느 직접성분법이든지 의미가 없어서는 안 된다는 것이다. 예를 들면 '火紅的太陽'은 단지 '火紅的/太陽'이지 '火紅/的太陽'이 아니다. 그것은 '的太陽'이 의미가 없기 때문이다.

'조합할 수 있다는 것'은 분할한 두 개의 의미 있는 단위(직접성분) 자체가 의미가 있어야 할 뿐만 아니라 의미조합의 가능성도 있어야 한다는 것이다. 예를 들면 '一件新衣服'에서 만약 '一件新/衣服' 혹은 '一/件新衣服'로 분할하면 앞뒤 두 부분이 조합할 수 없기 때문에 이런 분할은 정확하지 않은 것이다. 정확한 분할은 단지 '一件/新衣服'일 뿐이다.

'본래의 의도에 맞는 것'이란 분할한 직접성분이 의미가 있어야 할 뿐만 아니라 조합할 수 있어야 하며, 또한 말하고 쓰는 사람들의 원래의 의미에 부합되어야 한다는 것이다. 예를 들면 '大紅花'는 '大紅/花'로 분할할 수 있고 또한 '大/紅花'로 분할할 수 있는데, 대체 어느 쪽으로 분할해야 적당한지는 말하는 사람의 의도를 보아야 한다. 만약 '大紅色的花'라고 하면 마땅히 첫 번째 분할법을 채택해야 하고, 만약 '大的紅花'이면 마땅히 두 번째 분할법을 채택해야 한다.

층위분석법은 또 '이분법(二分法)'이라고도 하므로 어떤 사람들은 '이분(二分)'은 층위분석법에서 반드시 지켜야 하는 원칙으로 여긴다. 그러나 실제로 이것은 층위분석법에서의 단지 하나의 속설일 뿐이다. 비록 이분하는 것이 가장 기본적인 것이지만, 만약 세 개 혹은 세 개 이상의 병렬성분을 한꺼번에 다분(多分)하는 것도 허용된다. 성분분석법도 자체의 도해방식이 있으며, 도표를 통해 명백하고 정확하게 층위분석법의 문장분석 과정과 결과를 알아볼 수 있으며, 따라서 언어구조의 층위성을 정확히 나타낼 수 있다. 층위분석법의 도해방식은 여러 가지가 있는데 제일 광범위하게 사용하고 있는 것은 역시 '액자식도해법(框式圖解法)'으로, 이는 '계단식도해법(臺階式圖解法)'이라고도 일컬어진다. 예를 들면 다음과 같다.

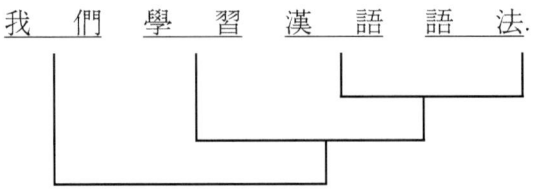

미국 묘사언어학파는 언어분석과정에서 층위성만 중시하고 의미를 중시하지 않기 때문에 도해로 설명할 때 위의 도표에서처럼 관계를 나타내지 않는다. 하지만 층위분석만으로는 언어의 특징을 설명하기에는 너무 부족하기 때문에 직접성분분석법이 중국에 전해진 이후 중국언어학자들은 성분분석법의 장점을 받아들여 구조층위를 나타내는 동시에 직접성분 사이의 어법관계도 나타내었다. 예를 들면 다음과 같다.

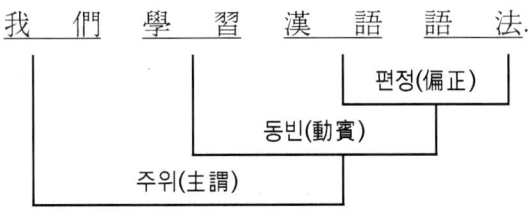

도표에서 의미관계는 문자로 설명할 수 있고, 일종의 부호로도 나타낼 수 있다. 또한 층위와 의미를 동시에 나타냄으로써 언어의 구조특징을 더욱 세밀하고 전면적으로 드러내도록 하였다.

(3) 층위분석법의 장점과 단점

층위분석법은 구조언어학의 하나의 언어연구방법으로 한어어법의 연구에 아주 훌륭한 역할을 했는데, 비교적 과학적이고 엄밀한 언어분석방법으로 다른 분석법이 가지지 않는 해석과 언어묘사의 능력을 가지고 있어, 일찍이 현대 언어학에서 가장 큰 발명이라고 찬양받아 왔다. 그러나 언어연구의 목적은 다방면적인 것이어서 그 어떤 연구방법도 다만 자신의 활동범위에서 제한된 문제만 해결할 수 있지, 모든 문제를 해결하지는 못한다. 그 때문에 층위분석법은 특정한 문장분석방법이어서 다른 것으로 대체할 수 없다는 장점을 가지고 있을 뿐만 아니라 그 자체의 단점과 부족함도 가지고 있다.

층위분석법의 장점은 아래와 같은 몇 가지 측면에서 관찰할 수 있다.

첫째, 층위분석법은 비교적 전면적이고 진실하게 언어내부의 구조층위관계를 드러내고 정확한 형식으로 분석결과를 나타내는데, 이것은 이전의 전통언어학의 분석방법이 하지 못한 것이다.

둘째, 층위분석법은 언어연구의 정밀도를 높였다. 전통언어학의 언어구조에 대한 분석은 엉성하고 대략적이었는데, 이것은 전통언어학의 연구목적과 교육적 요구와 서로 어울리는 것이었다. 똑같은 문장에서 전통분석법은 단지 성분을 구분해 내면 다 끝난 것이었지만, 층위분석법은 다시 한 개의 단어 혹은 형태소, 심지어 음소(音素)까지 분석할 수 있다. 전통분석은 대략적으로 하나의 언어단위의 구심(求心)구조와 원심(遠心)구조를 지적할 수 있는데, 예를 들면 주어와 위어는 두 개의 중심이 되어, 다른 성분은 이 두 성분에 접근해야 하는데, 이런 성분들이 언어구조에서의 구체적인 결합관계를 분명히 지적할 수 없다. 예를 들면 '大型車道'와 '好壞典型'에서 전통분석법은 그것이 '정어 중심어' 구조라는 것만 지적할 수 있지만, 직접성분분석법은 정확하게 그 사이의 차이를 나타낼 수 있다.

셋째, 충위분석법은 전통분석법이 주의하지 않았거나 해결하지 못하는 일부 문제들을 발견하고 해결하였다. 예를 들면 '別去了'와 '別忘了'에서 전통언어학은 이것은 두 개 같은 구조, 즉 '상어 중심어' 구조라고 인정한다. 그렇지만 충위분석법을 통하여 '別去了'에서의 '了'는 전 문장에 부가된 것이지만 '別忘了'에서의 '了'는 다만 '忘'자에 부가된 것으로 두 개가 서로 다른 구조라는 것을 발견하였다.

충위분석법의 결점은 아래와 같은 몇 가지에서 나타난다.

첫째, 능동문과 피동문을 처리하지 못한다. '鷄不吃了'와 같이 형식이 같은 문장에서 시사인지 수사인지를 나타낼 수 없어서 '人不吃鷄了'인지, 아니면 '鷄不吃食了'인지 분별할 수 없다.

둘째, 기능과 의미가 일치하지 않은 어법구조를 처리하지 못한다. 예를 들면 '打我的主意'는 '打/我的主意'인지 아니면 '打我的/主意'인지 어떻게 분할하더라도 원래의 의미에 부합되기 어렵다.

셋째, 직접성분이 아닌 성분 사이의 관계를 처리하지 못한다. 충위분석은 일반적으로 주로 두 개의 직접성분 사이의 관계를 고려하지만 직접성분이 아닌 사이의 관계에 대해서는 어떻게 할 방법이 없다. 예를 들면 '她哭紅了眼'에서 '她'와 '哭', '哭'와 '眼', '眼'과 '紅' 사이의 관계는 모두 직접성분의 관계가 아니므로 이런 관계는 충위분석에서 효과적인 설명을 얻을 수 없다.

이 밖에 충위분석법은 직접성분 사이의 구조충위를 드러내는 것을 목적으로 하지만, 흔히 불필요하게 끝없이 분석하면 관계를 잘 나타내지 못할 뿐만 아니라, 교육하는 데도 불편하고 문장유형을 나누는 데도 곤란함이 있다.

3) 성분분석법과 층위분석법의 결합

문장분석방법의 결합은 외부결합과 내부결합의 두 종루가 있다. 외부결합이란 문장분석의 여러 가지 목적과 필요에 따라, 같은 언어형식에 대하여 여러 가지 다른 문장분석방법을 활용하여 분석함으로써 두 가지 방법이 모두 각자의 독특한 가치를 가질 수 있게 하는 것이다. 내부결합은 두 가지 방법이 서로 융합되고 어우러져 장점은 살리고 단점은 버려 하나의 분석방법으로 결합되는 것이다. 두 가지 방법의 결합에는 여러 가지 다른 견해가 있다. 어떤 사람들은 두 가지 방법은 각자 나타난 배경과 문장분석의 목적이 다르므로 그들은 본질적으로 결합할 수 없다고 인정하는데, 예를 들면 史存直이 이런 관점을 가지고 있다. 또 어떤 사람들은 두 가지 방법은 각각 서로 독창성을 가지고 있어서 서로 대체할 수 없는 가치를 가지고 있으며, 그들은 단지 제한된 범위와 규모에서만 결합할 수 있을 뿐으로 다만 한 가지 방법이 주가 되면 다른 방법은 부차적인 것이 될 뿐 서로 융합될 수 없다고 여겼다. 또 다른 부류의 사람들은 두 가지 방법은 모두 제한성을 가지고 있으므로 마땅히 양자를 결합하여 새로운 문장분석방법을 설정해야 한다고 주장하고 있다.[80] 1980년대 문장분석법의 토론은 주로 두 가지 문장분석방법의 장단점과 우열 및 결합 가능 여부 문제를 둘러싸고 펼쳐졌는데, 전문가들은 어떻게 결합할 것인가에 대해 많은 전문성을 지닌 견해를 발표하여 많은 사람들에게 시사점을 안겨 주었다. 토론을 통하여 사람들은 성분분석법의 문장성분의 개념과 층위분석법에서 언어층위가 반영된다는 관점을 받아들이면 한어의 문장분

---

80) 李子雲, 『成分分析法和層次分析法及其結合』.

석방법이 더욱 과학적이고 실용적으로 될 수 있다고 생각을 보편적으로 하게 되었다. 이것을 기초로 하여 몇몇 대표적인 성격을 지닌 고등교육용 현대한어교재와 1984년에 공포한 '中學教學語法系統提要'는 문장분석법 부분에 대하여 상응한 수정을 하였으며 각자의 정도에 맞추어 성분분석법과 층위분석법을 상호 결합하는 원칙을 채택하였다. 비록 그것들이 문장분석의 구체적 요구와 순서에서는 각각의 특징들이 있지만, 더욱 이상적인 문장분석방법을 찾는다는 목표를 향하여 나아간 것은 사실이다.

2. 변형생성문법

변형생성문법은 현대 언어학에서 아주 영향이 있는 삼대 어법학파 중 하나이다. 창시자는 미국언어학자 촘스키로 그의 『통사구조(Syntactic Structures)』는 1957년에 출판되어 변환생성문법의 탄생을 상징하였다. 변환생성문법은 구조어법이 단지 언어의 사용형식 언어행위만 묘사하는 것으로 부족하며, 마땅히 이런 행위 뒤에 숨겨진 '언어능력'을 묘사하여야 한다고 여기고 있다. 한 사람이 어느 한 가지 언어에 정통하다면 그가 전혀 접촉해 본 적이 없는 이 언어 중 어법에 맞는 문장을 알아들을 수 있고 만들어 낼 수 있어야 하는데, 그것은 그가 이런 언어능력을 구비하고 있기 때문이다. 촘스키는 "인류의 생물적 천성자체가 하나의 확정된 획득 가능한 언어의 기본어법구조의 원칙체계를 함유하고 있으며, 경험은 특정한 방식으로 이러한 원칙체계에 대하여 공고히 하거나 강화하는 역할을 한다."[81]고 여겼다. 그러므로 그는 언어능력과 언어활용이라는 이 두 개 개념을 엄격하게 구분하였다. 언어능력이란 사람들이 일정한 통사 규칙으로 문장을 이해하고 생성하는 능력을 말하는데, 이것은 하나의 이상화된 내재적인 능력이다. 언어활용이라는 것은 언어능력이 구체적인 환경 속에서 실제적으로 활용되는 것을 말한다. 언어활용은 개체성과 수의성(隨意性)을 가지고 있으며, 구체적인 환경 속에서 일부 비언어적 요소의 교란으로 인해 언어활용은 다만 언어능력의 불완전한 반영일 수 있으므로, 어법학의 연구대상은 응당 언어능력이어야 한다. 변환생성문법은 사람들이 머릿속에 먼저 생각이 있은 후, 일정한 변환규칙을 통하여 점차 일상적으로 사용하는 문장을 생성한다고 여긴다. 즉 먼저 '심층(深層)'의 어법구조가 있고 그 다음 다시 '표층(表層)'의 언어형식으로 전환하는데, 다시 말하자면 뜻에서 형식에 이르는 과정이다. 변환생성문법은 언어능력을 전환규칙들로 표현하며, 고도로 형식화한 부호 또는 공식으로 표현하며, 전환규칙을 통하여 의미와 형식을 결합시킨다. 변환생성문법은 문장의 표층구조를 묘사할 뿐만 아니라, 즉 일정한 의미형식으로 표현한 구 혹은 문장의 구조를 말하는데, 아울러 직접성분분석법이 해석할 수 없는 일부 동형이의(同形異義)의 구조적 결함에 대하여 변환생성의 개념을 제기하여 다른 유형의 문장은 다른 심층구조가 있다는 것을 설명한다. 즉 문장 내부에 가리어진 의미어법구조를 말하는데, 이것은 어법의 해석 능력을 강화하였다.

변환생성문법은 비록 언어연구에서 영향이 아주 크지만, 구체적으로 한어어법 분석에 사용하는 데는 보편적이 되지 못하고, 어법

---

81) 『喬姆斯基語言理論介紹』.

교육에서 많이 사용하지 않으며, 교육 어법에도 영향이 크지 않다. 呂叔湘이 『漢語語法分析問題』에서 지적한 것처럼 "그러나 지금 까지 구조주의어법이론 혹은 변환문법 이론을 이용하여 전면적이고 상세하게 발달되고 문학적 역사를 가진 언어의 어법을 서술한 책을 보지 못했는데, 전통어법을 사용하여 쓴 일부 유명한 저작과 비교하면, 이것은 아무래도 빈 수레가 요란한 것과 같은 결함을 가지고 있다고 하지 않을 수 없다."(9쪽) 그러나 변환생성문법은 사람들로 하여금 통사론적 표층구조 뒤에 심층구조가 가리어져 있다는 것을 인식하게 하였고, 비록 사람들이 심층구조에 대한 이해가 서로 다르지만 일반적으로 통사구조연구는 의미분석을 떠날 수 없다는 것을 승인하도록 하여 통사구조에서 의미분석을 광범위하게 중시하도록 하였다. 변환생성문법의 전환에 대한 이론은 한어어법 분석에서 사용하는 변환분석법에 중요한 참고자료가 되고 있다.

3. 변환분석법

'변환'이란 말은 'transformation'을 번역한 것이다. transformation을 언급하면 사람들은 가끔 그것을 촘스키의 변환생성문법과 연관시킨다. 사실 각기 다른 어법학의 유파에서 이 단어의 함의는 서로 다르다. 전통어법에서 네스필드(J. C. Nesfield)는 그것을 언어운용의 한 방법으로, 내용은 같으나 분류가 다른 문장 또는 표현방식과 연관된다고 생각했으며, 구조주의 어법에서 해리스(Z. Harris)는 어법 분석의 조작으로, 같은 품사구성의 상관문형 또는 문장결합과 연관된다고 생각했고, 변환생성문법에서 촘스키는 문장생성과정의 규칙이며 동일문장의 두 개의 다른 층위적 구조와 연관된다고 생각했다. 세 가지 함의를 구분하기 위해 (문장)의 개환(改換), (문형)의 변환, (구조) 전환이라고 나누어 번역할 수 있다. 변환분석은 두 번째 함의를 가리킨다.[82] 촘스키는 일찍이 transformation에 대한 그의 견해가 해리스와 다르다고 여러 차례 강조했다. 林裕文은 『回顧與展望』에서 다음과 같이 지적했다. "朱德熙는 '변환'방법을 사용했지만, 해리스의 변환방법과는 결코 같지 않았으며, 촘스키의 전환과도 달랐다. 그가 문장 속에 내포된 의미구조관계를 중시하는 것은 '심층구조'를 다시 출판한 것이 아니다."[83] 李臨定은 우리가 어법연구의 변환분석법을 중요시하는 까닭은 주로 두 가지 측면에서 그 이유가 있는데, 그 하나는 한어의 특징에 근거한 것이다. 한어는 비형태 언어로 문장성분 간의 관계가 감추어져 있고 외적인 형태표지가 결핍되어, 변환을 통해 암시된 관계를 보여줄 수 있으며, 문장구조유형의 구조적 특징을 분명하게 볼 수 있게 한다. 다른 하나는 한어어법 연구의 전통을 계승한 것이다. 중국전통적인 어법 분석은 바로 문장의 변환분석을 비교적 중시했기 때문이다.[84]

변환에 관한 사상은 일찍이 1940년대 출판된 呂叔湘의 『中國文法要略』이란 책 속에 있었다. 이 책은 '문장과 구의 전환'에 대해 언급할 때 다음과 같이 말했다. "개략적으로 말한다면 서로 같은 몇 가지 개념은 문장으로 배열 조합될 수 있으며 구로도 조합될

---

82) 方經民의 『漢語語法變換研究』, 河南人民出版社 2000年版 참고.

83) 『中國語文』 1982년 4기.

84) 李臨定의 「語法研究回顧」, 『80年代與90年代中國現代漢語語法研究』, 北京語言學院出版社 1992년판.

수도 있다. 그리하여 간단한 문장은 대개 하나의 구로 고칠 수 있으며 대다수의 구도 문장으로 고칠 수가 있다."(69쪽) "위에 서술한 두 가지 예를 가지고 보면, '高山'·'深水'라는 이 두 구의 수식어는 모두 형용사로 우리는 그것을 '형용사성 수식어'라고 한다. 이 두 구는 '山高'·'水深'로 전환되면, 문장이 되며 모두 묘사문이 된다. 그래서 우리는 한 가지 결론을 얻을 수 있다. 묘사문이 구로 바뀌면, 그것의 수식어는 형용사성이다(70쪽)." 저자는 또 한 걸음 더 나아가 판단문·서사문 등의 전환문제를 연구했다. 안타까운 것은 이런 전환의 사상이 당시에는 연구자들의 충분한 관심을 불러일으키지 못했으며, 더욱이 진일보한 연구를 통해 체계적인 이론으로 승화시키지 못했다는 것이다. 우리가 지금 응용하는 변환분석법은 미국 묘사언어학자 해리스에서 기원했으며, 중국에서 가장 빨리 비교적 체계적으로 이 분석방법을 운용한 사람은 朱德熙일 것이다.[85] 층위분석법의 분명한 한계성은 그것이 단지 문장 내부의 구조층위와 드러난 어법관계만을 보여준다는 것이다. 예를 들어 (A) '院子裏放着四方桌'와 (B) '院子裏演着梆子戱.'라는 두 문장의 형식은 같다. 모두 NPL＋V＋着＋NP이다. 만약 층위분석을 운용한다 해도 결과는 같다. 첫 번째 층위는 주위관계이고, 두 번째 층위는 술빈관계이다. 그러나 두 문장의 어법의의는 다르다. 전자는 존재를 나타내고 정태적이며 후자는 활동을 나타내고 동태적이다. 다시 예를 들면 '山上架着炮'는 모호의 문으로 정태적인 것을 나타낼 수 있다. 즉 산 위에 대포가 있다는 것이다. 또 동태적인 것을 나타낼 수도 있는데, 즉 산 위에 지금 대포를 설치하고 있다는 것이다. 이런 뜻의 차이는 문장구조 내부의 실사와 실사

---

85) 「說'的'」, 『中國語文』 1961년 12월호.

간의 의미관계가 다르게 조성되어 만들어진 것이다. 朱德熙는 다음과 같이 지적했다. "이런 실사와 실사 간의 의미관계는 통상적으로 은성어법(隱性語法)관계라고 부르거나, 의미구조관계라고 부른다. 의미구조관계로 조성된 모호의 문형은 층위분석법으로는 대응할 방법이 없다. 이는 우리에게 새로운 분석방법을 탐구하도록 요구한다. 변환분석법의 운용은 바로 이런 연구에 적당하다."[86]

  그렇다면 어떻게 변환분석을 진행하는가? 우리는 여전히 朱德熙의 예로써 설명을 하고자 한다. 겉으로 보면, (A) '院子裏放着四方桌.'와 '院子裏演着梆子戲.'라는 구조는 서로 같은 것 같지만 (품사, 어순, 구조층위와 구조관계는 모두 같다) 사실상 엄격하게 같은 구조는 아니다. 왜냐하면 내부의 의미구조관계가 다르기 때문이다. (A)를 나타내는 형식은 'NPL + V + 着 + NP'로 (C)식의 'NP + V + 在 + NPL' 문형과 서로 연관될 수 있는데, 예를 들어 (A) '院子裏放着四方桌.' → (C) '四方桌放在院子裏'과 같은데 (C)식은 마찬가지로 존재와 정태를 나타낸다. 유사한 예는 '臺上坐着主席團' → '主席團坐在臺上', '門口站在一個人' → '人站在門口' 등과 같다. 이는 (A)식과 (C)식 간의 변환관계가 있고, (A)식은 (C)식으로 변환할 수 있다는 것을 설명한다. 한편 (B)식의 'NPL + V + 着 + NP'는 (D)식 'NPL + 正在 + V + NP'라는 식과 서로 연관될 수 있다. 예를 들어 (B) '院子裏演着梆子戲' → (D) '院子裏正在演梆子戲'이다. (D)식은 마찬가지로 활동과 동태를 나타낸다. 유사한 예는 '門外敲着鑼鼓' → '門外正在敲鑼鼓', '外面下着大雨' → '外面正在下大雨' 등과 같다. 이것은 (B)식과 (D)식 사이에 변환관계가 존재하며, (B)식은 (D)식으로 변환할 수 있다는 것을 설명한다. 주의해야 할 것은

---

86) 「漢語句法分析方法的嬗變」, 『中國語文』 1992년 제6기.

(A)식은 단지 (C)식과 변환관계를 발생시킬 뿐이며, (D)식과의 사이에는 변환관계가 존재하지 않는다는 것이다. 그와는 반대로 (B)식은 (D)식과 변환관계를 발생시킬 뿐이며, (C)식과의 사이에는 변환관계가 없다. "위에서 우리는 변환분석과 층위분석이 서로 다르다는 것을 알 수 있으며, 층위분석은 문장구조 내부에 착안한 분석이며, 분석을 통해 우리는 문장 내부에 포함된 약간의 단어가 일정한 통사규칙에 따라 한 층 한 층씩 어떻게 조합되었는지를 이해할 수 있게 된다. 그러나 변환분석은 문장구조의 외부에 착안한 분석으로, 곧 분석한 문장구조(일반적으로 원래 문장식이라 부른다)와 그것에 내재적 구조관계가 있는 문장구조(일반적으로 변환식이라 일컫는다) 사이의 관계를 고찰하는 데서 착안하였으며, 분석을 통해 모호의 문형을 분화시키는 목적에 도달한다."[87] "변환관계는 같은 품사 구성의 상관 문형 사이에 존재하는 대응 법칙으로, 그 근본적 특징은 변환 전후 문장의 기본의미관계가 변하지 않고 유지된다는 것이다."(朱德熙, 1981) 만일 변환 관계의 많은 실례를 분석하여 배열한다면 하나의 행렬을 얻을 수 있다. 아래는 朱德熙가 분석한 것으로 변환 관계의 행렬을 갖추고 있다. (A)식 'NPL＋V＋着＋NP'와 (C)식 'NP＋V＋在＋NPL'이다.

(A)	→	(C)
臺上坐着主席團	→	主席團坐在臺上
門口站着人	→	人站在門口
床上躺着病人	→	病人躺在床上
地上蹲着許多人	→	許多人蹲在地上
黑板上寫着字	→	字寫在黑板上

---

87) 「漢語句法分析方法的嬗變」, 『中國語文』 1992년 제6기.

墙上掛着畫　　　　　→　　　畫掛在墙上

門上貼着對聯　　　　→　　　對聯貼在門上

변환식의 행렬에서 세로행 문장은 같은 구조관계이고 가로행 문장의 사이는 변환관계이다. 가로행의 문장은 같은 단어로 이루어진 다른 구조이다. 세로행의 문장은 다른 단어로 이루어진 같은 구조이다. 가로행의 문장구조가 다르고 어법의의에는 차이가 있지만, 의미관계에는 변화가 없다. 세로행의 문장구조는 같지만 단어가 다르기 때문에 구체적인 뜻이 다르다. 그러나 실제로는 문장의 구성성분 사이의 의미관계에는 층위가 있다. 변하지 않는다고 말하는 것은 다만 저층위에서의 의미관계이고, 가로행의 문장에 대해 말하자면 고층위에서의 의미관계는 문장의 구조가 다르기 때문에 서로 차이가 날 수밖에 없다. 전반적으로 말하자면 변환식 행렬의 문장은 형식상에서는 물론이고 의미상에 있어서도 일련의 평행성을 나타낸다. 평행성 원칙은 변환식 행렬의 성질에 대한 서술이다. "그러나 뒤집어 말하면 이 원칙은 또 우리가 변환분석을 진행할 때 변환식의 '참인지 거짓인지'를 감별하는 표준이 된다. 우리가 어떤 변환관계를 세우고 그것을 고려할 때, 우리는 이 변환관계의 성질에 대하여 결코 충분히 알지 못하고 오직 대량의 실례를 열거하며 게다가 이런 실례에 대해 분석을 진행한 후에라야 비로소 이런 변환관계의 성질을 차츰 분명하게 알게 된다."[88]

변환관계를 분석할 때는 반드시 몇몇 이론원칙을 준수해야 하는데, 方經民은 이 원칙을 네 가지로 귀납했다. 즉 동일성 원칙·약속성 원칙·평행성 원칙·유추성 원칙이다. 앞의 두 가지는 기본원칙이고 뒤의 두 가지는 부가원칙이다. 변환분석의 평행성 원칙을

---

88) 朱德熙, 「變換分析中平行性原則」, 『中國語文』 1986년 제2기.

언급할 때에 方經民은 "朱德熙가 고층위의 의미관계와 저층위의 의미관계가 서로 바뀐다는 해석은 사람들로 하여금 이해하기 어렵게 했다."[89]고 여겼다. 그는 만약 그것이 세로행 문장 속에서 서로 같아서, 이런 의미관계를 고층위 의미관계로 간주한다면 그것이 왜 가로행의 문장 속에서도 서로 같은지를 해석할 방법이 없다고 생각했다. 왜냐하면 朱德熙의 해석에 따르면 고층위상의 의미관계가 가로행의 문장 속에서는 다르기 때문이다. 朱德熙는 또한 세로행의 문장은 저층위에서의 의미관계가 반드시 같지는 않다고 지적했다. 이미 이와 같다면, 저층위의 의미관계가 설령 세로행의 문장에서 같다고 해도 정상적이며, 고층위의 의미관계로 변화된다고 여길 필요가 없다. 方經民이 통사관계와 의미관계에 대해 구분한 이후에 변환행렬에서 형식과 의의의 평행성도 마땅히 상응되어 다시 나타나야 한다고 여겼다. 첫째, 세로행으로부터 본다면 동일한 세로행의 문장은 같은 구조관계이다. 어법형식과 통사관계(고층위·저층위)가 일치한다. 둘째, 가로행으로부터 본다면 동일한 가로행의 문장은 변환관계이며 모든 가로행의 좌우양측의 문장은 어법형식과 통사관계(고층위·저층위)상의 차이가 일치하고, 모든 가로행 좌우양측의 문장은 성분 간의 의미관계(고층위·저층위)가 일치하여 함께 나타난다.

변환분석의 이론은 주로 아래와 같은 내용이다.

첫째, 변환분석은 어법수단의 일종이며, 변환은 구조가 다른 두 문형 사이에 존재하는 의존관계로 이해할 수 있다.

둘째, 변환은 문형의 변환이지 어떤 구체적인 문장의 변환이 아니다. 그러므로 원래의 문형이든 변환된 문형이든지 간에 많은 실

---

89) 『論變換分析的平行性原則』.

례들이 집합되어 있다. 만약 변환관계가 있는 두 개의 문형 실례를 행을 나누어 배열한다면 하나의 변환행렬을 형성한다.

셋째, 변환행렬의 문형에서 형식상 혹은 의미상을 막론하고 일련의 평행성이 존재하고 있다. 1. 원래 문형, 즉 화살표 왼쪽의 문형은 각 세로행의 문장이 모두 같은 구조이며 나타나는 어법의의는 일치한다. 변환식, 즉 화살표 오른쪽의 문형은 각 세로행의 문장이 모두 같은 구조이며 나타나는 어법의의는 일치한다. 2. 모든 가로행 화살표 좌우양측의 문장은 구조상과 어법의의상의 차이가 일치할 뿐 아니라, 모든 가로행 화살표 좌우 양측의 문장이 드러내는 단어 사이의 의미관계가 일치한다.

넷째, 위에 서술한 평행성의 원칙을 변환관계에서는 검증작용을 갖추고 있고, 변환행렬 속의 실례는 감별작용을 갖추고 있다.

변환분석의 작용은 먼저 보다 효과적으로 모호의 문형을 분화할 수 있는 데 있다. 예를 들어 앞에서 예를 든 적 있는 '山上架着炮' 등의 변환분석이다. 朱德熙는 모호의 분화를 언급하면서 다음과 같이 예를 들어 말했다. "'在火車上寫標語'에는 모호의가 있다. 이 문장은 표어를 기차에 쓴다고 이해할 수 있으며, 또 기차에 앉아서 표어를 쓴다고 이해할 수도 있다. 앞의 뜻이 말하는 것은 표어의 위치이고 뒤의 뜻이 말하는 것은 표어를 쓰는 이 일이 발생한 장소이다. 앞의 문장은 의미상으로 '把標語寫在火車上'으로 변환할 수 있으며, 뒤의 문장은 의미상 그렇게 변환할 수가 없다. 이렇게 다른 의의는 각각 A1과 A2 두 가지 서로 다른 문형을 대표한다.[90]"

그 다음 변환분석법은 어떤 문형의 분류의 성질을 정하는 데 사용할 수 있다. 예를 들어 동사 뒤에 수량사가 올 수 있는 상황은

---

90) 「'在黑板上寫字'及相關句式」, 『語言敎學與硏究』 1979년 제3기.

세 가지 있다. (a) 수량사가 명량사(名量詞)로 구성되어 있는 상황 (買一本), (b) 수량사가 동량사로 구성되어 있는 상황(洗一次), (c) 수량사가 시량사로 구성된 상황(看一天). 일반적으로 (a)류는 술빈구조지만, (b)류와 (c)류에 대한 견해는 일치하지 않는다고 생각되며, 어떤 사람들은 술빈구조라고 간주하며 어떤 이들은 술보구조라고 간주한다. 하지만 뒤의 두 가지 종류는 (a)류와 같이 모두 'V＋了／過＋nm'('買了／過一本')과 'nm[1]＋也＋沒有＋V'('一本也沒有買')의 형식으로 전환할 수 있다. 이것은 세 종류에 포함된 양사가 비록 같지는 않지만 같은 변환이 있다는 것을 설명한다. 총괄하면 하나의 상위 부류에 속한다. 그래서 그것들을 모두 술빈구조로 분석하는 것이 비교적 합리적이다.

변환분석은 더욱더 깊이 한어어법을 연구하여 더욱더 많은 어법 규율을 제시할 수 있도록 도와준다. 예를 들어 陸儉明의 『雙賓結構補議』[91]는 1) 간접빈어가 인칭대명사가 아니면, 직접빈어는 '수사·양사·(명사)'의 구조라야 하고, 그렇지 않으면 형성된 이중빈어 구조는 서로 붙어 있어서 독립적인 문장이 될 수가 없다. 2) 직접빈어는 종속성 편정구조면 안 된다. 이 두 가지 규율이 바로 일부 '把'자구와 이중빈어구조의 변환관계를 연구할 때 발견된 것이다. 이것은 변환분석법의 운용이 연구자들의 연구시야를 확대시켰다는 것을 설명한다. 呂叔湘은 변환분석법이 "어법연구 중에서 지극히 큰 잠재력이 있는 방법이다."라고 생각했다.[92]

변환분석의 한계성은 그것이 비록 더욱 효과적으로 모호의 문형을 분화시키는 데 쓰일 수 있지만, 모호의 문형을 일으키는 원인

---

91) 『煙臺大學學報』 1988년 제2기.

92) 『關於'語言單位的同一性'等等』.

을 해석할 수 없다는 것이다. 이 점에서 사람들의 새로운 분석 수단의 탐구가 기다려진다.

4. 의미특징분석법

의미특징분석은 1980년대 한어어법 연구에서 운용하기 시작한 어법 분석방법이다. 이런 분석법은 변환분석의 한계성에 기초하여 채택되었다. 왜냐하면 변환분석이 비록 효과적으로 모호의 문형을 분화할 수 있긴 하지만, 모호의 문형을 일으키는 원인에 대한 해석능력이 부족했기 때문이다. 그리하여 연구가들은 의미분석의 각도에서 모호의 현상에 대한 해석을 시도했다. 陸儉明은 「語義特徵分析在漢語語法研究中的運用」의 글에서 의미특징분석에 대해 상세히 논술했다. '院子裏放着四方桌'와 '院子裏演着梆子戲'는 왜 다른 문형으로 대표되는가? 다시 말해서, 'NPL + V + 着 + NP'와 같은 문형의 모호의를 일으키는 원인은 어디에 있는가? 의미분석을 통해 답안을 찾을 수 있다. 아래에서 朱德熙는 [A]와 [B] 두 식을 들어 설명했다.

[A]	→	[B]
院子裏放着四方桌	→	院子裏演着梆子戲
臺上坐着主席團	→	門外敲着鑼鼓
門口站着人	→	外面下着大雨
床上躺着病人	→	大廳裏跳着舞
地上蹲着許多人	→	隔壁打着電話

黑板上寫着字　　　　→　　　操場上放映着電影

墙上掛着畵　　　　　→　　　敎室裏上着課

　朱德熙는, 'NPL＋V＋着＋NP'가 [A]·[B]라는 두 가지 방식으로 분화된 까닭의 중심에는 동사가 있다고 생각했다. [A]식의 동사 '放·坐·站·躺·蹲·寫·掛'는 개체의 함의가 비록 각각 다르지만, 공통적인 의미성분을 함유하고 있다. 즉 '어떤 사물에 부착되어 있다.'는 뜻이다. 이것은 사전에서 이런 부류의 동사에 대한 해석에서 알 수 있다. [B]식의 동사 '演·敲·下·跳·打·放映·上' 등은 모두 [A]식 중의 동사 '어떤 사물에 붙어 있다.'의 뜻은 없다. [A]·[B] 두 식 중 동사의 의미특징은 다음과 같이 분별해서 나타낼 수 있다.

　Va [＋부착], Vb [－부착]

　바로 Va는 [＋부착]이라는 의미특징을 갖추고 있어서 [A]식은 [C]식(NP＋V＋在＋NPL)으로 변환할 수 있지만, Vb는 이런 의미특징을 갖추고 있지 않기 때문에 [C]식으로 변환할 수가 없다. 의미특징이라는 개념을 도입하여 의미특징의 다름에 따라 동사를 더욱 작은 종류로 나누면 [A]·[B] 두 식을 격식으로부터 분화할 수 있다.

　[A] NPL＋Va＋着＋NP

　[B] NPL＋Vb＋着＋NP

　이와 같은 방법으로 어법 분석을 더욱 정밀하고 자세하게 했으며, 통사구조의 분석에 있어 큰 진전을 이루었다.

　의미특징분석이 최초로 출현한 저작은 朱德熙의 「'在黑板上寫字'及相關句式」이다. 문장 곳곳에 변환과 의미의 분석을 결합시켜 문형을 고찰하고, 언어구조에 대한 해석능력을 극대화시켰다. 예를 들어 술빈구조를 분석할 때 저자는 "어떤 술빈구조의 빈어는 점착

형태소(黏着語素: bound morpheme)인데, 이런 빈어는 앞의 어휘와 비교적 단단히 결합되어 있어서 어떤 것은 갈라놓을 수가 없다. 예를 들어 '存款'이다. 어떤 것은 비록 갈라놓을 수는 있지만 순서를 바꿀 수 없는데, 예를 들어 '起草'는 갈라놓을 수 있어 '起了個草'라고는 말할 수 있지만, 순서를 바꾸어 '草起了沒有', '草起好了'라고는 잘 말하지 않는다."고 생각했다. 동사의 타동사와 자동사를 언급할 때, 저자는 A1에서 '在＋NP'가 나타내는 것은 사람 또는 사물이 있는 위치라고 생각했다. 예를 들어 '他在黑板上寫字'와 '病人在床上躺着'인데, 앞 문장의 '寫'는 타동사이고 뒤에 빈어 '字'를 가지고 있으며, '黑板上'은 글자가 있는 위치를 가리킨다. 뒤 문장의 '躺'은 자동사로 뒤에 빈어가 없으며, 문장 처음에 주어인 '病人'이 있고 '床上'은 '病人'이 있는 위치이다. A2에서 '在＋NP'가 나타내는 것은 사건이 발생한 장소이다. 예를 들어 '他在飛機上看書'와 '他在河裏游泳'은 앞 문장의 '飛機上'은 책의 위치를 말하는 게 아니라 '책을 보는' 이 일이 발생한 곳을 말하는 것이다. 뒤 문장의 '河裏' 또한 '그'가 있는 위치를 말하는 게 아니라 수영하는 일이 발생한 곳을 말하는 것이다. 비록 '書'가 확실히 비행기에 있고, '他' 역시 확실히 강에 있지만, A2에 대해 말하자면 결코 반드시 이와 같지는 않다. 예를 들어 '他在飛機上看海'라고 할 때 '海'는 비행기에 있지 않다는 것이다. 다시 예를 들어, C1 '黑板上寫着字'의 'V＋着'은 정지 상태를 나타내고, C2 '屋裏開着會'의 'V＋着'는 동작의 지속을 나타낸다. C1의 N 앞은 수량사나 '很多·許多·不少' 등의 수량을 나타내는 수식어가 올 수 있다. 예를 들면 '黑板上寫着兩個字'이다. C2의 동사 앞에는 부사 '正' 또는 '正在'가 올 수 있다. C1의 동사 앞에 '正' 또는 '正

在'를 더할 때 문장의 뜻에 변화를 일으키는데, C1은 C2로 바뀐다.

陸儉明은 「語義特徵分析在漢語語法研究中的運用」[93]에서 의미 특징분석에 대해 상세히 논술했다. 그는 수량 구(둘 이상의 단어결합) 분석의 예를 아래와 같이 들었다.

A. 死了三天了.

B. 等了三天了.

C. 看了三天了.

D. 掛了三天了.

이상 네 가지 예의 내부층위구조와 어법구조관계는 모두 같지만, 나타내는 어법의의는 각기 다르다. A예 '死了三天了' 중의 시량빈어 '三天'은 '死'라는 이 행위동작이 완성된 후 지난 시간으로 같은 종류의 예를 들면 '傷了三天了'·'斷了三天了'·'熄了三天了' 등이다.

B예 '等了三天了' 중의 시량빈어 '三天'은 '等'이란 이 행위동작이 지속된 시간으로 같은 종류의 예를 든다면 '盼了三天了'·'哭了三天了'·'追了三天了' 등이다.

C예 '看了三天了' 중 시량빈어 '三天'은 '看'이란 이 행위동작이 완성 마감된 후 경과된 시간을 나타낼 수 있다면, A예에서 나타낸 어법의의에 해당하고, '看'이란 이 행위동작이 지속된 시간을 나타낼 수 있어, B예에서 나타낸 어법의의에 상당하기도 한다. 같은 종류의 예를 들면 '聽了三天了', '講了三天了', '學了三天了' 등이다.

D예 '掛了三天了' 중의 시량빈어 '三天'은 '掛'라는 행위동작이 완성 마감된 후 말을 할 때까지 경과된 시간을 나타낼 수 있어, A예가 나타낸 어법의의에 해당되고, 또 '掛'라는 이 행위동작이 지속된 시간을 나타낼 수 있어, B예가 나타낸 어법의의에 해당되기

---

93) 『漢語學習』 1991년 제1기.

도 한다. 이 밖에도 행위동작이 조성된 사물이 존재하는 상태가 지속된 시간을 나타낼 수 있는데, 같은 종류의 예를 들면 '揷了三天了', '貼了三天了', '穿了三天了' 등이다.

상술한 것은 아래와 같이 표로 나열할 수 있다.

	동작 완성 후 경과된 시간	동작이 지속된 시간	동작이 일어난 상태가 지속된 시간
A	+	−	−
B	−	+	−
C	+	+	−
D	+	+	+

상술한 A·B·C·D 차이점의 중심에도 동사에 있다. 각 조의 동사를 분별하여 표기하면 Va·Vb·Vc·Vd가 된다. 즉

Va: 死·傷·斷·熄

Vb: 等·盻·哭·追

Vc: 看·聽·講·學

Vd: 掛·揷·貼·穿

의미에서 본다면 상술한 각 어휘의 의미특징은 다르다. Va는 한 순간에 완성될 수 있는 행위동작으로 지속될 수 없는 행위동작을 나타내며, 행위동작이 일어난 상태의 지속을 나타내지도 않는다. Vb는 모두 순간에 완성될 수 있는 행위동작을 나타내지 않고 지속될 수 있는 행위동작을 나타내며, 또한 행위동작이 일어난 상황의 지속을 나타내지는 않는다. Vc는 순간에 완성될 수 있는 행위동작을 나타낼 수 있으면서, 또 지속될 수 있는 행위동작을 나타낼 수도 있다. 그러나 또 행위동작이 조성된 상태의 지속을 나타내지는 않는다. Vd는 순간에 완성될 수 있는 행위동작을 나타낼 수 있으며, 또 지속될 수 있는 행위동작을 나타낼 수도 있을 뿐 아니라 동작행위가 조성된 상태의 지속을 나타낼 수도 있다. 이상

네 조의 동사의미특징은 아래와 같이 표로 나열할 수 있다.

Va [＋완성·－지속·－상태]

Vb [－완성·＋지속·－상태]

Vc [＋완성·＋지속·－상태]

Vd [＋완성·＋지속·＋상태]

의미특징분석을 통해 알 수 있는 것은 A·B·C·D는 엄격한 의미에서 말한다면 서로 다른 구조라는 것을 알 수 있으며 마땅히 다음과 같이 분별하여 나타내야 한다.

A. Va＋了 ＋T＋了

B. Vb＋了 ＋T＋了

C. Vc＋了 ＋T＋了

D. Vd＋了 ＋T＋了

의미특징분석은 동사에 대한 분석에 적용될 뿐만 아니라, 형용사와 명사 등의 분석에도 적용된다. 형용사에 대한 의미특징분석은 문장 속에 현대한어 중 'A(一)點兒!'과 같은 종류의 형용사가 핵심이 되는 명령문을 분석대상으로 삼는다. 예를 들어 '謙虛點兒·客氣點兒·大方點兒'과 '高一點兒·低一點兒·大一點兒' 등이다. 모든 형용사가 모두 'A(一)點兒!'이라는 규칙에 넣을 수 있는 것이 아니다. 예를 들어 '聰明·可愛·出色' 및 '滑頭·驕傲·自滿' 등은 상술한 규칙에 속할 수 없다. 그 원인은 단지 의미특징분석을 통해서만이 비교적 만족스러운 대답을 얻을 수가 있다. 'A(一)點兒!'에 넣을 수 있는 형용사는 모두 사람들이 제어할 수 있는 상태를 나타내며, 그 의미특징은 A1[＋통제 가능]으로 적을 수 있다. 그러나 '聰明·可愛·出色' 등이 'A(一)點兒!'에 진입할 수 없는 까닭은 모두 통제가능성을 가지고 있지 않기 때문이며, A2[－

통제 가능]으로 적을 수 있다. 위의 문장에 열거한 '滑頭·驕傲·自滿' 등의 형용사도 이치에 따른다면 통제가능성을 갖추고 있어서 한 사람이 교활한지 그렇지 않은지, 교만한지 아닌지 그리고 자만한지 그렇지 않은지는 통제할 수 있는 것이다. 그런데 왜 'A(一)點兒!'에는 넣을 수 없는가? 이유는 모두 그 규칙에 들어갈 수 있는 형용사는 모두 칭찬의 의미를 가지고 있거나 혹은 중성의 의미를 가지고 있어야 하며 폄하의 의미를 가지고 있어서는 안 되기 때문이다. '滑頭·驕傲' 등의 말은 모두 폄하의를 나타낸다. 그렇기 때문에 그 격식에 넣을 수 없는 것이다. 이렇게 의미특징에 따라 아래와 같이 A1을 세 개의 하위 부류로 세분화할 수 있다.

A1a [+통제 가능 · +칭찬 · -폄하]

A1b [+통제 가능 · -칭찬 · -폄하]

A1c [+통제 가능 · -칭찬 · +폄하]

A1a는 곧 보통 말하는 칭찬 혹은 찬양의 뜻을 가진 형용사이고, A1b는 중성적 의미의 형용사가 되며, A1c는 폄하의 뜻을 가진 형용사가 된다. 여기에 이르러, 'A(一)點兒!'의 규칙에 들어갈 수 있는 것은 A1a와 A1b로 제한되고, 규칙에 들어갈 수 없는 것은 A1c와 A2[-통제 가능]이다.

陸儉明은 의미특징분석에 대해 아래와 같은 인식을 가질 수 있다고 생각했다.

(1) 의미특징분석은 동일한 문형 중에서 중요한 위치에 놓인 단어(반드시 어떤 실사 중의 한 하위 부류에 속한다)가 공유하는 의미특징의 분석 개괄에 착안하고 있다.

(2) 어떤 하위 부류 단어의 의미특징은 그 하위 부류의 단어가 가진 특유한 기능이 그것이 있는 문형에 대해 특수한 제약작용을

일으킬 뿐 아니라, 기타 하위 부류 단어의 의미요소를 충분히 구별할 수 있다는 것을 가리킨다. 단어의 의미특징은 구체적인 개괄을 결합하여 얻어 낸 것이지, 구체적 문형을 떠나 단순한 의미분석을 개괄하여 얻은 것이 아니다. 다시 말해서 먼저 구체적 문형을 떠나 단순히 어휘각도에서 일부 단어의 의미특징을 개괄한다면 어법상의 가치가 있다고는 할 수 없으며, 심지어 구체적 문형을 떠나면, 어떤 상위 부류의 어떤 단어들이 어법가치가 있는 하위 부류로 정리되어야 하는 것을 근본적으로 확정할 방법이 없다고 말할 수 있다. 그 다음 어떤 단어들은 어떤 의미특징을 갖추고 있는지의 여부에 따라, 어떤 하위 부류에 귀납될 수 있는지도 구체적 문형을 결합해야만 확정할 수 있다.

(3) 어떤 하위 부류의 단어가 가진 의미특징은 그 하위 부류의 단어가 있는 문형에 대해 제약작용을 일으키며, 이런 제약작용은 그 문형이 특수한 어법의의를 지닌 독특한 문형이 되는 데 있어서 두드러지게 드러난다. 따라서 그 문형을 같은 형태의 기타 문형과 구별되도록 해 준다.

(4) 의미특징분석은 같은 형태의 문형의 진일보한 분화와 동일 종류 단어의 하위 부류를 구분하는 데 가장 믿을 만한 어법과 의미의 근거를 제공했다.[94]

의미특징분석은 한어어법의 특징을 두드러지게 하였고, 어법연구가 형식과 뜻이 결합하는 방향으로 큰 발걸음을 내딛게 했다.

---

94) 「語義特徵分析在漢語語法硏究中的運用」, 『漢語學習』 1991년 제1기.

5. 기타 분석방법

분석방법의 각도로 보면 1980년대 이후, 현대한어어법 연구는 다각도·다방면·다층위의 특징을 드러내고 있다. 전통적인 문장 성분분석법 이외에 층위분석법·변환분석법 및 의미특징분석법 등이 갈수록 광범위하게 활용되었는데, 어떤 것은 이미 어법교육의 영역에 들어섰다. 최근 몇 년 동안, 분석방법은 더욱 다원화되었는데 예를 들면 화용론의 각도에서 어법현상을 분석하여 관계어법·필모어(C. J. Fillmore)의 '격'어법·계통기능어법 등을 한어어법 분석에 응용하고 있다. 분석에서도 자주 전제·함의구조·의미초점·표현환경 등의 개념과 분석방법을 채택하고 있다.

계통기능어법은 언어를 많은 계통으로 조직된 그물로 보고, 언어의 기능표현을 정보전달, 의사소통의 진행, 담화의 구성 등으로 나타내었으며, 언어의 기능은 의미 층위 속에 포함된다고 간주하고 있다. 계통기능어법은 언어에 대한 정보 표현·글 중 문장의 연결 및 형태·어기·모양 등의 연구를 중시하고 의미표현과 통사형식의 관계를 제시한다. 그러나 계통기능어법은 중국의 외국어 교육에서 비교적 큰 영향을 가지고 있을 뿐, 현대한어어법 분석에 있어서의 응용은 오히려 그다지 보편적이지 않다.

朱德熙는 "어법연구의 최종 목적은 바로 어법형식과 어법의미 간의 대응관계를 분명히 하는 것이다."[95]라고 말했다. 사람들은 어법 분석 중에 의미의 분석을 훨씬 중시하는데, 예를 들어 의미지향분석과 의미구조관계분석 등의 방법은 항상 운용되고 있다.

---

95) 『語法答問』 80쪽.

1) 의미지향분석

이 분석법은 통사성분의 의미와 통사구조 간의 관계를 제시하는 데 중점을 둔다. 통사성분의 의미는 배열전의 구조성분발생과 연관될 수 있으며, 배열후의 구조성분 발생과도 연관될 수 있다. 예를 들어 '他喝醉了酒'라고 할 때 보어 '醉'의 의미는 앞쪽의 '他'를 지향하고, 나타내는 뜻은 '他醉了'이다. '他喝乾了酒' 중 보어 '乾'의 의미는 단지 뒤쪽의 '酒'를 지향할 뿐이고, 뜻은 '酒喝乾了'이다. '他喝完了酒' 중 보어 '完'의 의미지향은 불확정적이고, 만약 앞쪽의 동사 '喝'를 지향한다면 '喝'의 동작이 끝났다는 것을 표시하고, 만약 뒤쪽의 '酒'를 지향한다면 '酒沒有了'를 표시한다. 이는 구조형식이 서로 같을 때 의미가 가끔 아주 큰 차이를 보이는데, 의미지향분석은 세밀하고 분명하게 이런 동형이구(同形異構)의 차이를 보여준다는 것을 알 수 있다. 다시 예를 들어 '兩個人就吃了五個饅頭'에서 부사 '就'의 의미지향이 불명확할 때, 문장은 모호의를 갖게 된다. 만약 '就'의 의미지향이 '兩個人'이라면, '就'의 작용은 사람 수를 제한하여, 사람 수가 적다는 것을 설명하며, 다섯 개의 만두는 두 사람에 대해 말하자면 많다는 것을 나타낸다. 만약 就의 의미지향이 다섯 개의 만두라면 다섯 개의 만두는 적다는 것을 나타낸다. 만약 '就'의 의미지향이 '吃'라면, 만두를 먹은 것 말고는 다른 것은 아무것도 먹지 않았다는 것을 표시한다. 통사성분이 연관되는 대상으로 본다면, 어떤 한 통사성분은 하나의 성분과 연결될 수 있으며(위에서 예를 든 것 중의 '醉'와 '乾'), 두 개 이상의 성분발생과도 연관될 수 있다(위에 예를 든 것 중 '完'). 통사성분의 의미는 구조 중의 성분발생과 연관될 수 있으며, 구조 이외의 성분(잠재적이거나 혹은 앞뒤 문장)이 발생될 수도 있는데, 예를 들어 '(老栓看看燈籠), 已經熄了.'라고 할 때 '熄'의 의미지향은 구조 외의 '燈籠'이다. '(他看着空蕩蕩的車站), 無疑都走了.'라고 할 때 '走'의 의미지향은 잠재적인 것이다.

의미분석은 또 항상 시수(施受)관계의 구분을 언급하는데, 예를 들어 '鷄不吃了'라고 할 때 '吃'의 의미는 드러난 성분 '鷄'를 지향할 수 있으며, 감추어진 성분 '人'을 지향할 수도 있다. 드러난 성분 '鷄'가 만약 시사라면 '鷄不吃食了'를 나타내고, 만약 '鷄'가 수사라면 '人不吃鷄了'를 나타낸다. '吃'의 의미지향이 감추어진 성분 '人'일 때는 '鷄'가 수사가 될 때와 의미가 서로 같다.

2) 의미구조관계분석

이런 분석법의 목적은 두 개 이상의 통사성분 사이의 의미관계를 제시하는 데 있다. 이런 관계는 직접성분 간의 관계일 수 있고, 간접성분 간의 관계일 수도 있다. 예를 들어 '撞到了哥哥的自行車'는 다의적인 것으로, 층위분석법으로 서로 다른 의의를 분화할 수 있다. S1 '撞到了 / 哥哥的自行車'로 분석할 수 있으며, S2 '撞到了哥哥的/自行車'로도 분석할 수 있다. S1과 S2의 뜻은 서로 다르다. 이런 의미구조의 차이가 표층적 통사구조에서 감추어져 있으므로 우리는 의미구조관계분석으로 그 차이를 명시해 낼 수 있다.

S1 = (x)撞哥哥的自行車 + 自行車到了.

S2 = 自行車撞哥哥 + 哥哥到了.

의미구조관계분석은 구조가 비슷한 연동식과 겸어식을 유효하게 구분할 수 있다. 예를 들어 S3 '他有件新衣很高興'과 S4 '他有件新衣很昂貴'의 두 문장은 통사구조에서 볼 때는 서로 유사하지만 의미구조관계에서 보면 서로 다르다.

S3의 의미구조관계는 他有件新衣 + 他很高興이고

S4의 의미구조관계는 他有件新衣 + 新衣很昂貴이다.

S3 중 '新衣'의 의미지향은 동사 '有'이고 양자는 동빈관계를 구성하여, '新衣'와 '高興'은 의미관계가 없다. S4 중 '新衣'는 동시에 '有'와 동빈관계를 발생하고, '昂貴'와는 주위관계를 발생시킨다. 따라서 S3은 연동식이며 S4는 겸어식이 된다.

의미구조관계분석은 통사성분의 의미지향을 언급하는 것 외에, 중요 어휘의 의미특징을 언급할 뿐 아니라, 의미특징이 의미지향에 대해 일정한 제한작용을 하고 있다. 예를 들어 S3 중 '高興'의 의미특징은 단지 사람에게 쓰여, 사람의 주관적 감정을 표시할 뿐이며, S4 중 '昂貴'의 의미특징은 단지 사물에 쓰여 물건의 가격이 비싸다는 것을 표시할 뿐이다. 의미특징의 차이로 인해 그 의미지향도 달라진다. 만약 의미특징이 동시에 두 가지 대상에 적용될 수 있다면, 의미지향도 불확정적인 현상이 나타날 수 있다. 예를 들어 '他有個失足朋友很痛苦'라는 문장에서, 의미특징상으로 보면 '痛苦'는 '他'에 적용할 수 있고, '朋友'에 적용할 수도 있어서, 그 의미지향도 두 가지가 될 수 있다. 우리는 의미구조관계분석으로 서로 다른 통사구조를 분화해 낼 수 있다. 만약 '他有個失足朋友 + 他很痛苦'라면 그 문장은 연동식이고, 만약 '他有個失足朋友 + 朋友很痛苦'라면 그 문장은 겸어식이 된다.

3) 분포분석

이는 단어의 각 통사위치상에서의 분포상황에 의거하여 품사 구분을 행하는 방법이다. 呂叔湘의 '분포'에 대한 해석은 "묘사언어학파는 하나의 언어성분이 나타낼 수 있는 환경과 몇 개의 언어성분이 어떤 위치에서 서로 교체될 수 있는 것 및 교체 후의 각종 상황을 하나의 술어로 개괄하여 '분포'라고 했으며, 아울러 언어성분의 같은 점과 다른 점은 완전히 분포에 의해 결정될 수 있다고 여겼다."[96] 이 이론은 어법기능에 따라 품사를 구분하는 데 있어, 먼저 단어의 어법분포를 고찰해야 한다고 여겼다. 주로 두 가지 점을 포괄하는데, 첫 번째는 단어가 통사구조 중에서 어떤 어법성분위치를 점할 수 있는가이며, 두 번째는 어떤 단어와 조합될 수 있는가이다. 이 두 측면의 분포에서 서로 같거나 서로 가까운 단어는 하나의 품사로 편입시킬 수 있고, 그렇지 않다면 서로 다른 품사로 구분된다. 예를 들어, '突然·忽然·猛然'의 이 세 가지 단어의 뜻은 서로 비슷하며 어법기능 면에서 서로 같은 점은 모두 상어가 될 수 있다는 것이다. 하지만 어법분포는 결코 완전히 일치하지 않는다. 아래의 표에 열거한 방식을 통해 그 분포상황에 대해 고찰할 수 있다.

예시	상어(狀語)	정어(定語)	보어(補語)	很~	不~	~補
突然	+	+	+	+	+	+
忽然	+	−	−	−	−	−
猛然	+	−	−	−	−	−

---

96) 「關於'語言單位的同一性'等等」, 『中國語文』 1962년 11월.

만약 뜻으로 분류하면 이상의 세 가지 단어는 한 가지로 분류될 수 있지만, 어법분포로 보면 '突然'과 '忽然·猛然'의 차이는 매우 커서, 그 분포특징에 따라 '突然'은 형용사로 귀납하고, '忽然과 猛然'의 분포특징은 일치하여 마땅히 동일 품사인 부사에 포함된다. 다시 예를 들어 '初級'과 '低級'의 뜻은 매우 가깝지만, 분포상에서는 같은 점보다 다른 점이 많은데, 즉 정어가 될 수 있다는 측면에서는 서로 같지만 위어가 되거나 '不·很'의 수식 여부의 측면에서는 서로 달라서, 마땅히 서로 다른 두 가지 품사로 분류해야 한다. 즉 '初級'은 구별사(區別詞)로 '低級'은 형용사로 구별한다.

분포분석에서 같은 품사의 단어는 어법분포에 있어서 반드시 여러 가지 공통점이 있어야 하는데, 즉 내부는 동일성이 있어야 하고, 동시에 기타의 품사와는 반드시 충분한 차이점이 있어야 하는 것이며, 외부적으로는 배타성이 있어야 한다. 하지만 단어가 차지할 수 있는 통사적 위치는 제한되어 있으므로 동일한 품사라도 모든 단어의 어법분포가 완전히 같은 것은 아니다. 예를 들어, 동사는 일반적으로 조사 '了·着·過'를 가질 수 있지만, '認爲·希望·能够' 등의 동사는 '了'를 붙일 수 없으며, '同意·斷定·打倒' 등의 동사는 '着'을 붙일 수 없다. 이에 근거하여 동일한 품사도 서로 다른 구분을 할 수 있다. 다른 품사에 속하는 단어들도 그 어법분포가 반드시 완전하게 다른 것은 아니지만, 마땅히 충분한 차이점이 있어야 하며, 특히 일부 개방적 품사는 어법 특징이 완전히 배타적인 것은 불가능하여, 응당 소량의 예외를 허락해야 한다. 당연히 예외현상은 하나의 합리적 범위 내이어야 하고, 그렇지 않으면 어떤 품사의 어법 특징이라고 말하기 어렵다. 바로 呂叔湘이 지적한 것같이 "한어품사 문제의 애로사항은 단일한 표준으로 하나의 종류를 규정할 수 없는 데에 있다. 반드시 몇 가지 특징을 열거해야 한다. ……만약 몇 가지 표준의 결과가 늘 일치한다면, 표준이 더 많다고 해도 걱정되지 않지만, 결과가 들쭉날쭉하다면 일은 처리하기가 쉽지 않다." 그렇다면 어떻게 처리하는가? 呂叔湘은 "어떤 형태소의 몇 가지 기능에 경중(輕重)의 구분, 혹은 일반적인 것과 특수한 것의 구분이 있는가? 분포로 말하자면, 만약 어떤 한 형태소가 세 가지 환경에서 나타나지만, 출현하는 빈도율이 90 : 9 : 1이라면, 이 세 가지 환경을 동등하게 볼 수 있는가?"[97] 라고 생각했다. 이것은 바로 분포분석법을 이용하여 품사를 확정할 때, 일의 주된 것과 부차적인 것을 분명히 가려야 한다는 것을 말한다. 중요한 차이에 근거하여, 우리는 다른 품사를 분별해 낼 수 있으며, 차이에 근거하여 품사 중의 하위 부류를 분별해 낼 수 있다.

4) 배가(配價)분석

일반적으로 배가이론은 프랑스 언어학자 테스니에르(Lucien Tesnière)가 1950년대에 만들었다고 여긴다. '가(價: Valency · Valenz, '배가(配價)', '향(向)'이라고도 일컫는다)'라는 전문용어는 화학에서 빌렸다. 화학 중 '가(화합가)'의 개념은 분자 중 각 원소와 원자 숫자 간의 비례관계를 설명하기 위한 것이다. 어법 중 '가'의 개념을 차용한 것은 동사가 얼마의 명사성 성분을 지배할 수 있다는 것을 설명하기 위해서이다. 테스니에르의 배가이론은 그가 세운 종속관계어법의 중요 조성 부분이다. 그는 통사의 의의가 문장을 연구하

---

97)「關於'言語單位的同一性'等等」,『中國語文』1962년 11월.

는 데 있어서 문장은 하나의 조직이 있는 총체이며 문장의 구성성분은 단지 표면에 보이는 단어만이 아니며, 더욱 중요한 것은 단어와 단어 사이의 '관련'이라는 것이며, 그것이 문장의 '생명선'이라고 생각했다. 동사는 문장의 중심이며, 그것은 다른 성분을 지배하면서, 그 자체는 기타 어떤 성분의 지배도 받지 않는다. 직접적으로 동사의 지배를 받는 것에는 명사성 단어('행동논항')와 부사성 단어('상태논항')가 있는데, 상태논항은 무한하지만, 행동논항은 세 개를 초과할 수가 없는데 그것은 주어·빈어1·빈어2이다.

중국에서 앞서 '가'의 개념을 한어어법 연구에 끌어들인 사람은 朱德熙인데, 그가 사용한 것은 '항(向)'이라는 전문용어이다. "다만 하나의 명사성 성분과 관계를 발생하는 동사는 단향동사(單向動詞)라고 부를 수 있을 뿐이며", "두 개의 명사성 성분 연관된 동사는 쌍향동사(雙向動詞)라고 부를 수 있고", 세 개의 명사성 성분과 관계된 동사는 삼향동사(三向動詞)라고 부를 수 있다.[98] 예를 들어 '我來了'·'他剛蘇醒' 중의 '來·蘇醒'은 바로 일가(一價)동사이고, 그 통사 특징은 다만 강제성 통사성분을 연결시키고, 주어와 함께 의의가 자족되는 주위구조를 구성한다. '小剛開汽車'·'我們向他學習' 중의 '開·學習'는 이가(二價)동사로, 그 통사 특징은 두 개의 강제성 통사성분을 연결시켜 함께 의의가 자족되는 주위구조를 구성한다. '他送我禮物'·'老張勸小李安心工作' 중의 '送·勸'은 삼가(三價)동사가 되며, 그 통사 특징은 세 개의 강제성 통사성분을 연결시켜, 함께 의의가 자족되는 주위구조를 구성한다. 배가이론은 중국에 들어온 후, 중국어법학계의 광범위한 중시를 받았다. 朱德熙의 뒤를 이어, 張斌·陸儉明·范曉·吳爲章·邵敬

---

98) 「'的'字結構和判斷句」, 『中國語文』 1978년 제1-2기.

敏·袁毓林·劉丹靑·譚景春·張國憲 등 학자가 잇달아 문장을 발표하고, 배가의 성질·원칙·방법에 대해 모두 깊이 있는 연구를 했으며, 아울러 한어어법의 특징을 결합하여, 동사의 배가성분은 명사성 성분에 제한되는 것이 아니고, 형용사성 성분 혹은 동사성 성분이 될 수 있다는 것을 제시했다. 동사의 가를 분류하였을 뿐 아니라, 동사절의 배가를 연구했다. 邵敬敏은 한어어법학계가 '배가'이론을 도입한 후 '가'라는 범주가 가지는 속성에 대한 이해에 있어 큰 의견대립이 나타났다고 여겼다. 그는 마땅히 두 가지 서로 다른 성질의 '가'를 구분해야 한다고 생각했는데, 그것은 '의미가'와 '통사가'이다. 의미가는 의미평면에 속하고 통사가는 통사평면에 속하기 때문에 '통사향(句法向)'이라 일컫는다. 이 양자는 구별되기도 하며 연관되기도 한다. 의미가는 하나의 동사가 통사구조 속에서, 그것과 의미관계를 발생할 수 있는 의미 분류의 총체를 가리킨다. 하나의 동사가 몇 가지의 의미 분류를 연결할 수 있으면, 몇 개의 '가'가 존재한다. 邵敬敏은 孟琮 등의 『動詞用法辭典』의 동사에 대한 검증을 통해 하나의 동사는 적어도 하나의 의미가를 가지고 있으며 아무리 많아도 일곱 개를 넘지 못한다는 것을 발견했다. 통사향은 의미가를 기초로 삼았으나, 그것은 반드시 '동시출현(同現)'의 원칙에 부합되어야 하는데, 곧 하나의 통사구조 속에서 몇 개의 의미격이 동시에 가장 많이 나타날 수 있는가이다. 동시출현성분은 단지 주어와 빈어의 위치에서만 나타나지만 주어와 빈어 위치에서 나타나는 성분 모두가 반드시 동시출현성분인 것은 아니다. 통사구조의 제약으로 인해 어떤 통사구조이든 간에 동사와 관계있는 의미성분이 동시에 나타날(同現) 수 있는 성분은 아무리 많아도 네 개다. 예를 들어 '這些花兒他水澆了

三桶'(수사 - 시사 - 재료 - 동작 - 수량)과 같다. 邵敬敏은 '의미가'와 '통사향'의 관계에 대하여 분석하고, 통사향은 의미가를 기초로 하고, 후자의 상황은 전자보다 더욱 복잡하게 되는데, 한어를 학습하고 연구하는 것에 대해서도 더욱 직접적인 작용이 있기 때문에, 의미가는 더욱 중요하게 드러난다고 생각했다.[99] 한어어법 연구 중 배가이론을 끌어들인 것은 "한어어법 연구를 위해 새로운 연구방법을 개척했으며, 새로운 연구방향을 제공했다(陸儉明)."고 여겨진다. 朱德熙는 「'的'字結構和判斷句」의 글에서 '動詞性成分＋的'의 형성된 '的'자구조의 모호의 지수에 대한 연구는 바로 배가이론을 운용하여 한어동사를 연구하고 얻은 성과이다. 文煉도 동사의 '향(向)'에 대해 연구를 했는데, 그는 동사발생과 연관되는 명사성 성분에는 두 종류가 있는데, 그 중 하나는 강제성으로, 만약 언어환경의 도움이 없다면, 반드시 문장 속에 나타나야 한다는 것이다. 다른 하나는 비강제성으로, 표현할 필요에 근거해서 문장 속에 출현할 수도 있고 나타나지 않을 수도 있다[100]고 여겼다. '강제성 성분'과 '비강제성 성분'을 구분하여 동사 '향'에 대한 인식을 심화시켜, 어법연구가 더욱 과학화하고 정밀화하게 하였다. 劉丹靑은 「形名同現及形容詞的向」[101]에서 왜 어떤 형용사 앞에 '對'로 이루어진 개사구조가 절대 첨가될 수 없는지, 또 어떤 형용사 앞에 반드시 어떤 개사구조가 첨가되어야 하는지를 지적했다. 저자는 배가이론을 운용하여 이 문제에 대해 합리적인 해석을 했다. 많은 학자들은 배가이론을 이용해서 한어어법방면을 연구하여 뛰어난 업적을 얻었다. 이것

---

99) 『漢語語法的立體研究』, 商務印書館 2000년판.
100) 「詞語之間的搭配關係」, 『中國語文』 1982년 제1기.
101) 『南京師大學報』 1987년 제3기.

도 배가 연구 분석이 한어어법 연구에 적용되어, 한어어법 현상에 대해 비교적 강한 해석력을 갖추고 있다는 것을 설명한다.

5) 화용분석

화용분석이 기타 분석방법과 가장 크게 다른 점은 언어를 언어와 사람·언어와 언어환경의 관계 속에 놓고 고찰하며 어떤 분석방법을 사용하건 언어의 어느 부분을 분석하든 간에 언어 사용자 및 사용 환경을 연관시키는 것으로, 언어의 사용 과정에서 언어를 분석한다면 모두 화용적 분석에 속하므로 화용분석을 동태(動態)적 분석이라고 일컫기도 하며, 고립적으로 언어단위를 고찰하는 정태(靜態)적 분석과는 구별된다. 정태분석은 의사소통에 참여하는 청자와 화자라는 쌍방적 관계나 말과 언어환경의 관계에 대해 관심을 쏟지 않고, 단지 문장에 주의를 기울일 뿐 문장보다 큰 단위나 문장조합 혹은 화제의 선택 등을 무시한다. 동태분석은 일반적으로 정태분석의 기초에서 진행하되 더 나아가 언어를 의사소통을 진행하는 쌍방에 놓인 관계 및 특정 언어환경 속에서 고찰하는데, 그것은 이런 요소의 작용에서 문장이 어떤 새로운 특정한 의의를 만들어 낼 수 있는가를 발견하는 데 그 목적이 있다. 화용의의에는 두 가지가 있는데, 하나는 글자 표면에 나타난 의의이고(또는 액면의의), 하나는 언외(言外)적 의의이다. 예를 들어 갑이 을에게 돈을 빌리는데, 갑이 '借我100塊錢好嗎?'라고 말하면, 을이 '我明天要買自行車.'라고 말한다. 을의 대답은 글자 표면상으로 본다면, 단지 상대방에게 내일 뭘 하려고 하는가를 말하는 것이지만, 실제적으로는 상대방에게 '我不能借錢給你.'라는 것을 암시한다. 이런 글자 표면에 나타나는 의의에 감추어진 언외적 의의는 바로 을이 표현하고자 하는 화용의의이다. 언외(言外)적 의의에는 독립적 표현형식이 없고, 그것은 글자 표면에 나타나는 의의의 형식을 통해 표현될 뿐 아니라, 완전히 청자는 자신의 언어환경 및 대화대상에 대한 이해에 근거해서 판단한다. 만약 액면의의의 형식이 없다면, 언외적 의의도 표현의 기초를 잃어버린다. 화자의 측면에서 보면 화자가 어떤 문장의 형식으로 표현하며, 어떤 의사소통 환경에 처하는지, 상대방이 자신의 말하는 의도를 정확히 이해할 수 있는지를 모두 진지하게 고찰을 할 필요가 있다. 만약 쓰이는 언어형식 및 청자의 이해능력에 대해 정확히 파악하지 못하면, 화자의 의도는 목적을 이루기가 어렵다.

언어행위 주체는 발화자와 청자를 포괄한다. 어떤 말은 일정한 의도를 품고 있는 발화자가 청자를 겨냥해서 말을 하는 것이며, 청자는 상대방의 말을 정확히 이해해야 하고, 발화자와 언어환경에 대한 일정한 파악능력이 있어야 한다. 언어환경은 문맥의 언어환경·현장언어환경과 배경언어환경을 포함한다. 의사교환 중에 작용을 일으킬 수 있는 언어환경 요소는 반드시 쌍방이 공동으로 알고 있는 부분이며, 쌍방이 함께 알고 있는 부분에 도달하기 위해 대화의 쌍방은 모두 의사소통을 진행하는 행위 속에서 끊임없이 언어환경 요소에 대해 전제하고, 탐색해 보고, 추측해 보고, 설명하여 상대방이 정확하게 말을 이해할 수 있도록 해야 한다. 예를 들어 魯迅의 『祝福』 중 상림수(祥林嫂)는 자신의 모든 저축으로 토지묘에 문지방을 기증한 후, 자신은 이때부터 죄가 없는 사람이라고 여겨 주인이 조상에게 제사지낼 때, 매우 부지런히 일했으나,

넷째 숙모는 오히려 황망히 큰 소리로 그녀에게 다음과 같이 말했다. "내버려 둬, 상림수!(你放着罷, 祥林嫂!)" 상림수는 당연히 이 말 속의 심층적 함의를 이해했기 때문에, "마치 뜨거운 것에라도 닿은 듯 손을 움츠렸으며, 동시에 얼굴색이 새파래져서 더 이상 촛대를 잡으러 가지 못하고 마치 실신한 듯 서 있었다.…… 다음 날, 눈이 움푹 들어갔을 뿐 아니라 정신마저 더욱 추스르지 못했다.(好像是受了炮烙似的縮手, 臉色同時變作灰黑, 也不再去取燭臺, 只是失神地站着……第二天, 不但眼睛凹陷下去, 連精神也更不濟了.)"에서 보기엔 아주 평범한 말이지만 상림수에게는 이처럼 아주 큰 자극이었다. 왜냐하면 듣고 말하는 쌍방이 모두 서로 알고 있는 맥락에서 상림수는 '죄'가 있는 사람인 것이다. 만약 대화 쌍방이 화자의 의도를 포함해서 말의 맥락을 정확하게 파악하지 못했다면, 대화에 장애를 가져왔을 것이다. 예를 들어 농담으로 어떤 사람이 손님을 청했는데 오랜 시간이 지났는데 손님이 아직 다 오지 않자 주인이 말하기를 "該來的還沒有來."라고 했다. 자리에 있던 사람들이 듣고 마음이 편치 않아 속으로 "難道我們是不該來的?"이라고 생각할 것이다. 도중에 어떤 사람이 자리를 떠나자, 주인이 또 "不該走的走了."라고 말했다. 연회에 참석한 사람들이 또 기분이 나빠져, 속으로 "主人是不是嫌我們還不走?"라고 생각했다. 그래서 서둘러 자리를 떠나갔고, 결과는 주인과 손님이 불쾌한 기분으로 헤어졌다. 이것은 듣고 말하는 쌍방이 언어환경 및 상대방의 심리상태에 대해 정확하게 파악하지 못해 오해를 낳은 것이다.

화용분석의 기본원칙은 담화를 언어 사용자와 언어환경에 두고 담화에 대한 제약에서 분석을 하는 것으로 화용의의와 담화의 구조의 이러한 제약 아래서의 변화를 이해함으로써, 그 속의 규율을 발견하는 것이다. 화용분석의 대상은 언어행위 속의 담화이며, 담화가 지니고 있는 화용의의 및 담화 구조로 구체적으로 표현된다. 아울러 분석을 통해 얻어지는 것은 어떤 의의와 형식의 조정이 언어로 하여금 운용 중에 특정한 표현 효과를 거두느냐 하는 것이다. 분석의 목적은 그 속의 화용규칙을 찾아내야 하는 것이다. 화용분석의 방법은 담화를 언어 사용자 및 언어환경의 관계 속에 놓고 진행할 것을 요구하며, 특히 사용자 및 언어환경의 담화에 대한 제약관계를 분석하는 것이다. 우리가 문장에 대해 어법 분석을 할 때, 보통 그것의 구조성분 및 성분 간의 어법·의미관계를 분석하고, 문장성분에 충당하는 단어 및 절의 어법 특징을 분석하여, 문장의 구형·종류를 귀납하여 그 중의 규율을 찾아내고 더욱더 정확하게 문장의 뜻을 이해하도록 해야 한다. 하지만 문장이 전달될 수 있는 것은 다만 추상적으로 개괄적인 언어정보로, 구체적인 의사소통 환경 속에서 사람들은 문장이 만들어 낸 많은 구조의의 이외의 특정한 함의를 가지고 감정의사를 나타낼 것을 원한다. 예를 들어 사무실이라는 환경 속에서 한 사람이 동료에게 "你能把窗戶打開嗎?"라고 말했다면, 뜻은 상대방에게 창문을 열라고 하는 것이다. 이것이 하나의 의문문으로 나타내는 뜻은 명령문의 내용이다. 그러나 만약 집에서 이 사람이 자신의 아이에게 "你能把窗戶打開嗎?"라고 말했다면, 아마 어린애에게 창을 열 수 있는 능력이 있느냐고 묻는 것일 뿐이며, 이때의 문장은 다만 보통의 의문문에 지나지 않는다. 이것은 바로 대화대상과 대화환경의 언어에 대한 제약작용이다.

언어가 도대체 인류생활 중에서 어떻게 운용되고 활동하는가를 이해하려면, 반드시 한걸음 더 나아가 도대체 어떤 요소와 어떤 규칙이 추상적인 언어단위에 영향을 미쳐 구체적인 단위로 변화되는가를 연구해야만 한다. 다시 말해 언어의 활용도 연구해야 한다. 언어활용에 영향을 끼치는 요소는 매우 복잡하고 풍부하여, 음성적·어휘적·통사적인 것을 포괄하고, 또 사격(辭格)·문체·풍격 등은 모두 화용분석의 중요 대상이다.

결론적으로 어법 분석은 묘사로부터 해석에 이르고 정태로부터 동태에 이르며, 단일로부터 다원으로 이르고 미시적인 것에서 거시적인 것으로 이르는 것으로, 이는 어법연구가 보여주고 있는 하나의 발전 추세이다.

참고문헌

王力,「語法的民族特點和時代特點」,『中國語文』 1956년 제10기.
范曉,「論漢語語法的特點」,『濟寧師傳學報』 1991년 제4기.
常敬宇,「漢民族文化心態對漢語語法特點的影響」,『世界漢語敎學』 1992
        년 제4기.
朱德熙,『語法答問』, 商務印書館 1985년판.
朱德熙,「'的'字結構和判斷句」,『中國語文』 1978년 제1－2기.
王明華·王維成,「漢語語法特點硏究述評」,『語文導報』 1987년 제7기.
張黎,「什麼是意合語法?」,『漢語學習』 1997년 제1기.
楊啓光,「神攝人治: 漢語語法的眞諦所在」,『暨南學報』 1994년 제1기.
齊滬揚,「評漢語語法特點的最新探索」,『中文自學指導』 1991년 제3기.
周猷載,「漢語語法模糊性芻議」,『復旦大學學報』 1992년 제5기.
崔應賢·張愛琴,「漢語語法特點硏究的回顧與思考」,『河南師範大學學
        報』 1991년 제2기.

陸儉明,「分析方法芻議」,『中國語文』1981년 제3기.

陸儉明,「語義特徵分析在語法研究中的運用」,『漢語學習』1991년 제1기.

陸儉明,「漢語句法分析方法的嬗變」,『中國語文』1992년 제6기.

李臨定,「試談漢語語法分析方法」,『中國語文』1992년 제5기.

李臨定,『漢語比較變換語法』,中國社會科學出版社 1988년판.

李臨定,『現代漢語語法的特點』,人民教育出版社 1989년판.

朱德熙,「變換分析中的平行性原則」,『中國語文』1986년 제2기.

朱德熙,「'在黑板上寫字'及相關句式」,『語言教學與研究』1981년 제2기.

方經民,「論變換分析中的平行性原則」,『湖北大學學報』1991년 제4기.

方經民,『漢語語法變換研究』,河南人民出版社 2000년판.

龔千炎,『中國語法學史』,語文出版社 1997년판.

林玉山,『漢語語法學史 』,湖南教育出版社 1983년판.

胡附·文煉,「漢語語法學簡史」,『現代漢語語法探索』,新知識出版社 1956년판.

邵敬敏主編,『文化語言學中國潮』,語文出版社 1995년판.

邵敬敏,『漢語語法學史稿』,上海教育出版社 1990년판.

周一農,「漢語語法學史的語素學考察」,『語文研究』1994년 제3기.

■■■ 제2장 형태소(語素)와 단어의 인식과 분석

형태소와 그 분류

1. 형태소의 구별

'형태소(語素)'라는 말은 morpbeme를 번역한 말로 陳望道가 비교적 일찍 morpbeme의 개념을 언급했다. 그는 『文法革新問題答客問』(1940)에서 가장 먼저 '형태소'라는 개념을 언급하면서, "합성어란 실소(實素)와 실소가 결합된 파생어이며, 추출어란 허소(虛素)와 실소가 결합된 파생어이다."라고 제시하였다. 陸志韋는 『漢語的構詞法』의 1957년 초판에서는 '어휘소(詞素)'라는 용어를 사용했으나, 1964년 수정판에서는 '형태소(語素)'로 고쳤다. 呂叔湘은 『語言與語言學』(1958), 『字·詞·句』(1964), 『漢語語法分析問題』(1979)에서 연이어 형태소 문제를 논술하였다. 1981년 『「暫擬漢語敎學語法系統」修訂說明和修訂要點』에서는 '형태소'의 내용을 보충하였다. 이후 형태소의 연구는 나날이 어법학계의 보편적인 중시를 받았다. 呂叔湘은 『漢語語法分析問題』에서 "역사적 원인으로 인해 한어어법에서 형태소와 구의 중요성은 단어에 못지않다."고 하였다. 형태소는 '가장 작은 소리와 뜻의 결합체'이며 최소의 어법단위이다. '형태소(語素)'라고 표현해야 하는지 '어휘소(詞素)'라고 해야 하는지에 관해 呂叔湘은 "형태소를 쓰는 것이 좀 더 나은데, 형태소의 구분은 단어보다 먼저일 수 있지만, 어휘소 (詞素)의 구분은 반드시 단어의 구분보다 뒤이어야 하기 때문에 한어의 단어 구분은 문제가 비교적 많은 것이다."라고 하였다.

현대한어 형태소의 절대 다수는 모두 단음절로, 하나의 한자로 나타낸다. 둘 혹은 둘 이상의 음절로 된 형태소는 비교적 적다. 하나의 한자도 단어 속에서 종종 그 의미가 달라지는데, 여러 가지 의미는 하나의 형태소라고 할 수 있는가 아니면 여러 개의 형태소라고 할 수 있는가? 呂叔湘의 견해는 의미가 서로 연관되어 있으면 하나의 형태소라고 할 수 있는데, 예를 들어 '工'은 노동(工作)·기술(技術)·정교하다(精巧) 등의 의미를 가지며, 이 모두가 서로 연관되어 있는 하나의 형태소에 불과하다. 만약 의미가 서로 연관되어 있지 않으면 여러 개의 형태소로 간주한다. 예를 들어 '公'은 공동의(共同)·공평한(公平) 등의 의미를 지니면서, 공작(公爵)·친족의 호칭·수컷 등의 의미도 지니는데, 이 두 그룹의 의미는 서로 연관되어 있지 않으므로 두 개의 형태소로 간주된다. 여기서 말하는 '연관되어 있는'과 '연관되어 있지 않은'이라는 것은 여러 의미 사이의 관계가 있느냐 없느냐를 가리킨다. 여러 의미 사이의 관계 유무를 판단하는 것은 각기 다른 사람들이 도출해 낸 결과에 따라서 종종 차이를 보일 수 있다. 呂叔湘은 "형태소의 분별은 고서를 읽어 보았는가 읽어 보지 않았는가와 관계가 있다. 고서를 읽어 본 사람은 크고 작은 문제에서 작은 쪽에 마음이 기울고, 같고 다른 문제에서 같은 쪽에 마음이 기운다."[102]고 하였다. '크고 작은 문제'란, 예를 들어 '經濟'라는 단어를 일반인은 'logic (邏輯)'처럼 분석할 수 없다고 여기지만, 고서를 읽어 본 사람은

---

102) 『漢語語法分析問題』 16쪽.

이것을 '세상을 다스리고 백성을 구제하다(經世濟民)'란 의미로 '經'과 '濟'는 분리할 수 있고 그래서 두 개의 형태소라 말한다. '같고 다른 문제'란 예를 들어 書信의 '信'과 信用, 信任의 '信'이 연관되지 않는다고 여기지만, 고서를 읽어 본 사람은 信使의 '信'을 통해 앞에서 말한 두 의미를 연관 지을 수 있으므로 '信'을 단지 하나의 형태소로 간주한다. 하나의 형태소가 어떤 때는 두 개의 품사로 쓰일 수 있다. 예를 들어 '一把鎖'의 '鎖'와 '鎖上門'의 '鎖'는 물론 두 개의 품사로, 앞의 것은 명사이고, 뒤의 것은 동사이다. 그러나 이 두 개 단어의 의미관계를 보면 서로 인신(引申)관계로, 즉 '연관되어 있는' 것이므로 하나의 형태소로 보는 게 마땅하다.

하나의 한자가 형태소이지 아닌지를 확정할 때는 반드시 소리와 뜻의 두 방면을 모두 고려해야 하며, 동시에 반드시 최소 단위이어야 한다. 예로 '人'은 뜻을 지니는 동시에 어음의 형식도 가지고 있다. '人'을 비록 [+동물·+언어 사용·+사유·+제조공구]처럼 더 작은 의미 단위인 '의미소(義素)'로 쪼갤 수는 있으나 의미소는 어음 형식을 가지지 않는다. 'rén'이라는 음절 또한 성(聲)·운(韻)·조(調) 3개의 더 작은 어음 단위로 분석할 수 있지만 세 가지 모두 뜻이 없고 형태소의 조건에 맞지 않으므로 '人'이 '가장 작은 음의 결합체'인 형태소이다. '人民'·'人口' 등 또한 뜻과 어음 형식을 지니나 '가장 작은'이 아니고, 여전히 더 작은 음의 결합체인 '人·民·口' 등으로 쪼갤 수 있으므로 '人民'·'人口'는 형태소가 아니다.

두 개 혹은 두 개 이상의 한자로 구성된 언어단위가 몇 개의 형태소를 포함하고 있는가를 판단하는 데는 '교체법'을 사용하여 분석할 수 있다. 즉 이미 아는 형태소를 사용하여 확정할 필요가 있는 한자 이외의 성분을 바꾸어, 만약 이 한자와 이미 알고 있는 형태소가 뜻을 지닌 단위를 구성할 수 있다면, 이 한자는 하나의 형태소이고, 그렇지 않으면 형태소가 아니다. 예로 몇 개의 형태소로 구성된 '火車'를 보면, 먼저 '車'를 바꾸어 남아 있는 '火'를 이미 알고 있는 형태소와 결합하면 '火苗‧火焰‧火光‧火災' 등의 합성어가 될 수 있으므로 '火'는 하나의 형태소라 할 수 있다. 이와 같은 예로 '車' 또한 이미 알고 있는 형태소와 결합하여 '車輪‧車廂‧汽車‧馬車' 등의 합성어가 될 수 있으므로 '車' 또한 하나의 형태소이다. 좀 더 예를 들면 '蘋果'에서 '蘋'을 떼어내고 '果'를 이미 아는 형태소와 결합하면 '水果‧碩果‧果實' 등의 단어가 될 수 있다. 그래서 '果'는 하나의 형태소이다. 그러나 '蘋'은 '果'와 결합한 단어 이외에는 기타 이미 알고 있는 어떠한 형태소와 결합하여 의의단위가 될 수 없으므로 '蘋'은 형태소가 아니며 '蘋果'는 하나의 형태소로 구성된 것이다. 교체(交替)법을 활용할 때는 교체하는 의의가 일치되도록 주의해야 하는데, 예를 들면 '吉普(jeep)'는 음역한 외래어로, '吉'와 '普'는 단지 외국어의 독음을 표시하기 위해 그 음을 빌려 온 것일 뿐으로 그 한자의 본래의 뜻은 필요하지 않다. 즉 이 단어에서 '吉'과 '普'는 의미가 없는 것이고 이러한 단어를 '吉祥‧吉利‧普通‧普遍' 등의 단어에서 형태소를 써서 교체하면 안 된다. '馬虎'의 '馬'와 牛馬의 '馬'는 관계가 없고 '虎' 또한 老虎의 '虎'와 다르다. 일반적으로 둘 혹은 둘 이상의 음절로 구성된 연면어(聯綿詞)‧의성어(象聲詞)‧음역어(音譯詞)는 모두 분해하여 설명할 수 없으므로 하나의 형태소로 구성된 단순어(單純詞)에 속한다.

한어는 한자로 표기하기 때문에 인도유럽어처럼 띄어쓰기를 사용하지 않는다. 그래서 형태소와 비(非)형태소 사이에 필기상의 지표가 없으므로, 형태소와 한자는 음(音)·형(形)·의(義) 등의 몇 가지 측면에서 복잡한 관계가 형성된다. 그 관계는 아래의 표와 같다.

형태소	글자	음절	의미	자형	예
1	1	같음	같음	같음	我
2	1(다의(多義)자)	같음	다름	같음	白(雪白)·白(表白)
2	2(동음(同音)자)	같음	다름	다름	公·工
1	1(다음자)	다름	같음	같음	血(xuè·xiě)
2	1(다음다의자)	다름	다름	같음	稱(chēng·chèn)
2	2(동의자)	다름	같음	다름	行·走

2. 형태소의 분류

형태소는 여러 가지 표준에 따라 몇 가지 유형으로 나눌 수 있다. 呂叔湘은 『漢語語法分析問題』에서 단독으로 쓰일 수 있느냐 없느냐를 표준으로 삼아 형태소를 네 종류로 나누었다.

(1) 단독으로 쓰일 수 있는 것이 단독으로 쓰일 때는 단어이고, 단독으로 쓰이지 않을 때는 조어(造語)성분이다.

(2) 보통은 단독으로 쓰이지 않으나 특수한 상황에서만 단독으로 쓰이는 것은 단독으로 쓰일 때는 단어이다.

(3) 단독으로 쓰이지 않으나 유동성이 비교적 강하고, 결합 폭이 비교적 넓으며 고정된 방향성을 가지고 있는 성분으로, 다른 형태소의 앞 혹은 뒤 혹은 두 형태소 사이에만 쓰이는 소위 접두어·접미어·접중어 등과 같은 것으로 총칭하여 접사(詞綴) 혹은 접어(語綴)로 불린다.

(4) 단독으로 쓰이지 않고 결합 폭이 비교적 좁으나, 앞 혹은 뒤 등의 위치에 제한되지 않고 오로지 조어 성분만 되면, 어근(詞根)이라 부른다.

張壽康의 「略論漢語構詞法」[103]에서 음절의 많고 적음에 따라 형태소(詞素[104])를 단음절형태소(單音節詞素)와 다음절형태소(多音節詞素)의 두 종류로 나누고, 형태소가 단어 속에 내포한 의미의 허실(虛實)에 따라 형태소를 실형태소(實詞素 예로 '語·人·民')와 허형태소(虛詞素 예로 '畵兒·噴子'의 '兒·子')로 나눈다. 실형태소는 다시 두 종류로 나눌 수 있다. 한 종류는 단독으로 단어가 될 수 있는 '단독형태소(獨用詞素 예로 '火·車')'이고, 한 종류는 단독으로 단어가 될 수 없는 '비단독형태소(非獨用詞素 예로 '民·語·言')'이다. 허형태소 또한 두 종류로 나눌 수 있다. 앞에 덧붙이는 허형태소(前加虛詞素 예로 '老·阿')와 뒤에 덧붙이는 허형태소(後加虛詞素 예로 '兒·頭·化')이다. 張壽康은 단형태소를 '단독형태소'와 '비단독형태소'로 나눈 것이 실제적인 의의가 있다고 여겼다. 이런 실제적 의의는 '표지식(標志式 예로 '椅子·石頭')'과 '품사변환식(變詞式 예로 '刷子·看頭')'에서 가장 분명히 볼 수 있다. 동시에 '형태소(詞素)'와 '단어(詞)'의 경계 문제 또한 해결할 수 있다.

張斌이 편집을 주관한 『現代漢語』[105]와 胡裕樹가 편집을 주관한 『現代漢語』 증정본은 형태소에 대한 분류가 서로 같은데, 모두 세 가지 방면에서 형태소를 정리했다.

---

103) 『中國語文』 1957년 제6기.
104) 저자는 詞素라는 용어를 사용했지만 의미는 형태소를 뜻하므로 형태소로 번역한다. 역자주.
105) 語文出版社 2000년.

첫째, 어음 구성에서 보면, 형태소는 단음절형태소(單音節語素 예로 '書·讀·小')와 다음절형태소(多音節語素 예로 '咖啡·巧克力')로 나눌 수 있다. 현대한어의 다음절형태소는 주로 세 가지 기원이 있는데, 1) 고대 한어가 남긴 연면어(예로 '玲瓏·玫瑰·珊瑚'), 2) 음역 외래 형태소(예로 '吉他·巧克力·可口可樂'), 3) 소리를 본뜨거나 감탄을 나타내는 형태소(예로 '滴答·哎呀·噯裏咕嚕')이다.

둘째, 어법기능에서 보면, 자립형태소(成詞語素)와 의존형태소(不成詞語素)로 나뉜다. 자립형태소는 자체가 하나의 단어가 될 수 있으며, 단독으로 말할 수 있는 것(예로 '山·跳·好')과 단독으로 말할 수 없는 것(예로 '從·於·呀')을 포함한다. 의존형태소는 단독으로 단어가 될 수 없고 오로지 다른 형태소와 결합하여야만 단어를 이룰 수 있는 형태소(예로 '宏·偉·濟')이다.

셋째, 분포위치에서 보면, 위치고정형태소(定位語素)와 위치자유형태소(不定位語素)로 나눌 수 있다. 위치고정형태소는 형태소와 형태소가 결합하여 단어를 이루었을 때, 위치가 비교적 고정적인 형태소를 가리키는데, 접두어, 접미어 등을 포함하며, 모두 의존형태소이다. 일부 자립형태소의 위치 또한 비교적 고정적인데, '從·向·自·對' 등이 개사일 때는 항상 어떤 어휘 앞에 위치하고, '的·了·着·呢' 등은 항상 어떤 어휘 뒤에 위치하며, '和·跟·同·與' 등과 같은 형태소는 언어단위 중간에 위치한다. 위치자유형태소는 다른 성분과 조합할 때, 어떤 때는 앞쪽에, 어떤 때는 뒤쪽에 위치하는 등 그 위치가 비교적 자유로운데, 예를 들면 '民'은 '民主·民衆'에서는 앞쪽에 위치하고, '人民·公民'에서는 뒤쪽에 위치한다.

黃伯榮·廖序東이 편집 주관한 『現代漢語』(증정 2판)는 형태소를 음절의 많고 적음에 따라 단음절형태소와 다음절형태소로 나눈 것 이외에도, 조어 능력 측면에서 형태소를 자유형태소(自由語素)·반자유형태소(半自由語素)·부자유형태소(不自由語素) 세 가지로 나누었다. 독립적으로 단어가 되는 형태소를 자유형태소(예로 '火·羊·跑·我')라 하고, 단독으로 단어가 될 수는 없지만 다른 형태소와 자유롭게 결합하여 단어가 될 수 있고, 단어가 될 때 위치가 고정적이지 않은 형태소를 반자유형태소(예로 '民·語·習·固')라고 하며, 독립적으로 단어가 될 수 없으나 다른 형태소와 조합하여 단어가 될 때의 위치가 고정적인 형태소를 부자유형태소(예로 '阿·子·們·者·員')라 한다.

전체적으로 살펴보면, 한어 속의 단음절형태소의 대다수는 자유로운 위치자유형태소 혹은 반(半)자유적인 위치자유 형태소인데, 이것들은 강한 조어능력을 지닌다. 다음절형태소는 단독으로 단어가 될 수 있으나, 다른 형태소와 결합하여 단어가 되는 능력은 비교적 약하다. 부자유적인 위치고정형태소의 수는 많지 않으나 비교적 강한 조어능력을 지닌다.

제2절 단어(詞)

1. 단어의 경계 구분 문제

단어의 정의에 관한 언어학계의 견해는 매우 다양하다. 보통 "단어란 특정한 의미를 가지고 있으며 고정된 어음 형식을 지니는 독립적으로 활용할 수 있는 가장 작은 구조 단위이다."[106] · "단어란 독립적으로 활용할 수 있는 가장 작은 언어단위로, 구와 문장을 구성하는 준비단위(備用單位)이다."[107]라고 여긴다. 呂叔湘은 "형태소보다 한 단계 높은 단위가 단어이다. 단어는 정의 내리기가 어렵다. 일반적으로 단어를 '자유롭게 활동하는 최소의 언어단위'이라고 말하지만, 이 또한 여전히 매우 명확하지 못하다. 무엇을 '자유롭게 활동하는' 것이라고 말하는지 다시 설명할 필요가 있기 때문이다. 가장 좋은 것은 구체적인 예를 들어 단어의 경계를 구분하는 것이다. 단어는 두 가지 측면에서 경계 구분 문제를 가지고 있는데, 하나는 단독으로 단어가 되는 형태소와 단독으로 단어가 되지 못하는 형태소를 어떻게 구별할 것인가이고, 다른 한 면은 어떠한 형태소가 조합하여 하나의 단어를 이루고, 어떠한 형태소가 조합하여 하나의 구를 이루는지를 어떻게 결정할 것인가이다."[108]라고 하였다. 呂叔湘은 하나의 형태소가 단어인지 아닌지의 문제를 언급하면서 반드시 고려해야 할 것은 하나의 요소, 즉 단독으로 사용할 수 있느냐 없느냐라고 여겼다. 구체적으로 말하면, 첫째, 단독으로 한마디 말로 말해지는 것은ㅡ예를 들어 어떤 물음에 대답한 것은ㅡ전혀 문제가 없는 '단어'이다. 둘째, 한마디 말 속에 모든 단독으로 말할 수 있는 부분을 모두 나누어 단독으로 말할 수 없는 것으로 남겨진 것 역시 하나의 단어의 일부분이 아니라 하나의 단어이다. 단독으로 말할 수 있는 다수는 실사(實

---

106) 胡裕樹가 편집 주관한 『現代漢語』 증정본.
107) 黃伯榮 · 廖序東이 편집 주관한 『現代漢語』 증정2판.
108) 『漢語語法分析問題』.

詞)이고 소수는 허사(虛詞)인데, 대다수 허사는 둘째 조항으로 구분되고 소수의 실사 또한 이 조항으로 구분된다.

단어와 단어가 아닌 것을 판단하는 방법으로 확장법(擴展法)을 사용할 수 있다. 어떤 하나의 언어단위 사이에 다른 성분을 삽입할 수 없으면 단어인 것이다. 예를 들면, '白菜'는 '白的菜'로 확장시킬 수 없고, '馬路'는 '馬走的路'로 확장시킬 수 없으며, '皮鞋'는 '皮做的鞋'로 확장시킬 수 없으므로, '白菜'·'馬路'·'皮鞋'는 모두 단어이다.

2. 단어의 구성

조어법(構詞法)은 품사론 연구 중의 주요 구성 부분이다. 한어어법의 체계가 세워지기 시작하면서부터 학자들은 줄곧 조어법연구를 중시해 왔다. 『馬氏文通』에서는 가장 먼저 조어에서의 동의연합(同義聯合)·반의대응(反義對待)의 유형을 제시하였다. 劉復은 『中國文法通論』에서 글자의 합음(合音)·합의(合義)·분체(分體)·복합(複合) 등에 따라 단어를 네 가지 유형으로 구분하였다. 1920년 黎錦熙는 단어의 띄어쓰기 조항에서 비교적 세밀하게 명사의 조어법을 분석하였다. 그 후 呂叔湘(1942~1944)·王力(1943, 1945)·高名凱(1948)·趙元任(1948)·胡附와 文煉(1956)·陸志韋(1957)·岑麒祥(1956)·邢公畹(1956)·任學良(1981) 등의 학자 모두 한어의 조어법에 관하여 다방면으로 심도 깊은 연구를 진행하였다.

조어 부문에 관한 인식은 각 시기마다 서로 완전히 같지는 않다.

예를 들면 『馬氏文通』에서는 문장성분을 '사(詞)'라 하고, 기사(起詞: 주어)·어사(語詞: 술어)·지사(止詞: 목적어)·표사(表詞: 관형어)·사사(司詞: 부사어)·가사(加詞: 전치사)·전사(轉詞: 접속사)의 일곱 개 문장성분으로 나누었으며, 『文通』에서 말하는 '자(字)'라는 것은 대략 우리가 현재 말하는 '단어'와 같다. 『文通』에서 한어의 단어를 실자(實字)와 허자(虛字) 두 종류로 나누었고, 실자를 명자(名字)·대자(代字)·정자(靜字)·동자(動字)·상자(狀字) 등으로, 허자를 개자(介字)·연자(連字)·조자(助字)·탄자(嘆字)로 나누었다. 金兆梓의 『國文法之研究』 또한 품사를 크게 실자(實字)·허자(虛字)·전감자(傳感字) 세 종류로 나누었다. 黎錦熙의 『新著國語文法』은 의의에 따라 단어를 명사(名詞)·대명사(代名詞)·동사(動詞)·형용사(形容詞) 등의 아홉 종류로 나누었다. 張壽康은 「略論漢語構詞法」[109]에서 "조어 단위는 형태소(詞素)이지 글자(字)가 아니다."라고 제시하였는데, '글자(字)'는 문자학의 연구 과제로, 문자의 단위이자 외형인 것이다. 문자는 언어를 기록하는 도구이고 언어의 표현부호이지 결코 문자가 언어는 아니다. 비록 문자와 언어가 밀접한 관계를 가지지만, 언어와 문자는 각각 서로 다른 특징과 발전 규칙을 가지고 있다. 사람들을 미혹시키기에 쉬운 것은 어떤 경우에 하나의 외형을 기록한 경우이다. 이 외형이 공교롭게도 어떤 때는 언어 중의 하나의 단어 혹은 언어 중에서 의미를 가진 하나의 형태소를 기록하는 것이고, 어떤 경우에는 하나의 글자가 기록한 것이 하나의 형태소도 아닐 뿐 아니라 단어도 아닌 단지 뜻이 없는 음절인 경우이다. 그래서 종합하자면 단어는 문장을 구성하는 단위이고, 형태소는 단어를 구성하는 단위이다. 단어는

---

109) 『中國語文』 1957년 제6기.

형태소로 인해 만들어지고, 형태소는 단지 단어를 만든 후에야 비로소 문장 속에서 자유롭게 활용될 수 있다. 글자는 언어를 기록하는 부호이다. 한어에서 한자는 기본적으로 언어 속의 음절과 대응되며 일반적인 상황에서 하나의 한자는 하나의 음절을 기록한다. 그러므로 단음절형태소 혹은 단음절형태소로 구성된 단어는 모두 하나의 글자로 나타나며, 이때의 글자·단어·형태소의 세 가지는 일치하게 된다. 다음절형태소 혹은 다음절단어 속의 매 음절은 모두 하나의 글자를 써서 표시해야 하므로, 글자·단어·형태소의 세 가지가 완전히 일치하지 않는 상황이 된다.

단어를 구성하는 형태소의 많고 적음에 따라 단어를 크게 단순어(單純詞)와 합성어(合成詞) 두 가지로 나눌 수 있다.

1) 단순어

하나의 형태소로 구성된 단어를 단순어라 한다.

단음절 단순어는 하나의 음절로 구성되며, 하나의 한자로 쓴다. 예로 '我·天·不·紅·很·樓·走·的' 등이다.

다음절 단순어는 두 개 혹은 두 개 이상의 음절로 구성되는데, 예로 연면어(聯綿詞)의 '伶俐·恍惚·崎嶇·仿佛·玲瓏·逍遙·玫瑰·從容·爛漫·妯娌·疙瘩' 등이 있고, 음역어(音譯詞)의 '沙發·芭蕾·巧克力·西雙版納' 등이 있으며, 의성어(象聲詞)의 '叮當·扑通·咔嚓' 등이 있고, 첩음어(疊音詞)의 '猩猩·瑟瑟·喤喤·姥姥' 등이 있다.

2) 합성어

두 개 혹은 두 개 이상의 형태소로 구성된 단어를 합성어라 한다. 합성어 중 형태소의 성질과 관계에 따라 다시 복합형(複合型)·부가형(附加型)·중첩형(重疊型) 등의 유형으로 나눌 수 있다.

(1) 복합형 합성어

실형태소(實語素)가 서로 결합하여 만들어진 것이다. 실형태소와 실형태소는 각종 어법관계를 구성할 수 있으며, 서로 다른 조어방식을 형성한다.

① 연합식(聯合式): 두 개의 의미가 상동(相同)·상근(相近)·상관(相關) 혹은 상반(相反)의 실형태소가 병렬·조합하여 만들어진다. '美麗·幫助·偉大·依靠·生産' 등을 예로 들어 보면, 의미가 서로 같고 비슷한 두 개의 형태소가 상호 설명·해석작용을 한다. 어떤 것은 형태소의 의미가 상관되어 그 전체 의미가 두 형태소의 의미에 대해 추상적이고 개괄적인데, '領袖·眉目·口舌·矛盾·筆墨' 등의 예가 있고, 어떤 것은 의미가 상반된 형태소가 병렬하여 만들어지는데, 예로 '開關·出納·收發·旦夕·榮辱' 등이 있으며, 어떤 것은 두 개의 의미가 상관된 형태소로 구성되었으나 하나의 형태소는 그 의미가 이미 소실되었는데, '人物·忘記·窗戶·兄弟·國家' 등의 예가 있다.

② 편정식(偏正式): 대다수가 두 개의 형태소로 구성되며, 뒤 형태소가 중심형태소이고, 앞 형태소는 뒤 형태소를 수식·한정한다. 예로는 '上級·租金·函授·痛恨·雪白·瓜分·秋收·遺産' 등이다.

③ 보충식(補充式): 보통 두 개의 형태소로 구성되며, 뒤 형태소는 앞 형태소를 보충 설명한다. 예로는 '說明・擴大・促進・糾正・認淸・抓緊・放鬆' 등이 있다. 또 하나의 상황은 앞 형태소는 명사성형태소(名詞性語素)이고, 뒤 형태소는 그 사물의 양사로, 예를 들면 '房間・船隻・書本・車輛・紙張' 등이 있다.

④ 술빈식(述賓式): 보통 두 개의 형태소로 구성되며, 앞 형태소는 동작행위를 표시하고, 뒤 형태소는 지배・간섭하는 동작행위의 대상을 나타낸다. 예로 '司機・圍脖・開幕・理髮・帶頭・幹事' 등이 있다.

⑤ 주위식(主謂式): 보통 두 개의 형태소로 구성되며, 앞 형태소는 사물을 표시하고, 뒤 형태소는 앞 형태소의 성질, 상태 혹은 동작행위를 나타내는데, 두 형태소 간에는 진술관계가 있다. 예로는 '年輕・膽怯・鋒利・事變・霜降・理虧・地震' 등이 있다.

(2) 부가형 합성어

보통 실형태소와 허형태소가 결합해 이루어지며 허형태소는 실형태소에 덧붙는데, 예로는 '老虎・阿姨・第三・初五・小李' 등이 있다. 이 합성어의 허형태소는 앞쪽에 실형태소는 뒤쪽에 위치하나, 어떤 것은 실형태소가 앞에, 허형태소가 뒤에 위치하기도 하는데, 그 예로는 '桌子・花兒・作家・演員・學者・美化・突然' 등이 있다. 또 어떤 합성어의 접미어는 두세 개의 음절로 구성되는데, 그 예로는 '紅彤彤・綠油油・黑洞洞・笑嘻嘻・黑不溜秋・圓咕隆咚' 등이 있다. 이 종류에는 형용사가 많은데 강한 묘사와 정도가 심함을 나타내는 의미를 지닌다.

(3) 중첩식 합성어

두 개의 서로 같은 실형태소가 겹쳐져 이루어지며, 예로는 '爸爸·姐姐·奶奶·僅僅·常常·星星·整整' 등이 있다. 중첩식 합성어와 첩음식 단순어의 본질적인 차이는 중첩식 합성어는 두 개의 서로 같은 형태소로 구성되고, 각 형태소는 의미를 지닐 뿐 아니라 대부분 단독으로 말하고 쓸 수 있지만, 첩음식 단순어는 분리해 말할 수 없고 하나의 형태소로 구성된 것이다.

어떤 합성어는 세 개 혹은 세 개 이상의 형태소로 구성되며, 형태소 사이에는 구조적인 의미관계 외에도 구조적인 층위관계가 존재한다. '籃球場'을 예로 들면, 세 개의 형태소로 구성되어 있는데, '籃球'는 두 개의 형태소로 구성된 편정관계로, 다시 '場'과 한 층위 높은 편정관계로 구성되었다. '直升飛機'는 네 개의 형태소로 구성되었는데, '直升'은 편정관계이고, '飛機' 또한 편정관계로, '直升'과 '飛機'는 더 높은 층위의 편정관계로 구성되었다. '現代化'는 세 개의 형태소로 이루어져있는데, '現代'는 편정관계로 구성되었고, 다시 '化'와 부가관계로 구성되어 구조상 두 층위로 이루어져 있다.

참고문헌

呂叔湘, 『漢語語法分析問題』, 商務印書館 1979년판.

陸志韋, 『北京話單音詞詞匯』, 科學出版社 1964년판.

陸志韋, 「構詞學的對象和手續」, 『現代漢語參考資料』 中冊, 上海敎育
　　　出版社 1981년판.

張壽康, 「略論漢語構詞法」, 『現代漢語參考資料』 中冊, 上海敎育出版
　　　社 1981년판.

陳重愚, 「關於語素理論的考察」, 『漢字文化』 1991年 제1기.

宋玉柱, 「也談詞素與語素」, 『世界漢語敎學』 1992年 제3기.

任學良, 『漢語造詞法』, 中國社會科學出版社 1981년판.

施關淦, 「現代漢語語素說略」, 『語法研究和探索』(六), 語文出版社 1992
　　　년판.

朱德熙, 『語法講義』, 商務印書館 1982년판.

卜覺非, 「略論語素·詞·短語的分辨及其區分方法」, 『語文研究』 1983
　　　년 제1기.

제3장 한어의 품사 연구

제1절 한어품사의 경계 구분 기준에 대한 토론

전통어법학에서 어법을 크게 품사론과 통사론의 두 부분으로 나누고 있다. 어법연구 역시 언제나 품사로부터 연구되기 시작한다. 인도유럽어는 형태변화가 풍부하므로, 형태에 따라 품사를 나누는 것을 만고의 진리로 여겨졌다. 중국의 어법학 또한 『馬氏文通』에서부터 품사의 연구가 매우 중시되었으나, 한어는 엄격한 의미의 형태변화가 부족하여서 무엇에 근거하여 어떻게 품사를 나누는지가 늘 한어어법 연구에서 있어서 자못 논쟁거리가 되었다. 그래서 邢福義는 "한어연구 중에서 품사 연구는 최대의 '난제'이다."[110]라고 말한 바 있다.

『馬氏文通』이래의 백여 년 동안 한어의 품사문제와 관련된 다양한 견해와 논쟁은 주로 세 방면에 집중된다. 첫째, 한어의 단어는 도대체 분류할 수 있는가 없는가? 그리고 결국 어떤 기준으로 분류하는가? 둘째, 어떠한 품사체계를 세워야 하는가? 셋째, 많은 기능을 가진 단어를 어떻게 처리하면 더 타당한가이다.

과거 일부 서방 언어학자들은 한어가 단음절어이고 고립어이며 형태변화가 부족한 언어이므로 한어의 단어는 분류할 수 없다고 생각했었다. 그러나 중국의 언어학자들은 한어어법체계가 세워지기

---

110) 『漢語語法三百問』, 商務印書館 2002년판.

시작한 이래로 한어에는 품사의 구별이 있다고 여겼고, 『馬氏文通』은 한어의 품사를 세밀히 분류하였다. 이 책은 우선 한어의 단어를 크게 '실자(實字)'와 '허자(虛字)' 두 종류로 나누었고, '실자'를 또 '명자(名字)'·'대자(代字)'·'동자(動字)'·'정자(靜字)'·'상자(狀字)' 등 다섯 종류로 나누었다. 허자는 '개자(介字)'·'연자(連字)'·'조자(助字)'·'탄자(嘆字)'의 네 종류로 나누었다. 이 책의 권1 '정명(正名)'에서 품사론과 통사론 문제를 정의하였다. 아래는 품사론에 관한 정의이다.

> [정의1] 무릇 사리가 분명하고 해석이 가능한 글자란 '실자'를 말한다. 해석이 없이 오직 실자의 정태를 돕는 것은 '허자'이다. 실자의 종류는 다섯 가지이고, 허자의 종류는 네 가지이다. [정의2] 모든 사물을 명명하는 실자는 '명자(名字)'이고, '명(名)'으로 줄여 말한다. [정의3] 명사를 가리키는 데 쓰이는 실자는 '대자(代字)'이다. [정의4] 사물의 행동을 말하는 실자는 '동자(動字)'이다. [정의5] 사물의 모습을 형용하는 실자는 '정자(靜字)'이다. [정의6] 동(動)과 정(靜)의 상황을 묘사한 실자는 '상자(狀字)'이다. [정의7] 실자 사이의 상관된 의미를 연결해 주는 허자는 '개자(介字)'이다. [정의8] 단어와 문장을 제시하고, 이어받고, 전환하고, 전개하는 데 쓰는 허자는 '연자(連字)'이다. [정의9] 어기사나 문장을 매듭짓는 데 쓰는 허자는 '조자(助字)'이다. [정의10] 사람의 마음속 안정되지 않은 소리를 내는 허자는 '탄자(嘆字)'이다[界說一] 凡字有事理可解者, 曰'實字'. 無解而惟以助實字之情態者, 曰'虛字'. 實字之類五, 虛字之類四. [界說二]凡實字以名一切事物者, 曰'名字', 省曰'名'. [界說三]凡實字用以指名者, 曰'代字'. [界說四]凡實字以言事物之行者, 曰'動字'[界說五]凡實字以肖事物之形者, 曰'靜字'. [界說六]凡實字以貌動靜之容者, 曰'狀字'. [界說七]凡虛字以聯實字相關之義者, 曰'介字'. [界說八]凡虛字用以爲提承展轉字句者, 統曰'連字'. [界說九]凡虛字用以煞字與句讀者, 曰'助字'. [界說十]凡虛字以鳴人心中不平之聲者, 曰'歎字').

馬建忠은 또 상술한 품사에 관해 좀 더 세밀한 분석을 하였는데, 예를 들면 '동자(動字)'를 다시 '무속동자(無屬動字: 행위자가 분명하지 않은 동사)'·'조동자(助動字)'·'동동자(同動字: 비행위 동사)'·'내동자(內動字)'·'수동자(受動字)'·'외동자(外動字)' 등으로 나누고, '대자(代字)'를 '지시대자(指示代字)'·'순문대자(詢問代字)'·'접두대자(接讀代字)'[111]·'지명대자(指名代字)' 등으로 나누었다. 『馬氏文通』은 중국에서 처음으로 한어의 품사체계를 세운 저작으로 이러한 한어품사에 관한 심오한 인식과 세밀한 경계 구분은 한어어법학 초창기인 당시로서는 매우 얻기 어려운 것이었다. 馬建忠이 품사를 구분하는 기준이 된 것은 의미이다. 즉 "의미가 다르면 그 품사 또한 다르다."라 하였으나 문장 속에서 단어의 뜻은 항상 변화하였기 때문에 馬建忠은 또 "정해진 의미가 없는 글자는 곧 정해진 품사가 없다. 그러나 그 품사를 알고자 한다면 마땅히 먼저 앞뒤 문장의 의미가 어떠한가를 알아야 한다."라고 하였다.[112] 馬建忠은 비록 품사에 관하여 세밀한 분류를 하였으나, 또한 "자(字)에는 정해진 품사가 없다."라고 여겼다. 이런 서로 간의 모순된 현상은 의미를 품사 분류의 기준으로 삼은 결과이다. 고립된 글자를 대상으로 삼고, 의미를 기준으로 삼으면 정해진 품사가 있는 글자로 생각할 수 있으나, 글자는 문장 속에서 그 용법이 복잡하여 하나의 실사가 종종 여러 가지 문장성분으로 충당될 수 있다. 만약 서양어법에 근거하여 품사를 문장성분과 일대일로 대응한다면, 자연히 "글자에 정해진 의미가 없으면 정해진 품사는 없다."는 결론을 얻어 낼 것이다. 뿐만 아니라 단어 의미에 관한 이해는

---

111) 接讀(dòu)代字: 『馬氏文通』에서 "接讀代字는 앞에 자리하여 앞 문장을 이어서 스스로 하나의 문장이 되게 만든다." 하였다. '其·所·者'를 포함한다. '其' 자는 문장을 이끌며 혼자 그 앞에 둔다. 예를 들면 '齊晉秦楚, 其在成周微甚.'에서 '其'는 '齊晉秦楚'를 가리키며, '在成周'와 한 문장을 이룬다(『現代漢語知識大詞典』 483쪽). 역자주.

112) 『馬氏文通』 9쪽.

왕왕 사람에 따라 다르므로, 단어의 성질에 대한 판정은 필연적으로 사람에 따라, 보는 각도에 따라 다를 수밖에 없다. 의미에 따라 품사를 구분하는 것은 단지 논리적인 분류이지 어법적인 분류는 아니다. 그래서 어법을 분석하는 데 그다지 도움이 되지 않는다. 黎錦熙는 "중국어의 품사를 단어 자체(즉 글자의 외형상)로는 분별할 도리가 없고, 반드시 문장에서의 위치, 역할을 살펴보아야 비로소 그 단어가 어떤 품사에 속하는지 확정할 수 있다."[113]고 하였다. 이는 黎錦熙의 품사를 구분하는 저명한 원칙으로 "모든 단어는 문장에 따라 품사를 분별하고 문장을 떠난 품사는 없다(凡詞, 依句辨品, 離句無品)."[114]라는 것이다. 문법 혁신 시기에 북파[115] 학자는 한어의 특징을 강조하고 비교적 통사연구를 중시하였다. 남파[116]학자는 비교적 품사 구분을 중시하였고 품사 구분의 '광의(廣義) 형태설'과 '기능설'을 제시하였다. 어떤 학자는 의미를 기준으로 삼았고, 어떤 학자는 구조를 기준으로 삼았으며, 어떤 학자는 한어의 단어는 정해진 품사가 있다고 여기고, 어떤 학자는 단어는 정해

---

113) 『新著國語文法 · 緖論』.

114) 『新著國語文法 · 緖論』 29쪽.

115) 北派(북파): 한어 문법 혁신파 중 북방에 있는 파를 말한다. 30년대 이후, 중국어법학계에서 한어어법계통의 혁신을 요구하는 사조가 이미 만들어져, '혁신파(革新派)'를 형성하였고, 남, 북 두 파로 나누어졌다. 북파는 1936년 王力의 『中國文法學初探』에서부터 시작되었고, 1941년 高名凱는 『怎樣硏究中國的文法』을 발표하였다. 그 당시 王力은 칭화대학(淸華大學)에, 高名凱는 옌징대학(燕京大學)에 있었으므로 북파라 칭한다(『現代漢語知識大詞典』 18쪽). 역자주.

116) 南派(남파): 한어 문법 혁신파 중 남방에 있는 파를 말한다. 30년대 말, 일부 어법연구자가 『馬氏文通』출판 이래로 서유럽 어법을 모방해 한어어법서를 쓰는 풍조는 어법의 과학적 발전에 장애가 된다고 생각하였다. 1938년부터 1943년까지, 陳望道 · 傅東華 · 金兆梓 · 方光燾 · 張世祿 등이 한어어법계통문제를 혁신하고 설립하는 대토론을 펼쳤다. 토론에 참가한 사람들 모두 상하이(上海) · 난징(南京) 일대의 학자였기 때문에 남파라 한다. 남파 학자는 '문법(文法)'이라는 옛 명칭을 계속 사용하였다. 토론 중, 언급된 범위는 광범하였는데, 한어어법계통을 설립하는 것과 관련된 방면을 대체로 토론하였으나 품사를 주요 토론 과제로 삼았다(『現代漢語知識大詞典』 634쪽). 역자주.

진 품사가 없다고 여긴다. 어쨌든 중국어법학자의 품사 경계 구분 문제에 대해서는 줄곧 많은 의견대립이 존재해 왔다. 이러한 상황하에서, 1953년부터 어법학계는 품사문제와 관련된 대토론이 펼쳐졌다.

토론 중, 高名凱는 한어의 실사는 품사를 분류할 수 없다고 여겼다. 그는 "하나하나의 단어를 살펴보면 한어의 단어는 결코 품사의 구별이 없고, 성조의 작용은 의미를 분별하는 데 있다. 문장 속에서의 단어 지위를 살펴보면, 한어의 단어 또한 단지 각종 품사의 기능을 담당할 뿐 품사의 형태는 없다. 따라서 한어의 단어는 원래 진정한 품사 구분은 없다."[117]고 하였다. 高名凱는 "많은 사람들은 '山'·'水'·'魚'·'人' 등을 명사라고 여기는데, 이는 이들 단어의 의미가 가리키는 것이 '사물'이기 때문이고, '發展'·'活動' 등을 동사라고 여기는데, 이 단어들의 의미가 가리키는 것이 '동작'이기 때문이다. 실제로 '山'·'水'·'人' 따위 단어에서 도대체 어떤 어음형식이 이 단어들이 명사류에 속하는 것인지를 알려주는 것은 찾을 수 없다. 여기에는 결코 명사 의미를 명확히 지시하는 특수형식이 없다."라고 하였다. 그는 呂叔湘이 말한 '감정자(鑒定字)'는 단어의 외부 형태가 아니고 품사의 지표도 아니며, 한어의 중첩과 품사 또한 관계없다고 생각하였다.

曹伯韓은 高名凱의 관점에 동의하지 않았다. 그는 한어는 품사 구분이 있다고 인식하면서, "한어는 몇몇 특징들이 아직 명확하지 않기 때문에, 어법학자들은 한어의 품사 구별에 관해 아직 완전히 통일된 견해는 없으나, 가장 눈에 띄는 것은 高名凱가 한어는 본래 품사 구별이 있다는 견해를 부정한 것이다. 우리는 그의 의견에 동의하지 않는다. 문제는 한어에 품사가 있다, 없다에 있지 않

---

117) 「關於漢語的詞類分別」, 『中國語文』 1953년 제10기.

다. 단지 한어품사 구별의 근거가 인도유럽어 계통과 서로 완전히 같은지 다른지에 있다고 생각한다."[118]라고 하였다. 曹伯韓은 高名凱가 단어의 광의의 형태분류의 관점을 부정한 것에 대해 반박하며, 품사를 구분하는 기준은 단어의 기능과 의미라고 생각하고 품사를 구분하는 기준은 반드시 문장 속에서의 단어의 기능에 근거해야 하는 동시에 단어의 의미를 결합해 보아야 한다고 하며, 기능은 형태로부터 나타내어야 하는 것이지만 형태는 단어와 단어 간의 관계를 포함할 수 있고, 오직 단어 자체의 형태에 따라 분별해 낼 수는 없다고 하였다.

文煉·胡附는 한어는 품사의 구별이 있다고 여겼는데, "마땅히 지적해야 할 것은 한어에 품사의 구별이 있다는 것은 분명한 것이며, 어법연구에 있어서 품사 구분의 중요성 역시 분명한 것이다. 당연히 '서로 다른 언어는 서로 다른 품사를 지닐 수 있고, 각종 언어의 품사 종류 또한 서로 다를 수 있다.' 만약 중국 언어와 기타 언어가 다른 특징을 지닌다면, 다른 언어의 '품사'를 빌려 와 한어의 '단어'에 억지로 끼워 맞출 수 없다. 만약 그렇지 않으면 이는 불합리한 방법을 억지로 적용한 것에 불과하게 된다. 한 언어의 어법을 연구하는 것은 그 언어와 기타 언어의 공통성을 밝히는 것일 뿐만 아니라, 그 언어의 특수성을 찾아내는 것이다."[119] 文煉·胡附는 한어에는 품사가 있다고 지적하였을 뿐 아니라, 여러 언어의 특징에 따라 구체적인 분석을 진행해야 한다는 것을 주장했는데 이는 매우 일리 있는 견해이다. 그들은 또 전적으로 의미적인 구분만으로 품사를 구분하는 것은 옳지 않고, 형태적인 측

---

118) 「漢語的詞類分別問題」는 中華書局 1955년판의 『漢語的詞類問題』 참조.
119) 「談詞的分類」, 『漢語的詞類問題』 참조.

면을 착안하여야 하며, 고립된 단어를 대상으로 삼아 오로지 의미상으로 품사를 구분하는 것은 설령 구분해 낸다 하더라도 그다지 실용적인 가치는 없다고 여겼다. 한어는 광의적인 형태를 지녔을 뿐 아니라 협의적인 형태도 지녔다. 광의적 형태는 단어의 형태 이외에도 단어와 단어의 상호 관계, 단어와 단어의 결합, 어휘의 앞뒤 순서 등등을 포함한다. 단어의 형태변화가 많지 않은 한어는 반드시 광의적 형태상에서 품사를 구분해야 한다. 문장성분을 분석하는 것과 품사를 구분하는 것은 밀접한 관계가 있다. 그들이 黎錦熙가 고립된 단어에 품사 구분이 있다는 가능성을 시인하지 않은 것은 옳은 일이라고 여겼으나 '문장을 떠난 품사는 없다.'는 견해에는 동의하지 않았다. 어순, 문장성분과 언어 재료의 관계는 단어의 성질을 구분하는 데 도움을 줄 수 있고, 품사를 구분하는 것은 마땅히 형태를 기준으로 삼아야 한다고 주장하나, 결코 의미를 배척하지는 않았으며, "만약 구조를 벗어나 의미를 이야기한다면, 이는 어법의 연구가 아니고, 만약 단어의 구조형식에만 집착하여 구조 속의 의미를 살피지 않는다면, 형식주의의 길로 나아가게 될 것이다."[120]

周祖謨는 단어의 통사적 작용과 품사적 특징에 따라 품사를 구분할 것을 주장하였다. 구체적으로 말하면, 아래 세 기준이 있다. 첫째, 문장 속에서 단어의 작용에 따라 구분하는 것, 둘째, 단어와 어떤 한 품사와의 결합할 수 있는지 혹은 없는지 따라 구분한다. 셋째, 단어의 형태에 따라 구분한다. "품사가 고정적인가 아닌가?" 하는 문제에 관해 周祖謨는 만약 단어의 일반적 용법에서 그 단어가 어떤 품사에는 속하고 어떤 품사에는 속하지 않는지를 확정할 수 있다면 단어는 고정된 품사가 있는 것이다. 만약 한 단어가 문

---

120) 상동.

장 속에서 두 가지의 다른 형식을 지닌다면, 그 단어는 두 종류의 속성을 지닌다고 할 수 있다. 예를 들어 '紅'은 형용사인데, 만약 '花紅起來了'라고 말할 경우, '紅'이 '起來了'와 같이 연결되어 '起來了'와 같은 것이니, '紅'은 동사가 된다. 그러나 만약 견해를 바꾸어 단순히 문장 속의 단어로만 그 '역할'을 정한다면 좀 번거로워진다. 예를 들어 '昨天陰天'·'昨天的報'·'他昨天來看你'는 모두 '昨天'을 가지는데, 이 동일한 昨天이 주어가 될 수도 있고 명사와 동사의 수식어가 될 수도 있기 때문에, 명사·형용사·부사 세 품사의 속성을 모두 지닌다고는 말할 수는 없다. 만약 이러하다면 '단어는 고정된 품사가 없다.'는 견해와 근접한 것이 되어 버린다.121) 周祖謨가 여기에서 제시한 중요한 문제는 겸류사(兼類詞)의 구별 문제이다.

陳乃凡은 「漢語裏沒有詞類分別嗎?」에서 고립적인 형태적 분류를 반대하고, 단어의 조합 측면에서 분류를 하는 것이 마땅하다고 여겼다. 兪敏은 형태변화와 어법환경 측면에서 高名凱의 실사는 품사를 나눌 수 없다는 관점을 반박하였다.122) 鐘梫 등은 또한 한어의 품사는 객관적 존재로 "형태변화가 없는 단어라고 해서 결코 분류할 수 없는 것은 아니다. 다시 말해 형태변화가 결코 품사를 경계 구분하는 유일한 기준이 아니다. 우리는 형태적인 분류의 관점을 고집하고 있기 때문에 형태가 없는 것은 품사구별이 없다고 말하는 것이며, 이러한 견해는 실제와 맞지 않는 것으로 단지 이론을 위한 이론일 뿐이다."123)라고 생각했다. 黎錦熙는 「詞類大系—附論 '詞組'和 '詞類形態'」에서 원래 자신이 주장했던 "단어란

---

121) 周祖謨의 「劃分詞類的標準」, 『漢語的詞類問題』 참조.

122) 兪敏, 『形態變化和語法環境』.

123) 鐘梫, 『漢語的詞類問題』.

문장에 의거해 품사를 변별하고 문장을 떠난 품사는 없다(依句辨品, 離句無品)."는 견해를 수정하여 "사실 '변(辨)'은 변별로, 문장의 조직에 의거해 고유한 품사를 '변별'해 냄은 바로 '구(詞組)'에 의거하여 품사를 '감정'해 내는 것과 같은 의미이지, 결코 '문장에 의거하여 품사를 "나누는 것"'이라고 말하는 것은 아니며, 단어에 의지해 문장 조직에 들어가야만이 그 품사를 '구분'해 낼 수 있다는 것으로, '문장에 의거하여 품사를 "나눈다"'는 것은 부정확한 것이고, '문장에 의거해 품사를 변별한다'는 것이 근본적으로 문제가 없는 것이다……."라고 하였다.

陳陵은 품사를 구분하는 데 의미와 형태를 분리시킬 수 없다고 여겼다. 그는 文煉·胡附의 "단지 의미로 품사를 구분하는 것은 설령 구분해 낸다 하더라도 그다지 실용적인 가치는 없다."는 견해에 이의를 제기하였다. 그는 "나는 품사를 구분할 때 단어의 뜻과 단어의 형태는 모두 실용적인 가치가 있다고 생각한다. 우리는 단지 단어의 뜻이 존재하는 것은 인정하면서 단어의 형태가 존재하는 것을 부정할 수 없을 뿐 아니라, 단어의 형태는 인정하면서 단어의 뜻이 존재하는 것을 부정할 수도 없는데, 그것들은 한어의 품사를 구분하는 실제 응용에서 이미 쌍둥이처럼 함께이기 때문이다."[124]라고 하였다. 저자는 단어의 뜻은 단어를 인식하고 구별하는 가장 중요한 관건이라 여겼다. '人'이라는 단어를 예로 들면, 사람들이 '人'이라는 단어를 접했을 때, 먼저 머릿속에 '사람'이라는 개념을 형성한다. 이 개념 속에서 우리는 하나의 사람의 형상을 상상할 수 있게 된다. 왜냐하면 '人'이라는 단어는 '사람'이라는 고등 동물을 대신해 사용한 이름이기 때문에 그것을 '명사'로

---

124) 陳陵, 『區分詞類不能割裂意義和形態』.

결론지을 수 있다. 단어의 형태 또한 하나의 단어를 인식하고 구분하는 기준이나 한어의 단어는 형태변화가 적어서 그것이 품사를 구분하는 주요 기준이라고 말할 수는 없다. 陳陵은 "단어의 뜻과 단어의 형태의 결합은 한어품사를 구분하는 가장 과학적인 기준이다."[125]라고 하였다. 伯晦 또한 품사를 구분하는 데 있어서 반드시 단어의 의미와 형태의 통일을 주의해야 하며, 한어의 형태는 품사를 구분해 내는 데 상당한 작용을 한다고 여겼다. 그는 高名凱 또한 "형식과 의미는 결합되어 있다."라 말하였으나, 실천적인 측면에 있어서 高名凱는 오히려 의미는 내팽개치고 순전히 형식적인 관점에만 머물러 있었다고 언급했다. 그는 또한 "오로지 의미만 가지고 품사를 나누는 것은 매우 곤란한 점이 있다. 그러나 만약 여기에서 결론을 도출하자면, 의미에서 벗어나 품사를 경계 구분할 수 있다고 여기는 것은 부정확한 것이다."[126]라고 여겼다. 품사문제에 관한 토론을 통해, 사람들은 품사를 구분하는 기준이 단지 형태에만 국한되지 않는다는 것을 이해했지만, 그러면 품사를 구분하는 데 어떠한 기준을 사용할 수 있는지, 이러한 기준에는 무엇을 위주로 해야 하는지, 그리고 어떻게 기준들 사이의 관계를 조정해야 하는지와 같이 근본적인 문제에 관하여 사람들은 나날이 더 명확하게 인식하였다. 상술한 문제에 대해 가장 큰 영향을 미친 것은 呂叔湘의 「關於漢語詞類的一些原則問題」[127]이다. 이 글에서 저자는 한어의 단어는 분류할 수 있는 것이고, 또 이전에 형태로 품사를 경계 구분해야 한다고 옭아매던 방법에 대해 질책하

---

125) 상동.

126) 伯晦, 「我對劃分漢語詞類的看法」, 『中國語文』 1955년 제2기.

127) 『中國語文』 1954년 9, 10월호.

면서, "高名凱는 그의 문장에 이것도 형태가 아니고, 저것도 형태가 아니라고 강조하여 말했으나, 결코 충분한 증명이 되지 못했다. 이것 또한 단어를 분류하는 데 쓰기에는 부족했고, 저것 또한 단어를 분류하기에 부족했다. 만약 한 종류 혹은 몇 종류가 있어서 단어를 분류하는 데 사용할 수 있다면, 설령 형태라고 부를 수 없더라도 그것은 또 무슨 관계가 있는가?"라고 말했다. 呂叔湘은 품사 분류는 반드시 세 가지 조건을 가져야 한다고 여겼다.

(1) 단어의 각 방면의 특징을 살펴볼 수 있어야 하며, 특정한 특징에 편중해서 그 밖의 특징을 말살하지 말아야 한다. 그래서 이 품사와 저 품사가 가능한 한 많은 특징을 갖게 하여 서로 구분될 수 있도록 한다.

(2) 기본적으로 단어는 정해진 품사가 있고, 품사에는 정해진 단어가 있다. 겸류사(兼類詞)는 단지 극소수를 차지한다.

(3) 명확히 분류되면 둘 다 가능하거나 혹은 둘 다 가능하지 못한 상황이 없거나 혹은 아주 적어진다.

呂叔湘은 품사 분류문제에 대해 아래 견해를 나타냈다.

(1) 문장성분에 따라서 품사를 정하는 문제, 문장성분에 따라서 품사를 구분하는 것은 장점이 있지만 결점 또한 매우 심각하다. 따라서 문장성분에 따라서 품사를 정한다는 이론은 진지해야 하고 철저하지 않으면 안 된다.

(2) 구조에 의해서 품사를 분류하는 것은 문장성분에 의해서 품사를 분류하는 것과는 다르다. "문장성분은 일종의 구조의미관계를 대표한다. 그래서 문장성분에 따라서 품사를 정하는 것은 바로 구조관계에 따라서 품사를 분류하는 것이다. 그러나 구조관계는 문장성분관계에 국한되는 것이 아니다." 이 두 종류의 분석방법은 "품

사를 분류하는 모든 원칙을 말하자면, 실제로 매우 다르다. 첫째로 문장성분으로 품사를 정하는 방법이 고려하는 것은 하나의 단어가 이미 실현한 구조관계이며(단어가 이미 문장 속에 들어갔을 때), 또한 단지 그 중의 한 관계를 고려한다. (단어가 문장 속에서의 역할) 구조관계 분류법이 고려하는 것은 한 단어가 가질 수 있는 구조관계이다. 그러므로 동시에 단어의 각 방면의 구조관계를 고찰하는 것이다. 둘째로 문장성분 분류법은 단어가 문장 속에서 하는 역할에 따라 변하여 그것의 품사가 변할 수밖에 없다. 구조관계 분류법은 이런 구속을 받지 않고, 기타 변화하는 품사나 변화하지 않는 품사의 조건을 고려할 수 있다. 저자의 결론은 "품사와 문장성분 간의 전면적인 경쟁관계와 같은 규정의 속박을 받지 않아야만 비로소 다방면에서 한 품사의 단어의 구조적인 특징을 관찰할 수 있고, 또 품사를 더욱 타당하게 구분할 희망이 있다."이다.

(3) '감정자(鑒定字)'를 품사를 구분하는 보조수단으로 한다. 여기서 말하는 '감정자'는 '子'·'兒'·'頭' 등의 일반적으로 접미사로 여기는 글자와 '不'·'很'·'能'·'會' 등 일반적으로 단어라 여기는 글자 그리고 '了'·'着'·'的' 등은 아직 논쟁 중인 글자를 포함한다. 이러한 감정자는 비록 품사를 분류하는 주요한 근거로 사용하기에 큰 결점이 있지만, 보조수단으로 사용하거나 혹은 하위분류를 구분하는 데 매우 쓰임이 크다.

(4) 중첩(重疊)형식으로 품사를 구별한다. 呂叔湘은 중첩형식을 이용해서 품사를 구분한 사람은 兪敏과 陸宗達[소련의 드라그로프(龍果夫)는 그의 저작에서 다루었다]이라고 하였다. 兪敏과 陸宗達의 문장에서 동사는 중첩 이후 '시도해 보다' 혹은 '잠시'의 뜻을 지니고, 형용사는 중첩 이후 '매우'의 의미를 지니며, 이음절

동사의 중첩은 XYXY식이고, 이음절 형용사의 중첩은 XXYY식이라고 말했다. 呂叔湘은 이를 평하여 "이 방법은 실제로 좋고, 동사와 형용사 분류에 이용하면 매우 분명하여 조금의 혼란도 없다. 단지 보편성이 떨어지는 것이 아쉽다."고 하였다. 왜냐하면 다른 품사는 어떤 것은 사용할 필요가 없고, 어떤 것은 사용하지 않기 때문에 "어쨌든 중첩형식을 이용하는 것이 실사를 구분하는 유일한 표준일 수는 없다."라고 말했다.

(5) 품사 분류는 단어의 의미와 관계가 있다. 呂叔湘은 "단어가 대표하는 개념의 분류로 품사를 구분할 수 있는가? 이론상으로는 응당 그럴 수 있다."라고 하였다. 그러나 의미에 근거하여 품사의 분류를 지지하는 학자들 또한 결코 의미에 근거하는 것은 아닌데, 왜 그런지는 이 속에 이치가 있다. 왜냐하면 단지 의미적인 분류에만 기대면 사람들마다 다른 결과를 얻어 낼 수 있고, 또 어떤 단어는 상황에 따라 분류가 다를 가능성이 있기 때문이다. "王了一(王力)과 나 자신도 설사 우리들의 책 속에서 다만 의미에 따라 품사를 분류했다 하더라도, 실제로는 구조관계를 이용하지 않을 수 없었다. 그래서 단어의 의미가 단어의 어법 특징과 관련이 있더라도 모든 품사체계를 고려할 때 의미보다는 더욱 구체적인 표준을 정해야 하는 것이 마땅한 것임을 알 수 있다." 呂叔湘은 단어의 의미를 가지고 표준을 삼지 않은 것은, 일정한 조건하에서 의미로부터 품사를 추정하는 것이 불가능한 것이라고 말하는 것이 아니고, 중국어와 같이 단어의 형태변화가 없는 언어에서는 아마 실제적으로도 피하기 어려운 것이다. 그래서 "의미에 근거하여 품사를 귀납하려면, 그 결점을 확실히 인지하고 경계심을 높여야만이 적당하게 그것을 이용할 수 있다. 왜냐하면 그 방법이 다른 방법보다

간편하기 때문이다."라고 여겼다. 呂淑湘은 품사 분류의 관점을 논술한 이후에 총괄해 말하기를 "단어는 문장 속에 있으며, 용법변화는 여러 가지 상황이 있어서, 일률적으로 처리할 수 없다. 어떤 것은 겸류로 분류하고 어떤 것은 활용으로 분류해야 하며, 또한 겸류라고 여길 필요도 없고 활용이라 여길 필요도 없는 것도 있다." "어법학자는 반드시 언어의 사실을 직시해야 하고, 실제로 여러 가지 상황이 있으므로 이에 맞게 여러 가지 방법으로 처리를 해야 한다. 어떠한 한 종류 견해를 이용해 모든 상황을 총괄하고자 하는 의도는 — 예를 들어 단어에 정해진 품사가 없다는 견해, 품사를 통가(通假)하는 견해, 품사를 활용하거나 품사가 불변한다는 견해 등등을 막론하여 — 비록 이런 간편하지만 진상을 올바로 나타낼 수 없게 된다."

王力은 『關於漢語有無詞類的問題』에서 단어의 정의 문제, 단어의 뜻과 품사의 관계, 형태와 품사의 관계, 통사론과 품사의 관계 등의 방면에서 한어의 품사문제를 체계적이고 명백히 논술했다. 중국의 품사 분류에는 '단어의 의미(詞義)'·'형태(形態)'·'통사(句法)'의 세 가지 표준이 있음을 지적하였는데, 단어의 의미는 품사 분류에서 특정한 작용을 할 수 있는 것이므로, 먼저 가능한 한 형태를 응용해야 하며, 통사적 표준이 가장 중요한 표준이 되어야 한다. 이 세 가지 표준은 유기적으로 연결되어 있다. "세 가지의 표준에 근거해 품사를 분류하는 것이 아니라, 동시에 이 세 가지 표준에 적합한 것을 필요로 하는 것이다." 王力의 관점은 매우 대표성을 지닌다.

1950년대 초기, 한어품사문제에 관한 토론에서 얻은 성과는 매우 뚜렷하다. 첫째로 한어의 단어는 품사를 분류할 수 있다는 관점이 기본적으로 중국어법계에서 공통된 인식으로 자리잡게 되었고, 단어에 정해진 품사가 없다고 견해가 잘못된 것이라는 보편적인 인식이 생겼다. 둘째로 인도유럽어법의 속박에서 벗어났으며, 품사 분류는 단순히 의미에만 기댈 수 없고 또한 단지 형태에만 기댈 수도 없으며, 반드시 몇 개의 표준과 함께 사용해야 하며, 그 가운데서 문장의 구조관계는 가장 중요한 표준이라는 것이다. 셋째로 품사문제연구의 방향과 향후의 연구 태도를 명확히 하였다.

1956년 선포된 '잠의한어교학어법계통(暫擬漢語敎學語法系統)'에서 품사 분류의 표준은 '어휘와 어법범주', 즉 "품사는 단어의 의미와 단어의 어법 특징에 근거하여 분류한다."(『簡述』)였다. 단어의 어법 특징은 두 가지 방면에서 표현된다. 하나는 단어가 어떤 수단을 사용하여 어떠한 부가의의를 표현할 수 있는가이며, 또 하나는 단어의 조합능력이다. 위에서 서술한 표준에 따라서 '잠의계통'은 한어의 품사를 11종으로 분류하였다. 명사·동사·형용사·수사·양사·대사 등 여섯 종류는 실사에 속하고, 부사·개사·연사·조사·탄사 등 다섯 종류는 허사에 속한다. 실사는 문장성분이 될 수 있고, 게다가 일정한 맥락 속에서 하나의 단어는 하나의 문장을 이룰 수 있으며, 실사는 모두 실제적인 의미를 가진다. 허사는 어떠한 경우라도 모두 문장을 이룰 수 없으며, 실제적으로 의미를 표시하지 않으면, 부사가 상어가 되는 것 외에 기타 허사는 모두 문장성분이 될 수 없다.

전반적으로 보면 품사 분류의 표준문제는 대체로 네 가지 의견으로 나뉜다. 첫째, 의미 표준으로 『馬氏文通』에서 채용한 것이 바로 의미 표준이다. 둘째, 형태 표준으로 高名凱는 50년대 품사문제 토론에서 협의의 형태 표준을 지지하며 품사를 분류하였다. 셋째, 의미·형태·기능이 서로 결합된 표준으로, 王力과 曹伯韓

이 이 분류 표준을 지지했다. 넷째, 기능 표준으로 현재 어법학계는 모두 이 표준을 채용해 품사를 분류한다.

1962년 출판된 胡裕樹가 책임편집을 받은 『現代漢語』에서 품사 분류의 기본근거는 단어의 어법기능이라 여겼다. 단어의 어법기능은 우선 단독으로 통사성분으로 충당될 수 있는지 없는지로 표현된다. 단독으로 통사성분에 충당할 수 있는 것은 실사이며, 단독으로 통사성분에 충당할 수 없는 것은 허사이다. 단독의 허사는 문장을 만들 수 없고, 허사는 필히 실사에 의지하여야 비로소 구와 문장구조에 들어갈 수 있다. 책 속에서 실사의 다른 어법기능은 단어와 단어의 조합능력에서 나타난다고 여겼다. 어떤 단어는 어떤 단어와 조합할 수 있고, 어떻게 조합하는지, 조합하면 어떤 관계를 나타낸다. 반면 어떤 단어는 어떤 단어와 조합할 수 없다. 여기서 실사의 다른 분류가 나타난다. 허사의 다른 어법기능은 그것이 실사와 구(詞組)의 관계에서 표현될 수 있는데, 어떤 실사 및 구와 관계가 발생하고, 어떠한 관계가 발생할 수 있는지에서 허사의 다른 분류가 나타난다. 이 책에서는 품사를 13종으로 분류했는데, 실사는 명사·동사·형용사·수사·양사·부사·대사 등 모두 7종을 포함하고, 허사는 연사·개사·조사·어기사·탄사·상성사(象聲詞) 등 모두 6종을 포함한다.

邢福義가 편집을 맡은 『現代漢語』(高等教育出版社1991年5月版)에서 품사를 분류하는 표준은 단어가 어법상으로 구별되는 특징에 있는데, 약칭하면 어법 특징이다. 그것은 주로 세 가지 방면에서 나타나는데, 첫째는 단어의 조합능력이고, 둘째는 단어가 문장을 만드는 기능이며, 셋째는 단어가 어법형식이다. 이 책에서는 단어를 11종으로 분류했으며 역시 실사와 허사 두 개 큰 종류로 귀납했다. 실사는 명사·동사·형용사·수사·양사·대사를 포함하고, 허사는 부사·개사·연사·조사 그리고 의성사(擬聲詞)를 포함한다.

黃伯榮·廖序東이 편집 주관한 『現代漢語』 증정본(高等敎育出版社1991年 4月版)에서 품사 분류의 표준은 단어의 어법 특징이라고 하였다. "단어의 어법 특징이 가리키는 것은 단어가 문장성분을 충당하는 능력, 단어와 단어의 조합능력 그리고 단어의 중첩·점착(黏着) 등의 능력이다."(9쪽) 이 책은 품사를 14종으로 분류했다. 명사·동사·형용사·구별사(區別詞)·수사·양사·부사·대사·상성사(象聲詞)·탄사 등 10종류가 실사가 되고, 개사·연사·조사·어기사 등 4종류는 허사가 된다. 이 책은 1997년 출판된 증정2판으로 품사 분류의 표준은 증정판과 약간 다르다. "품사 분류의 근거는 단어의 어법기능, 형태 그리고 의미이며, 중요한 것은 단어의 어법기능이다(8쪽)."라고 하였다. 단어의 어법기능이 가리키는 것은 단어의 조합능력으로 주로 세 가지로 표현된다. 1) 단어는 문장 속에서 문장성분을 충당하는 능력이다. 2) 실사와 다른 품사의 실사와의 조합능력이다. 3) 허사와 실사의 조합능력이다. 단어의 형태는 두 종류로 나눌 수 있다. 첫째는 형식구조 형태로 예를 들면 중첩(重疊)이다. 둘째는 조어(構詞) 형태로 예를 들면 접사(詞綴)를 붙이는 것이다. 여기에서 단어의 의미는 어법에서 품사가 같은 단어의 개괄적인 의미 혹은 의미 구분을 가리킨다. 또한 품사 분류의 세 가지 근거는 다른 언어에서는 그 중요도가 서로 다르며, 한어도 형태는 있지만 매우 미미하며 보편성도 떨어져서, 단지 부차적인 표준으로만 삼을 수 있다. 단어의 개괄적인 의미는 각종 언어에서 모두 단어의 형태 및 기능과 밀접한 관계가 있을 뿐 아니라, 의미는 형태, 기능의 제약이 따른다. "기능·형태·의미 세 가지는 한 가지 통일체의 다른 표현이다. 분류 표준을 활용할 때 주요한 것과 부차적인 것에 주의하여 분명하게 나눠야 한다." 이 책 증정2판과 증정판의 품사 분류의 결과는 일치하고 있는데, 모두 단어를 14종으로 나누고 있다.

제2절 품사의 구분

　어법에서 얘기하는 품사는 단어의 어법분류를 가리키는 것이고, 분류의 목적은 단어의 용법과 문장구조를 설명하는 데 있다. 품사 분류의 표준은 세 가지가 있다. 어법적 기능, 개괄적 의미 그리고 형태변화이다. 단어의 어법기능은 주로 두 방면에서 나타난다. 조합능력과 문장을 만드는 기능이다. 조합능력은 기타 품사와 조합할 수 있는지의 유무를 가리키는데 예를 들면 '學習'은 동사로서 '不學習'·'再學習'·'也學習'이라 말할 수 있고, 동사가 부사와 조합할 수 있음을 설명한다. '小說'은 명사인데 부사의 수식을 받을 수 없지만, '兩本小說'·'許多小說'라 말할 수 있고, 동사는 이렇게 말할 수 없다. 문장을 만드는 기능은 단어가 문장 속에서 문장성분으로 충당할 수 있는지 없는지, 만일 충당한다면 어떤 성분으로 충당될 수 있는지를 가리키는데, 예를 들면 '學習', '小說'은 단독으로 문장성분으로 충당될 수 있지만, '關於'·'從'·'呢'·'的' 등은 단독으로 문장성분으로 충당될 수 없다. '學習'은 종종 위어가 되는데, 일정한 조건 아래서 주어 혹은 빈어가 될 수 있고, '小說'은 주어·빈어·정어가 될 수 있지만, 위어가 될 수는 없다. 형태는 조어와 구조형식의 어법형식을 가리킨다. 조어의 형태는 접두어와 접미사를 포함하는데 예를 들면 '老大·老三·老虎·老鷹'의 '老'는 명사의 접두사이고, '石頭·木頭·磚頭·看頭'의 '頭'는 명사의 접미사이며, '綠化·美化·醜化·現代化'의 '化'는 동사의 접미사이다. 단어의 구조형식의 형태는 단어의 변화방식을 가리키는데, 주로 중첩식과 점착식의 두 종류가 있다. 예를 들면 동사 '商量'은 '商量商量'으로 중첩할 수 있고, 형용사 '漂亮'은 '漂漂亮亮'으로 중첩할 수 있는데 중첩 이후 일정한 어법의미를 표시한다. 동사 뒤의 어미성질의 조사를 점착할 수 있는데, 예를 들면 '看了·看着·看過'로, 명사 뒤에는 위와 같은 조사를 덧붙일 수 없다. 구조형식의 어법형식이 다름에 따라 단어의 성질(詞性)도 달라진다. 의미는 품사 분류에서 참고작용을 한다. '의미'는 어떤 품사의 개괄적인 의미를 가리킬 수 있으며 또한 개별적인 단어의 뜻을 가리킬 수도 있다. 여러 품사의 개괄적인 의미가 달라짐에 따라 종종 단어의 성질도 달라지는데, 예를 들면 "명사는 사람 혹은 사물의 명칭을 표시하는 단어이다." "동사는 동작·행위·발전·변화 등의 의미를 나타내는 단어이다."와 같다. 품사의 정의는 바로 개괄적 의미를 이용하여 만든 것이다. 구체적인 단어의 의미가 다른 것이 어떤 때는 사람들이 단어 성질(詞性)을 판별하는 데 도움을 줄 수도 있는데, 예를 들면 '這人頂好', '兩人頂了幾句嘴', '我們終於成功登頂'에서, 세 가지 '頂'의 의미는 다르며 단어의 성질 또한 다르다. 그러나 의미는 단지 참고 표준이 될 수 있는데, 왜냐하면 의미는 서로 가깝지만, 단어의 성질이 다른 상황

또한 비교적 보편적이기 때문이다. 예를 들면 '戰爭'과 '打仗'의 뜻은 서로 가깝지만, 단어의 성질은 다르다. 그래서 의미 표준은 종종 그 밖의 표준과 어울려서 사용해야 비로소 더욱 정확해질 수 있다. 예를 들면 위에서 쓴 세 가지 '頂'은 의미가 다른 것 이외에도 조합능력과 문장성분을 충당하는 능력 또한 다르다. 총괄적으로 말하자면, 세 가지 표준 가운데에서 단어의 어법 특징은 가장 중요한 것이다. 그 외에 품사를 분류할 때 조건적 성질에도 차이가 있다. 한 품사를 예를 들자면, 어떤 어법 특징은 아마도 충족조건이고, 어떤 어법 특징은 필요조건으로, 예를 들어 동사는 빈어를 가질 수 있으면 바로 충족조건으로, 단지 빈어를 가지면 확실히 동사이다. 위어로 충당될 수 있는 것은 필요조건으로, 즉 동사는 반드시 위어가 될 수 있고, 위어가 될 수 없는 것은 동사가 아니지만, 위어로 충당되는 것이 반드시 동사인 것은 아니다. 그리고 품사 분류 과정에서 언제나 '분화와 조합'의 통일성 원칙을 철저히 연구해야 하는데, 곧 의미와 조합능력이 서로 같은 동일한 하나의 형식은 반드시 서로 같은 품사로 분류되어야 하고, 의미와 조합능력이 다른 동일한 형식이면, 마땅히 다른 종류의 품사로 분화되어야 한다. 이 원칙을 관철하려면 의미와 조합능력의 비교를 중시해야 한다. 예를 들면 '問題很淸楚'와 '我淸楚這個問題'의 두 예에서 '淸楚'의 의미는 서로 같지만, 조합능력은 서로 다르며, 전자의 '淸楚'는 빈어를 가질 수 없고, 후자의 '淸楚'는 빈어를 가질 수 있으므로, 두 개의 '淸楚'의 단어 성질은 다르다. 다시 예를 들면 '他是一個很認眞的人', '他認眞地對待工作'의 두 개의 '認眞'은 비록 다른 문장성분으로 충당되었지만, 모두 '很'의 수식을 받을 수 있고 의미 또한 차이가 없다. 그래서 두 개의 품사의 단어로 나누어 분류해서는 안 된다. '분화와 조합'의 통일성 원칙을 관철하면 사람들이 표준을 활용하는 과정에서 혼란을 피할 수 있으며, 표준의 일체성을 유지할 수 있다.

위의 표준에 근거해서 먼저 단어를 실사와 허사 두 종류로 분류할 수 있다. 실사는 의미가 비교적 실제적이고, 단독으로 문장성분을 충당할 수 있는 단어이다. 허사는 의미가 비교적 비실제적(虛泛)이며, 단독으로 문장성분으로 충당될 수 없는 단어이다. 실사와 허사는 또한 약간 작은 분류로 세분화될 수 있는데, 실사는 명사 · 동사 · 형용사 · 구별사 · 부사 · 수사 · 양사 · 대사 · 상성사 · 탄사 등 모두 10종류를 포함하고, 허사는 개사 · 연사 · 조사 · 어기사 모두 4종류를 포함한다.

1. 실사(實詞)

1) 명사(名詞)

명사는 사람 혹은 사물의 명칭을 나타내는 단어이다.

(1) 명사의 분류

명사는 다섯 종류로 분류할 수 있다. 사람을 나타내는 것으로, 예를 들어 '農民 · 戰士 · 婦女 · 魯迅 · 姐姐'이다. 사물을 나타내는 것으로 예를 들어 '國家 · 文藝 · 課本 · 友誼 · 政治'이다. 시간을 나타내는 것으로 예로 들면 '明天·春天·剛才·從前'이다. 장소를 나타내는 것으로 예를 들어 '中國·西安·黃河·操場'이다. 방위를 표시하는 것으로 예를 들어 '上·前·前頭·後面·裏邊·之外·中間·左右'이다.

(2) 명사의 어법 특징

가. 종종 주어·빈어가 된다. 예를 들어 '鮮花盛開'·'看電影'이다. 명사는 주어·빈어가 될 수 있는 것을 필요조건으로 삼는데, 곧 주어, 빈어로 충당되는 것이 반드시 명사는 아니지만, 주어·빈어가 될 수 없는 것은 틀림없이 명사가 아니다. 명사는 또한 명사를 수식하는 정어가 될 수 있는데, 예를 들어 '玻璃窓戶'·'學校的操場'이다.

나. 수량구의 수식을 받을 수 있다. 예를 들어 '一個人'·'一頭牛'·'三本書'·'兩種思想'이다.

다. 보통 부사의 수식을 받을 수 없다. 예를 들어 '已經學校'·'馬上椅子'·'非常電話'라고 말할 수 없다. 명사는 '不'의 수식을 받을 수 없어서, '不桌子'·'不感情'이라고 말할 수 없다. 약간의 예외적 특수 용법이 있는데, 예를 들어 대구(對句)를 이루어 말하는 형식으로 '不前不後'·'不人不鬼'와 같지만, 단독으로 '不人' 혹은 '不鬼'라고는 말할 수는 없다.

부사의 수식을 받는 명사는 장소명사인데, 예를 들어 '最裏面'·'最底層' 등이며, 명사를 수식하는 부사는 일부의 정도부사이다. 또 범위를 표시하는 일부 부사 예를 들면 '只'·'才'·'剛'은 수량구 및 수량이 수식이 있는 편정(偏正)구를 수식할 수 있는데,

예를 들어 '只三個人'·'才兩點鐘'·'剛五天' 등이다.

라. 개사와 결합하여 개사구를 만들 수 있다. 예를 들어 '在敎室上課'에서의 '在敎室'·'從北京來'에서의 '從北京'은 모두 개사구이다.

마. 보통 중첩해 사용하지 않는다. '報紙報紙'·'草原草原'·'課本課本'이라고 말할 수 없다.

몇몇 명사는 중첩해 사용할 수 있는데, '每一'의 뜻을 나타내는 것으로 예를 들어 '人人·家家·天天'은 每人·每家·每天의 뜻을 나타낸다.

(3) 몇 가지 비교적 특수한 명사

가. 시간명사: 이 종류의 단어는 종종 주어·빈어·정어를 이루는 것 외에도 상어가 될 수 있는데, 예를 들어 '明天來'·'晚上看電影'·'過去不認識'이다. 시간명사 중에 어떤 것은 시점을 나타내는데, 예를 들어 '剛才'는 말하기 전 하나의 시간을 나타내고, 어떤 것은 시간 단락을 나타내는데, 예를 들어 '秋天'은 하나의 상대적으로 긴 시간 단락을 나타낸다. 그러나 이 둘 간의 구별은 절대적인 것이 아니며, 시간 단락은 더욱 많은 상황에서 구에 의해서 나타나는데 예를 들어 '三天·五年' 등이다.

나. 방위명사: 방위명사의 구성은 비교적 복잡한데 주로 세 종류의 유형을 포함한다.

하나는 단순방위명사로 예를 들어 '上·下·內·外·左·右·中' 등이다. 하나는 합성방위명사로 예를 들어 '上頭·裏頭·前邊·上面·底下·之後' 등이다. 하나는 정반대거식(正反對擧式) 방위명사로 예를 들어 '上下·左右·內外' 등이다. 방위명사의 주요 기능은 다른 어휘의 뒤에 부가되어 방위구를 구성하여 장소를 나타내는데 예를 들어 '家裏'·'桌子底下'·'會議室外面' 등이며, 어떤 때는 또 시간을 나타낼 수 있는데 예를 들어 '三天以前'· '五十歲左右'이다.

2) 동사(動詞)

동사는 동작, 행위, 발전, 변화 등을 나타내는 단어이다.

(1) 동사의 분류

동사는 아래의 분류로 나눌 수 있다. 동작, 행위를 나타내는 것으로 예를 들어 '吃·讀·商量·宣傳' 등이 있다. 존재, 발전, 변화를 나타내는 것으로 예를 들어 '有·發展·成長·消失' 등이 있다. 상태를 나타내는 것으로 예를 들어 '開始·継續·進行·停止·結束' 등이 있다. 심리활동을 나타내는 것으로 예를 들어 '愛·怕·喜歡·佩服·擔心' 등이 있다. 명령하는 것을 나타내는 것으로 예를 들어 '使·命令·派·請' 등이 있다. 능원을 나타내는 것으로 예를 들어 '能·能夠·可以·願意·應該' 등이 있다. 추향을 나타내는 것으로 예를 들어 '來·上·下·進來·過去·下來' 등이 있다. 판단을 나타내는 것으로 예를 들어 '是'가 있다.

(2) 동사의 어법 특징

가. 주로 위어나 위어 중심이 된다. 예를 들어 '朋友來了'·'我

們經常游泳'에서 '來'는 위어가 되고 '游泳'은 위어 중심어가 된다. 위어나 위어 중심어로 충당될 수 있는 것이 동사가 반드시 구비해야 하는 조건으로, 위에서 서술한 성분을 충당되는 단어가 반드시 동사인 것은 아니지만, 위에서 서술한 성분을 충당될 수 없는 단어는 틀림없이 동사가 아니다.

나. 부사수식을 받을 수 있다. 그러나 심리활동을 나타내는 동사와 일부 능원동사를 제외하고, 일반적으로 정도부사의 수식을 받을 수 없다. 예를 들어 '馬上過去'·'趕快學習'·'不走'이다. '非常喜歡'·'很應該'라고 말할 수 있지만, '很休息'·'非常學習'라고 말할 수 없다. 앞에 '不'를 더할 수 있는지의 유무가 동사와 명사를 구별하는 하나의 효과적인 방법이다.

다. 대다수 동사는 빈어를 가질 수 있다. 빈어를 가질 수 있는 동사를 타동사라고 부른다. 예를 들어 '看書'·'買東西'·'想念親人'·'有理由'이다. 빈어를 가질 수 있는 단어는 확실히 동사지만, 일부 동사는 빈어를 가질 수 없는데, 이런 종류의 동사를 자동사라고 부르며 예를 들어 '咳嗽·休息·遊行·前進·戀愛·閉幕'이다.

라. 대다수 동사 뒤에는 동태조사 '了·着·過'를 가질 수 있다. '了'는 동작행위가 이미 완성되었음을 나타내는데, 예를 들면 '吃了飯'이다. '着'은 동작행위가 진행됨을 나타내는데 예를 들면 '吃着飯'이다. '過'는 동작행위가 이미 과거에 경험한 적이 있는 것으로 예를 들면 '見過他'이다.

마. 많은 동사는 중첩해 사용할 수 있다. 예를 들면 '看看·聽一聽·討論討論·鍛煉鍛煉'이다. 단음절 동사의 중첩형식은 'VV'와 'V一V'이며, 이음절 동사의 중첩형식은 'ABAB'이다. 중첩 후에 동작의 분량이 경감하고 시간이 짧음을 나타낸다. 화용적 효과에서

볼 때 중첩 이후는 일종의 '뜻대로 하다, 수월하다'의 뜻이 있어서, 위에서 서술한 중첩형식은 사용되는 경우와 의미특징에 주의해야 한다.

일반적으로 동사는 경우에 따라 보어가 될 수 있다. 예를 들어 '打死 · 退掉 · 做完 · 看懂'이며, 그 중의 '死 · 掉 · 完 · 懂'은 보어이고 보어가 되는 동사는 주로 단음절 동사이다. 어떤 때는 정어가 될 수 있는데, 예를 들면 '買的書 · 做的家具'이고, '的'을 가질 수 없는 것을 예로 들면 '勞動紀律 · 銷售價格 · 學習態度'이다. 정어가 될 때 동사는 중심명사와 동빈관계를 형성할 수 없는 것에 주의해야 하는데 예를 들면 '學習文件'에서 '學習'는 '文件'과 편정관계를 형성할 수 있고 또 동빈관계를 구성할 수 있어서, 이것은 하나의 다의(多義)구이다. 어떤 것은 상어가 될 수 있는데, 예를 들어 '尊敬地稱呼他"郭老"' · '挑釁地看着我'로 상어가 될 때 동사 뒤에 일반적으로 '地'를 붙여야 한다.

(3) 몇 가지 비교적 특수한 동사

가. 능원(能願)동사: 또한 조동사라고 하며, 가능 · 바람 · 필요 등을 나타내는 동사이다. 가능을 나타내는 것으로 예를 들면 '能 · 會 · 可 · 能夠 · 可能 · 可以'이다. 바람을 나타내는 것으로 예를 들면 '願 · 願意 · 敢 · 要 · 肯'이다. 요구를 나타내는 것으로 예를 들면 '要 · 應 · 該, 應該 · 應當'이다. 능원동사는 보통 동사의 기능을 가지고 있어서 위어와 위어 중심어가 되는데, 예를 들면 '可以嗎?' · '不可以.'이다. 그렇지만 능원동사가 일반 동사와 가장 큰 다른 점은 그 주요 어법기능이 동사, 형용사 앞에서 상어가 되는

것으로, 예를 들면 '能夠學會'·'應該客氣些'이다. 능원동사는 일반적으로 중첩해 사용하지 않으며, 뒤에도 동태조사 '着·過'가 따라오지 않는다. 능원동사는 단독으로 위어가 될 때 뒤에 '了'를 더할 수 있는데, 예를 들면 '願意了'·'可以了'이다. 능원동사는 'V不V' 격식이 될 수 있고, 대부분 '不V不'의 격식이 될 수 있는데, 예를 들면 '能不能來'·'不能不來'로, 일반 동사는 뒤(不V不)의 구조특징을 가질 수 없다.

나. 추향동사: 동작행위의 방향을 나타내는 동사이다. 추향동사는 일반 동사의 특징을 가지고 있으며, 위어와 위어 중심어가 될 수 있는데, 예를 들면 '你過來'·'我們都下去吧'이다.

그러나 추향동사는 자주 동사, 형용사 뒤에서 보어가 될 수 있는데, 예를 들면 '汽車開過來'·'他從大堤上走下去'이다. 어떤 추향동사는 보어가 될 때 동작의 시작이나 계속을 나타낼 수 있는데, 예를 들면 '山朗潤起來了'·'水漲起來了'·'太陽的臉紅起來了'이다.

다. 판단동사: '是'는 사용 빈도가 매우 높은 판단동사에 속한다. 판단으로 쓰일 때는 여러 종류의 의미를 나타낼 수 있다. 존재를 나타내는데 예를 들면 '大樓前面是花園'이다. 동일한 관계를 나타내는데, 예를 들면 '弟弟是張明'이다. 종속관계를 나타내는데, 예를 들면 '小麗是大學生'이다. 특징을 나타내는데 예를 들면 '這小姑娘是黃頭髮'이다.

'是'는 동사용법 이외도 형용사와 부사용법이 있는데 예를 들면 '你說得是'이며 여기서 '是'는 '좋다·정확하다'의 뜻을 나타내며 형용사에 속하고 보어가 된다. '我是來過這裏'·'孩子是長大了'에서의 '是'는 '분명히, 확실히'의 뜻으로, 부사이고 상어가 된다.

판단을 나타낼 때 '是'의 단어 성질 구별에 주의해야 한다. 예를 들면 다음과 같다.

  (1) 小明是體操運動員.

  (2) 小明是喜歡體操.

  (3) 小明是學游泳的.

  (4) 小明是會練好的.

'是'의 단어 성질을 확정하는 데는 아래의 몇 방면에서 고려할 수 있다.

첫째, '是' 뒤에 명사성 성분이 빈어가 되어 판단의 내용을 충당하는지의 유무를 보아야 한다. 예 (1)의 '體操運動員'은 명사성구가 빈어가 되는 것이며, '是'는 동사이다. 예 (2)의 '喜歡體操'는 동사성 단어이며, '是'는 긍정적 어기를 나타내며 부사이다.

둘째, '是'를 없앤 후에 문장의 기본 뜻을 바꿀 수 있는지 유무를 보아야 한다. 예 (3)에서 '是'를 없앤 후에 문장은 통하지 않으며, '是'는 동사이며 술어(述語)가 된다. 예 (4)의 '是'를 없애도 기본적인 의미전달에는 영향을 주지 않으므로 뒤가 빈어가 아님을 설명해 준다. 그래서 '是'는 부사이며 상어가 된다. 상어가 된 '是'는 보통 강세를 주어 읽어야 한다.

셋째, 만약 '是'가 문장 끝의 '的'과 호응해서 사용되면, '的' 뒤에 명사성 중심어를 보충할 수 있는지 유무를 보아야 한다. 예 (3)은 '人·學生' 등 명사성 성분을 보충할 수 있는데, '是' 뒤는 '的' 구가 빈어가 되는 것을 설명하므로 '是'는 동사이다. 예 (4)의 '的' 뒤는 명사성 성분을 보충할 수 없으며, 그래서 '是'는 동사가 아니다.

넷째, 부정형식을 이용하여 감별한다. 부정형식에서 '不'가 만약 '是' 앞에 놓일 수 있으면 '是'는 동사가 된다. '不'가 단지 '是'

뒤에만 놓일 수 있으면 '是'는 부사가 된다.

따라서 예 (3)의 '是'는 동사이고, 예 (4)의 '是'는 부사로 판단할 수 있다.

라. 심리활동을 나타내는 동사: 심리동사의 두드러진 특징은 정도부사의 수식을 받을 수 있는데 예를 들면 '很熱愛'·'很佩服'·'最痛恨'으로 이것은 일반적인 동사와 다르다. 다음으로 심리동사는 종종 위어성 빈어를 가지는데, 예를 들면 '愛勞動'·'喜歡跑步'·'討厭說假話'이며, 동시에 명사성 빈어 역시 가질 수 있는데 예를 들면 '愛祖國'·'佩服他'이다.

3) 형용사(形容詞)

형용사는 성질 상태를 나타내는 단어이다.

(1) 형용사의 분류

성질 상태를 나타내는 것으로 예를 들면 '好·壞·甜·聰明·偉大·冰冷·紅彤彤' 등이다. 불확정적인 수량을 나타내는 것으로 예를 들면 '多·少·許多·好多·好些' 등이다.

(2) 형용사의 특징

가. 통사기능에서 보면, 형용사는 위어(혹은 위어 중심어)와 정어가 될 수 있는데, 예를 들면 '鮮花漂亮'·'鮮花非常漂亮'·'漂亮的鮮花'이다. 다시 말해 위어(혹은 위어 중심어)와 정어로 충당되

는 단어가 반드시 형용사인 것은 아니지만, 위에서 서술한 성분을 충당할 수 없는 단어는 틀림없이 형용사가 아니다. 예를 들면 '突出'은 형용사이며, '事情很突然'·'突然事件'이라 말할 수 있고, '忽然'은 위에서 서술한 통사기능이 없으며, '事情很忽然'·'忽然事件'이라 말할 수 없어서 '忽然'은 형용사가 아니다. 다시 예를 들면 '及時'와 '立卽'의 뜻은 서로 가깝지만, '及時'는 위에서 서술한 통사기능을 가지므로 형용사이고, '立卽'은 상응하는 기능을 가지고 있지 않아서 형용사가 아니다. 어떤 형용사는 상어와 보어가 될 수 있다. 예를 들면 '迅速前進'·'走得快'이다.

나. 대부분 형용사는 정도부사의 수식을 받을 수 있는데, 예를 들면 '很好'·'十分美麗'·'非常激動' 등이다. 일부의 형용사는 정도부사의 수식을 받을 수 없다. 여기에는 몇몇 편정식 합성어가 포함되는데, 예를 들면 '火紅·漆黑·冰冷' 등이다. 또 중첩접미사를 가진 형용사도 포함되는데, 예를 들면 '冷冰冰·綠油油·甜絲絲' 등이다. 형용사의 중첩형식 역시 포함되는데, 예를 들면 '乾乾淨淨·淸淸楚楚·馬馬虎虎' 등이다. 이러한 형식은 이미 정도에 깊이를 더한 의미를 증가시켰기 때문, 만약 다시 정도부사의 수식을 받는다면 의미의 중복을 낳는다.

다. 형용사는 빈어를 가질 수 없다. 만약 형용사 뒤에 빈어가 나타난다면, 이때의 형용사는 이미 동사로 변한 것이다. 예를 들면 '臉很紅'에서 '紅'은 형용사이고, '她紅了臉'에서 '紅'은 빈어를 가졌으므로 동사이다. '市場繁榮'에서의 '繁榮'은 형용사이고, '要繁榮市場'에서의 '繁榮'은 동사이다. 왜냐하면 뒤에 빈어가 나타난 후에 이 단어들은 형용사의 가장 본질적인 몇몇 특징을 잃었는데, 예를 들면 더 이상 동시에 정도부사의 수식을 받을 수 없고,

뒤에 동태조사 '了·着·過'를 붙일 수 있다와 같은 것이다. 이것은 동사의 어법 특징과 훨씬 가깝다.

라. 대부분 형용사는 중첩해 사용할 수 있다. 형용사의 중첩형식은 네 종류가 있다. 하나는 AA형식으로 이것은 단음절 형용사의 중첩형식이다. 예를 들면 '紅 → 紅紅'·'大→大大'이다.

하나는 이음절 형용사의 중첩형식으로 AABB형식이고, 예를 들면 '明白 → 明明白白'·'乾淨 → 乾乾淨淨'이다. 하나는 편정구조의 이음절 형용사로 중첩형식은 ABAB형식이며, 예를 들면 '冰冷 → 冰冷冰冷'·'碧藍→碧藍碧藍'이다. 하나는 A裏AB형식으로 예를 들면 '羅嗦→羅裏羅嗦'·'土氣 → 土裏土氣'이다. 이런 종류의 중첩형식은 보통 폄하의 의미나 혐오의 정서를 나타내는 이음절 형용사에 이용된다. 형용사 중첩 후 그 화용기능은 묘사의 효과가 강해지며 정도가 깊어짐을 나타낸다.

4) 구별사(區別詞)

구별사는 사물의 속성을 나타내며 사물을 분류하는 작용을 가진 단어이다. 예를 들면 '男·女·正·副·單·雙·大型·中型·慢性·萬能·野生·人造·中式·西式·高速·初級·陰性·軍用·有限·無限·私營' 등이고, 또한 몇몇 삼음절도 있는데 예를 들면 '無記名·多年生' 등이다.

(1) 구별사의 어법 특징

가. 주요 기능은 정어가 되는 것이다. 예를 들면 '副班長·女同

志·野生動物·微型汽車·高速公路’ 등이다. 구별사가 명사를 수식할 때 일반적으로 ‘的’을 붙이지 않는다. 구별사는 ‘是X的’ 형식으로 나타낼 수 있는데 예를 들면 ‘是有限的·是中式的·是男的’ 등이다.

나. 위어가 될 수 없다. ‘大號球衣’·‘初級英語’·‘野生動物’라고 말할 수 있지만, ‘球衣大號’·‘英語初級’·‘動物野生’이라고는 말할 수 없다.

(2) 구별사의 판별분석

가. 구별사와 형용사의 판별: 몇몇 어법교재에서 구별사는 형용사에 속하며 ‘비위형용사(非謂形容詞)’라고 부른다. 이 두 품사의 공통점은 모두 정어가 될 수 있을 뿐만 아니라 의미 측면에 있어서도 비교적 비슷하다. 그러나 이 두 품사는 명확한 차이가 있다.

형용사는 주로 위어, 위어 중심어가 되며 또한 상어, 보어가 될 수 있다. 구별사는 이런 기능이 없으며 주로 정어가 된다.

형용사는 정도부사의 수식을 받을 수 있는데, 예를 들면 ‘很高大·很正確’과 같다. 구별사는 정도부사의 수식을 받을 수 없으며 ‘很高速·很大型’이라고 할 수 없다.

부정을 나타낼 때 형용사 앞에 ‘不’을 붙일 수 있는데, 예를 들면 ‘不緩慢·不迅速’이다. 구별사 앞에 단지 ‘非’를 붙일 수 있는데 예를 들면 ‘非慢性·非野生’이다.

나. 구별사와 명사의 판별: 이 두 품사는 의미상 비슷한 점이 있는데 용법상 모두 정어가 될 수 있다는 것이다. 예를 들어 ‘金·銀·男·女·雌·雄·中式·彩色’은 구별사이지만, 보기에 어떤

것은 명사와 비슷하므로 마땅히 구분해야 한다.

명사는 주어, 빈어가 될 수 있지만, 구별사는 보통 주어, 빈어가 될 수 없으며 '的'자구로 변해진 후에야 비로소 가능한데 예를 들면 '男的是工程師, 女的是敎師'·'人參是上等的'·'蘑菇是野生的'이다. 어떤 구별사는 겸류 현상이 있는데 예를 들면 '沈默是金'·'家裏有三男兩女'이며 여기서 '金·男·女'는 명사적 용법이다.

의미적으로 보면 명사는 사람 혹은 사물의 명칭을 나타내며, 구별사는 사람 혹은 사물의 속성 및 유별을 나타낸다.

呂叔湘은 구별사에 대하여 "이런 단어는 품사의 계통적 위치가 매우 특수하며, 그것들은 실사 안의 큰 두 종류와 거리가 있다. 명사의 주요 특징(주어와 빈어가 된다)을 구비하지 않을 뿐만 아니라, 위어 즉 동사와 일반 형용사의 주요 특징(위어가 된다)을 가지지 않는다. 그것을 형용사에 넣었는데 실제로 매우 억지스럽다."[128) 라고 하였다. 이 종류의 단어를 단독으로 한 품사로 보면 그것이 다른 품사의 특징과 다른 점을 드러낼 수 있다.

5) 부사(副詞)

부사는 동사, 형용사를 수식하며 정도·범위·시간 등 의미를 나타내는 단어이다.

(1) 부사의 분류

부사의 종류는 비교적 많은데 주로 아래와 같이 나눌 수 있다.

---

128) 『漢語語法分析問題』 29쪽.

가. 정도를 나타내는 것으로 '很·最·太·更·挺·非常·十分·
格外·更加, 極其, 分外·越發·尤其·比較·稍·稍微·略微'
이다.

나. 범위를 나타내는 것으로 '都·共·總共·統統·一概·一
略·一共·一齊·僅·僅僅·就·光·單·單單'이다.

다. 시간을 나타내는 것으로 '已·已經·剛·剛剛·曾·曾經·
立刻·立卽·將·將要·在·正在·才·就·就要·常·常常·
往往·馬上·頓時·從來·永遠·一向·一直·終於·老·老
是·暫且·始終'이다.

라. 긍정과 부정을 나타내는 것으로 '必須·必然·必定·一
定·準·不·沒·沒有·別·未·莫·不必'이다.

마. 중복을 나타내는 것으로 '再·又·一再·再三·重新·屢
次·反復·不斷'이다.

바. 정황과 어기를 나타내는 것으로 '親自·互相·大力·大肆·
猛然·忽然·陸續·悄悄·趕緊·公然·匆匆·暗暗·難道·難
怪·也許·究竟·幸虧·莫非·簡直·竟然·居然·到底·偏
偏·反正·果然·恰恰·未免·何嘗·却·明明·只好'이다.

(2) 부사의 어법 특징

가. 결합능력에서 부사는 일반적으로 동사, 형용사를 수식할 수
있는데, 동사와 형용사를 수식하는 것이 반드시 부사인 것은 아니
지만, 동사와 형용사를 수식할 수 없는 것은 틀림없이 부사가 아
니다. 통사기능에서 부사는 순수한 상어성을 가지는데 이 점은 절
대적이며, 또한 한 단어가 만약 상어가 될 수 있고 또한 단지 상

어만 될 수 있다면 이 단어는 반드시 부사이다. 예를 들면 '馬上過來.'·'趕快說.'·'大家都是年輕人.'이며 이 중의 '馬上·趕快·都'는 모두 부사가 된다. 몇몇 부사는 보어가 될 수 있다. 보어가 되는 것은 주로 '很·極'의 두 단어로 예를 들면 '好得很'·'漂亮極了'이다.

부사는 어떤 경우 명사성 성분을 수식해 상어가 될 수 있는데 특정한 조건적 제한이 있다. 그 하나는 범위 부사가 사람이나 사물의 수량을 제한하는 것으로 통상 '才·就·僅·只·將近·剛好' 등을 사용하며, 예를 들면 '報名的才三個人'·'家裏就一個老太太'·'身上僅三塊錢'이다. 의미특징에서 분석하면, 이러한 종류의 부사가 모두 공통된 하나의 의미특징을 가지는데 그것은 바로 범위를 표시한다는 것을 알 수 있다. 수식받는 명사성 성분은 반드시 수량정어를 가진 구인데, 왜냐하면 수량의 제한이 있어서 사람이나 사물이 단지 일정한 수량의 범위가 안에 있음을 나타내기 때문에 범위 부사의 수식을 받을 수게 된다. 만약 명사성 성분이 수량정어가 없으면 곧 범위부사의 수식을 받을 수 없다. 예를 들어 '報名的才人'·'身上僅錢'이라고 말할 수 없다. 만약 어떤 곳에 사람이나 사물이 가득 차 있음을 나타낸다면, 이것은 수량이 많다는 뜻을 가지고 있어서 사람과 사물을 나타내는 명사 앞에 수량정어를 생략하고 직접 부사 '淨·光'의 수식을 받을 수 있는데 예를 들면 '街上淨人'·'屋子裏淨書'·'山上光石頭·沒有樹'이다.

또 하나는 정도부사 '最'가 장소명사를 수식하는 것인데 예를 들면 '生活在最底層'·'走在最前面'이다. 의미특징에서 분석하면, 수식받는 명사는 모두 장소를 나타내며, 게다가 모두 방위를 나타내는 형태소를 가지는데, 예를 들면 '底·前·後·上·下' 등으로, '前·後·上·下' 등의 위치개념은 정도상의 차이를 가지기 때문에 정도부사의 수식을 받을 수 있다. 만약 장소사가 위치 정도상의 차이가 없다면, 예를 들어 '操場·敎室·北京'은 정도부사의 수식을 받을 수 없다.

또 다른 하나로 시간부사는 시간을 나타내는 수량구를 수식하여 시간의 길고 짧음을 나타내는데 예를 들면 '才兩天時間'·'已經半年了'이다. 의미특징을 분석하면, 수식받는 것은 마땅히 시단(時段)을 나타내는 수량구이며, 시간부사가 수식할 때 말하는 사람의 주관에서 이 시간이 긴지 아니면 짧은지를 나타내므로 의미적으로 어울릴 수 있다. 어떤 때는 시점(時點)을 나타내는 명사가 또한 시간부사의 수식을 받을 수 있는데, 예를 들면 '才春天, (着什麼急?)'·'剛秋天, (就這麼冷.)'·'已經元旦了.'이다. 이런 종류의 시간명사는 하나의 공통적인 의미특징이 있는데, 바로 시간적인 변화의 의미를 가진다는 것이다. 예를 들면 '春天'은 '冬天'의 변화에서 올 수 있으며, '元旦'은 그날의 앞 단계 시간에서 옮겨져 온 것으로, 시간부사는 그 시점이 화자가 볼 때 이른지 아니면 늦은지를 나타낸다. 그래서 또한 시간부사를 사용하여 수식할 수 있다. 시간의 단락은 변화성이 없으므로 '才·剛' 등 부사의 수식을 받을 수 없다. 예를 들면 '才未來'·'剛從前' 등으로는 말할 수 없다.

부사 '很'은 또 종종 어떤 두르러진 특징을 가지는 사람 혹은 사물의 명사 앞에 쓰여 사람이나 사물의 이런 특징을 강조하는데, 예를 들면 '很靑春·很現代·很中國·很紳士' 등이다. '很 N' 구조는 성질상 형용사성을 가지므로 형용사의 통사기능을 가지고 있다. 예를 들면 '他很靑春'(위어)·'一張很靑春的臉'(정어)·'他顯得很靑春'(보어)이다.

나. 부사는 대다수가 단독으로 말할 수 없다. 일부 부사는 단독으로 말할 수 있는데, 단독으로 문제에 답하는 데 쓰이며, 예를 들면 '不·沒有·當然·也許·剛好' 등의 몇몇 부사이다. 예문을 들면 '你去嗎? - 不!'·'你會說英語吧? - 當然.'이다.

다. 어떤 일부의 부사는 연결작용을 일으킬 수 있다. 예를 들면 '她說得又快又好', '你不去也不行', '只有付出勞動才會有收穫'에서 위의 '又·不·也·才'는 모두 연결작용을 하는 부사이다. 부사는 단독으로 연결작용을 일으킬 수 있으며, 또 연사와 어울려 사용할 수 있지만, 어떤 상황이든 관계없이 부사의 단어 성질은 결코 변하지 않는다. 단지 연사가 연결작용을 일으키고, 부사는 연결작용을 일으킬 때에도 여전히 수식작용을 가지며 상어가 된다.

부사는 명사, 동사, 형용사와 서로 비교하면 통사기능이 단일적이고 수량도 적지만, 그 의미와 용법은 오히려 비교적 복잡하다. 부사 '就'의 용법을 예로 들면 문장 '你先走, 我就來.'에서 '就'는 일이 곧 발생함을 나타낸다. '他去年就畢業了.'에서 '就'는 일이 이미 과거가 되었음을 나타낸다. '你不讓我去, 我就去.'에서 '就'는 어기를 나타낸다. '家裏就我一個人'에서 '就'는 범위를 나타낸다. '沒有'가 동작행위나 성질 상황을 부정할 때는 부사인데, 예를 들면 '他沒有來.'·'天沒有黑.'이다. 사람이나 사물을 부정할 때는 동사인데, 예를 들면 '家裏沒有人.'·'沒有任何理由.'이다.

'白·光·淨·老·好' 등의 단어는 부사적 용법이 있을 뿐만 아니라 형용사 용법도 있다. 예를 들면 '白'은 '白紙一張'에서 형용사이고, '白跑一趟'에서 부사이다. '光'은 '玻璃很光'에서 형용사이고, '光說不幹'에서 부사이며, '地下室裏沒有一點光'에서는 명사이다. 상어의 위치에서 부사는 부사가 아닌 것과 구별되는데,

부사의 순수한 상어성과 조합능력에 근거해서 판단할 수 있다. 부사는 단지 상어가 될 수 있는데, 부사가 아닌 것은 상어가 되는 것 외에도 종종 또 기타 통사성분이 될 수 있다. 예를 들면 '光'은 '光說不幹'에서 부사이고 '단지'의 뜻이며, 이 뜻의 '光'은 단지 상어가 될 수 있고 부사이다. '玻璃很光'에서 '光'은 '很'의 수식을 받을 수 있으며 또한 '光玻璃'라고 할 수 있고 정어가 되며 형용사이다. '地下室裏沒有一點光'의 '光'은 '光很暗'이라 할 수 있으며, 주어가 되고 수량구의 수식을 받을 수 있는데, 예를 들면 '一絲光都沒有'으로 '光'은 명사이다.

기타 실사와 비교하면 부사의 의미 비교는 매우 변화무쌍하며, 비교의 방법을 통해 부사의 숨은 뜻과 기능을 파악할 수 있다. 예를 들면, '再'는 '又'와 모두 중복을 나타내어 같은 사물 혹은 상태가 다시 출현함을 가리키지만, 나타내는 뜻은 명확히 다른 점이 있다. 예를 들면 '你再吃一碗'은 친절히 대접하며 많이 먹을 것을 권하는 뜻이고, '你又吃一碗'은 곧 냉정한 기분과 상대방이 많이 먹는 것을 싫어하는 뜻을 나타낸다. '你再吃'는 아직 발생하지 않은 동작이고, '你又吃'는 이미 발생한 동작을 나타낸다. 다시 예를 들어 '就'와 '才'는 범위가 작음을 나타내는데, 예로 '家裏就兩個人'과 '家裏才兩個人'에서 그 의미 기본은 서로 통하지만, 구별 또한 확실하다. '就'는 단지 사람이 적음을 나타내고, '才'는 사람이 적음을 나타내는 동시에 화자가 사람이 너무 적음을 싫어하는 주관적 느낌을 더욱 강조한다. 다시 예를 들어 '你明天就走?'와 '你明天才走?'는 시간상으로 전자는 시간이 이르다는 것을, 후자는 시간이 늦었다는 것을 나타낸다. '別急, 他就回來.'와 '別急, 他才回來.'는 전자는 아직 발생하지 않은 동작을 나타내고, 후자는 이미 발생한 동작을 나타낸다.

다시 '都'를 예로 들어 부사의 의미지향을 분석해 보면, '他們都
來了.'의 '都'의 의미는 주어 '他們'을 지향한다. '他把蘋果都吃
了.'에서 '都'의 의미는 개사 빈어 '蘋果'를 지향한다. 비록 '都'는
모두 상어가 되지만 의미관계는 다르다. 의미지향 분석은 의미관계
와 구조관계를 결합해서 문장을 고찰할 수 있도록 하고, 어법 분
석을 더욱 심도 깊고 실용적이게 한다.

6) 수사(數詞)

수사는 숫자와 차례를 표시하는 단어이다.

(1) 수사의 분류

수사는 기수사(基數詞)와 서수사(序數詞)사의 두 종류로 나눌 수
있다.

가. 기수사는 숫자의 분량을 표시한다. 예를 들면 '一·二·三·
五·九·十·百·千·萬·億' 등이 있다. 어떤 기수는 일정한 격
식의 구로 표시된다. 배수(倍數)는 기수에 '倍'를 더해 구성되며,
예로 '三倍·五倍·十倍' 등이 있다. 분수(分數)는 'X分之X'의
고정된 형식으로 표시하며, 예로 '五分之三'이다. 분수도 종종 기
수에 '成'·'折'을 더한 것으로 표시하며, 예로 '三折'은 十分之三
으로 표시되며, '九成'은 十分之九로 표시된다. 대수는 대략적인
숫자를 표시하며, 주로 일정한 형식을 이용하여 표시한다. '幾·
兩'을 이용하여 대수를 표시하며, 예로 '過幾天再來'·'說兩句就

走'가 있다. 기수에 '成・近・約・上' 등을 더해 대략의 수를 표시하는데, 예로 '近百個'・'成千人'・'約三十歲'가 있다. 기수에 '來・幾・多・左右・上下' 등을 더해 대략의 수를 표시하는데, 예로 '十來個'・'二十多'・'一百左右'가 있다. 서로 인접한 숫자의 연용으로 대략의 수를 표시하며, 예로 '兩三個'・'三五天'・'七八十輛' 등이 있다.

나. 서수사는 앞뒤 순서를 표시하는 단어이다. 일반적으로 기수 앞에 '第・老・初'를 붙여 구성하며, 예로 '第一・老三・初五'가 있다. 어떤 때는 기수의 형식으로 서수를 표시하기도 하며, 예로 '三中學生'・'家住五樓'가 있다. 그 중의 '三・五'는 서수이다.

(2) 수사의 어법 특징

가. 수사는 때로 단독으로 문장성분이 되나, 더욱 많은 상황에서는 양사와 결합하여 수량구가 되며, 전체가 하나의 문장성분이 된다. 주로 정어, 보어가 되며, 예로 '三個人'・'去兩次'가 있다. 주어・빈어・상어도 될 수 있으며, 예로 '一年是三百六十五天'에서 '一年'은 주어이며, '三百六十五天'은 빈어이다. '一把拉住他的手'에서 '一把'는 상어이다.

수사가 단독으로 문장성분이 되는 것은 주로 아래의 몇 가지 상황이 있다. 그 하나는 고대 한어 용법의 잔재이다. 고대 한어 중의 수사는 명사와 직접적으로 결합할 수 있는데 이러한 용법이 현대 한어에서도 마찬가지로 사용되었다. 예를 들어 '三言兩語・七手八脚・一針一線・兩人家庭・三大戰役・四大發明'이 있다. 그 특징은 구조가 규칙적이고, 의미가 간결하다는 것이다. 또 매우 큰 수를 표시할 때 수사 뒤에는 종종 양사가 필요 없는데, 예를 들면 '十萬大軍·三億兒童·鐵騎三千' 등이다. 마지막으로 서수를 표시할 때, '第一·第二'를 이용해 독립성분을 만들고, '一是……二是……' 중의 수사는 단독으로 주어가 된다.

나. 수사의 증감에는 일정한 표현방식이 있다. 수의 증가를 표시할 때 몇 가지 견해가 있을 수 있는데, 그 첫 번째는 '增長(了)·增加(了)·提高(了)'를 이용하는 것이다. 단지 증가한 수만을 가리키며, 원래 있던 수를 포함하지 않는다. 예를 들면 2增加到6으로 '增長（了）兩倍'라고 말할 수 있으며, '增長（了）三倍'라고는 말할 수 없다. 두 번째로 '增長到·增加到·提高到'를 이용하는 것이다. 증가한 후의 총수를 가리키며, 밑수를 포함한다. 예를 들면, 2가 변해 6되는 것은 '增加到三倍'·'提高到三倍'라고 말할 수 있으며 '增加到兩倍'·'增長到兩倍'라고는 말할 수는 없다. 배수는 단지 수의 증가를 표시하는 데만 쓰이며, 수의 감소를 표시할 수는 없다. 예를 들어 가격이 100원에서 50원까지 내려갔다는 '降低了50元'·'降低了二分之一'라고 말할 수 있으며, '降低了一倍'라고 말할 수는 없다.

수의 감소 표시를 나타내는 데에는 몇 가지 표현법이 있는데, 첫째, '減少（了）·降低（了）'를 이용하는 것이다. 이런 종류의 견해는 단지 감소한 수를 가리키는데, 즉 감소한 이후의 수와 원래 수와의 차액이다. 예를 들면 6으로부터 2까지 감소는 '減少了4'·'減少了三分之二'이라 말할 수 있으며 '減少了兩倍'라고는 말할 수 없다. 둘째, '減少到·下降到·降低到'를 이용한다. 이런 종류의 표현법은 감소한 이후의 남은 수를 가리킨다. 예를 들면 6이 변해 2가 되는 것은 '減少到2'·'減少到三分之一'라고 말할 수 있다.

분수는 수의 증가를 표시할 수 있을 뿐만 아니라, 수의 감소도 표시할 수 있다. 예를 들어 2가 변해 6이 되는 것은 '增加了百分之二百'라고 말할 수 있으며, 6이 변해 2가 되는 것은 '減少了三分之二'이라고는 말할 수 있다.

7) 양사(量詞)

양사는 계산단위를 표시하는 단어로 단위사라고도 한다.

(1) 양사의 분류

양사는 두 가지 방면으로 분류할 수 있다. 전용인지 아닌지에 측면에서 전용양사와 차용양사로 나눌 수 있다. 전용양사의 예로는 '個·條·尺·畝'가 있고, 차용양사는 명사·동사 등을 임시로 빌려 양사로 쓰이는데, 예를 들면 '杯·盒·身·封' 등이다. 단위 성질적인 면에서 물량사·동량사와 복합양사 세 종류로 나눌 수 있다.

가. 물량사(物量詞): 사람이나 사물단위를 표시하는 데 쓰이는 단어이다. 도량형단위를 표시하는 예는 '丈·尺·寸·米·斗·升·斤·兩·吨·畝·元·角·分' 등이 있고 개체단위를 표시하는 예는 '個·位·根·塊·隻·片·本·輛·句·篇·章·枝·頭·口·碗' 등이 있고, 집체단위를 표시하는 예는 '雙·堆·對·班·車·捆·伙·批' 등이 있고, 수가 정해지지 않은 것을 표시하는 예는 '些·點' 등이다.

나. 동량사(動量詞): 동작행위 단위를 표시하는 단어이다. 전용의 예는 '次·回·趟·陣·遍·下'이고, 차용의 예는 '槍 (打一槍)·棍

(挨一棍)·拳(打兩拳)·脚(踢一脚)·看(看了一看)·摸(摸了一摸)'이다.

다. 복합양사: 복합단위를 표시하는 양사이다. 두 개 혹은 두 개 이상의 양사를 종합해서 사용한다. 예를 들면 '人次·架次·吨公里·秒米·秒立方米'이다. 또 양사 세 개를 종합해 사용한다. 예로 '架艘次(出動飛機艦艇3000餘架艘次)·輛艘次(車船500輛艘次)'이다. 상술한 복합양사는 가합형(加合型)이며, 또 선택형(選擇型)의 복합양사도 있는데, 즉 수사와 양사의 결합이 이것 혹은 저것의 성질을 띠는 것으로, 예로 '買床上用品20件套'·'拍電視劇15部集'이다.

(2) 양사의 어법 특징

가. 양사의 결합기능에서 가장 두드러지는 것은 수사나 지시대사와 결합된 양사구가 하나의 문장성분이 되는 것이다. 예를 들어 '三件衣服·那位先生·來一趟'에서 '三件·那位'는 정어가 되며, '一趟'은 보어가 된다. 물량사와 수사 사이에는 때로 특정한 형용사를 더할 수 있으며, 양에 대한 평가를 표시하는데, 예를 들어 '三大包·五小袋·一長條' 등이다. 통사적 기능에서 본다면, 수사와 물량사의 결합은 항상 주어·빈어·정어 등의 성분이 되는데, 예를 들어 '兩本足够了'·'買了兩本'·'這是兩本小說' 등이다. 도량형 양사구는 종종 상어와 보어가 되는데, 예로 '二斤重'·'長五尺'가 있다. 동량사구는 늘 보어가 되며, 예로 '走一遭·買三次'가 있고, 때로는 상어가 되기도 하며, 예로 '一把拉開他'·'一脚把門踢開'·'三下兩下處理完了' 등이 있다.

나. 부분 단음절 양사는 단독으로 쓰일 수 있으며, 독립적으로 하나의 문장성분이 된다. 이런 상황은 양사중첩으로 주어와 정어가

되며, '마다' 혹은 '전부'의 의미를 표시하는데, 예를 들어 '家家點火·戶戶冒煙'·'件件衣服漂亮'·'個個身體健康' 등이 있으며, 다른 한 종은 중첩한 이후에 위어가 되며 사물이 많음을 표시한다. 예로 '鮮花朵朵'·'歌聲陣陣'가 있다. 중첩한 후에 상어가 되며 방식을 나타내기도 하는데 예로 '節節敗退'·'步步緊逼'·'代代相傳'이 있다. '동사＋양사＋빈어' 형식에서 만약 수사가 一일 경우에는 종종 생략되어 양사만이 정어가 되는데 예를 들면 '買件衣服'·'打場球'·'吃個蘋果'가 있다.

양사는 한어어법 특징을 가장 잘 나타낼 수 있는 품사로, 대부분 양사는 모두 형성된 근거가 있다. 예를 들면 서로 관련이 있는 형상에 근거하여 만들어진 것으로 '粒·顆·條·絲·片·面·塊·團' 등이 있고 사물의 부분적인 특징에 근거해 형성된 '口(一口猪)·尾(一尾魚)·杆(三杆紅旗)' 등이 있다. 상관한 용구에 근거하여 형성된 것으로 '桌(一桌飯)·盤(一盤菜)·箱(兩箱衣服)' 등이 있고 상관한 동작에 근거하여 형성된 것으로 '担·封·堆·束' 등이 있다. 또 수량관계에 근거하여 형성된 것으로 '雙·對·副·套' 등이 있다. 때로는 관점이 달라 동일한 사물에 대해 서로 다른 양사가 생길 수 있다. 예를 들어 '駱駝'는 '隻'를 쓸 수도 있고 '峰'을 쓸 수도 있다. 동일한 사물의 일부 특징이 같지 않아 양사의 사용이 달라질 수도 있다. 예를 들어 '花'는 '朵·枝·絲·束·捆·盆·瓶·樹' 등으로 쓰여서 꽃의 여러 가지 상태나 형식을 반영한다. 어떤 양사가 어떤 명사에 적용될 때, 종종 명사의 의미특징과 관계가 있는데 예를 들어 양사 '張'은 결합하는 명사가 [＋평면]의 의미특징을 가지도록 요구하는데, 예를 들면 '紙·桌子·床·餠' 등이다. 양사 '根'과 결합하는 명사는 응당 [＋기다란 형태]의 의미특징을 가지는데, 예로 '棍子·繩子·香腸·竹竿' 등이다. 양사의 사용에는 또한 언어풍격상의 차이가 있는데, 예로 '一個先生'과 '一位先生'·'兩個銅像'과 '兩尊銅像'이 있다. 동시에 수사적인 고려도 있는데, 예를 들어 '一隊人馬'와 '一彪人馬'·'一點希望'과 '一線希望'이다. 전자는 단조롭고 소박함이 두드러지는 반면 후자는 생동적인 형상이 두드러진다. 양사의 사용에는 습관적인 면도 있어서 예를 '一雙襪子'와 '一副手套'·'一條道理'와 '一個道理'의 차이를 이론적 근거를 들어 설명하기는 매우 어렵다. 이 외에 양사의 지방색도 매우 강하여 예를 들어 '羊'은 여러 가지 방언에서 때로는 양사 '隻'를, 때로는 양사 '頭' 혹은 '匹' 등을 사용한다.

차용양사와 양사의 겸류는 다르다. 차용양사는 임의로 기타 품사를 빌려 충당한 것인데, 동사를 차용한 것으로는 '挑了一挑粮食'·'捆了兩捆柴火'이 있고, 명사를 빌려 쓰는 예로 '一屋子人'·'一湖秋水'가 있다. 문장 속이 아닌 단독적인 '挑·捆·屋子·湖'는 양사로서 존재하기는 어렵다. 어떤 단어는 명사와 양사의 두 기능을 겸하고 있으며, 시간을 표시하는 예로는 '年·月·日·天·夜·小時' 등이 있어서 '一年時間'·'三小時路程' 중의 '年·小時'는 양사이고 '過了一年'·'花了兩小時' 중의 '年·小時'는 시간명사이다. 이러한 유형의 단어와 양사의 임시 차용은 서로 다르다.

8) 대사(代詞)

대사는 대체와 지시작용의 지닌 단어이다.

(1) 대사의 분류

역할의 차이에 따라 대사는 인칭대사와 의문대사, 지사대사의 세 종류로 나눌 수 있다.

가. 인칭대사: 사람이나 사물의 명칭을 대신하는 단어이며, 네 종류로 나눌 수 있다. 제1인칭은 '我·我們·咱·咱們'이고, 제2인칭 '你·你們·您'이며, 제3인칭 '他·他們·她·她們·它·它們'이다. 또한 특수인칭으로 '自己·自個兒·彼此·人家·別人·大家·大伙兒' 등이 있다. 인칭대사의 전통적인 분류는 삼분법으로, 제1인칭은 화자를 지칭하고, 제2인칭은 청자 쪽을 가리킨다. 제3인칭 청자와 화자 이외의 제삼자를 지칭한다. 그러나 이상 세 종류는 일부 자주 쓰이는 기타 대사들을 포함할 수 없는데, 그런 대사들은 때로는 어떤 인칭 자체를 표시하지만 고정된 인칭대상은 없다. 예를 들면 '自己·自個兒'은 '재귀(反身)대사'라고 칭한다. 어떤 것은 관계있는 쌍방을 표시하는데, 예를 들면 '彼此'와 같다. 어떤 것은 대화 밖의 사람을 표시하는데 예를 들면 '人家·別人'을 들 수 있다. 어떤 것은 일정한 범위 내의 모든 사람을 가리키는데 예를 들면 '大家·大伙兒'이다. 이상의 대사는 모두 '특수인칭'에 들어간다.

나. 지시대사: 사람 혹은 사물에 대해 대체하거나 구별하는 작용을 하는 단어이다. 가장 중요한 것으로 '這'와 '那'가 있으며, '這'는 가까운 것을 가리키고, '那'는 먼 것을 가리킨다. 또한 '這'와 '那'는 기타 성분과 함께 많은 종류의 지시대사를 구성할 수 있으며, 예를 들어 시간을 표시하는 '這會兒·那會兒', 장소를 표시하는 '這兒·那兒·這裏·那裏', 정도, 성질과 형상을 표시하는 '這麽·

那麼・這樣・那樣’ 등이 있다. ‘各・每・某・另・本・另外・一切・其餘・其他’ 등도 역시 지시대사에 속한다. 이러한 대사들이 대체하거나 지시하는 대상과 범위는 각각 다르지만 일반적으로 모두 정어가 될 수 있고 어떤 것은 주어 혹은 빈어가 될 수도 있다.

다. 의문대사: 사람이나 상황에 대해 의문을 표시하는 단어이다. 사람이나 사물을 묻는 예로 ‘誰・什麼・哪’, 시간을 묻는 예로 ‘哪會兒・多會兒・幾時’, 장소를 묻는 예로 ‘哪・哪兒’, 수를 묻는 예로 ‘幾・多’, 정도를 묻는 예로 ‘多・多麼’, 방식을 묻는 예로 ‘怎樣・怎麼’ 등이 있다.

(2) 대사의 어법 특징

가. 대사는 여러 종류의 실사를 대체할 수 있으며, 그 어법기능은 대체하는 품사와 유사하다. 대사는 어떠한 종류의 문장성분으로도 충당될 수 있어서, 이 품사의 단어는 자신과 다른 품사를 구별하는 어법적 특징이 부족하다. 예를 들면 ‘我不認識你’의 대사 ‘我’와 ‘你’는 사람을 대체하였고 어법기능은 명사에 상응하며 주어와 빈어가 된다. ‘小紅去哪裏?’에서 ‘哪裏’는 장소를 대체하는 명사로 빈어가 된다. ‘你的身體怎樣?’에서의 ‘怎樣’은 성질, 상태를 표시하는 형용사에 상당하며 위어가 된다. 대사가 품사체계에서 비교적 특수한 유형으로 분류된 이유는 그 광범위한 대체성을 가질 수 있다는 어법적 기능에 근거한 것으로, 그 대체대상은 환경에 따라 변화가 일어날 수 있는데, 예를 들어 ‘弟弟出去了, 他一會兒就回來’에서 ‘他’는 남동생을 대체하고 있다. ‘哥哥很能幹, 他可以幫助我’에서의 ‘他’는 오빠(형)를 대체한다. 이런 점에서 대

사는 기타 성분의 단어와는 다르다. 명사·동사·형용사 등은 문장 안에서 모두 특정한 사람이나 사물 혹은 동작·상태를 표시할 수 있으나, 문장 밖에서 그것들의 함의는 여전히 확정적이고 구체적이다. 대사의 함의는 매우 광범위한데, 예를 들어 '他'의 함의는 '자신과 상대방 이외의 어떤 사람'으로 '어떤 사람'이 누구인지는 확정적이지 않다.

나. 대사는 일반적으로 다른 품사의 수식을 받지 않는다. 서면어에는 간혹 '取得了巨大成功的他'·'初爲人母的我' 등의 언어 양식이 나타나기도 하며, 이것은 일종의 비교적 특수한 표현방식으로 단지 인칭대사로만 나타난다.

(3) 대사의 활용

대사를 활용하는 목적은 특정한 화용적 효과를 얻기 위해서이다. 주로 두 종류의 상황을 포함한다.

가. 인칭대사의 지칭대상의 역할 변환: 지칭하는 대상의 단수, 복수의 역할 변환을 나타내기 위하여 종종 활용된다. 서면어에서 완곡함이나 겸허를 표시하기 위해서 사용하는 '我們'은 사실 단지 화자 자신 스스로를 가리킬 수 있다. 예를 들면 '我們認爲, 這篇文章的觀點値得商榷.'이다. 또한 '我'를 이용해 '我們'을 표시할 수도 있다. 예를 들면 '我國·我軍', '我乒乓球隊取得了驕人的戰績'이다. 인칭의 역할 변환을 나타내는 데도 활용할 수 있는데, '你'를 이용해 '我' 혹은 '她, 他'를 표시할 수 있다. 예를 들면 '姐姐眞是好脾氣, 你怎麽對她發火, 她也不生氣.'이다. 이 예문에서 '你'가 실제 가리키는 것은 화자인 '我'이다. '無論什麽人, 你

都要遵紀守法.'의 예문에서 '你'는 '他'를 대신해 가리킨다. 인칭대사는 일반적인 사람을 두루 지칭(泛指)하는 데도 쓰일 수 있는데, 예를 들면 '這突發的事情把人們搞懵了, 大家你看看我, 我看看他, 誰也沒主意.'이다. 예문 중의 '你·我·他'는 특정한 지칭대상이 없다. 인칭대사의 지칭대상은 포괄식과 배제식의 구분이 있다. 제1인칭의 예로 '我們'은 화자 쪽의 사람 전체를 가리키는데, 예를 들면 '我們是炎黃子孫'이다. 대화 중에 '我們'은 곧 청자와 화자 쌍방을 가리킬 수도 있으며 또한 화자 쪽을 가리킬 수도 있다. 예를 들면 '我們一塊走吧'에서 '我們'은 청자·화자 쌍방을 가리키므로 포괄식이라고 부른다. '你別擔心, 我們會幫你的.'의 '我們'은 화자 쪽만을 가리킬 뿐이어서 배제식이라고 부른다. '咱·咱們'은 청자·화자 쌍방을 가리키는데, 예를 들면 '咱回家吧'는 포괄식이다. 때로 배제식에도 쓰이는데, 예를 들면 '你多能幹哪, 咱不如你.'이다. '咱'은 화자 스스로를 가리킨다. '人家'는 대화하는 쌍방 이외의 사람을 일반적으로 지칭하는 것인데, 예를 들면 '人家都去了, 就剩我們了'이다. 그러나 때로 화자 스스로를 가리킬 수도 있는데, 예를 들면 '人家那樣喊你, 你也不答應一聲.'이다.

　나. 불확정적 지칭(虛指)과 임의적 지칭(任指): 의문대사가 의문을 나타내지 않을 때는 불확정 지칭과 임의적 지칭의 두 종류의 인신(引申)용법이 있다. 불확정적 지칭은 확정할 수 있는 사람이나 사물을 대신해 가리킬 수 없다. 예를 들면 '不知什麽時候我們才能再相見.'·'你走到哪兒, 我會跟到哪兒.'에서의 '什麽'와 '哪兒'은 확정하지 않는 시간과 지점을 표시한다. 임의적 지칭은 일정한 범위 안의 어떤 사람 혹은 사물을 대신 가리킨다. 예를 들면 '不管誰敲門, 你都別開.'에서 '誰'는 어떤 사람을 가리킨다. '他哪兒都

去過, 什麽事都經過.'에서 '哪兒·什麽'는 모든 장소와 모든 사건을 분별해서 가리킨다.

의문대사 '什麽'는 경우에 따라 예를 드는 것을 나타낼 수 있는데, 예로 '她一上街就買了一大堆東西, 什麽襯衣, 什麽香皂, 什麽洗髮水, 裝滿了提兜.'이다. 또 '什麽'는 불만족이나 경시의 어기를 표시하기도 하는데, 예를 들면 '什麽老王? 他才多大, 就賣起老來了!'이다.

9) 의성사(擬聲詞)

의성사는 자연계의 소리를 모방하는 단어이다. 예를 들면 '嘩·叭·啪·丁當·嘩啦·扑通·嘀嗒·咔嚓·轟隆隆·嘰裏咕嚕·劈裏啪啦' 등이다.

의성사의 어법 특징: 의성사는 주로 수식작용을 하며 정어·상어가 된다. 예로 '山澗傳出嘩嘩的水聲'(정어)·'北風呼呼地吹着'(상어)을 들 수 있다. 때로는 위어가 되기도 한다. 예를 들면 '雷聲隆隆'과 같다.

의성사는 단독으로도 쓰일 수 있는데, 독립어가 되거나 혹은 단독으로 문장을 이룬다. 예를 들면 '扑通, 扑通, 靑蛙紛紛跳進水裏.'(독립어) '轟!!! 在這天崩地塌價的聲音中, 女媧猛然醒來, 同時也就向東南方直溜下去了.'(독립문장)(魯迅『故事新編』)과 같다.

10) 탄사(歎詞)

탄사는 감탄 혹은 부름, 응답을 나타내는 단어이다. 예로 '啊·

哦·吪·哼·唉·咦·喂·哈哈·哎呀'이다.

탄사의 어법 특징: 탄사는 독립성이 아주 강하여 기타 문장성분과 구조관계를 발생하는 것은 매우 드물며, 항상 문장 안에서 독립어가 되거나 혹은 독립적으로 감탄문이 된다. 예를 들면 '哦, 這就是我時時記得故鄕.'(독립어)·'啊! 多麽寬廣的大海!'(감탄문)·'哎呀! 你怎麽現在還沒走?'(감탄문)이다. 감탄사는 때로 위어·정어·상어도 된다. 예를 들면 '他不停地哼哼着.'에서 '哼哼'은 중심 위어가 되며, '宿舍裏傳出哈哈的笑聲.'에서 '哈哈'은 정어이다. '小張唉唉地嘆息着.'에서 '唉唉'는 상어이다.

탄사와 의성사는 비슷한 부분이 있으며, 모두 어떤 소리와 상관관계가 있다. 다른 점은 탄사는 오직 사람이 부르고 대답하는 소리로 사람과 상관관계가 있으며, 의성사는 오직 자연계의 소리로 사물과 상관관계가 있다. 탄사는 종종 화자의 여러 가지 감정 상태를 나타내는데, 예를 들면 '喂!'·'哎呀!'·'唉!'·'咦!'의 각각의 감정 상태는 모두 다르지만, 의성사는 단순한 모방으로 사람에게 그 소리를 듣는 것과 같은 효과를 주지 감정적 색채를 띠지는 않는다.

2. 허사(虛詞)

1) 개사(介詞)

개사는 통사구조 속에서 중개하고 인도하는 역할을 하며, 중개받고 인도받는 성분과 함께 개사구를 구성하여 수식작용을 하는 단어이다.

(1) 개사의 분류

개사는 의미특징이 다름에 따라 아래와 같은 몇 가지로 분류된다. 시간·장소·방향표시하는 것으로 '從·自從·當·趁·自·於·往·由·到·朝·沿·沿着·順着' 등을 포함하는데, 예를 들면 '從這裏出發'·'趁天亮的時候走'·'沿着河邊跑'이다.

대상을 표시하는 것으로 '對·對於·關於·和·跟·同·與·將·把·被·替' 등을 포함하는데, 예로 '對我說'·'關於這個問題'·'替朋友保密' 등이 있다.

의거방식이나 수단을 표시하는 것으로 '按·按照·依·依照·據·根据·通過·經過' 등을 포함하는데, 예를 들어 '按規定辦理'·'依大家的意見辦'·'通過法律手段解決'을 들 수 있다.

목적과 원인표시를 하는 것으로 '爲·爲了·爲着·因·由於' 등을 포함하는데, 예를 들면 '爲了人民群衆的利益, 他們置個人安危於不顧'·'由於天氣的原因, 旅遊的時間作了調整.'이다

비교·배제표시를 하는 것으로 '比·跟·除·除了' 등을 포함하는데, 예를 들면 '這件衣服比那件漂亮'·'除了他, 我誰也信不過'이다.

만약 개빈(介賓)구가 수식하는 중심어의 품사방면에서 본다면, 개사는 다음 두 종류로 나눌 수 있다. 동사와 관련 되는 것과 형용사와 관련되는 것으로, 예를 들어 '從今天開始'·'對人民負責' 중의 '從·對'는 전자에 속하며, '比他高'·'對我好'에서의 '比·對'는 후자에 속한다.

(2) 개사의 어법 특징

가. 개사는 단독으로 쓰일 수 없고 단독으로 문장성분이 될 수 없으며, 오직 개사구를 형성한 후에 상어·보어·정어가 된다. 예를 들면 '從今天開始'에서 '從今天'은 상어이며, '坐在敎室裏'에서 '在敎室裏'는 보어이고, '對這個問題的看法'에서 '對這個問題'는 정어이다. 개사는 모두 명사성 단어 앞에 올 수 있는데 만약 명사성 단어 앞에 놓을 수 없으면 이 단어는 개사가 될 수 없다.

개사 역시 명사가 아닌 성분 앞에 놓일 수 있는데, 만약 동사성 어휘 혹은 형용사성 어휘 앞에 쓰인다면 이런 종류의 개사 뒤의 성분은 종종 일정한 명사적 특징을 가진다. 예를 들면 '在隊長的帶領下'에서 '隊長的帶領'은 명사성구이다. '從學習中提高'에서 '學習中'은 명사성 방위구이다. 개사 뒤의 비(非)명사성구는 종종 명사구로 변환할 수 있는데, 예를 들면 '爲了取得好成績, 她刻苦地學習'는 '爲了取得好成績這個目的, 她刻苦地學習'로 변환할 수 있다. 이는 개사가 명사에 가까워지는 의미특징을 갖추고 있다는 것을 설명하고 있다.

나. 개사 뒤에는 동태조사 '了·着·過'를 쓸 수 없다. 이것은 개사와 동사를 구분하는 중요한 표준이 된다. 예를 들면 '給你帶來喜悅'에서 '給'은 개사지만 '給了你一件禮物'에서 '給'는 동사이다. 개사 '爲了'·'除了'는 합성사이다. 그 중의 '了'는 조사가 아니라 조어성분이다. '他躺在床上'에서 '在'는 개사이며, '他躺在了床上'에서 '在' 뒤에 동태조사 '了'를 더해 동작의 완성을 강조하므로 여기서 '在'는 마땅히 동사이다.

2) 연사(連詞)

연사는 낱말·구·단어를 연결하여 어떤 의미관계를 나타내는 단어이다.

(1) 연사의 분류

접속단위에 근거하여 연사는 두 종류로 나눌 수 있다.

가. 단어 혹은 구를 연결하는 연사로는 '和·跟·同·與·並·而·及·以及' 등을 포함한다. 예는 '學生和老師'·'機智而勇敢'·'學習, 工作以及生活方面'이다.

나. 오직 절 혹은 문장을 연결하는 연사로 '不但·不管·卽使·旣然·如果·無論·要是·因爲·盡管·寧可·由於·只有·然而·否則·但是·可是·況且·所以·因此·只要·因而' 등을 포함한다. 예는 '不但要學, 而且要學好.'·'老李很注意保養, 因此身體一直很好.'이다. 일부 연사는 단어나 구를 연결하기도 하고 문장을 연결하기도 한다. 예로 '並·並且·而·而且·以及·或者·還是' 등이다.

연사가 나타나는 의미관계에는 주로 아래 유형이 있다. 병렬관계를 표시하는 예로 '和·與·而·及·以及·跟·同' 등이다. 순접관계를 나타내는 예로 '於是·接着·後來' 등이다. 점층관계를 나타내는 예로 '不但·而且·並且' 등이다. 선택관계를 나타내는 예로 '或·或者·還是·寧可·與其·不如' 등이다. 전환관계를 나타내는 예로 '雖然·但是·然而·可是·而' 등이다. 가설관계를 나타내는 예로 '如果·假如·假使·卽使·要是·哪怕' 등이

다. 조건관계를 나타내는 예로 '只要·只有·不論·除非·不管'
등이다.

(2) 연사의 어법 특징

연사는 단지 연결작용을 일으키며 단독으로 문장성분이 될 수
없다. 이 점에서 일부 관련 작용이 가능한 부사와는 다르다. 부사
는 관련 작용을 일으키는 동시에 문장성분이 된다. 예를 들면 '只
有付出艱苦的努力, 才能獲得好的回報.'의 '只有'는 연사이며, 단
지 연접작용을 하며 '才'와 '只有'는 앞뒤로 호응하며 두 개의 절
을 연결하는 동시에 제한작용을 일으킨다. 그러므로 연접작용을 일
으키는 부사이다. 연사는 연결하는 작용을 한다. 연사는 앞뒤의 두
개의 어법단위에 관계되어야 하기 때문에 의미상 모두 雙方向性을
가진다. 예를 들어 '城市和鄕村'에서 '和'는 두 개 명사를 연결하
며, 의미는 앞뒤 두 부분을 지향한다. 구조위치에서 본다면 연사는
주어 앞에 쓸 수 있지만, 관련 작용을 하는 부사는 쓸 수 없다. 예
를 들어 '無論誰來, 也不要開門.'·'不管多麼緊急, 都不要慌亂.'·
'因爲情況複雜, 所以我才臨時改變了方案.'이다. 이상에 몇 가지
예문 중 연결작용을 일으키는 부사 '也·都·才'는 모두 주어 앞
에 쓰일 수 없지만, 연사는 이런 제한이 없다.

일부 동형의 어법단위가 연사와 다른 품사로 각각 나뉘어 속할
수 있다. 예를 들어 '盡管身體不好, 他依然堅持工作.'·'在新的崗
位上, 你盡管大膽地幹.'의 예문 중 두 '盡管'의 품사 특징은 결코
같지 않다. 양자의 구별은 연사가 雙方向性을 가지고 두 개의 어
법단위 사이에 관계를 표명할 수 있는지에 있다. 앞의 예문 중에

'盡管'은 '身體不好'와 '堅持工作'을 연결하며, 양자 간의 전환관계를 보여주므로 연사이다. 뒤에 예문 중에 '盡管'은 단지 단방향성만을 가지며 의미가 뒤의 '大膽地幹'을 지향하고 있으므로 정태(情態)적인 수식을 하고 있기 때문에 부사이다. 다시 예를 들면 '房間很安淨, 只有鐘表發出嘀嗒嘀嗒的聲音.'와 '只有孩子們上學了, 房間才安靜下來.'와 같다. 앞에 예문 중에 '只有'의 의미는 단방향성을 가지므로 동사성구이지만, 뒤에 예문 중의 '只有'의 의미에는 쌍방향성 성질이 있으므로 연사이다. 이외에 연사는 종종 후면의 연관단어와 어울려 사용되지만, 부사 뒤에는 일반적으로 호응하는 관련 단어가 없다.

3) 조사(助詞)

조사는 낱말, 구 혹은 문장을 더해 모종의 어법의미를 표시하는 단어이다.

(1) 조사의 분류

조사는 세 종류로 나눌 수 있다.
가. 구조조사 '的・地・得', 나. 동태조사 '了・着・過', 다. 기타 조사 '似・的・所・們' 등이다.

(2) 조사의 어법 특징

가. 구조조사의 어법 특징: 구조조사 '的・地・得'은 경성 de로

읽으며, 단어나 구의 뒤에 붙어서 모종의 구조관계를 표시한다. 정어와 중심어의 사이에 '的'을 쓴다. 예를 들어 '晴朗的天空'·'珍貴的禮物'이다. 상어와 중심어의 사이에 '地'를 쓴다. 예로 '認眞地研究一下'·'心情沈重地走開'이다. 보어와 중심어의 사이에 '得'을 쓴다. 예로 '笑得很開心'·'累得滿頭大汗'이다. 그러므로 '的'은 정어의 표시라 말할 수 있으며, '地'는 상어의 표시이고 '得'은 보어의 표시이다. 이 세 개의 구조조사가 형태적으로 분화됨에 따라, 통사구조가 분명히 드러나며 의미의 이해에도 매우 도움이 된다. 예를 들어 '紅的好看'과 '紅得好看'의 의미차이는 매우 크며, 앞에 예문은 '붉은 색 물건'이 보기 좋지만 다른 색깔은 그렇지 않다는 것을 나타낸다. 뒤에 예문은 붉기 때문에 비로소 보기 좋다는 것을 나타낸다. 이런 차이는 구조조사가 달라서 나타난 것이다. 구어에서 구조조사의 독음이 서로 같아서 의미가 언어환경에 따라 구분된다. 다시 예를 들어 '她高興得哭了'와 '她高興地哭了'에서 앞의 예문에 '得'은 보어를 표시이며, '哭了'의 이유가 매우 기뻐서임을 나타내지만 뒤에 예문은 조사 '地'를 사용하여 '高興'이 상어임을 표시한다. '高興地哭'은 도대체 즐거운지 슬픈지 그 의미를 이해하기 어렵게 한다.

구조조사 '的'는 실사 혹은 단어에 뒤에 쓰이며 '的'자구를 구성한다. '的'자구의 기능은 명사에 상응하며, 흔히 주어 혹은 빈어가 된다. 예를 들어 '綠色的是草坪'('綠色的'는 주어가 된다)·'我的最好看'('我的'는 주어가 된다)·'穿紅衣服的就是小華'('穿紅衣服的'는 주어가 된다)·'這是她的'('她的'는 빈어가 된다)와 같다.

나. 동태조사의 어법 특징: 동태조사는 동사의 뒤에 놓이며, 동태(動態)를 나타내는 단어이다. 전형적인 동태조사는 '了·着·過'

세 개이다. '了'는 동작·행위가 이미 완성되었음을 표시하며, 예를 들어 '我看了小說『鋼鐵是怎樣煉成的』'이다. '了'는 또한 미래 완성 시태(時態)를 표시할 수 있다. 즉 앞 동작이 끝나거나 완성된 후에 뒤의 동작이 나타남을 나타낸다. 예를 들어 '你把書看完了讓小張看'에서 실제로는 책을 다 보지 않았으나 '샤오 짱이 보게 하라'는 네가 다 본 이후 발생되는 일이라는 것을 의미한다. '着'은 동작·행위의 지속적인 진행을 표시하며, 예를 들면 '我正看着小說『鋼鐵是怎樣煉成的』'이다. '過'는 동작행위가 이미 발생함을 표시한다. 예를 들어 '我看過小說『鋼鐵是怎樣煉成的』'이다.

때로 '了'·'着'는 기타 형태소와 함께 합성사를 구성한다. 예를 들어 '爲了'·'爲着'는 개사이다. 그 중에 '了·着'는 조사가 아니라 단지 하나의 단어를 구성하는 형태소이다. '了·着·過'의 가장 전형적인 용법은 동사 뒤에 붙이는 것이나, 때로는 형용사 뒤에도 쓰일 수 있어서 예를 들면 '她的臉紅了'·'太陽依舊紅着'·'我一直沒有愉快過'이다. 형용사 뒤에 '了·着·過'를 더하면 어떤 성질의 상태를 표시하며, 일정한 동태의 특징을 가지므로, 어떤 사람들은 형용사에 '了·着·過'가 더해지면 동사로 전환된다고 주장한다. 일부 형용사에서 이러한 용법은 자주 보이는데, 특히 '幸福·愉快·興奮·痛苦·高興' 등의 형용사는 모두 'A＋了/着/過'의 형식에 들어갈 수 있어서 이것으로 위 형용사들이 상술한 격식에 들어간 후에 단어의 성질이 변한다고 말하지만, 이는 일부 형용사만 국한하는 것이다. 그 외의 형용사들은 뒤에 '了·着·過'를 붙인 이후에도 단어의 의미에 명확한 변화가 없으므로, 단어 성질이 변했다고 말한 것은 타당하지 않다.

다. 기타의 몇 가지 조사의 어법 특징: '似的(地)'는 '비유정도(比

況)조사'라고 부른다. 그 기능은 단어 혹은 구 뒤에 붙어서 비유정도조사를 구성하며, 비유의 형식으로 사람 혹은 사물을 묘사하는데 사용된다. 예를 들어 '發瘋似地喊着'·'花兒似的臉蛋'·'跑得像兎子似的快'이다. 비유하고 묘사하는 작용의 측면에서 본다면, '비유정도조사'라고 부르는 것이 이 유형의 조사의 특징을 더욱더 반영할 수 있지만, 만약 구조(NP/VP＋似的)의 어법표지의 각도로 본다면 구조조사에 넣는 것이 더욱 좋다.

'們'은 사람을 나타내는 명사 뒤에 붙어서 '무리'의 뜻을 나타낸다. 예로 '老師們·同學們·戰士們·先生們·女士們'이다. '們' 역시 사물을 표시하는 명사 뒤에 쓰이며, 예를 들면 '星星們眨着眼睛'·'喜鵲們叫個不停'과 같다. 이것은 의인(擬人)용법으로 대부분 문학작품 중에 나타난다. '們'을 사용하면 복수의 의미가 더욱 명확해지나, 복수의 의미가 잠재된 단어에서는 '們'을 사용하지 않아도 복수의 특징을 나타낼 수 있다. 예를 들면 '演員都來了, 就差小紅一個'·'聽報告的學生坐滿了禮堂'과 같다. 주의해야 할 것은 인칭대사 '我們·你們·他們' 중에 '們'은 단지 대사의 구성 성분으로 접사이지, 독립적으로 운용되는 조사는 아니다. '們'을 사용하여 명사의 복수를 나타낼 때 명사 앞에는 불특정 다수를 나타내는 단어를 사용해서 수식할 수 있으나, 정확한 수를 나타내는 수량구로는 수식할 수 없다. 이를테면 '各位先生們'·'諸位代表們'·'一群工人們'이라고는 말할 수 있으나, '三個老師們'·'十個同學們'로는 말할 수 없다.

조사 '給'은 흔히 '給＋VP'의 형식에 쓰이며 피동을 표시한다. 예를 들어 '他給批評了'·'手給劃破了'·'陽光給遮住了'와 같다. 이런 위치에서 '給'은 '被'로 전환된다. 그러나 '給'의 구어색채는 약간 더 짙고, '被'는 서면어 색채가 약간 더 짙다. 어떤 사람들은 상술한 '給'와 '給 NP + VP'(예로 '陽光給烏雲遮住了') 중의 '給'을 모두 개사로 봐야 한다고 주장하는데, 그것은 개사의 법칙과는 다소 차이가 있다. 왜냐하면 개사는 단독으로 출현할 수 없는데 給은 항상 뒤의 어법규칙 단위와 개사구를 구성하여 수식작용을 하기 때문이다.

'來着'은 흔히 문장 끝에 쓰이며, 동작행위가 이미 일어난 과거이며 현재 상황에서 이미 변화가 발생했음을 나타낸다. 예를 들면 '他剛還說這話來着, 怎麽現在就不承認了?' · '小張剛才還在這裏來着, 一轉身就不見了.'이다.

시태(時態)를 나타내는 조사 '的'는 언제나 'VP + 的 + NP' 형식 중에서 나타나며, 동작행위는 이미 과거가 되었음을 나타내는데, '我昨天回的上海' · '他二十年前讀的北大'와 같은 문장 중에서 일반적으로, 과거시간을 나타내는 단어를 사용하여 상어로 삼아야 하는데, 만약 시간상어가 없으면 '的'의 어법작용은 의탁할 근거가 없어서 문장이 성립될 수 없다. 그러나 문장에서 현재 혹은 미래 시간을 나타내는 '正在 · 明天 · 將來 · 過幾天' 등의 단어를 사용하여 상어를 나타낼 수 없는데, 왜냐하면 시간개념과 '的'의 어법 의미가 서로 모순되므로 문장은 마찬가지로 성립되지 않는다.

조사가 되는 '來 · 去'는 흔히 '개사구조 + 來/去 + VP' 형식에 사용한다. 예를 들어 '你別用這話來壓我' · '老師用科學家的事迹來鼓勵我' · '我們不能用敷衍的態度去對待工作'이다. '來 · 去'가 조사가 될 때 그 의의는 일정한 방향성이 있으며, 종종 빈어를 지향한다. 동사가 지니는 빈어가 만약 화자 쪽을 가리킬 때는 동사 앞에 조사 '來'를 쓴다. 만약 빈어가 화자 이외에 사람 혹은 사물을 가리킬 때는 동사 앞에 조사 '去'를 쓴다. 그러므로 위의 예문 중에 '來'와 '去'는 서로 바꿀 수 없다. 만약 '我們不能用敷衍的態度去對待工作' 중의 '去'를 '來'로 바꾸면 곧 '來'의 의미는 주어 '我們'을 지향하고, '우리들이' 어떻게 일을 대처해야 하는지를 표시한다. 만약 조사 '去'를 사용하면 그 의미는 뒤쪽의 '對待工作'을 지향하고, 문장이 나타내는 의미의 중심은 우리들이 무성의한 태도로 '어떤 일을' 할 수 없음을 나타낸다.

조사 중에 또한 자주 보이는 '所'는 동사 앞에 사용되어 '所見·所聞·所創造' 등이다. 이것은 고대한어용법에서 유래되었다. '所'구조는 현대한어 중에 주로 세 가지 형식으로 나타난다. 첫째, '被NP+所+VP'의 형식으로, 예를 들어 '被壞人所勾引'·'被錯誤路線所干擾'이다. '被'는 '爲'로 변환할 수 있으며, 변환한 이후 서면어의 색채가 더욱 짙어진다. 둘째, '有/無+所+VP'의 형식으로, 예를 들어 '有所發明'·'有所改進'·'無所作爲'는 나타나거나 혹은 나타나지 않는 모종의 동작행위를 나타낸다. 셋째, 'NP+所+VP+的+NP'의 형식으로, 예를 들어 '他所做的那些事情'·'這些人所說的話'에서 '所'는 주위(主謂)구조 사이에 쓰여서 이 주위구조를 온전히 정어의 성질을 띠게 한다.

4) 어기사(語氣詞)

어기사는 문장 끝에 붙어서 여러 가지 어기를 나타내는 단어이다. 어떤 어기사는 문장 속의 쉬는 부분에 사용된다.

(1) 어기사의 분류

어기사는 네 가지 기본유형으로 나눌 수 있다.

가. 진술어기를 나타내는 '的·了·吧·唄·啦·嘍·罷了' 등이 있는데, 예를 들면, '我們一定會成功的'·'他們都來了'·'老王已經走啦'이다.

나. 의문어기를 표시하는 '嗎·呢·啦·啊·麽·吧' 등이 있으며, 예를 들면 '你同意嗎?'·'他們在幹什麽呢?'·'校長不會不同意吧?'이다.

다. 기사어기를 나타내는 '吧·啊(呀·哪·哇)' 등이 있으며, 예를 들어 '大家給運動員加油吧!'·'趕快走哇!'·'你快唱啊!'이다.

라. 감탄어기를 나타내는 '啊 (呀·哪·哇)·哩' 등이 있으며, 예를 들어 '好大的風啊!'·'眞好看哪!'·'跑得多快呀!'이다.

어기사는 일반적인 상황에서 모두 문장 끝에 쓰이며, 때로는 문장 중간에 잠시 쉬는 부분에도 쓰인다. 이런 종류의 용법은 화용적 목적이 두드러지게 표현된다. 예를 들어 '他呀, 什麽事都愛瞎攪和.'에서 '呀'는 상대방에게 뒷부분에서 언급되는 것에 주의하도록 제시하는 것이다. 다시 예를 들어 '獎金的事麽, 就不用再說了.'에서 '麽'는 언급하는 일을 두드러지게 한다. 때로 여러 사항을 열거해 나타낼 때, 각각의 예 뒤에 '啦·啊' 등에 어기사를 사용하며 '走進小紅的房間, 洋娃娃啦, 玩具小狗啦, 小熊啦, 彩色氣球啦, 擺得滿床都是.'이다. 어기사 '啦'의 사용은 어기를 완화시키고, 구어색채를 강화하며, 열거한 어기와 그 물건이 많음을 강조한다.

서로 다른 어기사는 각각 다른 어기유형을 나타내지만, 어떤 어기사와 문장의 어기는 결코 완전히 일대일로 대응되는 것은 아니다. 예를 들어 '啊'를 예를 들면 '天氣多熱啊!'와 같이 감탄문 말미에 쓰일 수도 있고 '你快唱啊!'와 같이 기사문 말미에 쓰일 수도 있으며 '身體可好啊?'와 같이 의문문 말미에도 쓰일 수 있다. '吧'는 진술문·의문문·기사문 말미에 쓰일 수 있다. '呢'는 의문문과 진술문 말미에 사용한다. 이는 하나의 어기사가 종종 여러 용도가 있음을 설명한다.

(2) 어기사의 판단

가. 어기사와 탄사: 어기사와 감탄사는 모두 감탄의 어기를 표시할 수 있다. 그러나 어기사는 단독으로 쓰일 수 없으며, 단어 혹은 문장 뒤에 쓰일 수 있다. 탄사의 독립성은 매우 강하며 보통 단독으로 나타낸다. 예를 들어 '啊呀, 我怎麼沒想出來呢?'·'哦, 你就是老楊同志.'에서 '啊呀·哦'는 단독으로 쓰여서 탄사이다. '雷鋒啊, 你的生命射出來的光輝, 照亮了多少人的靈魂!'·'讓我們的人民英雄千秋萬代永垂不朽吧!'에서 '啊·吧'는 단어와 문장 끝에 쓰여서 어기사이다.

나. 어기사 '了'와 동태조사 '了': 역할 측면에서 본다면, 어기사 '了'는 진술의 어기를 나타내고, 동태조사 '了'는 동작이 이미 완성됨을 나타낸다. 놓이는 위치로 본다면, 어기사 '了'는 일반적으로 문장 끝의 명사 뒤에 쓰이는데 예를 들면 '他們已經去西安了'이다. 위 예문의 '了'는 문장 끝에 쓰이며, 진술문의 어기를 나타낸다. 동태조사 '了'는 늘 문장 중간에 쓰이는데 이것은 어기사가 갖지 못한 특징으로 예를 들면 '吃了飯再去吧'와 같다. 여기서 '了'는 동사 '吃' 바로 뒤에 쓰여 동태를 표시하지만 만약 '了'가

문장 끝에 쓰이면서 또 동사 바로 뒤에 쓰였다면 보다 구체적으로 분석을 해야 한다. '了'는 동작의 완성을 표시하기도 하고 진술의 어기를 표시하기도 한다. 그것이 바로 조사와 어기사의 겸용형식이다. 예를 들면 '我已經把書看完了.'·'李剛去年就畢業了.'·'難翻的老山界被我們這樣笨重的隊伍戰勝了.'과 같다. 만약 '了'가 동작의 완성을 나타내지 않거나 혹은 기원이나 명령을 나타낸다면 그때의 '了'는 어기사로 예를 들면 '你應該把作業交了.'·'媽媽, 我走了.'와 같다. 위의 '了'는 결코 동작의 완성을 표시하지 않기 때문에 어기사이다.

다. 어기사 '的'와 구조조사 '的': 어기사 '的'는 단지 문장 끝에만 쓰이고 구조조사 '的'는 일반적으로 문장 중간에 쓰인다. 이렇게 두 단어의 분포 위치가 다르기 때문에 서로 혼동되지는 않는다. 그러나 구조조사 '的'가 '的'자문으로 구성될 때는 종종 문장 끝에 쓰이기도 하는데 이 경우, 어기사 '的'와 종종 혼동을 일으킬 수 있다. 예를 들면 '我們是一定會勝利的'·'勝利是我們的'이다. 두 예문 중의 '的'의 품사는 다른데 다음의 두 가지 측면을 고려하여 양사를 판별할 수 있다. 첫 번째는 '的'가 만약 어기사라면 '的'를 생략할 수 있으며 생략하여도 기본적으로 나타내는 뜻에는 영향을 주지 않는다. 만약 '的'가 구조조사라면 '的'는 생략할 수 없으며, 생략되면 문장이 성립하지 않는다. '我們是一定會勝利的' 중의 '是·的'는 생략할 수 없으므로 '的'는 구조조사이다. 두 번째로 만약 '的'가 '的'자구의 구성성분이라면 그 뒤에 중심사를 보탤 수 있는데 예를 들면 '這是我的'('這是我的東西')와 같으므로 '的'는 구조조사이다. 다시 예를 들어 '我們是會再見面的'에서 '的' 뒤에는 다른 단어를 넣을 수 없으므로 '的'는 어기사이다.

어떤 문장은 모호의를 일으킬 수 있는데, 예를 들면 '他是從北京來的'이다. 그 의미가 '그가 확실히 베이징에서 왔다.'라고 할 수도 있고 또 '그는 베이징에서 온 사람'일 가능성도 있다. 도대체 무슨 의미인지는 논리 강세 혹은 문맥을 통해 분명히 구별해 낼 수 있다.

3. 단어의 겸류(兼類)현상

한어품사는 대부분 하나의 고정된 품사에 속하지만, 일부 단어는 단독적으로 볼 때 두 종류 혹은 심지어 두 종류 이상의 품사의 어법 특징을 가질 수 있어서 고정된 한 종류의 품사만 국한하지 않는다. 이것을 단어의 동형이류(同形異類)현상이라고 한다. 이러한 단어를 겸류사라고 칭하는데 예를 들어 '領導'는 다른 문장 안에서 서로 다른 품사로 사용될 수 있다. '他領導我們'에서는 동사이고, '他是我們的領導'에서는 명사이다. 다시 예를 들면 '繁榮'은 '市場很繁榮'에서는 형용사이며, '要繁榮市場'에서는 동사이다.

겸류사는 주로 아래와 같은 몇 가지 유형이 있다.

(1) 동사와 명사의 겸류의 예로 '工作·代表·報告·通知·決定·病·鎖' 등이다.

(2) 형용사와 동사의 겸류의 예로 '豊富·端正·明白·淸楚·忙' 등이 있다.

(3) 명사와 형용사의 겸류의 예로 '科學·精神·矛盾·困難·經濟' 등이 있다.

(4) 동사와 개사의 겸류의 예로 '在·對·給·比·跟·到·向'
등이 있다.

(5) 연사와 개사의 겸류의 예로 '和·跟·與·同·爲了·因爲'
등이 있다.

단어의 겸류 현상은 한어품사 연구에서 상당히 복잡한 문제이다.
겸류 현상은 독립된 문제가 아니며 종종 전체 품사계통과 상관관
계를 가진다. 예를 들면 '高速'는 정어('高速列車') 혹은 상어('高
速前進')로 쓰일 수 있는데 그러면 '高速'는 형용사인가 구별사인
가? 만약 구별사로 본다면 마땅히 '前進'의 상어가 되어야 하는데
이것은 일반적인 구별사의 특징에 부합되지 않는 것이다. 만약 형
용사로 본다면, '高速'는 또한 위어가 될 수 없으므로 두 곳의 '高
速'는 두 종류의 단어로 보는 것이 마땅한 것으로 보인다. 그러나
만약 구별사를 비위(非謂)형용사로 본다면 '高速'는 단지 하나의
품사로 나눌 수 있다. 다시 예를 들어 '只有艱辛的付出, 才有豊厚
的回報.'에서의 '才'는 연사인가 부사인가? 어떤 사람은 연접 작용
에 착안하여 연사에 넣고, 어떤 사람은 수식작용에 착안하여 부사
에 넣는다. 그러나 만약 '才·也·又·還·都' 등과 같은 몇몇 부
사가 연결작용을 할 수 있다고 규정하여 '才'를 부사에 넣는다면
아무런 쟁론이 발생하지 않을 것이다. 겸류사를 분석할 때 영향을
미치는 일반적인 요소는 겸류사와 다른 두 종류 단어 사이의 경계
문제로 관건이 되는 것은 단어 의미관계의 분석이다. 일반적으로
두 개의 단어 의미 사이에 인신(引申)관계가 있으면, 어법적인 분
포가 다르더라도 여전히 하나의 단어이며 동일한 단어의 다른 품
사(同詞異類)현상으로 겸류사이다. 만약 두 개의 단어 의미 사이에
관계가 없으면 겸류사가 아니다. 그러나 단어의 동일성 문제를 처

리할 때 사람들의 견해의 차이가 매우 큰데, 예를 들면 '一把鎖'의 '鎖'와 '鎖門'의 '鎖', 혹은 '老人'의 '老'와 '老了一個人'의 '老' 그리고 '老犯錯誤'의 '老'에서 위의 단어들이 도대체 서로 다른 여러 개의 단어인지 아니면 한 단어가 여러 품사를 가진 것인지를 판단할 때 분포의 차이는 단지 밖으로 나타난 것에 불과하며, 중요한 점은 여러 가지 의의의 사이의 연계를 고려하는 것이다. 단어 의미의 역사 발전으로 본다면 '鎖門'의 '鎖'는 '一把鎖'의 '鎖'에서 인신된 것으로 두 단어의 의의의 사이의 연계는 비교적 명확하다. 그러므로 단어의 겸류로 봐야 한다. '老人'의 '老'와 '老了一個人'의 '老'는 마찬가지로 인신작용이 있으므로 겸류 현상으로 보는 것이 마땅하지만, '老犯錯誤'의 '老'와 앞의 두 단어의 의의 사이에는, 현대한어에서 본다면, 이미 어떤 연관도 찾아볼 수 없으므로 마땅히 다른 단어로 봐야 하며 따라서 겸류 현상에 들어가지 않는다. 또 언제나 논쟁거리가 되는 문제로 동사와 형용사가 명사, 대사 혹은 수량구의 수식을 받을 때 겸류가 되는지 그렇지 않은지의 문제가 생기는데, 예를 들면 '問題的解決·水平的提高·語言運用·工作安排·她的聰明·一種負擔·兩個答復' 등으로 뒤에 있는 중심어를 어떤 사람들은 여전히 동사 혹은 형용사라고 여기는 반면 어떤 사람들은 이미 명사로 변했다고 여긴다. 단어의 성질을 판단할 때도 역시 단어의 의미 요소를 고려해야 한다. 이것을 응당 두 가지 방면에서 보아야 하는데 첫 번째로 단어의 의미의 사이에는 비교적 분명한 연관이 있어야 하는데 만약 연관이 없다면 겸류사라고 할 수는 없고 그냥 두 개의 단어라고 할 수 있다. 예를 들면 앞의 '老'의 분석과 같다. 두 번째로 만약 겸류사로 분류한다면 두 단어의 의미 사이에 반드시 일정한 차이점이 있어야 한다. 만약 차이가 없다면 그것은 단지 한 단어가 어법구조에 있어서 다른 분포를 보이는 것이라고 할 수 있다. 예를 들면 '領導我們'와 '領導來了'에서 두 개의 '領導'는 인신관계이며, 동시에 또 구별이 있는데, 전자는 행위를 가르치고 빈어를 가지며 후자는 사람을 가리키며 주어가 되므로 '領導'는 겸류사이다. 위의 명사 혹은 수량구의 수식을 받는 '解決·提高·運用·安排·聰明·負擔·答復' 등의 단어와 그것의 일반용법(즉 위어가 되는 것)은 결코 단어의 의미 면에서 뚜렷한 차이는 없으므로 동일한 한 단어의 다른 분포로 보는 것이 더욱 합리적이다. 이 외에 상술한 동사와 형용사의 용법은 상당히 큰 보편성을 가지는데, 만약 겸류 현상으로 본다면 겸류사의 범위는 곧 매우 넓어진다. 겸류사의 판정에 있어서 특히 주의할 점은 아래와 같다.

겸류사와 동음사(同音詞)는 다르다. 겸류사는 하나의 단어가 두 개의 품사와 용법이 겸하고 있으며 두 종류 의미는 서로 밀접한 연관을 가지고 있다. 모양이 같은 동음사는 필사의 형식과 어음(語音)이 서로 같을 뿐 의미상에는 어떠한 연관도 없다. 예를 들면 '白紙一張'과 '白跑一趟'과 같은데 여기서 두 개의 '白'은 동음사로 전자는 색깔을 나타내며 형용사로 정어가 되지만, 후자는 '괜히'의 의미를 나타내며 부사로 상어가 된다. '一件藍制服'와 '制服了歹徒'에서 두 개의 '制服'은 의미상의 연관이 없는데 전자는 의복의 일종으로 명사이며, 후자는 동작행위를 나타내는 동사이므로 두 개 '制服'은 동음사이다.

겸류사와 품사의 활용은 다르다. 단어의 겸류 용법 중에서 단어 성질과 의미의 차이는 비교적 고정적이며 독립적으로 존재하기에 할 수 있지만, 품사의 활용은 생동적인 형상의 표현 효과를 추구하기 위하여 임시로 품사가 바꾸는 것이다. 예를 들어 "老栓, 就是運氣了你!"(魯迅의 『藥』)에서 '運氣'는 명사를 임시로 동사로 활용한 것으로, 이 한 문장을 떠나면 '運氣'는 여전히 명사이다. "這一切等等, 確是十分堂・吉訶德的了."(魯迅의 『中華民國的新 '堂・吉訶德'們』)에서 명사 '堂・吉訶德'은 정도부사 '十分'의 수식을 받고 있는데, 여기에서는 명사가 임시로 형용사로 활용되었다. 이러한 용법은 특정한 화용 효과를 얻기 위하여 동태적인 문장 안에서만 나타나는 것으로, 정태적인 구(短語) 안에서는 나타날 수 없다.

겸류사는 동일한 한 단어가 여러 종류의 문장성분으로 충당되는 것과는 다르다. 겸류사는 겸하고 있는 여러 종류의 품사 용법 중에서 단어 의미는 다르지만 서로 연관은 가지고 있다. 예를 들어 '他正在工作' 중의 '工作'는 동사이며, '他有了新工作' 중의 '工作'는 명사로, 전자는 동작행위를 나타내고 후자는 사물을 나타내는데, 이 둘 사이에는 인신관계가 있다. '他正在鍛煉'과 '鍛煉很重要'에서 '鍛煉'이 앞의 한 문장에서는 위어가 되고 뒤의 한 문장에서는 주어가 되며, 두 곳에서 쓰였지만 한 단어이며, 의미에 있어서도 어떠한 구별도 없다. 따라서 동일한 단어가 서로 다른 문장성분으로 쓰인 것이지 겸류사는 아니다. 이 외에 여러 품사의 단어는 종종 몇몇의 공통된 어법 특징을 가지는데 예를 들면 '看了'・'看着'와 같이 동사 뒤에 '了・着・過' 등의 조사를 더할 수 있는데, 형용사 역시 같은 용법이 있어서 '紅了'・'紅着'라고 할 수 있다. 어떤 사람들은 이런 상황에서 '紅'은 동사로 변했다고 여기는데, 즉 '很紅' 중의 '紅'은 형용사지만 '紅了' 중의 '紅'은 동사로 '紅'은 겸류사가 되는 것이다. 대량의 형용사는 모두 이와 같은 용법이 있기 때문에 만약 모두 겸류사로 본다면 겸류사를 구분하는 의미가 없어진다. 뒤에 '了·着·過'를 덧붙일 수 있는 것을 형용사의 하나의 어법 특징으로 처리한다면 겸류로 여기는 것보다는 좀 나아진다.

단어의 겸류는 단어를 단독으로 정태적인 상태에서 관찰할 때 나타나는 어법현상으로, 단어가 일단 문장 속에 들어가면 그 단어의 성질은 언제나 단일하고 구체적인 것이 되며, 동시에 여러 가지 품사를 겸할 수 없게 된다. 예를 들어 '他的精神很可貴' 중의 '精神'은 단지 명사일 뿐이며, '小伙子很精神' 중의 '精神'은 단지 형용사일 뿐이다.

겸류사의 구분 원칙에 대해 呂叔湘은 "하나의 품사를 만들려면 그 품사 안의 단어가 전부 혹은 대부분 다른 품사에 겸하여 속할 수 있는 가능성을 가지도록 해서는 안 된다. 만약 이런 상황이 있다면, 반드시 다시 품사의 구분 표준을 생각해 보아야 한다."[129]라고 말했다. 趙元任 역시 유사한 관점을 나타냈는데, 그는 "만약 한 어법학자가 한 언어의 품사를 구분을 할 때, 그가 분류한 품사 안에 두 품사의 대다수의 구성원이 공통점을 가진다는 것을 발견한다면 그의 분류는 잘못된 것으로 여러 품사에 걸쳐 있는 대다수의 단어를 분리할 수 있도록 수정해야 하며, 그렇지 않으면 원래의 분류가 어법적인 품사가 아니라는 것을 승인하고 반드시 합병해야 한다."[130]라고 말했다. 겸류사는 소량이어야 한다. 그렇지 않으면 어법구조분석에 그다지 큰 도움이 되지 않으며, 품사 구분 역시 매우 큰 의의가 없어지게 된다.

---

129) 『關於漢語詞類的一些原則性問題』.

130) 『漢語口語語法』.

4. 품사의 판별

품사 구분은 총체적인 차원에서 단어를 각각 특징을 지닌 약간의 어법 유형으로 구분하는 것이다. 단어 성질을 판별하는 것은 구체적인 단어를 대상으로 하여 어법기능 등 방면의 고찰을 통하여 그것을 일부 특정한 품사에 귀납하는 것이다. 단어 성질을 판별하는 것에는 여러 종류의 조작방법이 있을 수 있으며, 자주 이용하는 것으로는 직접판별법·감정법(鑑定法)·배제법(排除法)·비교법 등이 있다.

직접판별법은 어떤 단어의 어법 특징에 근거하여 직접적으로 그 단어의 성질을 판단하는 것이다. 단어의 정의는 일반적으로 의미 각도에서 개괄된 것으로 예를 들어 명사는 '사람·혹은 사물의 명칭을 표시'하는 단어이며 동사는 '동작·행위·발전·변화 등을 표시'하는 단어이다. 단어의 어법적 차이와 단어의 개괄 의미 사이에는 긴밀한 관계가 있는데 예를 들면 '編輯'은 '자료 혹은 이미 만들어진 작품을 정리하고 가공하는 것을' 나타내는 것으로 일종의 활동이므로 동사이다. 동시에 '編輯'은 또한 '편집 작업을 하는 사람'을 나타내며, 이 의미에서는 명사이므로 동사의 '編輯'와 명사의 '編輯'은 단어 성질이 다르지만 긴밀한 관계를 가진 겸류사이다. 의미로부터 단어 성질을 판별하는 것은 직접적이고 신속하며 유효하지만 단순히 의미의 각도에서만 분석한다면 일부 단어 특히 일부 추상적 의미의 단어에 있어서는 약간의 어려움이 있다. 예를 들면 '勇敢'과 '勇氣'·'榮譽'와 '光榮'·'感激'와 '感動'·'打仗'와 '戰爭'은 의미가 서로 비슷하므로 정확하게 판별하기 어렵다.

따라서 직접판별법은 기타의 방법과 함께 사용할 필요가 있다.

감정법은 단어의 어법기능에 근거하여 단어의 소속을 판정하는 것으로, 어법기능은 주로 단어의 조합능력과 문장성분이 되는 능력을 가리킨다. 예를 들어 '及時返回'·'立卽返回'에서 '及時'와 '立卽'는 모두 상어가 될 수 있으며 단어 성질이 같은지 같지 않은지는 그 조합능력으로 보아야 한다. '及時'는 상어가 될 수 있으며 동시에 정도부사의 수식을 받을 수 있는데, 예로 '很及時'가 있다. '立卽'은 상어가 될 수 있지만 '很'의 수식을 받을 수 없으며 또한 명사를 수식할 수도 없다. 문장성분이 되는 측면으로 본다면 '及時'는 상어가 되는 이외에도 위어 중심어('事情的處理很及時')가 될 수도 있으며, 정어('及時的處理')도 되며 보어('處理得及時')도 된다. 따라서 '及時'는 형용사이다. '立卽'는 상어가 되는 이외에 기타 문장성분으로 될 수 없으므로 순수한 상어성만을 가지므로 단지 부사일 뿐이다. 다시 예를 들어 '打仗'은 부사의 수식을 받을 수 있는데 예를 들면 '正在打仗'이고, 그 뒤에 '了'를 부가할 수 있는데 예를 들면 '打仗了'와 같다. '這裏打仗'과 같이 위어 혹은 위어 중심어가 될 수 있으므로 '打仗'은 동사이다. '戰爭'은 수량구의 수식을 받을 수 있는데 예로 '一場戰爭'과 같으며 부사의 수식은 받을 수 없다. 주어가 될 수 있는데 예를 들면 '戰爭結束了'이고, 빈어가 될 수 있는데 예를 들면 '發動戰爭'이며, 정어가 될 수 있는데 예를 들면 '戰爭的煙雲'이다. 따라서 '戰爭'은 명사이다. 기능 감정법을 운용할 때 주의해야 한다. 일부 단어의 어법기능은 서로 비슷한 점이 있지만 반드시 동일한 품사의 단어는 아니므로, 어떤 어법 특징이 어떤 품사에 소속된 단어의 충족조건인지 아니면 필요조건인지 분명히 구분해야 하며, 어떤 것이 일반 규율이고 어떤 것이 특수 현상인지 분명히 구분해야 한다. 예를 들어 '愉快'와 '喜歡'은 모두 '很'의 수식을 받을 수 있다. '喜歡'은 위어가 될 수도 있고 동시에 빈어를 가질 수 있다. 이것은 동사의 충족 조건이다. '愉快'는 위어로 쓰일 수 있으나 빈어를 가질 수 없으므로 형용사이다. 명사는 부사 '不'의 수식을 받을 수 없으나, '不人不鬼'라 말할 수 있다. 이것은 특수 형식 중의 특수 용법으로 보편성을 가지지 못하며, 이것에 근거하여 '人'과 '鬼'가 명사가 아니라고는 판정할 수 없다.

배제법은 어떤 단어가 몇 가지 품사에 속할 수 있는지를 대상으로 하는 것으로 비교를 통해서 가능성이 비교적 적은 품사를 배제한 후에 단지 어떤 품사에 속하는지를 판정하는 것이다. 예를 들어 '佩服'의 품사를 판정할 때, 그것이 문장성분이 되는 능력에 근거하여, 우선 허사 및 대사, 부사 등의 가능성을 배제하면 가장 가능성이 높은 것은 형용사 혹은 동사이다. '佩服'이 '很'의 수식을 받을 수 있지만 형용사는 빈어를 가질 수 없는데 '佩服'는 '我佩服他'와 같이 빈어를 가질 수 있기 때문에 동사만이 될 수 있다.

비교법은 일종의 간접증명 방식이다. 즉 갑과 을의 두 단어의 특징이 서로 같은데, 갑의 단어가 어느 유형에 속하는지를 이미 알고 있다면, 을의 단어 역시 그 유형에 속한다는 것을 추측해 알 수 있는 것이다. 예를 들어 '加以硏究'에서 '加以'의 품사를 어떤 사람은 동사라고 여기고 어떤 사람은 부사라고 여기는데 같은 구조위치에서 '加以'를 '予以'·'給予'·'進行' 등으로 교체할 수 있으며, 이러한 단어들이 모두 동사이므로 서로 같은 환경아래서의 '加以' 역시 동사임에 틀림없다.

품사를 판정하는 데 어떤 한 가지 방법만을 사용하여 문제를 해결할 수 있다면 그것은 당연히 가장 좋은 일일 것이다. 그러나 실제적인 문제는 매우 복잡해서 사람들은 어떤 하나의 방법으로 품사를 판별하는 동시에 또한 기타 방법 또한 종합적인 방법을 운용하여 품사를 더욱더 정확하게 판별해 낸다. 아래는 일부 품사 구분에 있어서 헷갈리기 쉬운 단어의 판별이다.

1) 동사와 형용사의 판별

동사와 형용사는 모두 위어가 될 수 있어서 모두 위사(謂詞)라고 칭한다. 대다수의 동사는 빈어를 가질 수 있으나 형용사는 불가능하다. 어떤 형용사는 동사의 특징을 겸하고 있어서 빈어를 가지지 않을 때는 형용사이고 빈어를 가지면 동사이다. 예로 '文化生活很豊富' 중의 '豊富'는 형용사이고 '豊富了文化生活' 중의 '豊富'는 동사이다.

대다수의 동사는 정도부사의 수식을 받을 수 없으나 대다수의 형용사는 받을 수 있다. 예를 들어 '很難受'·'很堅强'이라 말할 수 있으나 '很享受'·'很學習'라 말할 수 없다.

동사와 형용사는 모두 중첩할 수 있으나, 중첩의 방식과 작용은 다르다. 단음절 동사와 형용사의 중첩 방식은 모두 AA식이고 이음절 동사의 중첩 방식은 ABAB식이며, 이음절 형용사의 중첩은 AABB식이다. 동사가 중첩되면 동작이 가벼움을 나타내고 '시도, 한번 V 하다'의 의미를 가지는데, 예를 들면 '看看·商量商量'이다. 형용사가 중첩되면 완전히 상반되어 정도가 깊어짐을 나타내는데 예를 들어 '高高·深深·清清楚楚'이다. 다음의 몇 가지 예는 모두 품사의 잘못된 용법에 속하는데, '領導對我們非常關心和幫助.'에서는 동사 '幫助'를 형용사로 잘못 썼다. '這個好消息愉快了全家成員.'과 같은 예에서는 형용사 '愉快'를 동사로 잘못 썼으므로 응당 '使全家成員愉快.'로 고쳐야 한다.

2) 형용사와 부사의 판별

일부분 형용사와 부사는 서로 비슷한 어법기능을 가지므로 모두 상어로 쓰일 수 있다. 따라서 주의하여 판별해야 한다. 예를 들면 다음과 같다.

A.	B.
迅速前進	馬上前進
徹底揭露	立卽揭露
偶然發現	猛然發現
一致反對	一槪反對
親切接見	親自接見

위의 두 무리의 단어는 모두 상어 중심어식의 편정구로 A 무리의 수식어 '迅速·徹底·偶然' 등은 정도부사의 수식을 받을 수 있으므로 형용사이고, B 무리의 수식어 '馬上·立卽·猛然' 등은 정도부사의 수식을 받을 수 없으므로 부사이다.

3) 시간명사와 시간부사의 분석 식별

시간명사와 시간부사는 모두 상어가 될 수 있다. 예를 들면 다음과 같다.

A. 昨天到達   B. 已經到達

　　現在出去   　　剛剛出去

　　過去說   　　曾經說

　　秋天發生   　　經常發生

　이상의 두 무리는 상어가 중심어를 수식하는 것이지만 상어의 성질은 서로 다르다. A 무리의 '昨天·現在·過去' 등은 정어가 될 수 있는데, 예를 들면 '昨天的事情', '現在的情況'과 같고 개사와 개사구로 구성할 수 있어서 예를 들면 '從昨天(開始)'·'在過去(發生)'이다. 그러므로 A 무리는 시간명사이다. B조의 '已經·剛剛·曾經' 등은 정어가 될 수 없을 뿐만 아니라 또한 개사구와 구성될 수 없는데 예를 들어 '已經的事情'·'從剛剛'이라 말할 수 없으므로 시간부사이다.

4) 동사와 개사의 판별

　현대한어의 개사는 일반적으로 모두 고대 한어의 동사로부터 변화되어 온 것이다. 이러한 개사는 정도의 차이는 있지만 여전히 동사의 용법을 보유하고 있고, 문장 속에서 어떤 때는 개사로 쓰이고 어떤 때는 동사로 쓰인다. 예를 들면 다음과 같다.

　在: (1) 小明今天在家學習. (개사)

　　　(2) 小明今天不在家. (동사)

　用: (3) 你會用毛筆寫字嗎? (개사)

　　　(4) 我不會用毛筆. (동사)

　比: (5) 你比他高. (개사)

(6) 大家比幹勁, 比成績. (동사)

동사와 개사를 구별하는 방법은 동사는 성분사로 단독으로 위어가 될 수 있으나, 개사는 불가능하다. 개사는 비성분사이므로 항상 뒤에 오는 명사성 성분과 개사구를 구성하고 수식성분이 되어 시간·장소·공구·방식 등을 나타낸다. 예를 들어 (2)·(4)·(6) 중의 '在·用·比'는 단독으로 위어 중심어가 될 수 있으므로 동사이다. 예를 들어 (1)·(3)·(5) 중의 '在·用·比'는 단독으로 위어 중심어가 될 수 없으므로 단지 뒤에 오는 성분과 개사구를 구성하여 상어가 될 수 있고 중심어를 수식하므로 개사이다. 어법구조에서 보면 '在·用·比' 등의 단어로 만들어진 개사구 앞뒤에는 모두 기타 동사 혹은 형용사가 있어 위어 중심어가 된다. 만약 위어 중심어가 없다면 그 단어는 개사가 아니라 동사이다. 구조의 변환에서 구분을 할 수도 있는데, 위어 중심어 앞에 위치하고 위어 중심어를 생략할 수 없으면 개사이다. 이 밖에 동사 뒤에는 동태조사 '了·着·過'를 더할 수 있는데, 예를 들어 '他不在了'·'我會用了'·'他們比過了'이지만 개사 뒤에는 '了·着·過'를 더할 수 없다.

5) 연사와 개사의 판별

'和·跟·同·與'와 같은 몇몇 단어는 연사용법이 있을 뿐만 아니라 또한 개사 용법도 있어서 응당 주의하여 판별해야 한다. 예를 들면 다음과 같다.

和: (1) 母親和宏兒都睡着了. (연사)

   (2) 和他們來往的都是老老實實的貧苦農民. (개사)

跟: (3) 小芹跟小二黑兩個人, 一到區上就放開了. (연사)

(4) 我已經跟媽媽商量好了. (개사)

與: (5) 這時侯最熱鬧的, 要數樹上的蟬聲與水裏的蛙聲. (연사)

(6) 蘇州園林與北京園林不同, 極少使用彩繪. (개사)

두 품사의 단어의 구분은 몇 가지 방법으로 고려할 수 있다.

가. 연사 앞뒤의 두 개 성분이 병렬관계이고, 서로 위치를 바꾸어도 기본의미에 영향을 주지 않는데, 예를 들면 '母親和宏兒'은 '宏兒和母親'으로 바꿔 말할 수 있다. 개사는 단지 뒤에 오는 명사성 성분과 구조관계가 발생하며, 앞의 단어와는 구조관계가 없으므로 서로 위치를 바꿀 수 없다. 그렇지 않으면 문장의 의미가 바뀐다.

나. 연사는 일반적으로 모점(、)으로 대체하거나 생략하여 사용할 수 있다. 예를 들어 '小芹跟小二黑兩個人'는 '小芹、小二黑兩個人'으로 바꾸어 말할 수 있다. 개사는 모점(、)으로 대체 혹은 생략할 수 없다.

다. 개사 앞에는 상어가 출현할 수 있는데 예를 들어 예문 (4) 중의 '已經'은 개사구가 상어로 쓰였을 때 기타 상어가 올 수 있기 때문에 사용되었지만 연사 앞에는 상어를 사용할 수 없다.

라. 개사는 문두에 출현할 수 있다. 예를 들어 예문 (2)의 '和'와 같다. 연사는 문두에 출현할 수 없다.

6) 구조조사 '的・地・得'의 판별

세 가지의 구조조사의 용법은 각기 서로 다르다. '的'는 정어의 뒤에서 사용되는데, 예를 들어 '靜靜的夜晚'와 같다. '地'는 상어의 뒤에서 쓰이는데 예를 들면 '慢慢地走'와 같다. '得'는 보어의 앞에서 쓰이는데 예를 들면 '跑得很快'이다. 항상 이 세 개의 구조조사가 오용되는 현상을 보인다. 예를 들어

*(1) 他看的很淸楚.

*(2) 小莉跑的像風一樣快.

*(3) 隊長已經淸楚的認識到問題的嚴重性.

*(4) 她一個字一個字得給病人讀信.

*(5) 媽媽買得衣服很好看.

예 (1)과 (2) 중의 '的'는 응당 '得'로 바꿔야 하는데, 왜냐하면 뒤에 보어이기 때문이다. 예를 들어 (3) '的'과 예문 (4) 중의 '得'는 '地'로 바꿔야 한다. 왜냐하면 앞이 상어이기 때문이다. 예 (5) 중의 '得'는 응당 '的'로 바꿔야 하는데, 앞의 성분이 정어이기 때문이다. 동사이기 때문에 뒤에는 반드시 '得'을 써야 한다고 여겨서는 안 된다.

어떤 때는 동사와 형용사도 정어의 수식을 받을 수 있고, 예를 들어 '認眞的硏究'·'耐心的勸說'·'他的勇敢' 등이며, 이러한 구는 명사성구에 속하며, 문장 중에서 주어와 빈어가 된다. 예를 들어

*(6) 老李對這個問題做了認眞的硏究.

*(7) 耐心的勸說使他火氣頓消.

*(8) 他的勇敢在三班是出了名的.

예 (6) 중의 '認眞的硏究'은 빈어가 되고, 예 (7) 중의 '耐心的勸說'는 주어가 되고, 예문 (8) 중의 '他的勇敢'는 주어가 된다.

지금 몇몇 어법교재는 구조조사 '的'와 '地'를 합쳐서 일률적으로 '的'로 쓰고 있는데, 이렇게 하는 것이 용법에 있어서 확연히 간결하고, 일부 구분이 불분명하여 생길 수 있는 사용상의 오류 현상을 피할 수 있다는 장점을 가진다. 그러나 결점은 사회적으로

단어의 사용이 불일치하여 혼란을 일으키기 쉽다는 점이다.

참고문헌

黎錦熙, 『新著國語文法』, 商務印書館 1956년판.

黎錦熙·劉世儒, 『漢語語法教材』, 商務印書館 1959년판.

呂叔湘·朱德熙, 『語法修辭講話』, 中國靑年出版社 1979년판.

王力, 『中國語法理論』, 中華書局 1954년판.

趙元任, 『漢語口語語法』, 商務印書館 1979년판.

陳望道, 『文法簡論』, 上海敎育出版社 1978년판.

張志公 主編, 『漢語知識』, 人民敎育出版社 1979년판.

史存直, 『語法三論』, 上海敎育出版社 1980년판.

高名凱, 「關於漢語的詞類分別」, 『漢語的詞類問題』, 中華書局 1955년판.

曹伯韓, 「漢語的詞類分別問題」, 『漢語的詞類問題』, 中華書局 1955년판.

陳陵, 「區別詞類不能割裂意義和形態」, 『中國語文』 1954년 제10기.

鐘棪, 「漢語的詞類問題」, 『中國語文』 1954년 제8기.

周祖謨, 「劃分詞的標準」, 『語文學習』 1954년 제12기.

文煉·胡附, 「談詞的分類」, 『中國語文』 1954년 제2-3기.

胡明揚 主編, 『分類問題考察』, 北京語言學院出版社 1996년판.

中國語文雜志社, 『漢語的詞類問題』, 中華書局 1955년판.

陸儉明·馬眞, 『虛詞硏究散論』, 北京大學出版社 1985년판.

제4장 구(短語)

구의 정의

    구(短語)는 단어와 단어가 일정한 어법적 규칙과 의미관계에 따라 조합된 어조(語調)가 없는 언어단위이다. 구는 형태소(語素) 혹은 단어(詞)와 같이 기본적인 어법단위의 하나로, 문장과 비교하면 언어의 준비단위이다. 朱德熙는 한어 문장의 구조원칙은 구의 구조원칙과 기본적으로 일치하며 구에 어조를 넣으면, 진술성이 생겨 문장이 된다고 지적하였다. 呂叔湘은 한어어법에 대해 말하면서, 형태소와 구의 중요성은 단어에 뒤지지 않는다고 여겼다.

    구는 하나의 어법단위로 영어의 'phrase'에 해당한다. 어법연구과정에서 구는 일찍이 여러 가지 다른 이름을 지녔다. 예를 들면 '두(讀)·자군(字群)·확사(擴詞)·사결(詞結)·늑어(仂語)·사조(詞組)·결구(結構)' 등이다. 馬建忠은 『馬氏文通』에서 다음과 같이 말하였다. "무릇 기사(주어)·어사(술어)가 있지만 말투가 완전하지 않은 것을 '두'라고 말한다(凡有起詞、語詞而辭氣未全者, 曰'讀')." 金兆梓는 『國文法之硏究』에서 다음과 같이 말하였다. "⋯⋯응고된 결합이 없어서 한두 글자를 더할 수도 있고, 혹은 한두 글자를 뺄 수도 있으며, 혹은 한두 글자를 고칠 수도 있어 안 되는 것이 없다. 이런 종류의 글자를 우리는 자군(字群)이라고 한다." 劉復은 『中國文法講話』에서 다음과 같이 여기고 있다. "확장되었지만 문장의 자격(즉 주어, 위어가 활용되는 것처럼 완전하지 않는 것)을 갖추지 못한 것을 '확사(擴詞)'라고 칭하지 절이라고 하지 않는다." 呂叔湘은 『中國文法要略』에서 다음과 같이 말하였다. "무릇 주어와 위어의 결합은 독립여하를 불문하고 모두 '사결(詞結)'이라고 총칭할 수 있다. 절은 독립된 사결이다." 王力은 『中國現代語法』에서 '늑어(仂語)'라는 명칭을 사용하였는데, "무릇 두 개 이상의 실사를 서로 연결하면 복합적인 뜻을 가진 단위를 구성하는데, 우리는 그것을 '늑어(仂語)'라고 한다."고 하였다. "형식적으로 말하면 그것은 바로……구심적 구조이며, 역할적인 측면에서 말하자면 단어의 무리들은 문장의 작용이 없으므로 모두 '늑어(仂語)'이다."[131]

구(短語)라는 명칭은 초기 어법저작 중에 이미 있었지만, 어법학자들이 구(短語)에 대해 내린 정의는 모두 일치하지 않았다. 黎錦熙는 『新著國語文法』에서 다음과 같이 여겼다. "두 개 이상의 단어로 조합되었지만 아직 문장을 구성하지 않은 것을 '단어(短語: 구)'라고 하고, '어(語)'라고 약칭한다." 呂叔湘이 '구(短語)'에 대해 내린 정의는 "한 개의 단어에 그치는 것은 아니지만 또한 문장도 되지 않은 것을 우리는 '구'라고 한다."[132]·"단어의 조합은 구이다."·"형태소·단어·구는 정태(靜態)단위이며, 절과 문장은 동태(動態)단위이다."[133] 張志公은 다음과 같이 여겼다. "일정한 방식에 따라 조합된 한 무리의 단어를 구라고 한다."[134]·"'단어의 조합(詞組)'과 '구조(結構)'는 사용 범위가 아주 넓은 두 개의 명칭으로 50년대에 제정한 『'暫擬漢語敎學語法系統'簡述』에서 실사

---

131) 王力, 『中國語法理論』.

132) 『語法修辭講話』.

133) 『漢語語法分析問題』.

134) 『漢語語法常識』, 上海敎育出版社 1959年版.

와 실사의 조합을 '단어의 조합(詞組)'이라 하고, 실사와 허사의 조합을 '구조(結構)'라 하였다. 지금까지도 아직 많은 어법 책에서 이런 명칭을 사용하고 있다. 어떤 학자들은 실사와 허사의 조합을 단어의 조합(詞組)에서 배제시키는 것이 그다지 타당하지 않으며, 마땅히 단어의 조합(詞組) 안에 포함시켜야 하는데, 다만 학자에 따라 그 처리하는 방법이 달라 어떤 사람은 그것을 구조(結構)라고 하고 어떤 사람은 그것을 특수구라고 하며, 어떤 사람들은 아예 그것을 그냥 구라고 한다." 呂叔湘은 다음과 같이 인정한다. "단어 조합(詞組)은 일반적으로 반드시 두 개 이상의 실사를 포함하여야 한다고 이해하는 데, 하나의 실사에 하나의 허사를 첨가한 '我們的'·'從這裏'와 같은 유형은 단어조합(詞組)이라고 부르기 어렵다 (다만 '的자구조'·'개사구조'라든가 해야 한다). 그렇지만 그것들을 구(短語)라고 부르는 데는 어떤 어려움이 없다".135)

구(短語)와 단어(詞)의 구분은 줄곧 어법학계에서 비교적 논쟁이 많은 문제이다. 文煉은 다음과 같이 인정하고 있다. "구와 단어는 서로 전환할 수 있는 것이지만 반드시 같은 것이 아니다. 그들의 구분은 어디에 있는가? 王了一의 표현을 따르면 다음과 같다. '우리는 단어와 구의 경계를 명확히 할 수 있는 하나의 표준을 가지고 있다. 그것은 무릇 두 글자 사이에 다른 글자를 삽입할 수 있는 것은 바로 늘어(仂語)이며 그렇지 않으면 다만 하나의 단어일 뿐이다.' 이러한 주장은 대체로 맞는 말이지만 우리가 이 표준으로 단어와 구를 구분할 때, 절대로 위에서 말한 전환의 상황을 잊어서는 안 된다. 그렇지 않으면 해결할 수 없는 위험이 생길 수 있다. 다시 말하면 어떤 상황에서 우리는 구를 단어로 볼 수 있고, 또 단어를

---

135) 『漢語語法分析問題』.

구로 볼 수 있다. 원인은 전환 중에 있는 단어 혹은 구는 아직 형태가 정해지지 않았기 때문에 분별하기가 아주 어려운 것이다."[136)

王力은 단어와 구를 구분하는 두 가지 표준을 제시했다. 첫째, 다음절어는 분리시킬 수 없으나 구는 분리시킬 수 있다. 예를 들면 '老婆'는 다음절어로 '老的婆'라고 말하지 못하지만, '老人'은 구로서 '老的人'이라고 말할 수 있다. 둘째, 구는 연계(連繫)형식으로 전환할 수 있으나 다음절어는 그렇지 못하다. 예를 들면 '老人'은 '這人是老的'라고 할 수 있으나, '老婆'는 '老婆是老的'라고 전환할 수 없다.[137)

海萍은 세 가지 조건을 제시하여 단어와 구를 구분하고 있다. 첫째, 단어와 구의 구성성분이 서로 다르다는 것이다. 단어는 형태소로 구성되었으나, 구는 단어로 구성되었다. 둘째, 구성성분이 다르기 때문에, 나타내는 의미상의 구분도 다른데 먼저 단어 자체의 뜻은 고정적이고 응결된 것으로 더 이상 분석을 할 수 없으나, 구는 좀 더 분석할 수 있고, 단어와 구가 나타내는 뜻에서 차이를 보이는데 단어는 비교적 단순하고 구는 복잡하다. 셋째, 단어의 구성 부분, 즉 형태소 사이의 결합은 밀접하여 다른 성분을 더 삽입할 수 없으나, 구 안의 단어와 단어의 결합은 비교적 느슨하여 다른 성분을 삽입할 수 있다.[138)

張靜은 단어와 구는 두 가지 성질이 다른 어법단위라고 여겼다. "단어는 고정된 소리와 특정된 뜻이 있는 제일 작은 문장구성 단위이고, 구는 두 개 이상의 뜻이 연결되어 실사가 일정한 규칙에

---

136)「關於研究仂語的兩個基本問題」,『大公報』 1951年 12月 5日.

137) 王力,『中國語法理論』.

138) 海萍,「談詞組跟詞和句子的區別」,『語言文學』 1959年 第1期.

따라 구성된 문장 내부의 어법단위이다. 그들은 서로 대립되는 특징이 있다."139) 단어의 특징은 단어가 지니는 의미의 특정함과 구조가 확장될 수 없다는 것이다. 예를 들면 '白菜'는 '白顔色的菜'로 확장할 수 없으며, 그렇지 않으면 더 이상 원래의 뜻을 가질 수 없다. 구의 특징은 조성성분의 독립성과 구조의 확장성이다. 예를 들면 '白布'는 '白顔色的布', '白白的布'라고 할 수 있으며, 갈라놓아도 원래의 뜻은 변하지 않는다. "그러나 언어가 끊임없이 발전함에 따라 대량의 구가 감소 혹은 응결의 방식으로 단어로 전환하고 있으며, 또 언어단위 사이의 상호간의 영향으로 소량의 단어도 확장 혹은 분열의 방식으로 구로 사용되고 있다. 게다가 한어의 단어의 구성방식과 구의 구성방식이 아주 닮아 있어 단어와 구의 경계를 구분하는 데 문제가 생겼다."140) 복합구와 복합식 합성단어의 구분에 대하여 그는 복합식 합성단어의 특징은 두 개 이상의 형태소가 함께 간단한 개념을 나타내며, 중간에 '和'·'又……又……' 등 접속사를 넣지 못하는 것으로, 예를 들면 '根本'은 '根和本'과 다르며, '尺寸'은 '尺和寸'과 다르다고 여겼다. 복합구의 특징은 두 개 이상의 실사가 하나의 복잡한 개념을 나타내며 원래의 뜻이 변하지 않는다는 전제하에서 중간에 '和'·'又……又……' 등 접속사를 넣을 수 있는데, 예를 들면 '你我'는 '你和我'라고 할 수 있고, '聰明伶俐'는 '又聰明又伶俐'라고 할 수 있다. '買賣·敎學·理化·兄弟' 등의 단어는 어떻게 구분해야 하는지 해결하기 어려운데 사용되는 정황에 따라 구체적으로 어디에 귀속시켜야 할 것인지를 분석해야 한다. 편정구와 편정구식 합성단어도

---

139) 『新編現代漢語』, 上海敎育出版社 1980年版.
140) 상동.

명확한 구분이 있다. 수식어가 앞에 있고 중심구가 뒤에 있는 합성단어는 특정한 뜻을 나타내며, 중간에 '的' 혹은 다른 성분을 넣지 못하는데, 예를 들면 '改善'·'說明' 등이다. 앞에 중심구가 있고 뒤에 수식어가 있는 구는 중간에 '得'·'不' 등을 넣을 수 있을 뿐만 아니라 또 다른 성분도 넣을 수 있는데, 예를 들면 '講好'·'說明白'는 '講得好'·'說不明白'로 말할 수 있다. 동빈구조인 '洗澡'·'革命'·'出差' 등은 확장할 수 없을 때는 단어이고, 확장한 후에는 임시적으로 구로 볼 수 있다. '唱歌'·'吃飯'·'說話' 등의 동빈구조는 두 개의 구성성분이 모두 독립적 의의를 가지고 있으며, 양자를 합하여 나타낸 것은 복잡한 개념으로, 두 성분은 모두 독립적으로 단어가 될 수 있을 뿐만 아니라 순서를 바꿔도 되며, 중간에 임의로 다른 성분을 넣을 수도 있기 때문에 구이다.

邢福義는 구와 단어의 구별은 세 가지 방면에서 나타난다고 하였다. 첫째, 단위의 대소(大小)이다. 구는 단어보다 큰 어법단위이며 하나의 구는 적어서 두 개의 단어를 포함하고 있다. 둘째, 음절의 장단(長短)이다. 구의 음절은 일반적으로 단어의 음절보다 많다. 셋째, 층위의 다소(多少)이다. 구의 구조층위는 단어의 구조층위보다 많다. 합성단어는 구조상에서 일반적으로 제일 많아야 두 개 층위이며 두 가지 관계를 포함한다. 구의 길이는 엄격한 통제를 받지 않기 때문에 구조상에서 많은 층위를 형성할 수 있으며 여러 가지 관계를 포함할 수 있다.[141]

총체적으로 말하자면 구와 단어의 구분은 '많고 적음'에서 나타나는데, 구는 적어도 두 개의 단어의 조합으로 구성되어 예를 들면 '祖國偉大'와 같으며, 또한 더욱 많은 단어의 조합으로 구성될

---

141) 『漢語語法三百問』, 商務印書館 2002年版.

수 있는데, 예를 들면 '機智勇敢的戰士'와 같이 네 개의 단어로 구성되었다.

　구와 단어는 일반적인 상황하에서는 분명히 구별되며 특히 구조가 조금 긴 것은 대체적으로 구이다. 하지만 이음절구와 이음절단어의 경계선은 간혹 뚜렷하지 않아, 응당 주의해서 구분해야 한다. 예를 들면 다음과 같다.

A. 老鼠　　　　　B. 老房
　　黑板　　　　　　 黑布
　　山羊　　　　　　 山水

　위 두 조는 구인지 단어인지는 아래와 같은 세 가지 측면에서 구분할 수 있다.

　첫째는 구조 측면에서 보는 것이다. 단어의 구조는 비교적 고정되어 있어 언제나 함께 활용되지 나뉘어서 활용될 수 없으며, 또한 다른 성분도 삽입할 수 없다. 예를 들면 '老鼠'는 '老的鼠'라고 할 수 없으며, '黑板'은 '黑顏色的板'이라고 할 수 없다. 구의 구조는 비교적 느슨하여 다른 성분을 삽입할 수 있는데, 예를 들면 '老房'은 '老的房子'라고 할 수 있고, '黑布'는 '黑顏色的布'라고 할 수 있다. 그렇기 때문에 '老鼠'·'黑板'은 단어이고 '老房'·'黑布'는 구이다.

　둘째는 의미적인 측면에서 보는 것이다. 단어는 전체적인 개념을 나타내는 것이지 글자의 표면적인 의미에 간단한 의미를 보태는 것이 아니다. 예를 들면 '老鼠'·'山羊'은 특별한 어떤 동물을 지칭하는 것이지 글자 표면에 나타나는 뜻에 따라 '비교적 늙은 쥐'나 '산에서 살고 있는 양'으로 이해하면 안 된다. 구는 몇 가지 개념을 나타내며 그 뜻은 일반적으로 글자 표면에 나타나는 뜻을 직접적으로 반영한 것이다. 예를 들면 '藍藍的天空'·'遊覽華淸池'와 같다. '老房'은 '낡고, 오래된 집'을 가리키며, '山水'는 '산과 강'을 가리킨다. 그러므로 '老鼠·山羊'은 단어이고·'老房·山水'는 구이다.

그 밖에 구와 단어의 구분은 또 언어 맥락의 요소를 고려해야 한다. 예를 들면 '綠葉襯紅花'에서 '紅花'는 '붉은 꽃'을 가리키는 것으로 구이다. 그러나 한약재의 한 종류를 '紅花'라고 부르는데 이때 '紅花'는 단어이다. 또 예를 들면 '電燈的開關'에서 '開關'은 단어로 전기기구를 특정하고 있으며, '庫房的大門不要隨便開關'에서 '開關'은 구로 '開'와 '關'의 두 가지 동작행위를 가리킨다.

邢福義는 총체적으로 볼 때, 구와 합성어 사이는 매우 복잡하게 얽혀 있어 단칼에 양분할 수 없는데, 가장 복잡하고 분명하지 않은 부분은 주로 이음절과 삼음절 현상에서 표현된다고 여겼다. 한어의 발전 측면에서 보면 현대한어의 경향은 이음절화 추세에 있으며, 어법을 교육할 때는 판정하기 어려운 상황에 놓이면 인위적으로 편향된 규정을 적용시킬 수밖에 없어서, 가능한 한 두 개의 음절을 단어로 정하는 기준으로 삼아, 두 가지 분별하기 어려운 현상을 처리하는 것이다. 분별하기 어려운 두 가지 단위와 관련하여서는 두 개 음절로 된 것은 단어로 판정하는 것으로 예를 들면 '打倒·推翻'이며, 삼음절로 된 것은 구로 판정하여 예를 들면 '聯係人·老幹部'와 같은 것이다. 또 예를 들면 '猪肉·猫肉·鼠肉'은 단어이고 '野猪肉·野猫肉·老鼠肉'은 구이다.[142]

---

142) 『漢語語法三百問』.

구의 분류 연구

1. 구의 종류에 관한 여러 가지 의견

呂叔湘은 『中國文法要略』에서 단어와 단어의 결합관계를 세 종류로 나누었다. 즉 예를 들면 '豊滿紅潤'·'又短又粗'는 연합관계이고, '討論的題目'·'父親的差使'는 조합관계이며, '山高'·'芳草鮮'는 결합관계이다. 呂叔湘·朱德熙는 『語法修辭講話』에서 내부구조에 따라서 구를 4가지 유형으로 나누었다. (1) 연합구로 예를 들면 '詞和句子'·'完整而獨立'이다. (2) 주종구로 예를 들면 '我們的祖國'·'主要形式'이다. (3) 동빈구조로 '克服困難'·'保衛和平'이다. (4) 주술구로 '中國的解放'·'態度的坦白'이다.

黎錦熙와 劉世儒는 구를 크게 3가지로 나누었다. (1) 주종구로서 여기에는 세 가지 작은 부류가 포함된다. ① '형용사 명사'형으로 예를 들면 '紅的花'·'中國人民'이고, '동위(同位)'형으로 예를 들면 '支部書記張廣福'이다. ② '부사 동사'형으로 예를 들면 '快走'·'從上海來'이고, '부사 형용사'형으로 예를 들면 '很好'·'這麼漂亮'이다. ③ '동사 부사'형으로 예를 들면 '打掃乾淨'·'打得好'이고, '형용사 부사'형으로 예를 들면 '好極了'·'漂亮得很'이다. (2) 동빈구로 예를 들면 '吃早飯'·'愛祖國'이다. (3) 연합구로 예를 들면 '我和他'·'又說又笑'이다.[143]

---

143) 『漢語語法敎材』.

王力은 『中國現代語法』에서 구(仂語)를 두 종류로 나누었다. 하나는 주종구로서 예를 들면 '好天氣'·'吃飯'이고, 다른 하나는 대등(對等)구로서 예를 들면 '父母'·'草和木'이다.

張志公은 단어의 조합은 바로 실사의 조합을 가리킨다고 하였다. 실사의 조합에는 두 가지 방식이 있다. 한 가지는 허사의 도움을 받지 않고 일정한 어순에 따라 함께 배열하기만 하면 조합할 수 있는데, 예를 들면 '葡萄甜'이다. 다른 한 가지는 어순 외에 허사의 도움을 빌려야 조합될 수 있는 것인데 예를 들면 '我的書'이다. 실사의 조합에는 세 가지 관계가 있다. 첫째는 주위관계이고, 둘째는 연합관계이며, 셋째는 편정관계이다. 개사와 일부 조사는 실사와 조합하여 일정한 특수한 구조를 형성하는데 예를 들면 '從上海(來)'·'木頭的'·'所希望的' 등이다. 개사구조와 조사구조는 모두 허사구조이다. 이런 허사구조는 하나의 성분으로 다른 단어와 조합하여 하나의 구를 형성한다. 예를 들면 '從上海 – 來'·'坐 – 在椅子上'·'紅的 – 好看'·'找 – 吃的'·'所愛的 – 工作'이다.[144] 책에서 지적한 또 다른 한 가지 구는 '고정구'인데, 이런 구(詞組) 가운데서 가장 흔히 보이는 것 중의 일부분은 고유명칭(사람, 지방 등의 명칭)이고 대다수는 성어(成語)이다. 예를 들면 '清華大學'·'奮不顧身'와 같다. 고정구는 일반적인 단어처럼 다른 단어와 일반적인 구를 구성하는데 예를 들면 '清華大學 – 校長'·'奮不顧身地 – 前進'이다.

『·暫擬漢語敎學語法系統'簡述』에서는 구(詞組)를 4가지 종류로 나누었다. '書籍文具'와 같은 연합구조구와 '木頭房子'와 같이 앞부분이 뒷부분을 수식하는 형식과 '說淸楚'와 같이 뒷부분이 앞부

---

144) 張志公, 『漢語語法常識』.

분을 보충하는 형식의 두 가지 형식을 가진 편정구조구, 그리고 '講故事'와 같은 동빈구조구와 '老師點名'와 같은 주위구조구이다.

許世瑛은 단어와 단어(여기서 말하는 단어는 명사·형용사·동사 등을 가리킴)의 조합관계는 다음과 같은 세 가지 종류가 있다고 하였다. (1) 연합관계이다. 두 개 혹은 두 개 이상의 같은 품사의 단어가 연결되어, 병립하고 평행관계를 유지하여 약간의 주종관계도 없다. 이것을 약칭하여 '단어연합'이라고 한다. 단어연합에는 우선 명사와 명사의 연합이 있는데 예를 들면 '兄弟姊妹'이고, 형용사와 형용사의 연합이 있는데 예를 들면 '聰明伶俐'이며, 동사와 동사의 연합이 있는데 예를 들면 '跑跑跳跳'이다. (2) 조합관계이다. '부가관계(附加關係)' 혹은 '주종관계(主從關係)'라고도 한다. 예를 들면 '紅花'이다. '花'는 주체가 되는 단어로 '단사(端詞)'라고 하며, '紅'은 부가하여 붙은 것으로 '가사(加詞)'라고 한다. 단사는 영원히 명사이며, 혹은 명사성을 띤다. 가사는 형용사가 될 수가 있으며, 또한 동사가 될 수도 있고 심지어는 명사일 수도 있다. 조합관계를 '구(詞組)'라고 한다. (3) 결합관계이다. 만약 단어와 단어가 문장의 형식을 구성하면 결합관계라고 하며 또한 '단어결합(詞結)'이라고 한다. "단어결합은 바로 문장이다. 단어결합은 단어연합·단어조합(詞組)과는 서로 상대적으로 쓰이는 명칭이다."[145] 저자는 단어결합의 형식에는 두 가지가 있는데 한 가지는 '문장형식의 단어결합'으로 주어·위어 두 부분이 있으며, 혹은 주어(起詞)·동사·빈어(止詞)의 세 부분으로 나뉘는데 예를 들면 '鳥飛'·'牛吃草'이다. 다른 한 가지는 '술어 형식의 단어 결합'으로 동사＋빈어를 포함한 것인데, 예를 들면 '騎馬'이다. 부사(限制詞)

---

145) 許世瑛, 『中國文法講話』, 臺灣開明書店 1977年版.

＋동사＋빈어(止詞)가 있는데 예를 들면 '很愛他'이며, 부사＋형용사가 있는데 예를 들면 '很漂亮'이고, 부사＋동사가 있는데 예를 들면 '快跑'이다.

呂叔湘은 『漢語語法分析問題』에서 구의 종류에 대하여 상세하게 설명을 하였다. 그는 구의 종류는 구조에 따라 나눌 수도 있고, 기능에 따라 나눌 수도 있다고 보았다. 구는 구조에 따라 다음과 같은 네 가지로 나눌 수 있다. (1) 병렬식으로 예를 들면 '工業和農業'·'調査研究'이다. (2) 주종식으로 또 다음과 같이 분류할 수 있다. ① 전가식(前加式)으로 예를 들면 '自然條件'·'認眞學習'이며, ② 후가식(後加式)으로 예를 들면 '調査淸楚'·'走了一趟'이다. (3) 주위식으로 예를 들면 '(不怕)事情多'·'(只怕)時間緊'이며, (4) 기타 방식으로 예를 들면 개명구(介名短語)·'的'자구이다. 기능에 따라 분류하면 구는 다음과 같은 세 가지로 나눌 수 있다. 명사성구·동사성구·기타이다. 명사성구는 여섯 가지를 포함한다. (1) 기본명사구인데 예를 들면 '高大建築物'이다. (2) 방위구로 예를 들면 '會場上'이다. (3) 수량구를 가리키는데 예를 들면 '三件'이다. (4) 동명사구로 예를 들면 '家庭訪問'이다. (5) D1구로 예를 들면 '小的'이다. (6) 확장된 명사구로 예를 들면 '這兩座去年才完工的高大建築物'이다. 동사성구도 여섯 가지를 포함한다. (1) 기본동사구로 예를 들면 '做完'이다. (2) 확장된 동사구로 예를 들면 '急急忙忙地發了個電報'이다. (3) 형용사구로 예를 들면 '很高興'이다. (4) D2구로 예를 들면 '高高的'이다(D1구에서 '的'은 제거할 수 없으며 예를 들면 '我的'이며, '的'를 제거하면 '的'자구가 아니다. D2구에서 '的'가 있으나 없으나 마찬가지로 예를 들면 '幹嗎這麼慌慌張張的?'이다). (5) '似的'와 '一樣'으로 끝맺음을 하는 구이다. (6) '你一言我一語'・'高一脚低一脚'와 같은 구이다. 기타 성격의 구로는 개명(介名)구 등이 있다. 呂叔湘은 또 '사자어(四字語)'에 대하여 설명을 하였는데, 현대한어에는 사자어가 많이 있으며 이것은 특수한 구로 그 구조상의 특징은 (1) 앞뒤 두 단으로 나누며 두 단의 구조가 같다. (2) 앞뒤 두 단의 뜻은 평행되거나 혹은 대칭된다. (3) 일반적으로 단독으로 쓰이지 않는 형태소는 사자어에서 단어로 쓰인다.

范曉는 구조관계, 즉 구조방식에 따라 구를 분류할 때 삼 등급으로 나눌 수 있다고 하였다. 제일급은 먼저 크게 복합구와 파생구 두 가지로 나눌 수 있다. 복합구는 실사와 실사가 조합된 구로, 즉 일반적으로 말하는 '단어조합(詞組)'이다. 파생구는 실사와 허사가 조합된 구로 일반적으로 말하는 '개사구조'・'的자구조' 종류이다. 제이급의 분류는 복합구와 파생구에 대하여 하위분류를 하는 것이다. 복합구는 '주위구(主謂短語)'・'술빈구(述賓短語)'・'편정구(偏正短語)'・'연합구(聯合短語)' 네 종류로 나눈다. 파생구는 '개사구(介詞短語)'・'的자구(的字短語)'・'所자구(所字短語)'・'似的구(似的短語)'・'양사구(量詞短語)'・'방위구(方位短語)' 등으로 나눈다. 제삼급의 분류는 제이급의 구에 대하여 다시 분류를 진행하는 것이다. 주위구는 일반적으로 더 나누지 않는다. 술빈구는 네 가지 작은 종류로 나눌 수 있다. 동빈구(動賓短語)(예를 들면 '讀書')・형빈구(形賓短語)(예를 들면 '大着膽')・단빈구(斷賓短語)(예를 들면 '是學生')・형빈구(衡賓短語)(예를 들면 '應當說')이다. 편정구는 또 네 가지 작은 종류로 나누는데, 정심구(定心短語)(예를 들면 '好得很')・상심구(狀心短語)(예를 들면 '不好')・보심구(補心短語)(예를 들면 '好得很')・삽심구(挿心短語)(예를 들면 '想必收

到’)이다. 연합구는 또 네 가지 종류로 나누는데 병렬구(竝列短語)
(예를 들면 ‘工農兵’)·연동구(順遞短語)(예를 들면 ‘上圖書館看
書’)·동위구(同位短語)(예를 들면 ‘小王他’)·중첩구(重疊短語)(예
를 들면 ‘說說笑笑’)이다. 范曉는 ‘겸어구(兼語詞組)’의 유형을 따
로 분리하는 것을 찬성하지 않는다. 그는 다음과 같이 말하였다.
“일반적 어법책에서 말하는 ‘겸어식(兼語式)’·‘겸어구(兼語詞組)’
는 독립적으로 유형을 내세울 필요가 거의 없다. ‘겸어(兼語)’라고
논한다면 이런 구들의 구조관계를 명확하게 말할 수 없으며 층위
분석도 진행할 수 없다. 소위 말하는 ‘겸어식(兼語式)’은 실제적으
로는 다층위 구이다.146)”

胡裕樹가 주편한 『現代漢語』에서는 구를 열 가지로 나누었다.
편정구(偏正詞組), 예를 들면 ‘十分熱烈’, 후보구(後補詞組), 예를
들면 ‘去一趟’, 동빈구(動賓詞組), 예를 들면 ‘討論問題’, 주위구
(主謂詞組), 예를 들면 ‘笑容滿面’, 연합구(聯合詞組), 예를 들면
‘調査研究’, 동위구(同位詞組), 예를 들면 ‘中國的首都北京’, 연동
구(連動詞組), 예를 들면 ‘走過去開門’, 겸어구(兼語詞組), 예를 들
면 ‘讓我走’, 수량구(數量詞組), 예를 들면 ‘三個’, 방위구(方位詞
組), 예를 들면 ‘開會前’이다. 책에서는 허사를 논할 때 실사와 허사
의 조합을 구조(結構)라고 하였으며 다음의 세 가지를 포함시켰다.
즉 개사구조로 예를 들면 ‘爲人民(服務)’이고, ‘的’자구조로 예를 들
면 ‘烏油油的(是羅漢豆)’이며 ‘所’자구조로 예를 들면 ‘所見’이다.

張斌이 편집한 『現代漢語』는 구를 모두 14가지로 분류하였다.
주위구(主謂短語)·술빈구(述賓短語)·술보구(述補短語)·정중구
(定中短語)·장중구(狀中短語)·연합구(聯合短語)·방위구(方位短

---

146) 范曉,「關於結構和短語問題」,『中國語文』1980年 第3期.

語)·양사구(量詞短語)·동위구(同位短語)·연술구(連述短語)(연동구와 겸어구를 포함)·개사구(介詞短語)·'的'자구·'所'자구·비유정도구(比況短語)(蝴蝶似的·鮮花一樣)이다.

馬慶株는『詞組的研究』[147)]에서 구의 연구 각도에 대해 논의하면서 다음과 같이 말하였다. "구를 연구하는 시각은 아주 많은데, 이미 고정된 언어단위인가 아닌가에 따라 구를 고정구와 임시구 두 가지로 나눌 수 있다. 고정구와 임시구는 또 자유형식과 부가형식의 두 종류가 있는데, 각각 더 자세하게 연구할 필요가 있다. 표현하고 있는 뜻에 따라 구는 또 단일한 의미(單義)구와 다의(多義)구로 나뉘는데, 다의구는 왜 다의인지 어법 방면에서 원인을 살펴봐야 하며, 단의와 다의 그리고 구의 조합형식(내부성분은 그 성질에 따라 나눈 종류도 포함)의 관계를 고찰하여야 한다. 형식 방면에서, 즉 분포특징 방면에 착안하여 위치고정(定位)구와 위치자유(非定位)구, 자유형식구와 부가형식구에 대하여 따로따로 연구를 하여야 한다. 구를 연구하는 데 중심이 되는 문제는 의의와 구의 구성·변화와 분류의 관계이다." 저자는 구의 구조에 영향을 주는 요소는 여러 가지가 있는데 예를 들면 어순·허사·성분종류·관계·기능 등이라고 보았다. 문장에서 또 상세하게 구의 복잡화 문제를 논술하였는데 '큰 구에 작은 구가 포함되어 복잡한 구를 형성한다.' '포함'은 또 두 가지로 나눌 수 있다. 한 가지는 동류(同類) 포함으로, 자신의 구조관계 성질과 같은 통사적 구조를 포함하는 것인데, 예를 들면 연합구는 연합구를 포함하고 편정구는 편정구를 포함하며 주위구는 주위구를 포함하고 술빈구는 술빈구를 포함하며 술보구는 술보구를 포함하는 것이다. 다른 한 가지는 이류(異類) 포

---

147)『語言教學與研究』1997年 第4期.

함으로, 자신과 구조관계 성질이 다른 통사적 구조를 포함하는 것으로, 예를 들면 연합구 안에 편정구 혹은 술빈구 등을 포함하며, 편정구 안에 연합구 혹은 주술구 등을 포함하는 것이다. 구의 기능유형에 영향 주는 요소는 두 가지가 있는데, 한 가지는 지칭(指稱)과 진술(陳述)이고 다른 한 가지는 기능의 차이이다. 구의 전환에는 두 가지가 있는데 한 가지는 '구(詞組)와 구(詞組)'의 동급전환이고, 다른 한 가지는 '단어(詞)와 구(詞組) 혹은 형태소 조합(語素組合)'의 강급(降級) 전환과 구가 문장이 되는 승급(昇級) 전환이다.

邢福義는 먼저 문장 안에서 기능에 근거하여, 구를 성분(成分)구와 비성분(非成分)구로 나눌 수 있다고 하였다. 일반적인 구는 모두 성분구로 그것들이 문장에 들어가기만 하면 곧 이러저러한 성분이 된다. 소수의 구는 비성분구로 그것들은 문장 사이의 관계를 나타내는데, 예를 들면 '換句話說'·'否則的話' 등등이다. 성분구는 또 두 가지 측면에서 분류된다. 성분 사이의 의미관계가 명확한가 그렇지 않은가에 따라 구를 관계류구(예를 들면 동빈구)와 표지류구(예를 들면 的자구)로 나누며, 품사상의 연계에 따라 체사성구(예를 들면 '的'자구)와 위사성구(예를 들면 동빈구)로 나뉜다.[148]

초기의 어법저작은 구라는 단계에 대하여 그렇게 중시하지 않았으며, 구에 대한 구조분류도 매우 간단하였다. 『馬氏文通』은 단어와 단어의 조합을 언급하지 않았으며, 黎錦熙의 『新著國語文法』은 구를 언급하였지만, 구의 구조에 대하여 분류하지 않았다. 총체적으로 현재 어법학계에서는 구에 대한 연구가 점점 더 깊어지고 분류도 점점 전면적이고 세심해지고 있으며, 일부 구의 종류를 분류하는 것, 예를 들면 겸어구·연동구·개사구·'的'자구 등은 한

---

148) 『漢語語法三百問』.

어의 특징을 더욱더 잘 반영하고 있다.

2. 구의 분류

구는 서로 다른 목적과 표준에 따라 여러 가지 종류로 나눌 수 있다. 흔히 볼 수 있는 분류는 주로 두 가지가 있는데, 한 가지는 내부구조관계에 따라 분류하는 것이고, 다른 한 가지는 외부기능에 따라 분류한 것이며, 그 밖의 몇몇 분류법이 있다.

(1) 구조에 따른 분류. 연합구・편정구・주위구・술빈구・중보구・방위구・양사구・연동구・겸어구・동위구・개사구・'的'자구・'所'자구・비유정도구 등 여러 가지 유형으로 나눌 수 있다. 예를 들면 연합구 '工人農民'・편정구 '好心情'・동위구 '雷鋒同志' 등등이다.

(2) 어법기능에 따라 분류한다. 일반적으로 구를 명사성구・동사성구와 형용사성구의 세 가지로 나눈다. 胡裕樹가 편집한 『現代漢語』는 구를 세 가지로 나눈다. 명사성구는 예를 들면 '三條腿'・'大眼睛'・'他的到來' 등이고, 비명사성구는 동사 혹은 형용사를 중심으로 하는 편정구・동빈구・후보(後補)구와 주위구이며, 편정성구는 예를 들면 '有生以來'・'無時無刻'이며, 그 특징은 주어나 위어로 충당되지 않으나 정어나 상어로는 충당될 수 있다. 黃伯榮・廖序東이 편집한 『現代漢語』(增訂二版)은 구를 두 가지로 분류했는데, 명사성구와 위사성구이다. 명사성구는 주어・빈어가 될 수 있고 기능은 명사와 같다. 위사성구는 또 상세하게 동사성구와 형용사성구로 나누며, 보통 동사・형용사를 중심사로 하며 위어가

될 수 있으며, 기능은 위어와 같다. 高更生·王紅旗는 구를 다섯 가지로 분류하였다. 즉 명사성구·위사성구·수식성구·연사성구와 독어성구이다.

(3) 구조의 고정성 정도에 따라 분류한다. 자유구와 고정구로 나눌 수 있다. 자유구는 임시로 조합되어 이루어진 구로 예를 들면 '綠色的草地'·'昨天剛來'·'去圖書館借書'이다. 고정구는 구조가 고정불변하며 특정한 함의가 있는 구로 주로 성어나 관용어 및 조직과 단위의 명칭을 포함하는데 예를 들면 '井底之蛙'·'破釜沈舟'·'潑凉水'·'開夜車'·'中華人民共和國'·'第四軍醫大學' 등이다. 고정구는 자유구와 마찬가지로 모두 내부의 통사론적 구조분석을 할 수 있는데 예를 들면 '狐假虎威'는 주위관계이고, '井底之蛙'는 편정관계이다.

(4) 의미의 다소에 따라 분류한다. 단의구와 다의구로 나눌 수 있다. 오직 한 가지 뜻만 가지고 있는 구를 단의구라고 하는데, 예를 들면 '買書'·'快過來'·'鮮花盛開'·'請你唱歌'이다. 두 가지 혹은 두 가지 이상의 뜻을 가지고 있는 구를 다의구라고 부르며, 예를 들면 '他父親要開刀'인데 '父親'은 의사일 수도 있고 환자일 수도 있다. 또 예를 들면 '三個學校的老師'에서 '學校的老師有三個'를 가리킬 수도 있고, '學校有三個'를 가리킬 수도 있다.

(5) 구조층위의 다소에 따라 분류한다. 간단구와 복잡구로 나눌 수 있다. 간단구는 두 개 혹은 두 개 이상의 단어가 하나의 층위에서 조합되어 이루어진 구로 예를 들면 '我回來'·'買書'·'我們的學校'이며 대다수 간단구는 두 개 단어 혹은 두 개 실사가 허사와 조성된 것이다. 두 개 이상의 단어로 조성된 간단구에는 주로 연합구와 연동구가 있는데, 예를 들면 '兄弟姐妹'·'上街買菜'이

다. 복잡구는 세 개 혹은 세 개 이상의 단어가 두 개 혹은 두 개 이상의 층위에서 조합되어 이루어진 구로 예를 들면 '學習非常好'·'他從英國回來'이다.

(6) 구심과 원심의 특징에 근거하여 분류한다. 구심구와 원심구로 나눌 수 있다. 블룸필드(Bloomfield)의 구심구조와 원심구조의 개념에 근거하여 통사구조를 두 가지로 나눌 수 있다. 한 가지는 구심구조로 하나의 구에서 적어도 하나의 직접성분이 있어 전체 구의 기능과 같은 것이며, 다른 한 가지는 원심구조로 하나의 구에서 모든 직접성분이 전체의 구와 기능이 모두 다른 것이다. 한어의 대부분의 구는 모두 원심구로 예를 들면 편정구 '新衣服'('衣服'는 전체 구의 기능과 같으며)와 동빈구 '吃飯'('吃'는 전체 구의 기능과 같다)와 같은 것이다. 어떤 구는 예를 들면 '狐狸的狡猾'·'公路的建成'에서 중심어는 위사성인 것이며, 수식어는 명사성인 것이며, 기능은 명사성적이다. 한어에서 주위구는 일반적으로 원심구에 포함시키는데, 그것은 주위구는 다기능이므로 위어도 될 수 있고 또한 주어·빈어로도 될 수 있기 때문이다.

3. 구의 구조유형

1) 연합구

두 개 혹은 두 개 이상의 부분으로 구성된 것으로, 각 부분 사이는 병렬·순접·선택·점층 등의 관계를 가지고 있다. 이런 구들은 보통 성질이 같은 유형의 단어들이 순서에 따라 배열되었으며, 다른 구와는 달리 서로 짝을 이루는 통사성분으로 분석될 수 있는데, 예를 들면 '城市鄕村'·'我和你' 등과 같다. 연합구의 연합항은 두 개가 될 수도 있고 세 개가 될 수도 있는데, 예를 들면 '旣漂亮又聰明好學'·'兄弟姐妹'이며, 연합구의 각항은 순서에 따라 배열하여 직접 조합할 수 있으며, 표지단어를 사용하여 연합관계를 밖으로 분명히 드러낼 수 있다. 여러 가지 표지는 앞뒤 성분의 성질에 따라 다른데 '和·及'는 명사의 연합에 자주 쓰이고, '並'은 동사 사이에만 쓰이며, '或·又'는 동사 혹은 형용사 사이에 자주 쓰인다. 여러 표지가 나타내는 관계 역시 완전히 똑같은 것은 아닌데 '和·及·並·又·而'은 병렬을 나타내고, '或·或者'는 선택을 나타내며, '且·而且'는 점진을 나타낸다.

연합구의 연합항은 일반적으로 품사적 특성이 일치해야 하며, 경우에 따라 연합항이 일치하지 않는 상황에서 나타나기도 하는데, 예를 들면 '向你表示感謝和敬意'는 동사와 명사의 연합이며, '認眞而充滿期望地聽着'는 형용사와 동빈구의 연합이다. 이런 상황에서 연합관계는 서로 다른 성질의 연합항에 대하여 동화 작용을 일으키는데, 일반적으로 강세항이 약세항을 동화하며, 약세항을 강세항 쪽으로 기울어지게 한다. 어느 항이 강세항인지는 통사적 작용에 의하여 결정되는데, 예를 들면 '向你表示感謝和敬意'는 연합구로 빈어가 되며 명사성을 띠고 있으며, 그래서 동사 '感謝'는 명사 '敬意' 쪽으로 기울어지며 '敬意'이 강세항이다. '認眞而充滿希望地聽着'는 연합구가 상어가 되었으며 형용사적인 수식성을 가지고 있고, 동빈구 '充滿希望'이 형용사 '認眞' 쪽으로 기울어져 있어서, '認眞'이 강세항이다. 일반적으로 연합구의 어법기능은 연합항의 품사 특성과 일치한다.

2) 편정구

수식어와 중심어의 두 부분으로 구성되며, 수식어가 앞에서 뒤에 있는 중심어를 제한하고 수식한다. 편정구를 두 가지로 상세하게 분류하면 정어 중심어식과 상어 중심어식으로 나눌 수 있다.

정어 중심어식의 수식어는 정어이며, 중심어는 일반적으로 명사성 성분이다. 중심어에 대해 말하자면, 정어 중심어구는 두 가지로 나눌 수 있다. 한 가지는 중심어가 명사로 충당되는 것으로, 예를 들면 '他的哥哥'·'一件襯衫'이며, 이런 유형은 전형적인 명사성 구이다. 다른 한 가지 유형은 동사 혹은 형용사로 충당되는 것으로, 예를 들면 '你的到來'·'他的勇敢'과 같다. 이런 유형의 특수한 점은 중심어가 비명사성이지만 기능은 명사성을 가지고 있어서 전체적으로 위어는 될 수 없고 종종 주어 혹은 빈어가 되는데 예를 들면 '你的到來令我們充滿了信心'·'我喜歡他的勇敢'이다. 상어 중심어식구의 중심어는 동사성 성분 혹은 형용사성 성분이다. 기능에 있어서는 주로 위어와 정어가 되는데 예를 들면 '你明天回來'(위어가 된다)·'這本書很好'(위어가 된다)·'很好的一本書'(정어가 된다)·'已經開始的工作'(정어가 된다)이다. 어떤 때는 다른 성분이 될 수도 있는데 예를 들면 '認眞研究很好'(주어가 된다)·'我反對明天回去'(빈어가 된다)이다.

정어와 상어의 구분은 주로 전체 수식구의 어법기능에 의거하여 판단된다. 만약 전체 구가 체사성이면 예를 들어 '美麗的校園'·

'我們的理由'이면, 그 수식어는 정어이며, 만약 전체 구가 위사성이면 예를 들면 '非常想念'·'認眞地對待'이면, 그 수식어는 상어이다. 그러나 중심어가 동사 혹은 형용사일 때, 앞의 수식어가 반드시 상어일 수는 없는데, 예를 들면 '認眞de硏究'에서, '認眞'은 정어인지 아니면 상어인지는 구의 어법기능에 의하여 결정되며, 구체적으로 말하면 만약 이 구가 주어 혹은 빈어 위치에 나타난다면 예를 들어 '認眞de硏究很有必要'·'我們需要認眞de硏究'이면 '認眞'은 정어이고, 만약 술어의 위치에 나타난다면 예를 들어 '我們認眞de硏究了這個問題'이면 '認眞'은 상어이다.

3) 동빈구

두 개 부분으로 구성되며 앞부분은 동사이고, 뒷부분은 동사가 미치는 대상이다. 예를 들면 '考大學'·'想念親人'·'討厭虛僞'·'謝絶參觀'이다. 빈어와 주어는 하나의 구조층위에 있지 않아, 주어는 위어에 대하여 말하는 것이고, 빈어는 동사에 대하여 말하는 것이다. 예를 들어 '我看電影'은 표면상에서 보면, 동사 '看'의 한쪽에는 주어 '我'가 있고, 다른 한쪽에는 빈어 '電影'이 있어서 마치 하나의 평면에 있는 것 같지만, 사실 주어 '我'는 위어 '看電影'과 서로 상대되는 성분이고, 빈어 '電影'은 동사 '看'과 상대되는 성분이다. 동빈구는 동사성구로서 빈어가 명사·대명사가 될 수도 있고, 위사(謂詞)가 될 수도 있다. 위사성빈어를 가진 것은 일반적으로 상대·처리 및 심리와 상태를 나타내는 동사인데, 예를 들면 '歡迎指導'·'予以解決'·'喜歡淸靜'·'開始勞動'이다.

동빈구의 가장 기본적인 어법기능은 위어 혹은 위어 중심어로, 예를 들면 '她買衣服'(위어가 된다)·'三團正在接受檢閱'(위어 중심어가 된다)이고, 또 기타 성분도 되는데, 예를 들면 '高興得掉下眼淚'(보어가 된다)·'參加工作的事先放一下'(정어가 된다)이다.

4) 중심어 보어구

두 개 부분으로 구성되었으며 앞부분은 중심구이고, 뒷부분은 보어이며 뒷부분이 앞부분을 보충 설명해 준다. 중심어 보어구의 중심어는 보통 위사성 단어로 예를 들면 '跑得快'(중심어는 동사)·'好得很'(중심어는 형용사)이다. 보어는 자주 동사·형용사와 여러 가지 구로 충당된다. 예를 들면 '看完'(보어는 동사)·'唱得好'(보어는 형용사)·'唱三遍'(보어는 수량구)·'生於1943年'(보어는 개사구)·'幹得旣快又好'(보어는 연합구)이다. 보어가 되는 부사는 일부 정도부사로 매우 제한되어 있는데 예를 들면 '漂亮極了'·'壞透了'이다. 중심어 보어구의 통사적 기능은 주로 위어가 되기도 하고 위어 밖의 기타 성분이 되기도 하는데 예를 들면 '我們走向敎室'(술어로 되다)·'走向敎室的同學們'(정어로 되다)·'唱得好極了'(보어로 되다)·'跑得快是小李的特長'(주어로 되다)이다.

5) 주위구

두 부분으로 구성되며, 앞부분은 주어이고 진술의 대상이 되며, 뒷부분은 위어로서 앞부분을 진술한다. 내부의 구조성분에 따라 주

위구는 또 아래의 몇 개 종류로 나뉜다. S＋V／VP(我來・小王表演
節目)・S＋A／AP(祖國偉大・這好極了)・S＋N／NP(今天星期一・
這蟋蟀金黃色的翅膀)・S＋SP(他身體健康)이다. 주어와 위어로 충
당되는 단어 사이에는 몇 가지 의미관계가 있는데 자주 보이는 것
은 아래의 몇 가지이다. 시사＋동작 예를 들면 ‘我們走’이고, 수사
＋동작 예를 들면 ‘書已看完’이고, 장소＋동작 예를 들면 ‘黑板上
寫着字’이며, 도구＋동작 예를 들면 ‘火燒’이다. 또 일부 비교적
특수한 주위구에서 주어는 위사성 단어로 충당되는데 예를 들면
‘勞動很艱苦’・‘淸廉最重要’이며, 술어는 체사성 단어로 충당되며
예를 들면 ‘明天中秋節’・‘魯迅紹興人’・‘汽車三輛’이다.

통사적 기능에서 보면 주위구는 여러 가지 통사성분이 될 수 있
다. 예를 들면 ‘小張歌聲優美’(술어로 되다)・‘太陽升起來的時候’
(정어로 되다)・‘你明白家裏的難處就好了’(주어로 되다)・‘我們希
望事情能順利解決’(빈어로 되다)・‘精神抖擻地走過來’(부사어로 되
다)・‘他急得臉色焦黃’(보어로 되다)이다.

6) 동위(同位)구

두 개 부분으로 구성되며, 이 두 개 부분은 서로 다른 방면에서
동일한 사람 혹은 사물을 칭한다. 동위를 구성하는 두 개 항의 단
어는 반드시 두 개의 서로 다른 단어여야 할 뿐만 아니라, 반드시
중복하여 가리키는 관계이어야 하는데, 즉 동일한 통사적 위치에서
동일한 대상을 가리키는 것으로, 예를 들면 ‘古城西安’・‘通訊員小
王’이다. ‘西安西安’은 동일한 단어의 반복이므로 동위구가 아니다.

‘西安是古城’은 주위관계로 역시 동위관계를 구성하지 못한다. 동위구의 두 부분은 모두 명사성 단어로 충당되며 중간에 ‘的’을 넣지 못한다. 어떤 동위는 앞의 항을 보면 마치 정어 같은데, 예를 들면 ‘你們靑年人’으로 동위구로 만들면 앞뒤가 가리키는 것이 동일한 부분의 사람으로, ‘你們’은 바로 ‘靑年人’이며 다만 각도가 다를 뿐이다. 만약 편정구라면 중간에 ‘的’을 넣을 수 있으며 앞뒤는 수식관계가 된다. 동위구는 일부 호칭 단어와 다른데 예를 들면 ‘李校長’·‘魯先生’은 마땅히 하나의 구단어로 보아야 하며, ‘李明校長’·‘魯迅先生’은 동위구로 보아야 한다. ‘黃河, 你是養育中華民族的搖籃’에서 ‘黃河’와 ‘你’는 비록 같은 것을 가리키는 관계가 있지만 중간에 어음의 중지가 있어서 동위구가 아니다.

동위구를 구성하는 단어의 성질의 측면에서 보면 흔히 아래와 같은 몇 가지가 있다. 명사＋명사(廠長老王)·명사＋대사(老王他們)·대사＋명사(我們學生)·대사＋대사(我們自己)·명사＋수사(姐妹倆)이다. 통사적 기능에서 보면 동위구는 명사성구로 주로 주어·빈어·정어가 되는데, 예를 들면 ‘‘酷’這個詞是什麽意思?’(주어로 되다)·‘我們大家的事大家辦’(정어로 되다)·‘我認識你們幾位’(빈어로 되다)이다. 비교적 복잡한 구는 동위구가 동위구를 포함하는 현상이 나타날 수도 있는데 예를 들면 ‘珍貴稀有動物大熊猫的故鄕中國’이다.

7) 연동구

하나의 동사성구를 연달아 사용한 것에 그치지 않고, 동일한 주어에 포함되어, 각 부분 사이에 관련사가 없고, 어음의 휴지도 없으며, 연합·편정·주위·보충 등 관계도 없는 이러한 구를 연동구라고 한다. 동사 사이의 관계에서 보면 자주 보이는 연동구는 아래와 같은 몇 가지이다. (1) 선후로 나타난 몇 개의 동작행위를 나타내는데 예를 들면 '坐在桌前看書'이다. (2) 전후동작이 목적의 관계가 있는데 예를 들면 '去圖書館借書'이다. (3) 앞의 동작은 뒤의 동작의 방식이 되는데 예를 들면 '躺着看書'이다. (4) 앞뒤 두 동작이 긍정 부정의 두 방면에서 서로 보충 설명하는데 예를 들면 '握着手不放'이다. (5) 앞의 동사는 비동작성 동사로 '有' 혹은 '沒有'인데, 예를 들면 '有辦法解決'·'沒有理由批評他'이다.

연동구는 비록 동사의 연용이지만 동사 사이의 의미관계는 기타 일부 동사의 선후로 나타난 구와 다르다. 예를 들면 '工作學習'는 연합구이며, 구성 부분 사이는 병렬관계이며, 서로 위치를 바꿀 수 있으나, 연동구는 이런 특징이 없다. '能够完成'은 편정구이고 능원동사가 상어가 되며, 뒤에 있는 중심동사를 수식한다. '跑過來'는 중심어 보어구로 추향동사가 보어로 된다. '參加討論'은 동빈구로 동사 '討論'이 빈어가 된다. 연동구는 동사성구로 여러 가지 통사성분이 될 수 있다. '他開門出去'(술어로 되다)·'去教室上課的同學'(정어로 되다)·'小明不愛躺着看書'(빈어로 되다)·'他累得坐在地上喘氣'(보어로 되다)와 같다.

8) 겸어구

하나의 동빈구와 하나의 주어구가 겹쳐 이루어진 것으로 동빈구의 빈어가 주술구의 주어를 겸하는 것을 말한다. 겸어구의 제일 큰 의미적인 특징은 빈어와 주어가 겹쳐 사용된다는 것인데, 예를 들면 '請李華唱歌'에서 '李華'는 이중의 신분을 가지고 있어 '請'의 빈어이기도 하고, 또 '唱歌'의 주어도 겸하고 있어, 그 의미관계는 請李華唱歌＝請李華＋李華唱歌이다. 의미유형에서 겸어구의 첫 번째 동사는 매우 뚜렷한 특징이 있는데, 주로 다음의 몇 가지가 있다. (1) 명령, 재촉의 뜻을 지닌 동사로 예를 들면 '請·讓·派·使·叫·勸·命令·要求·鼓勵' 등이다. 예를 들면 '派小王參加'·'讓李廠長講話'이다. (2) 호칭·추천과 인정하는 뜻을 나타내는 동사로 예를 들면 '称·叫·選·選擧·推擧·認·追認' 등으로, 예를 들면 '選你當班長'·'稱他爲李小二'이다. (3) 존재·구비의 뜻을 나타내는 '有·沒有'로, 예를 들면 '有人敲門'·'沒有人理他'이다.

어법기능에서 보면 겸어구는 동사성구에 속하며 여러 가지 통사적 성분으로 충당될 수 있다. 예를 들면 '大家要求你表演'(위어가 되다)으로 겸어구가 위어로 되는 문장을 겸어문이라고 한다. '我知道有人敲門'(빈어가 되다)·'沒有人去不好'(주어가 되다)·'讓你出席大會的事已經決定了'(정어가 되다). 겸어구는 또 동사와 형용사가 앞뒤에 어울려 사용하기도 하는데 예를 들면 '這件事令人高興'에서 '高興'은 형용사이다.

9) 양사구

수사 혹은 대사에 양사를 더하여 구성된 것으로 두 가지로 나눌 수 있다. 수사와 양사로 구성된 것을 수량구라고 부르는데, 예를

들면 '一個'·'五次'이다. 어떤 수량구는 불확정적인 숫자를 나타
내는 것으로 '許多·好多·滿·半·全' 등의 단어와 양사로 구성
되었는데, 예를 들면 '許多條'·'半間'·'滿街' 등이다. 수량구 중
에 일부는 수사와 복합양사로 구성되었는데, 예를 들면 '十吨公里'
는 중량과 거리의 복합이며, '三十架次'는 비행기 대수와 비행차
수의 복합이며, '三百架艘次'는 비행기 대수와 비행차수나 함선차
수와 출항차수의 복합이다. 지시대사와 양사구로 구성된 것을 지량
구라고 하는데, 예를 들면 '這件'·'那位'이며, 어떤 것은 의문대
사와 양사로 구성되는데, 예를 들면 '哪個'·'幾張'·'多少回' 등
이며, 문량구(問量短語)라고도 부른다. 양사구는 여러 가지 통사적
성분으로 충당될 수 있는데 예를 들면 '一米等於三尺'(주어나 빈
어로 되다)·'滿樹梨花'(정어로 되다)·'來了三次'(보어로 되다)·
'小明十三歲'(술어로 되다)·'他三次獲得冠軍'(부사어로 되다)이
다. 수량이 중첩되어 상어가 될 수 있는데, 예를 들면 '一口一口地
喝'이며, 양사가 도량형 단위인 수량구는 형용사를 수식하여 부사
어로 될 수 있는데 예를 들면 '二斤重'·'五尺長'이다. 동량사로
구성된 수량구가 상어가 되는 경우는 아주 적지만 보어가 되는 것
은 자주 보인다.

10) 방위구

방위명사가 기타 단어 혹은 구의 뒤에 부가되어 구성된 것으로
장소나 범위 혹은 시간을 나타낸다. 방위사에 부가된 실사는 대부
분이 명사이며 동사도 될 수 있는데, 예를 들면 '敎室裏·操場

上‧畢業前‧前進中’이다. 방위사는 또한 일반적으로 명사성구 뒤에 부가되는데, 예를 들면 ‘整潔的房間裏’‧‘鮮花盛開的季節裏’‧‘喧鬧繁忙的馬路上’이다. 방위사는 또한 동사성구와 조합할 수 있는데 예를 들면 ‘會議結束之前’‧‘吃完飯後’이다. 이런 방위구는 모두 시간을 나타내며, 장소를 나타내지 않는다. 명사와 방위사의 조합은 어떤 때는 일정한 제한을 받는다. 하나는 음절상의 제한을 받는데 단음절명사는 일반적으로 이음절 방위사와 조합하지 않으며 ‘房子前‧節之後‧假以後’라고는 말할 수 없으나, ‘房子之前‧節日之後‧寒假以後’라고는 말할 수 있다. 동사는 일반적으로 이런 제한을 받지 않으며, ‘走之前‧說之後‧來以後’라고 할 수 있다. 또 다른 한 제한은 습관적 용법에서 나타나는데 예를 들면 사람들은 자주 ‘心裏‧眼裏‧嘴裏’라고 말하지만, ‘心外‧眼外‧嘴外’라고는 하지 않으며, ‘臉上‧門上‧單位上’라고는 말하지만, ‘臉下‧門下‧單位下’라고는 말하지 않으며, ‘所裏‧係上’라고는 말하지만, ‘所上‧係裏’라고는 말하지 않는다. 어법기능으로부터 보면 방위구는 명사성구에 속하며 주로 주어‧빈어와 정어가 되는데 예를 들면 ‘臺上坐着主席團’(주어로 되다)‧‘花園裏的花眞好’(정어로 되다)‧‘他在自己的家裏’(빈어로 되다)이다. 방위구는 자주 앞의 개사와 개사구를 구성하는데 예를 들면 ‘他住在自己的家裏’에서 ‘在自己的家裏’는 개사구가 보어로 되는 것이지 방위구가 빈어로 되는 것이 아니다.

11) 개사구

　개사의 주요 통사기능은 기타 단어 앞에 붙어서 개사구를 형성하는 것이다. 개사 뒤에는 단어가 올 수도 있고, 구가 올 수도 있다. 개사와 개사구를 형성하는 단어는 주로 명사, 대명사, 방위사인데 예를 들면 '走向圖書館'·'他對我說'·'朝北跑'·'向上爬'이다. 개사 뒤에 나타나는 구는 주로 명사성구로, 예를 들면 '向更高的目標前進'(수식구)·'這種作物對地理條件和氣候條件都很適應'(연합구)·'這些事必須從我們自己做起'(동위구)·'從這些事情中總結經驗'(방위구)이다. 개사 뒤의 구는 일반적으로 명사구여야 하며, 만약 위사성구라면, 의미가 완전하지 못한데 예를 들면 '你對改善學生住宿條件有什麼建議?'·'大家爲解決吃水難獻計獻策.'·'在西部大開發的熱潮中, 企業全體職工對'我們應該怎麼辦'展開了熱烈的討論.'이다. 위의 예문들은 개사 뒤에 모두 동사성구가 왔는데, 의미상 명사성 중심어가 부족하므로 마땅히 '對改善學生宿舍條件' 뒤에 '的問題'를 덧붙여야 하고, '爲解決吃水難'에서 뒤에 '的事'를 덧붙여야 하며, '對'我們應該怎麼辦''에서 뒤에 '的問題'를 덧붙여야 한다. 명사성 중심어를 덧붙인 후에는 개사 뒤의 구가 명사성구가 되는데, 그렇게 하면 의미가 완전하게 드러나게 된다.

　통사구조에서 개사구는 흔히 위사성구 앞에서 수식작용을 하며, 개사구와 피수식의 술어성 중심어는 여러 가지 의미관계를 가지는데 주로 다음의 몇 가지가 있다. ① 동작의 시사를 나타낸다. 개사 '被·叫·爲·由·讓·給' 등이 쓰이며, 예를 들면 '被家長(批評了)'·'叫釘子(破紮了)'·'讓自行車(碰倒了)'·'給石頭(絆倒了)'이다. ② 동작의 수사를 나타내는데 개사로는 '把・將・管・對' 등이 쓰인다. 예를 들면 '把汽車(修好)'・'將衣服(洗乾淨)'・'對這句話(加以研究)'이다. ③ 동작의 여사(與事)를 나타내는데, 동작의 전달・지향・복무의 대상을 여사라고 부르며 개사 '替・給・向・爲・對' 등으로 나타내는데, 예를 들면 '替受害人(伸張正義)'・'給自行車(打氣)'・'向這裏的父老鄉親(致敬)'이다. ④ 동작이 의지하는 도구・수단을 나타내는데 개사로는 '按・按照・依照・根據・以・凭・拿' 등이 쓰이며, 예를 들면 '按規章制度(辦事)'・'依照有關單位的處理意見(辦理)'・'你別拿這樣的理由(來搪塞我)'・'凭三寸不爛之舌(周游列國)'이다. ⑤ 동작의 공사(共事)를 나타내는데, 공사란 동작의 협동대상을 가리킨다. 개사로는 '和・跟・同・與・比' 등으로, 예를 들면 '和我們(一塊生活)'・'跟所有的家庭(一個樣)'・'與這位飽經風霜的老人(交談了一個下午)'이다. ⑥ 동작의 시간・지점을 나타내며 개사로는 '在・從・自・朝・沿着・向' 등이 사용되며, 예를 들면 '在花園裏散步'・'朝湖邊走'・'從明天開始'이다. ⑦ 관계를 나타내며 개사로는 '對・就・對於・關於・至於' 등으로 예를 들면 '對這件事(的看法)'・'關於文風問題(的講話)'・'就他的違紀問題(提出處理意見)'이다.

어법기능에서 보면 개사구는 주로 수식성분, 즉 정어・상어・보어로 충당된다. 예를 들면 '對於這個問題的認識(정어로 되다)'・'在安安靜靜的敎室裏上課(부사어로 되다)'・'生於1921年'(보어로 되다)이다.

12) '的'자구

　　구조조사 '的'가 단어 혹은 구 뒤에 붙어서 구성된다. 또한 '的'를 가진 편정구에 중심어가 생략되어 형성된 구로 보아도 되는데, 즉 'X的Y'에서 중심어 'Y'를 생략한 것이다. '的'자구는 명사성구로 일반적으로 주어와 빈어로만 쓰인다. 예를 들면 '看大門的是一位老人'(주어로　되다)·'賣菜的都陸續來到集市上'(주어로　되다)·'杏花是粉紅色的'(빈어로 되다)·'這本書是圖書館的(빈어로 되다)'이다. '的'자는 여러 단어 뒤에 붙을 수 있는데 주로 다음과 같은 종류가 있다. ① 체사성 단어+的, 예를 들면 '玻璃的·鐵的·新房間的·我們的·三班的'이다. ② 구별사+的, 예를 들면 '女的·正式的·野生的·新型的·人造的'이다. ③ 위사성 단어+的, 예를 들면 '參加的·舊的·非常好看的·學習數學的·不好好學習的·讓人生氣的'이다. ④ 주위단어+的, 예를 들면 '我們買的·人們討論的·大家關心的'이다. 그 밖에 자주 보이는 것은 'NP+所+VP+的(NP)' 격식으로 중심어 'NP'를 생략하고 '的'자구를 형성하는데 예를 들면 '我所遇見的(事情)·這裏所發生的(事故)·小花所買的(衣服)'이다.

　　의미기능에서부터 보면, '的'자구는 사람이나 사물을 대신하거나 가리키는 것이다. 그 통사적 기능은 주로 주어와 빈어가 되며, 이 두 가지 통사성분이 되는 것에는 어떤 조건이 없다. 예를 들면 '我的放在桌子上'(주어로 되다)·'好的送給別人, 壞的留給自己'(주어로 되다)·'這些房子是我們一磚一瓦砌起來的'(빈어로 되다)·'這是誰的'(빈어로 되다)이다. 한편 일정한 어법적, 의미적 조건의 제한하에는 위어가 될 수 있다. '的'자구가 위어로 되는 예는 '這臺

電視機哥哥買的.'·'這本小說圖書館的.'·'張校長北大畢業的?'·
'這些荔枝廣東産的.'이다. 상술한 예문은 모두 판단문에서 동사
'是'를 생략한 후 형성된 것으로, 원래 빈어로 충당되는 '的'자구
가 위어가 된 것이다. '的'자구는 정어가 될 수 있는가? 이에 대해
많은 사람들이 부정적 의견을 가지고 있다. 趙元任은 이 문제에
대하여 "두 개의 '的'가 연달아 사용될 때는 생략하여 하나로 만
들 수 있다. 예를 들면 '這是誰的筐子?'인데, 이 물음에 '是那個賣
菜的'라고 대답할 수 있다."고 말했다. "이치대로 말하면 마땅히
'是那個賣菜的的' 해야 맞는 것이다. 여기서는 음을 중복한 후 그
중의 하나를 생략한 것이다."[149] '的'자구는 정어가 될 수 있지만
어음이 중복되면 사람들은 종종 뒷부분의 '的'를 생략하는 것을
볼 수 있다. 정어가 되는 '的'자구는 일반적으로 동빈구 'V＋N＋
的'의 격식인데, 의미상에서 보면 그 중심어는 모두 어떤 사람을
내포하고 있다. 예를 들면 '這是誰的三輪車? ‒ 是拉貨的'이다. 구
어에서 뒤에 '的'는 생략되기도 하고 혹은 아주 불분명하게 말하
고 있는데 그 목적은 중복을 피하기 위해서이다.

13) '所'자구

조사 '所'가 타동사 앞에 붙어서 구성하는 것이다. '所'자구는
두 가지 종류가 있는데 하나는 '所＋동사'로 예를 들면 '所見所
聞·有所發明·所剩不多·略有所悟'이다. 이런 '所'자의 용법은
고문용법의 전승으로 뚜렷한 문언문 색채를 띠고 있다. '所'자구는

---

149) 李夢溪 主編, 『中國現代學術經典』(趙元任卷), 河北敎育出版社 1996年版.

명사성구로 사람 혹은 사물을 대체하는데, 대체되는 주체가 나타나지 않기 때문에 아주 간결해 보인다. 다른 한 가지는 '所'를 주위(主謂)구에 끼워 넣어서 'NP＋所＋VP' 격식을 구성하는데, 예를 들면 '我所認識的人·不出我所料·他所想要的東西·這就是你所做的事情'이다. 의미특징에서 보면 '所'자 뒤의 동사는 반드시 타동사가 와야 한다. 예를 들어 위의 '見·發明·認識·做' 등은 자동사로 '所'자구를 구성하지 못하는데, 그 이유는 '所'자구는 동사가 미치는 사람과 사물을 대신하기 때문에, 빈어를 가질 수 없는 자동사는 '所'자구로 하여금 구성의 의미기초를 잃도록 하기 때문에, 동사는 반드시 [＋빈어 대동]의 특징을 가지고 있어야 한다. 통사기능에서 보면 '所'자구는 명사성구이기 때문에 주어·빈어·정어로 될 수 있다. 예를 들면 '所見不多'(주어로 되다)·'我們應該有所創造, 有所發明.'(빈어로 되다)·'他就是你所交的朋友?'(정어로 되다)이다. 두 번째 격식 'NP＋所＋VP' 뒤에 '的'를 더하면 주어와 빈어가 되는 것이 더욱 자유로워지는데, 예를 들면 '你所談的非常好.'·'這就是我所記得的故鄉麼?'이다.

14) 비유정도(比況)구

비유정도조사 '似的·一樣·一般·般' 등이 단어 혹은 구 뒤에 붙어서 구성된 것으로 비유적인 묘사 작용을 한다. 비유정도구는 '似的' 등의 조사가 단어 뒤에 붙어서 구성될 수도 있고, 구 뒤에 붙어서 구성될 수도 있다. 명사 뒤에 붙은 것들은 예를 들면 '火一樣·花朵般·野馬一樣·木椿似的'이고, 동사 뒤에 붙은 것들은 예를 들면 '逃跑似的·唱歌般·表演一樣'이며, 대사 뒤에 붙은 것들은 예를 들면 '(高興得)什麽似的'이고, 구 뒤에 붙은 것들은 '雷鳴般·火山爆發般·得了和氏璧一樣·餓虎撲食似的'이다. '似的' 등의 조사들은 흔히 동사 '像·如·犹如·做佛' 등과 어울려 사용되며 '像＋X＋似的' 격식을 구성하는데, 예를 들면 '像蜂蜜似的·做佛啞了似的'이다. 그런데 이런 구조를 비유정도구라고 할 수 있는가? 현재 어법계의 견해는 매우 분분하여 어떤 사람들은 비유정도구라고 하고, 어떤 사람들은 동빈구라고 한다. 구조층 위에서 보면 마땅히 '像/蜂蜜似的·做佛/啞了似的'이지 '像蜂蜜/似的·仿佛啞了／似的'가 아닌데, 이런 구는 먼저 동빈관계를 구성한 것으로 점착관계가 아니다. 만약 비유정도구라고 하면 구조층위와 일치하지 않으므로, 'X＋似的'는 비유정도구이고, '像＋X＋似的'는 동빈구에 포함시켜야 한다.

비유정도구는 위사성구로서 주로 정어·상어가 된다. 예를 들면 '那鏡子一樣的湖水讓人心曠神怡.'(정어로 되다)·'她有一頭烏雲似的黑髮.'(정어로 되다)·'聽了這消息, 她瘋了一樣往家裏跑.'(부사어로 되다)·'孩子們一窩蜂似的圍了上來'(부사어로 되다)이다. 비유정도구가 위어와 보어로 되는 것은 상대적으로 적은데 예를 들면 '大海低吟着, 詩人一般'(위어로 되다), '意外獲獎, 他樂得什麽似的'(보어로 되다)이며, '像＋X＋似的' 구조가 위어와 보어 등 성분으로 되면 더 자유로운데, 예를 들면 '他們一個個像瘋了一樣'(술어로 되다), '大家累得像腿上灌了鉛似的'(보어로 되다)이다.

4. 복잡구와 층위분석

　구의 구조는 간단하기도 하고, 복잡하기도 하다. 두 개의 단어로 구성된 구로 구조상으로는 하나의 층위에만 속하는 것을 간단구라고 하는데, 예를 들면 '學習工作'·'眞好'·'結構複雜'이다. 만약 간단구에서 어느 한 단어를 더 확장하면 구에 또 구를 거듭하는 현상이 형성하는데, 즉 구의 일부 성분이 다시 구로 충당되는 것이다. 예를 들면 '學習工作→學習工作了三年→在這裏學習工作了三年→他的哥哥在這裏學習工作了三年'이다. 구가 점점 확장되면 구조도 점점 복잡해진다. 세 개 혹은 세 개 이상의 단어로 구성되고, 구조상으로 두 개 혹은 두 개 이상의 층위를 가지고 있는 이러한 구를 복잡구라고 한다.

　구의 내용과 구조층위를 더욱 정확하게 이해하고 파악하기 위하여, 일반적으로 형상을 직접 볼 수 있는 도해법을 사용하여 복잡구에 대하여 층위분석을 진행한다. 층위분석법은 층위와 순서에 따라 각 층위의 직접성분을 찾고, 통사구조 속에 가리어진 선형배열 배후의 고유한 층위를 명시할 뿐만 아니라, 더 나아가 직접성분 사이의 구조관계를 설명한다. 층위분석법의 기본요구는 층층마다 이분(二分)하는 것이며, 단지 세 개 이상의 단어로 구성된 연합구와 연동구만 한 번에 여러 부분으로 나눈다. 예를 들면 다음과 같다.

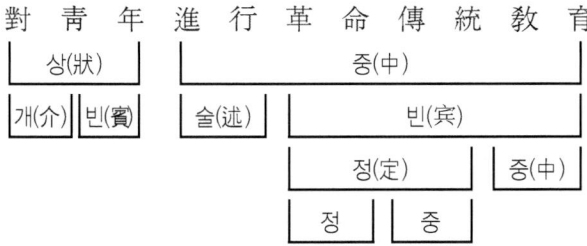

충위분석법에서 채용한 도해법에는 여러 가지가 있는데 흔히 쓰는 것은 다음과 같은 몇 가지가 있다.

1) 액자식 도해법

액자형 부호로 통사구조의 충위관계를 나타낸다. 그 형식은 주로 두 가지가 있는데, 한 가지는 큰 것으로부터 작은 것을 분석하는 것이고, 다른 한 가지는 작은 것으로부터 큰 것을 분석하는 것이다.

큰 것에서부터 작은 것으로 분석하는 것은('절분(切分)법'이라고도 함) 가장 자주 사용되는 방법의 하나로, 분석할 때 통사구조를 하나의 전체로 보고 큰 것으로부터 작은 것으로 순서에 따라 점층적으로 나누어 단어에 까지 분석하는 것이다. 예를 들면 다음과 같다.

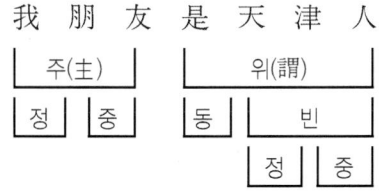

작은 것으로부터 큰 것으로 분석하는 것은 ('조합법'이라고 함) 먼저 통사구조 속의 하나의 단어부터 시작하여 단어와 단어 사이의 층위와 의미관계에 근거하여 작은 것으로부터 큰 것으로 층위에 따라 조합하여 전체 구에 이르는 것이다. 예를 들면 다음과 같다.

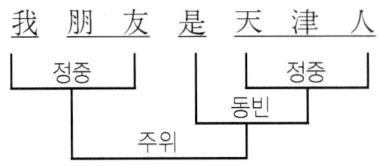

절분법과 조합분석법의 결과는 완전히 같은 것이나, 절차가 다른 것이다. 절분법은 먼저 전체 구의 제일 큰 구조관계를 분석한 후, 점차적으로 단어와 단어의 관계를 분석하는 것이다. 조합법은 먼저 단어의 관계부터 분석한 후 점차 층위에 따라 확장하여 마지막에 이르러서 전체 구의 제일 큰 구조관계를 분석해 내는 것이다.

2) 수형(樹形) 도해법

통사구조의 구성성분을 층위에 따라 사선이나 직선으로 연결하며, 동시에 각 층위 사이의 의미관계를 표시한다. 이런 선들은 마치 거꾸로 서 있는 한 그루의 나무의 기둥과 가지 같아서 이렇게 부르는 것이다. 예를 들면 다음과 같다.

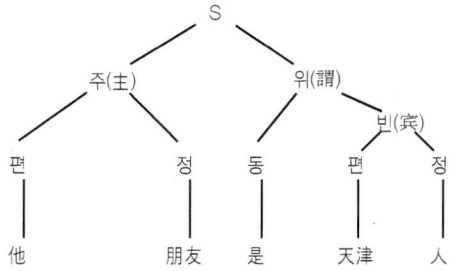

3) 부호표기법

각종 부호를 조합하여 통사구조의 층위와 통사성분을 각각 표시한다. 예를 들면 다음과 같다.

(他) 朋友 ‖ 是 ｜ (天津) 人.

위의 예문에서 쌍수직선은 주위관계를 나타내고 제일층위에 속한다. 하나의 수직선은 동빈관계를 나타내며 제이층위에 속한다. 쌍횡선은 주어 중심을 나타내고, 단횡선은 동사 중심을 나타내며, 파도선은 빈어 중심이고, 괄호는 정어를 나타낸다. 중심어와 정어·상어·보어는 주위관계의 하위 층위이다.

4) 괄호표시법

수학의 대·중·소괄호로 통사구조의 여러 층위를 나타낸다. 예를 들면

(他 朋友) [是 (天津 人)]

　편정　주위　동빈　편정

5) 선 긋기 분석법

몇 개의 수직선으로 여러 층위를 나타내는데 제일층위에서는 단수직선으로 나타내고 제이층위는 쌍수직선으로 나타내며, 제삼층위는 세 개의 수직선으로 나타낸다. 예를 들면

他 ‖ 朋友 ｜是 ‖ 天津 ⫴ 人.

    편정   주위   동빈   편정

도해법의 유형은 아주 많은데 이상은 비교적 자주 사용되는 것이다. 도해법의 장점은 바로 볼 수 있고, 간명하게 통사구조의 구조층위와 구조관계를 드러내며, 복잡하게 말로 설명하는 것을 피할수 있어, 다루기만 하면 간결하고 편리하기 때문에 어법 분석에서 광범위하게 사용된다. 이상의 도해법의 특징은 서로 다르고 응용상황도 일부 차이가 있다. 액자식 도해법의 절분법과 조합법은 층위의 표현에 있어 좀 더 직접 관찰할 수 있어서 구의 분석에 많이 쓰인다. 수형도해법은 층위관계를 아주 명확하게 나타내지만 다루기에는 상대적으로 번거롭기 때문에 사용의 폭은 액자식도해법보다 넓지 못하다. 부호표기법은 통사관계를 나타낼 뿐만 아니라 통사성분도 나타낼 수 있으며, 또한 문장에 따라 분석하기에 편리하여 단문분석에서 응용이 비교적 광범위하다. 괄호표시법은 괄호 종류의 제한을 받기 때문에 복잡한 구조는 표시할 방법이 없어서 그렇게 보편적으로 사용되지 않는다. 복문의 분석은 선을 긋는 방법을 많이 사용하는데 그것은 층위의 표시가 비교적 분명하고 또한 통사성분을 구분할 필요가 없기 때문이다.

분석의 과학성과 합리성을 확보하기 위하여 통사구조의 층위분석은 마땅히 다음과 같은 원칙을 따라야 한다.

(1) 구조원칙: 나눈 하나하나의 부분이 모두 구조를 이룬 것으로 하나의 단어일 수도 있고 하나의 구일 수도 있다.

(2) 기능원칙: 나눈 몇 개의 성분은 통사 규칙에 따라 다시 조합할 수 있다.

(3) 의미원칙: 구조원칙과 기능원칙에 부합된다는 전제하에서 나눈 결과는 마땅히 논리에 부합되어야 하며, 이해할 수 있어야 하며, 혹은 본래의 뜻에 부합되어야 한다.

다음은 큰 부분에서 작은 부분으로의 액자식도해법을 사용하여 복잡한 구에 대하여 분석을 진행한 예이다.

(1) 在 家 裏 休 息 了 一 天.

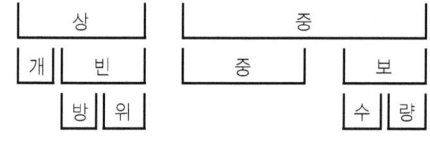

(2) 把 衣 服 掛 在 衣 架 上.

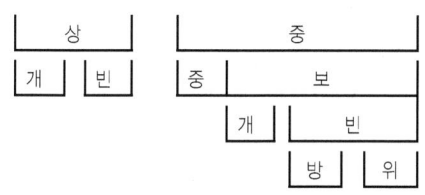

예 (1), (2)는 상어 중심어구로서 중심어 앞에 상어가 있고, 뒤에 보어가 있으며, 제일층위는 먼저 상중(狀中)관계로 분석되며, 제이층위는 다시 중보(中補)관계로 분석된다.

(3) 認 眞 讀 完 了 三 本 書.

　예 (3)은 상중(狀中)구로서 중심어 앞은 상어이고, 뒤에는 빈어이며, 먼저 상어를 분석하고, 후에 빈어를 분석한다.

(4) 高 興 得 掉 下 眼 淚.

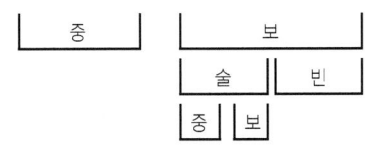

　예 (4)는 중보(中補)구이다. 구조조사 '得'가 중심어에 부가되므로 단독으로 분석하지 않는다. 기타 허사는 층위분석에서 마찬가지로 성분이 되지 않으므로, 층위를 점하지 않는다. 하지만 몇 가지 구는 비교적 특수하여, 즉 점착구인 '的'자구·개사구·'所'자구·비유정도구 등의 네 가지 구는 모두 허사를 한쪽으로 하고, 실사를 다른 한쪽으로 하여 구성되었으며, 허사는 이런 구들의 표시이기 때문에 분석할 때 허사에 대하여 분석을 해야 한다.

(5) 有 一 種 新 的 啓 示 和 意 義.

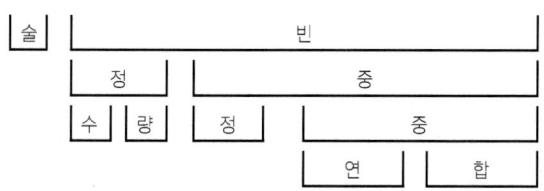

예 (5)는 술빈구로서 빈어 중심은 연합구로 충당되었으며, 중심
어 앞에 두 개의 층위의 정어가 있는데, 왼쪽에서부터 오른쪽으로
층층이 분석을 하여 먼저 정어 '一種'을 분석하고, 다시 정어 '新'
을 분석한다. 다층위 상어도 왼쪽에서부터 오른쪽으로 층층이 분석
한다. 예를 들면 다음과 같다.

(6) 看 電 影 的 馬 上 在 教 室 前 集 合.

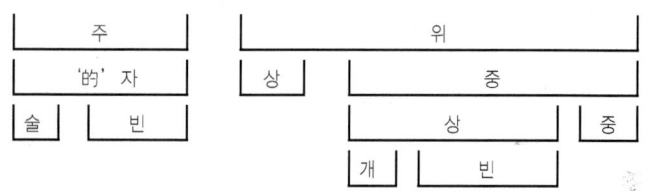

예 (6)의 위어 중심은 수식구로 왼쪽에서부터 오른쪽으로 먼저 상어
'馬上'을 분석하고, 다시 상어 '在教室前'을 분석한다. 문장의 '的'자
구·개사구와 방위구는 모두 하나의 층위로 분석을 해야 한다.

(7) 我 們 應 該 學 好 語 法 知 識.

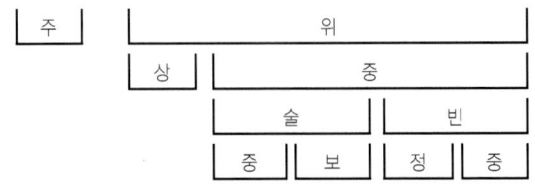

예 (7)은 주위구로 먼저 주위관계를 분석하고 다시 상중관계를
분석해야 한다.

(8) 給 我 一 支 鋼 筆.

예 (8)은 이중빈어를 가진 구조로 이중빈어는 두 번 나누어 먼저
직접빈어를 나눈 다음 다시 간접빈어를 나눈다. 한꺼번에 두 개
빈어를 나누지 못하는데 그것은 두 개 빈어 사이에 직접적인 의미
관계가 없기 때문이다.

(9) 明 天 去 書 店 買 書.

예 (9)는 수식구로서 연동구가 중심어로 충당된다.

(10) 讓　新　同　學　唱　一　支　歌.

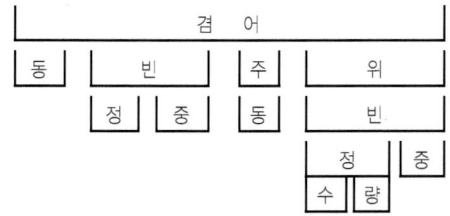

예 (10)은 겸어구로 분석할 때 제일층위는 겸어구를 표시하고, 제이층위는 한 번에 세 가지로 나눈다. 그것은 겸어구는 하나의 동빈구와 하나의 주어구가 포개어 이루어진 것으로 동빈관계와 주위관계를 동일한 층위에 놓으면, 겸어성분 '新同學'는 동시에 '讓'의 빈어와 '唱'의 주어가 되며, 두 개의 역할이 하나에 집중되었기 때문에 만약 겸어성분을 서로 다른 의미관계에 따라 두 개 층위로 분석하면, 오히려 겸어구의 특징을 정확하게 나타낼 수 없다.

5. 구의 기능유형

어법기능에서 보면 구는 서로 다른 문장성분으로 충당될 수도 있고 또한 특정한 어조를 지니면 단독으로 문장이 될 수 있다. 단독으로 문장이 될 수 없는 것은 오직 '的'자구 · 개사구 · '所'자구 등 몇 가지 유형이다. 기능이 다름에 따라 구는 다음과 같이 세 가지로 나눌 수 있는데, 즉 명사성구 · 동사성구 · 형용사성구이다.

1) 명사성구

명사성구의 기능은 명사에 상당하며 주로 명사·대명사로 조성된 연합구(예 '兄弟姐妹')·명사를 중심으로 하는 편정구(예 '他的母親')·동위구(예 '作家老舍')·방위구(예 '會場上')·양사구(예 '一個')·'的'자구(예 '騎自行車的')·'所'자구(예 '所見')이다.

명사성구는 주로 주어·빈어·정어가 된다. 예를 들면 다음과 같다.

(1) 兄弟姐妹都在陝西工作. (주어)

(2) 作家老舍的著名劇作『茶館』‖已經上演. (정어)

(3) 會場上的氣氛‖很緊張. (정어)

(4) 對面‖來了一個騎自行車的. (빈어)

2) 동사성구

동사성구의 기능은 동사에 상당한다. 여기에는 동사로 구성된 연합구(예 '生活工作')·동사를 중심으로 하는 편정구(예 '昨天買回來')·동사를 중심으로 하는 중보구(예 '哭了一夜')·동빈구(예 '喜歡游泳')·연동구(예 '撲過去抱住女兒')·겸어구(예 '有個女兒叫小芹')가 포함된다.

동사성구는 주로 위어 혹은 위어 중심어가 되며 또한 정어·부사어·보어가 된다. 예를 들면 다음과 같다.

(1) 小華‖最喜歡游泳. (술어 중심어)

(2) 三仙姑‖有個女兒叫小芹. (술어)

(3) 黃老媽∥一頭撲過去抱住女兒. (술어 중심어)

(4) 昨天買回來的書∥眞好. (정어)

(5) 他∥一瘸一拐地走着. (부사어)

(6) 徐菲∥傷心得哭了一夜. (보어)

3) 형용사성구

형용사성구의 기능은 형용사에 상당하다. 여기에는 형용사가 구성한 연합구(예 '文靜大方')·형용사를 중심으로 하는 수식구(예 '非常珍貴')·형용사를 중심으로 한 중보구(예 '漂亮極了')·비유정도구(예 '地獄般的')가 포함된다.

형용사성구는 주로 위어·정어·부사어·보어가 된다. 예를 들면 다음과 같다.

(1) 這小姑娘∥文靜大方. (위어)

(2) 這∥是非常珍貴的歷史資料. (정어)

(3) 隊長∥十分詳細地介紹了事情的經過. (부사어)

(4) 先生的毛筆字∥寫得漂亮極了. (보어)

일부 구는 상술한 어느 유형에도 들어가기 어려운데, 예를 들어 주위구·개사구는 그 기능이 매우 다양하므로 구체적인 용법에 따라 설명해야 한다.

6. 다의(多義)구

　대다수 상황에서 구는 모두 하나의 확정적인 함의를 가지고 있는데, 이런 구를 단의구라고 하며, 예를 들면 '高高的白楊樹'·'三個同學'·'疼得叫起來'이다. 어떤 구는 동시에 두 가지 심지어 여러 가지 뜻을 지니고 있는데, 이런 구를 다의구라고 한다. 의미적 측면에서 보면 이것은 두 개 혹은 두 개 이상의 형식은 같지만 구조가 다른 언어단위가 형식상으로는 합쳐진 것으로 일종의 '동형이구(同形異構)' 현상이다. 즉 통사적 형식은 같지만 의미 구조가 다른 것을 말한다. 예를 들면 '進口小汽車'는 수입한 자동차를 나타내기도 하고 자동차를 수입했다는 것을 나타내기도 한다. 또 예를 들면 '對廠長的意見'은 공장장이 제출한 의견에 대하여 혹은 공장장에 대한 의견으로 공장장이 의견의 제출자일 수도 있고, 또한 의견이 공장장을 겨눈 것임을 가리키기도 하다.

　다의구는 언어에서 비교적 자주 보이는 현상이며, 만약 다의구의 표의적 특징에 주의하지 않으면 때때로 모호의를 형성하고 오해를 초래하여 정상적인 언어교제에 영향을 준다. 다의구에 대한 분석을 중시하면 언어의 분석능력과 운용능력을 효과적으로 높일 수 있다. 예를 들어 어느 해의 대학 입학 어문(語文)시험에 다의구 분석에 대한 간단한 문제가 있었는데 수험생들에게 앞에 혹은 뒤에 일부 단어를 첨가하여 다의구의 의미를 단일하게 하라고 요구하였다. 이 두 개의 다의구는 '他父親要開刀'와 '我要炒肉絲'이다. 통계에 의하면 이 문제를 맞힌 학생들의 득점비율이 매우 낮았는데 이러한 사실은 학생들의 언어이해능력과 분석능력의 배양을 충분히 중시해야 한다는 것을 설명하고 있다.

다의현상을 구성하는 원인은 여러 가지인데 구성의 원인에 따라 분류하여, 우선 다의현상을 두 가지 종류로 나눌 수 있다. 즉 어음다의와 조합다의이다.

어음다의는 어음의 원인으로 조성된 다의현상을 가리킨다. 예를 들면 '期中考試/期終考試'·'全部合格/全不合格'·'致癌物質/治癌物質'은 동음어의 원인으로 구어에서 다의현상을 형성한 것이다. 하지만 서면어에서는 이런 다의현상을 글자형태를 통하여 구분할 수 있다. 어떤 것은 어음휴지가 달라 다의현상을 일으키는데 예를 들면 '外面/睡不好'와 '外面睡/不好'는 휴지에 따라 의미의 차이를 결정한다. 또 예를 들면 '你看/我幹什麼'는 다른 사람으로 하여금 자기를 보란 뜻이며, '你看我/幹什麼'는 상대방이 자기를 보지 말라는 뜻이다. 어음의 휴지가 다름에 따라 의미도 다르다.

조합다의는 통사조합이 차이로 다의현상을 일으키는 것을 말하는데, 거기에는 어법조합과 의미조합의 두 가지가 있다.

어법조합으로 조성된 다의현상에는 여러 가지가 있다. 단어유형의 차이로 다의를 조성한 것으로 예를 들면 '房間沒有鎖'에서 '鎖'는 동사일 수도 있고, 명사일수도 있다. 품사의 특성이 다름에 따라 의미도 다른데, '飯不熱了'에서 '熱'는 형용사일 수 있는데 의미는 밥이 식었다이며, '熱'는 또한 동사가 될 수 있는데, 의미는 밥을 데울 필요가 없다는 것이다. '翻過這本書'에서 '過'는 동사로 보어가 될 수도 있어 책을 펼치려는 것을 나타내며, '過'가 또한 조사일 수도 있는데, 이때는 '翻'이라는 이런 동작행위가 이전에 있었다는 것을 나타낸다.

구조관계가 달라서 통사론구조의 다의를 일으키기도 하는데, 예를 들면 '學習文件 · 硏究方法'는 편정관계이기도 하고, 동빈관계이기도 하다. '文學語言 · 學生家長'은 연합관계이기도 하고, 편정관계이기도 하다. '他們機關 · 你們學生'은 동위관계이기도 하고 편정관계이기도 하다. '學習困難 · 表演好'는 주위관계이기도 하고, 중보관계이기도 하다. '想起來'는 편정관계이기도 하고, 중보관계이기도 하다. '寫好文章'에서 '好'가 만약 보어라면 그 구조는 '寫好/文章'이며, 만약 '好'가 정어이면, 구조는 '寫/好文章'으로 의미는 각기 다르다.

어떤 다의현상은 조합의 층위가 달라 조성되는데 예를 들면 '三個學校的老師'는 '三個/學校的老師'라고 분석할 수도 있고, '三個學校的/老師'라고 분석할 수도 있다. 층위분석법을 사용하면 다의구의 구조층위와 의미관계를 펼쳐 보이는 데 도움이 된다.

(1) 三 個 學 校 的 老 師

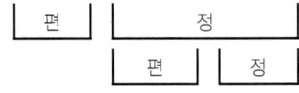

(2) 三 個 學 校 的 老 師

예 (1)의 분석은 교사가 오직 세 명 있고, 교사는 학교에 속한다는 것을 나타낸다. 예 (2)의 분석은 학교가 세 개 있으며, 교사의 숫자는 확정되지 않은 것을 나타낸다.

(3) 爸 爸 和 媽 媽 的 同 事

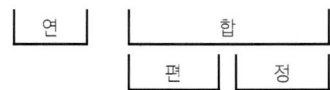

(4) 爸 爸 和 媽 媽 的 同 事

예 (3)의 '同事'는 어머니의 동료임을 나타내며, 예 (4)에서 '同事'는 아버지와 어머니 두 사람의 동료임을 나타낸다.

층위가 다른 것은 때때로 관계가 다른 것과 엇갈리어 있는데 예를 들면 다음과 같다.

(5) 騎 壞 自 行 車

(6) 騎 壞 自 行 車

예 (5)는 자전거를 타서 고장 나게 한 것을 나타내며, 예 (6)은 고장 난 자전거를 탔음을 나타낸다.

(7) 我 們 三 個 一 組.

(8) 我 們 三 個 一 組

예 (7)은 매 세 사람이 한 조로 나누어진 것을 나타내고, 예 (8)은 '我們三個人'이 한 조로 나누어진 것을 나타낸다.

때로는 구조관계와 구조층위가 다른 것이 품사가 다른 것과 함께 얽히어 다의현상을 조성하기도 하는데 예를 들면,

(9) 沒 有 遲 到 的

(10) 沒 有 遲 到 的

예 (9)의 '沒有'는 동사이며, 첫 번째 층위는 동사관계이고, 예 (10)의 '沒有'는 부사이며, 첫 번째 층위는 '的'자구이다.

의미조합에서 의미관계와 의미지향이 달라도 다의현상을 일으키는데, 예를 들면 '鷄不吃了'는 '닭이 먹지 않는다'로, '鷄'가 시사

(施事)이기도 하고, 또한 '사람이 닭을 먹지 않는다'로 '鷄'가 수사(受事)이기도 하다. '母親的回憶'에서 '母親'은 시사가 될 수 있어서, '母親對往事的回憶'를 가리키기도 하며, 또한 수사로서 '回憶有關母親的往事'를 가리키기도 한다. 위의 다의현상은 심층의 의미관계가 달라 조성된 것이다. '吃完了飯'에서 만약 보어 '完'의 의미가 '吃'를 지향하면, '吃'의 동작이 이미 끝나 더 이상 먹지 않음을 나타내며, 만약 '完'의 의미가 빈어 '飯'을 지향하면 '飯'은 없으며, 그래서 먹을 밥이 없음을 나타낸다. '兩個人就擡了三百斤'에서 만약 '就'의 의미가 '兩個人'을 지향하면, 많이 들었음을 나타내며, 만약 '就'의 의미가 '三百斤'을 지향하면 적게 들었음을 나타낸다.

다의를 형성하는 원인은 복잡하며, 단어의 다의성은 통사적 다의성을 초래하기도 하는데, 예를 들면 '他買了許多菜'는 '買了許多蔬菜'를 가리키기도 하고, '買了許多炒菜'를 가리키기도 하는데 그것은 '菜'에 다의가 있기 때문이다.

다의를 다시 분화하려면, 여러 가지 방법을 사용할 수 있다. 다음은 몇몇 상용되는 방법이다.

1) 어음조건을 이용한다.

어음휴지를 이용하여 다의를 분화할 수 있다. 예를 들면 다의구 '我說不好'를 소리 내어 읽을 때, 구조 내부에서 약간 휴지를 하거나 혹은 길게 발음하여 함의의 차이를 구분해 낼 수 있다. 예를 들면 '我/說不好'에서 '我' 뒤에서 휴지하면 '나는 의미를 아주 잘 말할 수 없다.'는 것을 나타낸다. 휴지를 '我說/不好'라고 바꾸어

'說' 뒤에서 휴지하고 동시에 강세(重音)의 조건을 이용하여 강세를 '我說'에 두면, 내가 말하는 것은 좋지 않다는 의미를 나타내며, 만약 '不好'를 강하게 읽으면, 나의 의견은 '좋지 않게 생각하고 있음'임을 나타낸다. 다의구 '你們三個一組'는 '你們/三個一組'라고 말할 수 있어, 매 세 사람이 한 조로 나누어진 것을 나타내며, 혹은 '個' 뒤에 휴지하면 '你們三個/一組'로 변하여, 그 세 사람이 한 조로 이루어진 것을 나타낸다. 휴지하는 곳의 차이에 따라 의미도 다르다. 또한 경성(輕聲)을 이용하여 다의를 분화할 수 있는데 예를 들면 '我翻過這本雜志'에서 만약 '過'를 경성으로 읽으면 '過'는 조사가 되며, '翻'이라는 동작이 이루어진 적이 있음을 나타내며, 만약 경성으로 읽지 않으면 잡지를 펼치는 것을 나타낸다.

2) 통사수단을 이용한다.

층위분석을 통하여 다의를 분화할 수 있는데 예를 들면 '踢破皮球'는 다의로 그 의미의 차이는 각각 다음과 같이 분석할 수 있다.

a. 踢　破　皮　球

|동| |빈　|
|편|정|

b. 踢　破　皮　球

|　동| |빈|
|중|보|

상술한 두 가지 분석에서 a의 '破'는 정어가 되며, 고무공이 파손된 것을 나타내고, b는 고무공을 차서 파손된 것을 나타내는데, '破'는 '踢'의 보어로 된다.

변환분석법을 이용하여 다의를 분화하려면 변환격식 혹은 어순의 방법을 채용할 수 있다. 예를 들면 '看游泳的同學'는 다의구로 '同學看游泳'으로 바꾸면 학우가 다른 사람이 수영하는 것을 보는 것을 나타내며, '看正在游泳的同學'으로 바꾸면, 학우들이 수영하는 것을 나타낸다. 또 예를 들면 다의구 '兩個山村的孩子'는 '山村的兩個孩子'로 바꾸면 어린이가 둘임을 나타내며, '孩子是兩個山村的'로 바꾸면 산촌이 두 개임을 나타낸다.

변환은 또한 실사나 허사를 보태는 방법을 채용할 수 있다. 예를 들면 다의구 '飯不熱了'는 '飯不太熱了'로 변하여 밥이 좀 식은 것을 나타내며, 또한 '飯不加熱了'로 변하여 밥을 데울 필요가 없음을 나타낸다. 또 예를 들면 다의구 '進口電器'는 '進口的電器'로 변하여 가전제품이 수입품임을 나타내며, 또한 '進口了電器'로 변할 수도 있어 가전제품을 외국에서 수입하였음을 나타낸다. 다의구 '借他五塊錢'은 '借給他五塊錢'으로 변하여 '給'를 첨가하면 그가 다른 사람한테 돈을 빌리는 것을 나타내며, 또한 '向他借五塊錢'으로 변하여 '向'을 첨가하면 그가 돈을 다른 사람한테 빌려 줌을 나타낸다.

단어를 변환한다. 예를 들면 다의구 '三個學校的老師'는 '三所學校的老師'로 변할 수 있어 학교가 세 개 있음을 나타내며, 또한 '三位學校的老師'로 변할 수 있어 교사가 세 명 있음을 나타낸다. 또 예를 들면 다의구 '買了幾種菜'는 '買了幾種蔬菜'로 변할 수도 있고, 또 '買了幾種炒菜'로 변할 수도 있다.

3) 언어환경보충법

언어구조가 변하지 않은 상황에서 언어환경의 제약을 통하여서도 의미를 단일화할 수 있다. 예를 들면 '他父親要開刀'는 '他父親要開刀, 因爲父親已經病重'으로 말할 수 있는데 이때 '父親'은 환자를 가리키며, '他父親要開刀, 父親的醫術很高明'에서 '父親'은 의사를 가리킨다. 또 예를 들면 '他的鞋做得好'는 의미관계에서 보면 '他'가 시사일 수도 있는데 이때 신발은 '他'가 만든 것임을 나타낸다. '他'는 또한 여사일 수도 있어 그가 신은 신발이 잘 만들어졌음을 나타낸다. 만약 앞의 의미이면 '他的鞋做得好, 別人都喜歡讓他做'라고 말할 수 있다. 만약 뒤의 의미라면 '他的鞋做得好, 大家都問他是在哪兒買的'라고 말할 수 있다. 이런 방법은 다의구의 구조를 변화시키지 못하기 때문에 만약 구체적인 언어환경을 떠난다면 구는 여전히 다의이다.

참고문헌

呂叔湘, 『漢語語法分析問題』, 商務印書館 1979년판.

文煉, 「關於研究仂語的兩個基本問題」, 『大公報』 1951년 12월 5일.

王力, 『中國語法理論』, 中華書局 1954년판.

呂冀平, 「兩個平面, 兩種性質: 詞組和句子的分析」, 『學習與探索』 1979
　　　년 제4기.

張靜 主編, 『新編現代漢語』, 上海教育出版社 1980년판.

張壽康, 「說'結構'」, 『中國語文』 1982년 제1기.

朱德熙, 「語法分析和語法體系」, 『中國語文』 1982년 제1기.

范曉, 「關於結構與短語問題」, 『中國語文』 1980년 제3기.

許世瑛, 『中國文法講話』, 臺灣開明書店 1977년판.

張雲秋, 「漢語短語的分類問題」, 『語文研究』 1994년 제4기.

馬慶株, 「詞組的研究」, 『語言教學與研究』 1997년 제4기.

邵敬敏, 「歧義分化方法探討」, 『語言教學與研究』 1991년 제1기.

吳俊明, 「'多義'與'歧義'簡論」, 『邏輯與語言學習』 1992년 제5기.

呂叔湘, 「歧義類例」, 『中國語文』 1984년 제5기.

朱德熙, 「漢語句法裏的歧義現象」, 『中國語文』 1980년 제2기.

徐思益, 「在一定語境中產生的歧義現象」, 『中國語文』 1985년 제5기.

王建華, 「語境歧義分析」, 『中國語文』 1987년 제1기.

海萍, 「談詞組跟詞和句子的區分」, 『語言文學』 1959년 제1기.

侯學超, 「說詞組的自由和黏着」, 『語文研究』 1987년 제2기.

華宏儀, 『漢語詞組』, 山東教育出版社 1984년.

文煉・允貽, 『歧義問題』, 黑龍江人民出版社 1985년판.

제5장 문장(句子)성분과 문장분석

문장성분

문장은 특정한 어조가 있고 상대적으로 완전한 의미를 표현할 수 있는 언어단위이다. 문장은 단어 혹은 구에 특정된 어조를 첨가하여 구성된다. 문미에는 비교적 큰 휴지가 있는데 서면상으로는 마침표·물음표·감탄부호로 나타낸다. 예를 들면 다음과 같다.

(1) 好!

(2) 刮風了.

(3) 你好嗎?

(4) 多好的人哪!

문장과 단어·구의 경계는 구조의 장단과 복잡 여부에 있는 것이 아니고, 구조유형의 차이에 있는 것도 아니다. 한 문장이 단지 하나의 단어만 포함할 정도로 짧을 수도 있는 반면, 하나의 구가 때로는 오히려 아주 길고 구조가 매우 복잡할 수도 있다. 그들은 주로 실제적인 사용을 통해 구분된다. 단어와 구는 언어의 정태단위이며 문장의 준비재료로 오직 특정한 어조를 가지고 문장을 구성한 후에야 비로소 직접 대화에 참여할 수 있다. 문장은 언어의 동태단위로 특정한 어조를 가지고 있고 서술성을 띠고 있는데, 다시 말하면 일정한 언어환경과 연결되어 있으며, 단독으로 비교적 완전한 의미를 표현할 수 있고, 말하거나 쓰는 사람들의 사상·관

점·감정·태도 등을 나타낸다. 예를 들면,

(5) 好球

(6) 打了一個好球.

(7) 好球!

예 (5)에서 '好球'는 어조를 가지고 있지 않으며, 단지 편정구에 불과하다. 예 (6)은 하나의 진술문이고, '好球'는 다만 빈어의 한 부분일 뿐이다. 이런 두 가지 상황에서 '好球'는 문장을 만드는 재료일 뿐 단독으로 교제에 참여할 수 없기 때문에 문장이 아니다. 예 (7)의 '好球'는 감탄의 어조를 띠고 있으며, 직접 시합 현장과 연결되어 있으며 말하는 사람의 찬탄의 의미와 흥분의 감정을 독립적으로 표현하고 있기 때문에 문장이다. 모든 구가 어조만 가지면 다 문장이 되는 것은 아니다. 문장은 표현의 단위로 표현에 필요한 특수성분, 예를 들면 삽입하여 말하거나 중복하여 말하는 것 등이 있을 뿐 아니라, 또한 각종 여러 가지 격식, 예를 들면 생략·도치 등이 있으며, 때로는 하나의 단어가 하나의 문장을 이룰 수도 있는데, 예를 들면 '好!'·'請!'과 같다. 이런 특징들은 모두 구에서는 볼 수 없는 것들이다. 또 더 복잡한 문장이 있는데, 몇 개의 절로 구성된 복문은 역시 구와는 다르다.

문장성분은 문장의 구성성분으로, 주어·위어·술어·빈어·정어·상어·독립어 등 여덟 가지 종류가 있다. 또 다른 하나는 주어·위어·빈어의 핵심성분을 나타내는 중심어가 있는데, 중심어는 각각 주어·위어·빈어의 구성성분에 속한다.

1. 주어(主語) 위어(謂語)

1) 주 어

주어와 위어는 주위구의 두 개의 직접성분이며, 보통은 주어가 앞에 있고, 위어가 뒤에 있으며, 양자는 진술과 피진술의 관계이다. 주어는 진술의 대상이고, '누가·무엇' 등 문제에 대한 대답이다. 명사와 명사성구는 주로 주어로 충당된다. 예를 들면 다음과 같다.

(1) 梅雨潭∥是一個瀑布潭. (명사)

(2) 八∥是一個很受歡迎的數字. (수사)

(3) 他∥沒有料到劉胡蘭是這麼堅强. (대명사)

(4) 今天∥該是十一月八日了吧? (시간명사)

(5) 母親和宏兒∥都睡着了. (연합구)

(6) 老馬師傅∥眞不簡單哪! (동위구)

(7) 我們獲得的∥是用血換來的寶貴經驗. ('的'자구)

위어성구 역시 주어가 될 수 있다. 예를 들면 다음과 같다.

(8) 笑∥比哭好. (동사)

(9) 鍛煉∥是永葆青春的良方. (동사)

(10) 批評與自我批評∥是幫助我們避免錯誤的最好方法. (연합구)

(11) 謙虛∥是一種美德. (형용사)

(12) 學習外語∥很重要. (술빈구)

(13) 身體健康∥是最大的財富. (주위구)

위어성구가 주어가 되면, 문장의 위어는 보통 판단과 묘사를 나타낸다.

주어와 위어의 의미관계에 근거하여 주어를 세 가지 유형으로 나눌 수 있다. 즉 시사주어·수사주어·관계주어이다.

① 시사주어: 주어는 동작행위의 출발점이다. 예를 들면 다음과 같다.

(1) 全國各族人民的代表 ‖ 在這裏共商國策. (수식구)

(2) 他 ‖ 感到十分苦悶、彷徨. (대명사)

(3) 這首歌曲 ‖ 把每個聽衆的心都打動了. (수식구)

② 수사주어: 주어가 동작행위를 받는 것이다. 예를 들면 다음과 같다.

(1) 事情 ‖ 就這樣定下來了. (명사)

(2) 孩子 ‖ 已經被大學錄取了. (명사)

(3) 那幾本小說 ‖ 昨天還給了圖書館. (수식구)

시사·수사주어를 가지고 있는 문장의 위어는 보통 동작을 나타내는 동사로 충당된다.

③ 관계주어: 주어는 묘사·판단·설명의 대상이다. 예를 들면 다음과 같다.

(1) 我所記得的故鄕 ‖ 全不如此. (수식구)

(2) 我們的前途 ‖ 無限光明. (수식구)

(3) 我的家 ‖ 在東北松花江上. (수식구)

주어관계를 가지고 있는 문장에서 그 위어는 대부분 형용사 혹은 형용사성구로 충당되며 혹은 '是·有·在·像·成爲' 등 비동작성 동사로 충당된다.

2) 위 어

위어는 주어에 대해 진술하는 부분으로 일반적으로 주어 뒤에 있으며, '무엇을 하는가', '무엇인가', '어떠한가' 등의 물음에 대답하는 것이다. 주로 위어로 충당되는 것은 동사·형용사와 동사성·형용사성구이다. 예를 들면 다음과 같다.

(1) 春天∥來了. (동사)

(2) 春天的脚步∥近了. (형용사)

(3) 你的身體∥怎麽樣? (대명사)

(4) 中國人民∥站起來了. (중보구)

(5) 楊麗萍的舞姿∥非常優美. (편정구)

(6) 大小的蝴蝶∥飛來飛去. (연합구)

(7) 這幾件衣服∥旣便宜又好看. (연합구)

(8) 那些書∥我還沒有看完. (주위구)

(9) 我∥認識這幾個小伙子. (술빈구)

(10) 夜間, 我們∥派出一支小部隊深入敵後. (겸어구)

(11) 你∥不要把別人貶得一錢不值. (편정구)

(12) 大家∥聽了這個消息很高興. (연위구)

명사와 명사성구도 위어가 될 수 있다. 이런 문장은 일반적으로 일시·날씨·계절·사람의 특징·본관 등의 내용을 설명한다. 예를 들면 다음과 같다.

(13) 明天∥國慶節. (명사)

(14) 晚上∥大風. (편정구)

(15) 小王∥黃頭髮. (편정구)

(16) 這老漢∥七十八歲了. (수량구)

(17) 你 ‖ 好大的膽子! (편정구)

(18) 李師傅 ‖ 上海人. (편정구)

2. 술어(述語) 빈어(賓語)

1) 술   어

술어는 동사 혹은 동사성구로 충당되는 빈어를 지배하고 관계하는 성분이다. 또한 동어(動語)라고도 한다. 술어는 빈어를 상대하여 이르는 말이며 빈어가 없으면 술어가 없다. 예를 들면 다음과 같다.

(1) 我們的鬪爭 ‖ │ 需要 │ 馬克思主義. (동사)

(2) 他 ‖ 揀了 │ 幾樣東西: 兩條長桌、四個椅子、一副香爐和燭臺. (동사)

(3) 征服沙漠的最主要的武器 ‖ 是水. (동사)

(4) 這象徵純潔感情的花 ‖ 蓋上了 │ (這位平常的、拖毛竹的靑年人)的臉. (중보구)

(5) 我們 ‖ 厭惡並抵制 │ (這種)(庸俗)的作風. (연합구)

(6) 他 ‖ 沒有告訴 │ 你 │ (旁的)事情麼? (편정구)

(7) 我 ‖ 主張 │ 將我們全黨的學習方法和學習制度改造一下. (동사)

형용사는 빈어를 가질 수 없다. 만약 빈어를 가진다면 동사로 변하며 술어가 된다. 이런 상황은 대부분 단어의 겸류 현상에 속한다. 예를 들면 다음과 같다.

(8) 太陽 ‖ 紅了 │ (半邊)臉.

(9) 我們 ‖ 應該豐富 ┃ (自己)的(專業)知識.

(10) 大家 ‖ 少了 ┃ (一位)(可親可敬)的朋友.

2) 빈 어

빈어는 동작행위가 지배하고 관계하는 대상으로 사람 혹은 사물을 나타낸다. 주로 빈어로 충당되는 것은 명사성구이다. 예를 들면 다음과 같다.

(1) 我 ‖ 贊美 ┃ 白楊樹. (명사)

(2) 我 ‖ 當然認識 ┃ 他. (대명사)

(3) 應該對新事物采取 ┃ (謙虛、謹愼、嚴肅、認眞)的態度. (편정구)

(4) 這位老人 ‖ 就是 ┃ 卓越的科學家竺可禎. (동위구)

(5) 1932年秋天, 我 ‖ 在上海英商汽車公司當 ┃ 賣票的. ('的'자구)

위사성구도 특정한 조건하에서는 빈어가 될 수 있다. 일반 상황에서 술어 중심어는 대부분 다음과 같은 단어들이다.

판단동사 '是'로 예를 들면 '最有效的方法 ‖ 是 ┃ 鍛煉', '小劉突出的特點 ‖ 是 ┃ 勤奮、謙虛', '荔枝蜜的特點 ‖ 是 ┃ 成色純, 養分多.'이다.

심리활동과 감지의미를 나타내는 동사로 예를 들면 '我 ‖ 喜歡 ┃ 淸靜.'·'他 ‖ 覺得 ┃ 非常幸福.'·'小張 ‖ 希望 ┃ 考上大學.'·'我 ‖ 知道 ┃ 我們會贏.' 등이다.

시작·진행의미를 나타내는 동사, 예를 들면 '我們 ‖ 開始 ┃ 學習', '大家 ‖ 繼續 ┃ 前進' 등이다.

대처하거나 처리하는 의미를 나타내는 동사들, 예를 들면 '學校 ‖ 予以 ┃ 獎勵', '應該加以 ┃ 肯定' 등이다.

빈어와 술어 중심어의 의미관계에 근거하여 빈어를 세 가지 종류로 나눌 수 있다. 수사빈어·시사빈어·관계빈어이다.

① 수사빈어: 동작행위가 지배하고 관섭하는 대상이다. 예를 들면 다음과 같다.

(1) 他‖懷念着 │(久別)的故鄕.

(2) 我們‖訪問了 │(這個)(風景如畵)的山村.

(3) 節日期間, 人們‖都穿着 │(漂亮)的衣服.

② 시사빈어: 동작행위의 행위자이다. 예를 들면 다음과 같다.

(1) 敎室裏‖坐滿了 │(聽課)的同學們.

(2) 遠處‖突然出現了 │(敵人)的騎兵.

(3) 大門兩邊‖蹲着 │(一對)石獅子.

③ 관계빈어: 시사·수사 이외의 술어와 일정한 관계가 있는 빈어이다. 관계빈어를 가지는 것은 일반적으로 판단·변화·존재 등 의미를 나타내는 비동작동사이다. 예를 들면 다음과 같다.

(1) 趙州橋‖是 │(世界)(著名)的石拱橋.

(2) 我國蠶業生産‖已有 │(四千多年)的歷史.

(3) 這位老英雄‖叫 │王德臣.

(4) 萬里江山‖都變成了 │(一個)(粉妝玉砌)的世界.

3. 보어(補語)

보어는 위어 중심어에 대하여 보충 설명해 주는 문장성분이다.

보어로 충당되는 것들은 주로 위사성구·개사구·수량구와 일부 정도부사이다.

1) 보어의 유형

보어는 그 작용에 근거하여 결과보어·정도보어·상태보어·추향보어·수량보어·시간장소보어·가능보어 등의 유형으로 나눈다.

① 결과보어: 동작행위가 나타낸 결과를 표시하며, 흔히 형용사와 일부 동사로 충당된다. 예를 들면 다음과 같다.

(1) 孩子們 ∥ 把房間打掃＜乾淨＞了.

(2) 小李的發言 ∥ 打＜破＞了 │ 會場的沈悶氣氛.

(3) 哥哥 ∥ 把明天進城的事安排＜妥當＞了.

(4) 連日來, 暖和得如同三月陽春的氣候, ∥ 驟然變得＜冷起來＞了.

결과를 나타내는 중보구조는 흔히 앞에 '沒有'를 더하여 부정을 나타낸다. 예를 들면 '沒有打掃乾淨'·'沒有打破'·'沒有安排妥當' 등이다.

② 정도보어: 성질이 극점 혹은 아주 높은 정도에 이르렀음을 타나내는데 흔히 '極·很·透·壞·死·慌' 등 단어와 일부 구로 충당된다. 예를 들면 다음과 같다.

(1) 老張 ∥ 對村裏的家家戶戶熟悉＜極＞了.

(2) 敵人 ∥ 狡猾得＜很＞.

(3) 這個家伙 ∥ 壞＜透＞了.

(4) 眞把他高興＜死＞了.

(5) 小草 ‖ 靑得＜逼你的眼＞.

(6) 老人 ‖ 激動得＜淚流滿面＞.

정도보어를 가질 수 있는 것들은 주로 형용사와 심리활동을 나타내는 동사이다. 중심단어와 보어 사이에 어떤 것은 구조조사 '得'를 더할 수 있고, 어떤 것은 '得'를 더할 수 없다.

③ 상태보어: 동작행위의 상태를 설명하거나 묘사하는 데 쓰인다. 일반적으로 위사성 단어로 구성되며 중심어 뒤에 구조조사 '得'를 가진다. 예를 들면 다음과 같다.

(1) 小華 ‖ 長得＜高＞.

(2) 形勢 ‖ 變得＜非常快＞.

(3) 玫瑰花 ‖ 開得＜太好看＞了.

(4) 我們 ‖ 跑得＜上氣不接下氣＞.

구어에서도 '個·得個'를 사용하여 상태보어를 가리킨다. 예를 들면 다음과 같다.

(5) 我軍 ‖ 把敵人打得個＜落花流水＞.

(6) 夜晚, 這裏的狗 ‖ 叫個＜不停＞.

상태보어는 어떤 때는 생략할 수 있는데 예를 들면 '看把你難受得!'·'把我氣得!'이다. 보어를 생략하면 상태가 더욱 분명하고 엄중해지며 감탄과 과장의 의미를 가지고 있다.

④ 추향보어: 추향동사로 충당된 동작의 방향 혹은 변화추세를 나타내는 보어이다. 예를 들면 다음과 같다.

(1) 林兵 ‖ 慢慢地走＜下＞樓梯.

(2) 這麽多的字 ‖ 怎樣造＜出來＞呢?

(3) 汽車 ‖ 從蜿蜒的盤山公路上開＜下來＞了.

복합추향동사가 보어일 때 빈어의 위치는 두 가지 경우가 있는데 한 가지는 빈어가 추향보어 중간에 있는 경우로 예를 들면 '走進敎室來'·'跳上車去'·'拿出一件衣服來'이다. 다른 한 가지는 빈어의 위치가 아주 융통성이 있어 보어 앞에 있을 수도 있고, 보어 뒤에 혹은 보어 사이에 있을 수도 있는데 예를 들면 '掏出三塊錢'·'掏出來三塊錢'·'掏三塊錢出來'·'掏出三塊錢來'이다. 하지만 장소빈어의 위치는 비교적 고정되어 있어 일반적으로 추향보어 중간에만 놓일 수 있는데, 예를 들면 '走過橋來'·'跑出敎室去'으로, 빈어 '橋·敎室'는 한 위치에만 있을 수 있다.

복합추향동사 '起來·下去'는 동사·형용사 뒤에 놓이며 어떤 때는 방향을 나타내지 않고, 동사 혹은 상태의 시작 또는 지속을 나타내는데 예를 들면 '幹起來·說下去·紅起來' 등이다.

⑤ 수량보어: 수량적으로 위어 중심어를 보충 설명해 주는 보어이다. 예를 들면 다음과 같다.

(1) 這部電影我已經看了<兩遍>了.

(2) 我們在這座美麗的山城住了<三十年>.

수량보어는 동량보어와 시량보어 두 가지를 포함한다. 동량보어는 동작의 횟수를 나타내는 것이며 양사는 동량사인데 예를 들면 '打一頓'·'來一次'·'買三回' 등이며, 시량보어는 시간의 장단을 나타내는 것으로 예를 들면 '住了兩個月'·'學了一年'·'躺了一會兒' 등이다. 시간을 나타내는 수량보어는 시간을 나타내는 것으로 시간의 장단을 설명한다.

⑥ 시간·장소보어: 동작행위가 발생한 시간 혹은 장소를 보충 설명한다. 이런 보어는 일반적으로 개사구로 충당된다. 예를 들면 다음

과 같다.

(1) 中華人民共和國∥成立＜於1949年10月1日＞.

(2) 魯迅∥生＜於1881年＞.

(3) 我們∥生活＜在一個開辟人類新歷史的光輝時代＞.

(4) 紅軍∥奔＜向海陸豊＞.

시간보어와 시간을 나타내는 수량보어는 다른데, 시간보어는 시점을 나타내는 것으로, 즉 어느 특정한 하나의 시간을 말하며, 시간을 나타내는 수량보어는 시단(時段)을 나타낸다.

⑦ 가능보어: 동작행위를 실현할 수 있는지 없는지를 나타낸다. 일반적으로 '得·不得'를 사용한다. 예를 들면 다음과 같다.

(1) 這種傷天害理的事情∥做＜不得＞.

(2) 你說, 這東西∥看＜得＞看＜不得＞?

(3) 我們∥擡＜得起＞這塊大石頭嗎?

가능보어와 상태보어는 형식적으로는 같은 점이 있지만 나타내는 의미는 다르다. 가능보어는 동작이 실현될 수 있는지 없는지 혹은 어떤 상태가 출현할 가능성이 있는지 없는지를 나타내는 반면, 상태보어는 단지 성상(性狀)에 대한 묘사이다. 의미가 구체적인 상하 문장과 결합하면 이 점을 분명히 알 수 있다. 양자의 부정형식이 서로 다른데 예를 들어 '看得淸楚'가 가능보어일 때 그의 부정형식은 '看不淸楚'이며, 상태보어일 때는 그 부정형식은 '看得不淸楚'이다.

2) 보어와 빈어의 구분

① 보어와 빈어의 순서: 보어와 빈어의 위치는 모두 동사 뒤에 있으므로 주의하여 구분을 하여야 한다. 두 개 성분의 배열순서는 다음과 같은 몇 가지 경우가 있다.

첫 번째 종류, 동사 – 보어 – 빈어이다. 이것은 가장 흔히 보는 배열순서이다. 예를 들면 다음과 같다.

(1) 阿Q‖在趙大爺家春了＜一天＞∣米.

(2) 山楂樹上‖綴＜滿＞了∣一顆顆紅瑪瑙似的果子.

(3) 他‖突然說＜出來＞∣一句讓大家吃驚的話.

두 번째 종류, 동사 – 빈어 – 보어이다. 이런 배열 중의 보어는 대부분 방향동사·수량구로 충당된다. 예를 들면 다음과 같다.

(1) 趙家的狗‖何以看 ∣我＜幾眼＞呢?

(2) 我‖已經等∣你＜三天＞了.

(3) 我‖去過∣西湖＜兩三次＞了.

세 번째 종류, 동사 – 빈어 – 보어 – 빈어이다. 이것은 이중빈어 사이에 보어가 나타난다. 예를 들면 다음과 같다.

(1) 他‖送過∣我＜兩次＞東西.

(2) 你‖通知∣他＜一下＞開會的事.

위의 보어는 반드시 동량사로 조성된 수량구여야 한다. 만약 물량사이면 수량구는 정어로 충당된다. 예를 들면 다음과 같다.

(3) 他‖送過∣我(兩包)東西.

(4) 請你通知∣他(一件)(重要)的事情.

예 (3)의 '兩包'와 예 (4)의 '一件'은 모두 빈어 중심 앞의 정어이다. 네 번째 종류, 동사 – 보어 – 빈어 – 보어이다. 이런 배열순서에서 합성추향동사는 하나를 둘로 나눈 것으로, 각각 장소빈어 혹은 대상빈어의 앞뒤에 놓인다. 예를 들면 다음과 같다.

(1) 李大爺‖心事重重地走<進>丨屋裏<來>.

(2) 這個裝神弄鬼的娘‖也說<不出>丨什麼道理<來>.

② 보어와 빈어의 식별

첫째, 문제를 제기하는 방식을 이용하여 식별할 수 있다. 보어는 위어 중심 '怎麼樣'을 보충 설명하며, 빈어는 동사가 관계되는 대상으로 '誰‧什麼'의 문제에 대답한다. 예를 들면 다음과 같다.

(1) 我‖已經寫丨信了. (무엇을 썼는가)

(2) 我‖已經寫<完>了. (어떻게 썼는가)

예 (1)의 '信'은 빈어로써 '寫什麼'라는 문제에 대답한다. 예 (2)의 '完'은 보어로써 '寫得怎麼樣'의 문제에 대답한다.

둘째, 품사의 특성을 이용하여 식별한다. 보어는 흔히 위사성 단어로 충당되고, 빈어는 흔히 명사성 단어로 충당되며, 만약 위사성 단어가 빈어로 충당되면 보통 술어는 심리활동을 나타내거나 감지를 나타내거나 시작과 결속을 나타내며, 대처하거나 처리하는 부류를 나타내는 단어이다. 예를 들면 다음과 같다.

(1) 他‖正在思考丨問題. (명사 빈어)

(2) 他‖思考得<周密>. (형용사 보어)

(3) 我們‖感到丨很愉快. (편정구 빈어)

(4) 我們‖玩得<很愉快>. (편정구 보어)

셋째, 구조형식을 이용하여 식별한다. 만약 동사 뒤에 장소명사가 있으면 장소명사는 빈어가 되는데, 예를 들면 '來上海'‧'住學校'‧'坐車'이다. 만약 동사 뒤에는 개사구가 있으면 개사구는 보어가 되는데 예를 들면 '來自上海'·'住在學校'·'坐在車上'이다.

넷째, 문장형식의 전환과 양사의 성질을 이용하여 식별한다. 동사 뒤의 성분을 개사 '把'를 이용하여 앞에 놓을 수 있으면 일반적으로 빈어이고, 앞에 놓일 수 없으면 보어이다. 예를 들면 '吃飯了'는 '把飯吃了'라고 말할 수 있으므로 '飯'은 빈어이며, '吃完了'는 '把完吃了'라고 할 수 없으므로, '完'은 보어이다.

동사 뒤에 수량구가 있을 때, 수량구는 빈어일 수도 있고 보어일 수도 있다. 만약 물량사라면 수량구는 빈어가 되는데 예를 들면 '買三斤'·'看兩本'이며, 만약 동량사라면 수량구는 보어가 되는데 예를 들면 '買三次'·'看兩遍'이다. 동시에 '把' 자를 앞에 놓는 방법으로 감별할 수 있다. '把三斤買了'·'把兩本看了'라고는 말할 수 있지만 '把三次買了'·'把兩遍看了'라고는 말할 수 없다. 그러므로 '三斤·兩本'은 빈어이고, '三次·兩遍'은 보어이다.

4. 정어(定語)

1) 정어의 구성

체사성편정구 가운데 수식성분이 정어이며, 문장에서 정어는 주어 중심과 빈어 중심 앞의 직접 수식성분이다. 정어로 충당되는 것으로는 주로 명사·동사·형용사·대명사 및 대부분 구이다. 예를 들면 다음과 같다.

(1) (何水生)的臉 ‖ 紅得像喝了燒酒一樣.

(2) 渡河前我們 ‖ 做了 | (周密)的準備.

(3) (那)(又濃又翠)的景象 ‖ 簡直是 | (一幅)(青綠)山水畵.

(4) (這)(令人心醉)的歌聲 ‖ 給 | 我們(無無比淸新)的快感.

동사가 정어가 될 때 편정관계와 술빈관계의 구분에 주의해야 한다. 만약 편정관계가 명확하다면 동사를 이용하여 직접 중심어를 수식할 수 있는데, 예를 들면 '活鷄・死狗・爛菜・復習提綱・增産措施・硏究成果'이며, 만약 술빈관계를 구성한다면 구조조사 '的'를 사용해야 하는데, 예를 들면 '買的衣服'・'做的家具'・'非常喜歡的顔色'・'昨天借的書'이다.

2) 다층정어

중심어를 수식하는 정어는 비교적 간단할 수도 있고, 상당히 복잡할 수도 있는데, 이런 복잡성은 주로 다음과 같은 두 가지 측면에서 나타난다. 첫째는 정어가 복잡구로 구성되어 있고, 자체의 구조도 복잡한 것이며, 둘째는 다층정어로 정어가 많아 정어와 중심어가 여러 개의 구조층위 형성하는 것이다. 그래서 문장을 분석할 때 정어의 개수의 확정과 층위의 식별문제가 발생할 수 있다. 예를 들면 '(我們單位)的(兩位)(朝氣蓬勃)的(年輕)人'에서 중심어 '人' 앞에 네 개의 정어가 있으며 네 개의 구조층위를 형성한다. 또 예를 들면 '魯迅是(在文化戰線上, 代表全民族的大多數, 向着敵人衝鋒陷陣)的(最正确, 最勇敢, 最堅決, 最忠實, 最熱愯)的(空前)的(民族)英雄'에서 정어 중심 '英雄' 앞에 네 개의 정어가 있는데 그 중 제1층 정어 '在文化戰線上, 代表全民族的大多數, 向着

敵人的衝鋒陷陣'은 하나의 복잡한 편정구이며, 제2층 정어는 '最正確·最勇敢·最堅決·最忠實·最熱愓'이며, 연합구로 충당되어있다.

다층정어의 매 정어 사이에는 직접적인 의미연결과 구조상의 조합관계가 없으므로 정어를 분석할 때 여러 개 정어를 모호하게 한 군데 모으면 안 되며, 마땅히 하나하나 분별하여 각각 표시해야 한다. 정어의 개수를 확정하려면 응당 다음의 두 가지 원칙을 따라야 하는데 하나는 구조원칙이고, 다른 하나는 의미원칙이다.

구조원칙이란 구분한 각종 정어가 반드시 구조가 완전한 의미단위여야 한다는 것이다. 단어이든지 구이든지 모두 단독으로 중심어와 편정관계를 구성할 수 있다. 만약 구가 전체적으로 정어로 충당될 수 있다면 가능한 구의 완전성을 지켜야 한다. 예를 들면 '(一件)(非常漂亮)的(紅)裙子'는 다층정어를 가진 편정구이다. 다층정어는 층위에 따라 중심어를 수식하는 것으로 다층정어의 중심어는 상대적인 것으로, 제일층위 정어는 '一件'이고, 중심어 '非常漂亮的紅裙子'를 수식하며, 제이층위 정어는 '非常漂亮'이고, 중심어 '紅裙子'를 수식하며, 제삼층위 정어는 '紅'이고, 중심어 '裙子'를 수식한다. 그 중의 '一件'과 '非常漂亮'은 모두 구 전체가 정어가 된 것이다.

의미원칙이란 분석한 결과가 정확하게 원래의 의미를 반영하는 것을 말한다. 예를 들면 '深綠色的潭水'에서 중심어 '潭水' 앞에 오직 하나의 정어가 있을 수 있다. '深'은 '綠色'을 수식하는 것이고, 색깔이 아주 짙다는 것을 나타내는 것으로, '深'은 '潭水'를 수식하는 것이 아니며, 담수가 깊다는 것을 나타내지 않는다. 만약 두 개의 정어로 나누면 구의 원래 의미에 부합되지 않는다.

다층정어의 배열순서는 규율성을 가지고 있을 뿐 아니라 또한 일정한 융통성도 가지고 있다. 대체적인 배열순서는 소속·수량·

상태・성질이다. 어떤 때 순서에 주의하지 않으면 모호의와 오해를 일으킬 수 있어, 의사소통에 영향 준다. 예를 들면 '兩位爸爸的朋友'는 쉽게 사람들의 오해를 사게 되는데 마땅히 '爸爸的兩位朋友'로 바꿔야 한다.

5. 상어(狀語)

1) 상어의 구성

위사성편정구 가운데 수식성분이 상어이며, 문장에서 상어는 위어 중심과 술어 중심 앞에 있는 직접 수식성분이다. 대다수의 실사와 구가 모두 상어가 될 수 있다. 자주 상어로 되는 단어들은 부사・형용사・능원동사・시간과 장소를 나타내는 명사・부분대사가 있다. 예를 들면 다음과 같다.

(1) 這裏的景色 ‖ [非常]美.

(2) 老人 ‖ [已經]休息了.

(3) 我 ‖ [能]去旅遊嗎?

(4) 老王 ‖ [1942年]參加革命.

(5) 你 ‖ [怎麼]來啦?

자주 상어가 되는 구로는 개사구・양사구・연합구・편정구 등이 있다. 예를 들면 다음과 같다.

(6) 同學們 ‖ [在大禮堂裏]表演 | 節目.

(7) 小趙 ‖ [被大家]選爲 | 班長.

(8) 李師傅∥[一年]幹了│兩年的活.

(9) 我們∥[要][嚴肅認眞]地對待│這件事.

(10) 他∥[非常誠懇]地邀請大家去.

시간명사와 장소명사는 이중의 성질을 가지고 있어, 시간, 장소의 성질을 가지고 있을 뿐만 아니라 사물성질도 가지고 있다. 문장에서 시간, 장소명사는 자주 상어가 되는데 예를 들면 '昨天我來到南京.'·'五月三日我們去九寨溝旅遊.'·'這個城市我有許多老朋友'와 같으며, 여기서 '昨天·五月三日·這個城市'는 동작행위가 발생한 시간을 나타내고 있으며 시간장소명사의 시간성과 장소성을 나타내고 있다. 시간, 장소명사는 또 주어가 될 수 있는데, 예를 들면 '昨天五一節'·'五月三日是值得紀念的日子'·'這個城市有非常雄偉的建築'와 같은데, 이들의 문장에서 '昨天·五月三日·這個城市'는 주어로, 설명의 대상이며, 시간, 장소명사의 사물적인 성격을 나타내고 있다.

2) 다층상어

다층정어와 마찬가지로 상어도 비교적 복잡한 상황이 나타나는데, 중심어 앞에 다층상어가 있다. 예를 들면 다음과 같다.

(1) 水生∥[却][鬆鬆爽爽][同他][一路]出去了.

(2) 這個人的逝世,∥[對於歐美戰鬪的無産階級],　[對於歷史科學][都]是│不可估量的損失.

(3) 我們不少人∥[就是][在這種暗無天日的歲月中][顚沛流離, 含辛茹苦]地度過了│大半生.

(4) 他的研究成果, ‖[在今天以至今後], [都][會][在生產鬪爭和科學實驗中][長久]地放出 ｜光輝.

(5) [立春過後], 大地‖[漸漸][從沈睡中]蘇醒過來.

(6) [前天], [在威海市的陶家奍], 我‖[又]看到 ｜一派更令人喜愛的秋色.

(7) [四點半之後], [當晨光初顯的時候], 水門汀路上和巷子裏, ‖[已經][被這些赤脚的鄉下姑娘]擠滿了.

다층상어의 분석은 다층정어의 분석처럼 마땅히 구조원칙과 의미원칙을 지켜야 하며, 다층상어를 한꺼번에 나누어서는 안 된다. 다층상어의 배열순서는 그다지 고정되지 않았으며, 어느 것이 앞에 놓이고 어느 것이 뒤에 놓이는지는 의미표현의 필요와 논리관계에 따라 정해야 한다. 하지만 어떤 때는 순서가 다르면 의미에 아주 큰 변화가 일어나기도 한다. 예를 들면 '不太了解'와 '太不了解', '不能來嗎'와 '能不來嗎', '只對你說一句話'와 '對你只說一句話'에서 상어의 순서가 달라지면 의미가 완전히 다르다. 때문에 다층상어의 순서문제는 마땅히 주의해야 한다.

6. 독립어(獨立語)

독립어는 비교적 특수한 문장성분이다. 구조에 있어서 독립어는 기타 문장성분과 직접적인 조합관계를 발생하지 않으며, 특정된 표현효과를 가지고 있어서 문장의 의미를 보충하며 표현을 더욱 풍부하고 세밀해지도록 할 수 있다. 독립어는 보통 일부 비교적 고정된 단어와 구로 충당되며, 그 위치는 비교적 자유로워, 문두에 쓰이거나 문미에 쓰이며, 또한 문장의 중간에 쓰일 수도 있다. 의미표현의 작용의 차이에 따라 독립어는 네 가지로 나눌 수 있다.

1) 삽입어

삽입어는 여러 가지 부가적인 의미를 나타내며 문장을 더욱 충분하고 엄밀하게 표현해 준다.

① 상대방의 주의를 불러일으키는 것. 예를 들면 다음과 같다.
(1) **你想**, 黃鼠狼 ‖ 給鷄拜年, 能安好心嗎?
(2) **你瞧**, 這孩子 ‖ 多可愛呀!
(3) 這幾天, **大家曉得**, 在昆明出現了歷史上最卑劣最無恥的事情!
이런 삽입어는 보통 '你看・你瞧・你們看・大家知道・大家曉得・請看・請注意' 등 구로 충당된다.

② 추측・짐작을 나타내는 것. 예를 들면 다음과 같다.
(1) **看樣子**, 他們 ‖ 對你和小兪並不太注意.
(2) 今天到會的, ‖ **少說一點**, 也有三千人.
(3) 當你看到靜靜的夜空中閃爍着寒光的小星星的時候, **說不定還會把他們當做螢火蟲呢**.
(4) **看起来**, 漢王朝在陰山一帶的戰略部署, ‖ 至少有三道防線.
이 부류의 삽입어는 흔히 '看起來・看樣子・說不定・充其量・少說一點' 등 단어로 충당되며, 표현하는 내용이 그렇게 확정되지 못하고 어조가 비교적 완곡하다.

③ 말하는 태도와 각도를 나타내는 것. 예를 들면 다음과 같다.

(1) 如果二十來個字母都認不得, **请恕我直言,** 那麼, 化學∥也大抵學不好的.

(2) **不瞒你说,** 我∥並沒有把這當回事.

(3) **在馬克思看来,** 科學∥是一種在歷史上起推動作用的、革命的力量.

(4) 但是**一般地说来,** 過遲的損失∥較之過早爲大.

이런 유형의 삽입어는 흔히 '請恕我直說 · 不客氣地說 · 不瞒你說 · 老實說 · 一般地說 · 在某某看來' 등 단어로 충당된다.

④ 긍정 혹은 강조의 어조를 나타내는 것. 예를 들면 다음과 같다.

(1) **很明顯,** 沒有高度發展的科學文化, 就很難在現社會立足.

(2) **不用說,** 他∥會在你需要的時候向你伸出援助之手.

(3) **毫无疑问,** 我們∥應該將工作的重點轉移到經濟建設上來.

(4) 各級幹部, **特別**是擔任主要領導工作的幹部, ∥都應該懂得一些本部門的專門知識.

이런 유형의 삽입어는 보통 '毫無疑問 · 十分明顯 · 不可否認 · 不用說 · 尤其是 · 特別是' 등 단어들로 충당된다.

⑤ 소식의 근거지와 의거를 나타내는 것. 예를 들면 다음과 같다.

(1) **據說,** 這∥就是梅雨潭之所以得名了.

(2) **聽說,** 杭州西湖的雷峰塔∥倒掉了.

(3) S會館裏有三間屋, **相傳**是往昔在院子裏的槐樹上縊死過一個女人的.

이런 유형의 삽입어는 보통 '據說 · 聽說 · 相傳 · 據了解' 등 단어로 충당된다.

⑥ 주석·보충과 예를 드는 것을 나타내는 것. 예를 들면 다음과 같다.

(1) 兩年前的此時, **即1931年的2月7日夜或8日晨**, ‖ 是我們的五
    個靑年作家同時遇害的時候.

(2) 每一個幹部, **包括高级領導幹部**, ‖ 都應該是人民的勤務員.

(3) 有些鳥, **例如啄木鳥**, ‖ 是人類的朋友.

이런 유형의 단어는 보통 '即……', '包括……', '例如……',
'正如……' 등 단어들로 충당된다.

⑦ 총괄과 앞뒤문장을 이어 주는 것을 나타내는 것. 예를 들면 다음과
    같다.

(1) 總之, 我 ‖ 覺得他是一個不肯出風頭、十分安分守己的人.

(2) **總而言之**, 白蛇娘娘 ‖ 終於在中了法海的計策之後, 被裝在
    一個小小的鉢裏了.

(3) **由此可見**, 問題 ‖ 並不那麼簡單.

이런 유형의 삽입어는 보통 '總之·總而言之·由此可見·反
之·此外' 등 단어들로 충당된다.

2) 호칭어

호칭어의 역할은 상대방을 부르는 데 쓰이며 상대방의 주의를
불러일으키거나 감정색채를 증가하는 것이다. 호칭어는 일반적으로
사람을 가리키며, 어떤 때는 물건을 사람처럼 부를 때도 있다. 호
칭어는 보통 문장의 처음에 있으며, 문장의 중간 혹은 마지막에
나타날 수도 있다. 예를 들면 다음과 같다.

(1) 孔乙己, 你臉上 ‖ 又添上新傷疤了.

(2) **朋友們**, 當你聽到這英雄事迹的時候, 你的感覺 ‖ 如何呢?

(3) **井岡山的毛竹**, 你 ‖ 是革命的竹子!

(4) **银杏**, 我 ‖ 不知道你爲什麼又叫公孫樹.

(5) **眞正的原因**, ‖ 柯里亞, 是我想認眞讀點書.

(6) 你說, 我這個體驗 ‖ 對嗎, **同志**?

3) 감탄어

감탄·놀람·응답과 같은 것을 나타내는 단어로 충당된다. 위치는 일반적으로 문장의 처음에 놓이며, 어떤 때는 문미에 놓이기도 한다. 예를 들면 다음과 같다.

(1) **哎喲**, 你們 ‖ 嚷什麼?

(2) **阿阿**, 你 ‖ 不知道他的力氣多麼大呀.

(3) **咦**, 你 ‖ 怎麼還沒走呢?

(4) 想得倒不錯, **哼**.

(5) 她的命運 ‖ 太悲慘了, **唉**.

(6) **嗯**, 我 ‖ 已經知道這件事了.

(7) **好**, 我們 ‖ 一塊走吧.

4) 의성어

의성어로 충당되며 사물의 소리를 모방하여 그 소리를 듣는 것과 같은 표현효과를 얻는 것이다. 예를 들면 다음과 같다.

(1) **咯喳**, 車把 ‖ 斷了.

(2) 嘀嗒嘀嗒, 鐘表 ‖ 不知疲倦地走着.

독립어의 사용은 비교적 복잡하다. 어떤 때 그것은 어느 한 문장성분에 대한 설명인데, 예를 들면 '我們的敎師, 特別是中小學敎師, 工作是很辛苦的.'에서 삽입어 '特別是中小學敎師'는 주어에 대한 설명이다. 어떤 때는 전체 문장을 상대한 것으로 예를 들면 '看樣子, 他又要搞什麼鬼把戲了.'에서 '看樣子'는 전 문장의 의미에 대한 추측과 짐작이다. 독립어는 보통 문장에서 한 곳에 나타나며, 어떤 때는 두세 곳에서도 나타난다. 예를 들면 다음과 같다.

(1) 老张, 你想, 我 ‖ 怎麼能幹出損人利己的事情來呢?

(2) 哎呀, 老张同志, 聽說你的研究成果 ‖ 獲獎啦!

예 (1)에는 두 곳에 독립어가 있는데 '老張'은 호칭어이고, '你想'은 주의를 불러일으키는 삽입어이다. 예 (2)에는 세 곳에 독립어가 있는데 '哎呀'는 감탄어이고, '老張同志'는 호칭어이며, '聽說'는 소식 근원지를 나타내는 삽입어이다.

독립어의 형식은 비교적 많으며, 마땅히 다른 문장성분과의 분별에 주의해야 한다. 독립어 뒤에는 보통 휴지(休止)가 있으며, 그렇지 않으면 문장구조와 성분의 변화를 일으키기 쉽다. 예를 들면 '班長, 我回來了'에서 '班長'은 호칭어이지만, 만약 휴지가 없이 '班長我回來了'의 문장이면 동위구로 변하여 '班長我'가 주어가 된다. 또 예를 들면 '轟隆隆, 幾聲巨響震得山搖地動'에서 '轟隆隆'은 의성어인데 만약 휴지가 없으면 '轟隆隆'은 '幾聲巨響'의 정어로 되며 더 이상 독립어가 아니다.

그 밖에 상대방의 주의를 불러일으키는 독립어와 주어는 다르다. 예를 들면 '你看, 那毛竹做的扁擔, 多麼結實'에서 '你看'은 상대방의 주의를 끌기 위한 삽입어이고, '你'는 주어가 아니며, '看'도 술어가 아니다. 그것은 '你'가 진술 설명의 대상이 아니기 때문이다.

또한 삽입어는 상어와 다르다. 예를 들면 '從歷史看, 黨八股是 對五四運動的一個反動.'에서 '從歷史看'은 말하는 사람의 각도를 나타내는 삽입어지 상어가 아니다.

독립어는 어느 한 성분을 수식하지 않으며 어느 성분과 구조관 계를 발생하지 않고 단지 일종의 의미를 보충하는 설명이거나 혹 은 어느 부분에 대한 해석과 강조이거나, 혹은 말하는 사람의 각 도이거나, 혹은 내용에 대한 추측 또는 짐작 등이다. 상어는 수식 작용이 있을 뿐만 아니라, 명확한 수식대상을 가지고 있다.

제2절 문장분석

1. 문장의 구조분석

문장구조의 분석은 어법지식을 운용하여 문장구조에 대해 세밀 한 분석을 진행하여, 문장의 각 성분이 어떤 단어 혹은 구로 충당 되었는지를 이해하고, 성분 사이의 구조관계와 구조층위를 명시하 여 문장의 구조기능과 구조유형을 총괄하고, 각종 문형의 표현작용 을 설명하는 것이다. 이렇게 하면 문장을 더욱 정확하게 이해하고, 문장의 옳고 그름을 식별하는 분석능력을 강화할 수 있으며, 언어 분석과 언어운용능력을 높일 수 있다. 하나의 문장은 흔히 많은 문장성분을 포함하고 있지만 그 문장성분들이 모두 하나의 동일한 구조층위에 있는 것은 아니다. 예를 들면 주위구에서 제일층위에서의 성분은 오직 두 개로 주어와 위어이다. 주어는 또 다시 주어 중심어와 정어로 분석할 수 있다. 위어는 또 다시 위어 중심어와 상어·보어 혹은 술어와 빈어로 분석할 수 있다. 이런 성분은 제 이층위에 있다. 문장의 성분은 단어로 충당될 수 있으며, 구로 충당될 수도 있다. 문장을 분석할 때 일반적으로 문장의 성분까지 분석한다. 만약 문장성분이 구로 충당되었으면 구 내부구조는 일반적으로 다시 분석할 필요가 없다. 만약 구 내부구조를 명확히 해야 한다면 떼어 내어 단독으로 분석할 수 있다.

액자식도해법은 비교적 번거롭기 때문에 사람들은 보편적으로 더욱 간단하고 편리한 '부호표기법'을 사용하여 문장을 분석한다. 이런 방법은 간단한 부호를 규정하여 의미관계와 문장성분을 나타낸다. 예를 들면 '‖'으로 주위관계를 나타내고, '│'으로 술빈관계를 나타내며, '═'은 주어 중심을 나타내고, '─'은 위어 중심(혹은 술어 중심)을 나타내며, '~'은 빈어 중심을 나타내고, '( )'은 정어를 나타내며, '[ ]'은 상어를 나타내고, '< >'은 보어를 나타내며, '△'는 독립어를 나타낸다. 예를 들면 아래와 같다.

(我們)班‖[昨天上午][在敎室]擧行了 │(很精彩)的(演講)比賽.

상술한 분석에서 제일층위에서 나눈 것은 주어 '我們班'과 위어 '昨天上午在敎室擧行了很精彩的演講比賽.'이며, 이것은 주위구의 두 개 직접성분이다. 제이층위는 각각 주어와 위어에 대하여 분석을 진행하였다. 주어에서 정어 '我們'과 주어 중심어 '班'을 분석하였고, 위어에서 상어 '昨天上午'와 중심어 '在敎室擧行了很精彩的演講比賽'를 분석하였다. 제삼층위에서 상어 '在敎室'와 중심어

'舉行了很精彩的演講比賽'를 분석하였다. 뒤에서 계속 술어와 빈어에 대하여 분석을 진행하여 모든 문장성분을 다 분석하기까지 이르렀다. 전반적으로 보면 이것은 하나의 동사성위어구이다. 여기에서 부호표기법은 문장성분을 명확하게 나타낼 수 있을 뿐만 아니라 일정한 정도에서 문장구조의 층위성을 나타낸다는 것을 알 수 있다.

다음은 문장을 분석할 때 마땅히 주의해야 할 일부 문제들을 예문 분석을 통하여 설명하고 있다.

(1) ［這時候］最熱鬧的, ‖［要］數 | 樹上的蟬聲與水裏的蛙聲.

예 (1)의 주어는 '的'자구로 충당되었다. '這時候'는 상어이고, 빈어 중심은 연합구로 충당되었으며, 연합구 내부의 정어 '樹上'·'水裏'는 분석할 필요가 없다.

(2) (我)的祖母 ‖［常常］［對我］說, | 白蛇娘娘就被壓在這塔底下.

(3) 你 ‖［不］相信 | 我住在這個膽瓶裏嗎?

예 (2), (3)의 빈어는 모두 주위구로 충당되었으며, 주위구의 내부구조는 분석할 필요가 없다.

(4) 母親 ‖ 教＜給＞ | 我 | 生産知識和革命的意志.

예 (4)는 이중빈어문이다. 간접빈어는 대명사 '我'로 충당되었고, 직접빈어는 연합구로 충당되었으며, 연합구 내의 정어는 표시할 필요가 없다.

(5a) 她 ‖ 對窮苦農民的同情和對爲富不仁者的反感却更加强烈了.

(5b) (她)對窮苦農民的同情和對爲富不仁者的反感 ‖［却］［更加］强烈了.

예 (5)는 두 가지로 분석할 수 있다. (5a)의 분석을 따르면 문장은 주위위어문으로 '她'는 진술의 대상으로 주어가 되며, 위어는 주위구 전체로 충당되었다. (5b)의 분석을 따르면 '她'는 정어이고,

주어 중심어는 연합구로 충당되었으며, 위어는 '却更加强烈了'이고, 진술대상은 '她'가 아니며, 그러므로 '她'는 주어가 될 수 없다. 두 가지 분석은 문장에 대한 서로 다른 이해를 나타내고 있는데, (5a)의 분석이 더욱 합리적인 듯하다. 그것은 문장이 나타내는 의미에서부터 보면 주로 '她'의 성격 품성상의 두드러진 특징을 설명하고 있으므로, '她'는 마땅히 대상이어야 한다.

(6) (這個)女人 ‖ [便]走 <到遠一點的地方>坐<下來>.

예 (6)은 연위문(連謂句)이다. 연위구가 위어가 될 때 일반적인 방법은 연위구 내부의 각 조성성분을 한 번 더 분석하는 것이다.

(7) 李大媽 ‖ 有(個)兒子[正在]上大學.

예 (7)은 겸어문이며, 겸어구가 위어가 되었고, '兒子'는 겸어성분이다.

(8) 他 ‖ [把我]逼得<走投無路>了.

(9) 林紅 ‖ [被衛兵][用一扇門板]擡了<出去>.

예 (8)은 '把'자문으로, '把'자로 조성된 개사구가 상어로 되었다. 예 (9)는 '被'자구로 '被'자로 구성된 개사구가 상어가 되었다.

(10) 總理呵, 你 ‖ 知道不知道, ‖ 他們不讓我完成您給的任務.

예 (10) 중의 독립어 '總理呵'는 다른 성분과 구조관계를 발생하지 않기 때문에 어느 한 구조층위에도 속하지 않는다. 술어는 연합구 전체로 충당되었다.

(11) (現在)的大青山, ‖ 樹木不多.

(12) (這些)(自然)現像 ‖ 我國勞動人民稱它爲物候學.

예 (11), (12)는 주위위어문이다. 주위구 전체가 위어로 충당되며, 내부구조는 다시 분석할 필요가 없다.

(13) <u>山脚下</u> ‖ <u>一片廣闊的平原</u>.

예 (13)은 명사성위어문이다. 주어는 방위구로 충당되며, 위어는 명사성구 전체가 충당된다.

(14) <u>樹林裏</u> ‖ [突然] <u>竄</u>＜出＞(一只) <u>老虎</u>＜來＞.

예 (14)는 존현문이다. 문두의 방위구가 주어가 되며, 빈어는 시사빈어이다. 빈어 앞뒤에 각각 하나의 보어가 있다.

(15) (一個)(令人難忘)的(寒冷)的<u>夜</u>.

예 (15)는 비주위문으로서 명사성구로 구성되었으며, 중심어 앞에 세 개의 정어가 있다.

어떤 단문은 비교적 길고 구조가 복잡하여, 분석할 때 마땅히 문장성분의 전체성에 주의해야 한다. 예를 들면 다음과 같다.

(16) <u>這</u> ‖ [就] <u>意味着</u>, ｜ <u>一切今天沒有的, 明天就會有；一切今天沒有達到的, 明天就會達到</u>.

예 (16)의 빈어는 비교적 복잡하며, 연합구로 충당되었다.

(17) <u>有無認眞的自我批評</u>, ‖ [也] <u>是</u> ｜ (我們和其他政黨互相區別)的(顯著標志)<u>之一</u>

예 (17)의 주어는 하나의 술빈구로 빈어 중심 '之一' 앞에 수식구가 충당된 정어가 있다.

(18) <u>母親沈痛的三言兩語的訴說以及我親眼看到的許多不平事實</u>, ‖ <u>啓發</u>了(我幼年時期反抗壓迫追求光明)的<u>思想</u>.

예 (18)의 주어는 연합구 전체가 충당되었으며, 구 내부의 다층 정어는 분석할 필요가 없다. 빈어 중심 '思想'의 정어는 주위구로 충당되었다.

(19) <u>那些耍猴子的鳳陽人、跑江湖絜紙花的石門人, 那些搖着串</u>

上銅錢的冬靑樹枝的乞丐, 以及號稱從五臺山、峨眉山下來

化緣的行脚僧人 ‖ [不]見了.

예 (19)의 주어는 비교적 복잡하며, 연합구 전체로 충당되었다.

(20) [那個時候], 人們 ‖ [對一身灰布制服, 一件本色的粗毛線衣,

或者自己打的一副手套、一雙草鞋], [都][很]有 ⼁感情.

예 (20)은 비교적 복잡한 상어를 가지고 있고 그 중 ‘對……’의 개사구는 비교적 긴데, 이런 상어들을 갈라 여러 가지 상어로 분석하는 것은 반드시 피해야 한다.

(21) (白求恩同志)(毫不利己專門利人)的精神, ‖ 表現<在他對工作的極端的負責任, 對同志對人民的極端的熱惋>.

예 (21)의 보어는 하나의 비교적 복잡한 개사구 ‘在……’로 충당되었다.

2. 문장의 의미분석

문장은 통사구조와 의미내용의 통일체로, 문장은 형식적인 분석 뿐 아니라 의미적인 분석도 해야 한다. 형식과 의미를 결합시켜야 하나의 문장에 대하여 더욱 과학적이고 합리한 해석을 할 수 있으며, 그 분석이 더욱 실용성이 있게 된다. 李臨定은 "의미와 형식의 관계가 이처럼 밀접하고 또한 문장을 분석하는 데 의미가 결정적 작용을 하기 때문에 우리는 어법을 분석할 때 마땅히 양자를 결합하여 ‘의미’가 어법 분석에서 발휘하는 작용을 충분히 고려하여 그것에 상응한 지위를 주어야 한다. 어법 분석에서 의미를 ‘홀시’하면 그것은 아마도 그렇게 총명한 태도는 아닐 것이다."150)라고 말했다. 다음은 자주 쓰이는 세 가지 의미분석법인 의미관계분석·의미지향분석·의미특징분석이다.

1) 의미관계분석

의미관계는 통사구조 뒤에 숨어 있는 단어 사이의 각종 의미관계를 가리킨다. 의미관계는 통사관계와는 다른데, 예를 들면 '門口站着一個人.'과 '門口放着一張桌.'는 문장형식은 같지만 빈어와 동사의 의미관계는 다르다. '站'에 대해 말하면 '人'은 시사이고, '放'에 대해 말하면 '桌'는 수사이다. 또 예를 들면 '客人已經走完了.'와 '信已經寫好了.'에서 통사구조는 같아서 모두 주위구지만, 주어 '客人'과 '走'는 '시사–동작'의 관계이며, 주어 '信'과 '寫' 사이는 '결과–동작'의 관계이다. 이것은 통사관계와 의미관계가 다르며, 주어는 반드시 시사가 아니면, 빈어도 수사가 아니라는 것을 설명한다. 동일한 통사관계가 사용하는 단어는 다르므로 서로 다른 의미관계를 나타낼 수 있으며, 마찬가지로 일종의 의미관계도 여러 가지 통사구조관계로 나타날 수 있다.

통사구조에서 의미관계는 매우 다양하다. 예를 들면 똑같은 명사성 단어의 조합이지만 그 통사관계는 다를 수 있는데, '今天星期五'는 주위관계이고, '今天晚上'은 편정관계이다. 똑같은 편정관계이지만 그 의미관계도 역시 아주 큰 차이가 있을 수 있는데, 예를 들면 '今天的事情'(시간소속관계)·'中國的事情'(장소소속관계)·

---

150) 「以語義爲基础的分析方法」, 『語法研究與探索』 6.

'大家的事情'(영속관계)·'小明的姐姐'(종속관계)·'狐狸尾巴'(예속관계)·'陝北紅棗'(출처관계)·'硬木沙發'(재료관계)·'金黃的頭髮'(유속(類屬)관계)·'理想的翅膀'(비유관계)이다.

동사와 명사성 단어 사이의 의미관계분석은 흔히 통사분석의 핵심이다. 명사성 단어가 주로 담당하는 의미역할은 여러 가지인데, 흔히 보이는 것은 다음과 같은 유형들이다.

① 시사(施事): 동작행위의 행위자를 가리킨다. 예를 들면 '孩子們在玩耍'·'小鳥在枝頭歌唱'이다. 시사는 개사 '被·讓·給·叫·由' 등이 이끌어 내기도 하는데 예를 들면 '大驢子被小老虎吃了'·'他讓老师批評了'이다.

② 수사(受事): 동작행위가 미치는 대상을 가리킨다. 예를 들면 '我們幹完了工作'·'小老虎吃了大驢子'이다. 수사도 또한 개사 '把·將'이 이끌어 내는데 예를 들면 '我把小說看了一遍'·'小鳥將巢安在繁花嫩葉中'이다.

③ 계사(系事): 판단형의 동사가 연결하는 대상을 가리킨다. 예를 들면 '劉璇是體操運動員'·'小剛成了一名戰士'이다.

④ 여사(與事): 동작행위의 간접적인 대상자를 가리킨다. 예를 들면 '朋友送我一支鋼筆', '他告訴大家一個好消息'이다. 여사도 또한 개사 '給'가 이끌어 내기도 하는데 예를 들면 '奶奶給小朋友講故事'이다.

⑤ 도구: 동작행위가 의지하여 실현하게 하는 의거 사물을 가리킨다. 예를 들면 '小孩要多曬太陽'·'我們坐大船'이다. 도구도 또한 개사 '用·拿·以·憑'이 이끌어 내기도 하는데 예를 들면 '別拿這話嚇我.'·'你憑什麼打人?'이다.

⑥ 시간: 동작행위가 발생한 시간을 가리킨다. 예를 들면 '回家

過春節’, ‘歡度國慶’이다. 또한 개사 ‘於·在·從·到’ 등이 이끌어 내기도 하는데 예를 들면 ‘出生於1942年’·‘旅遊安排在五一節’이다.

⑦ 장소: 동작행위가 발생한 장소 혹은 기점·종점을 가리킨다. 예를 들면 ‘他們住招待所’이다. 또한 개사 ‘從·在·到·至’ 등이 이끌어 내기도 하는데 예를 들면 ‘一起走到河邊’·‘躺在床上’이다.

⑧ 결과: 동작행위가 발생한 결과를 가리킨다. 예를 들면 ‘作家寫了一部長篇小說’·‘河上建起了一座大橋’이다.

⑨ 방식: 동작행위가 진행한 형식을 가리킨다. 예를 들면 ‘重視英語會話’·‘我們練習跳高’이다.

⑩ 원인: 동작행위가 발생한 원인을 가리킨다. 예를 들면 ‘他在醫院養傷’·‘企圖逃避打擊’이다. 또한 개사 ‘爲·因·因爲’ 등이 이끌어 내기도 하는데 예를 들면 ‘他因爲這件事被開除了’이다.

⑪ 목적: 동작행위가 도달하려는 목적을 가리킨다. 예를 들면 ‘小玲正準備考研究生’·‘倆人在籌備婚禮’이다. 또한 개사 ‘爲·爲了’가 이끌어 내기도 하는데 예를 들면 ‘老人爲孩子的事傷透了心’이다.

⑫ 대상: 동작행위의 대상을 가리킨다. 예를 들면 ‘我們討厭這些虛僞的謊言’·‘批評了孩子’이다. 또한 개사 ‘向·對’가 이끌어 내기도 하는데 예를 들면 ‘對人民負責’·‘向家長做出保證’이다.

⑬ 사사(使事): 동작행위를 하게 하는 대상을 가리킨다. 예를 들면 ‘要繁榮市場.’·‘這事涼了大家的心’이다.

동사와 명사 사이의 여러 가지 의미관계를 '격(格)관계'라고도 부르는데, 명사성 단어와 동사는 직접적으로 조합할 수 있으며, 또한 개사로 이끌어 낼 수도 있다. 그래서 개사를 '격표기'라고 부른다. 동사와 명사성 단어 사이의 의미관계는 쌍방이 공동으로 결정한 것이며, 동일한 동사와 다양한 명사성 단어가 조합하여 서로 다른 의미관계를 나타낼 수 있다. 예를 들면 명사와 동사 '打'가 구성한 동빈(動賓)형식의 통사관계에서 의미관계는 여러 가지 종류가 있다. 예를 들면 '打針'(도구), '打人'(수사), '打井'(결과), '打官司'(방식), '打水'(목적)이다. 또 예를 들면 '考公務員'에서 동사 '考'와 명사 '公務員'은 여러 가지 의미관계가 있는데 만약 '동사 –수사'의 관계라면 공무원에 대한 심사를 진행하는 것을 나타내며, 만약 '동사–목적'의 관계라면 공무원자격을 얻기 위하여 시험을 친다는 것을 나타낸다. 명사가 다르면 의미관계도 다른데 예를 들면 '買衣服'(수사), '買放心'(목적), '買包月'(방식), '買保險'(원인)이다. 의미관계의 분석은 표면에 드러난 구조관계를 투과하여 감추어진 의미의 함의를 꿰뚫어 보게 하며, 비교적 합리적이고 전면적으로 구조와 의미표현의 관계를 해석하는 데 도움을 준다.

2) 의미지향분석

의미지향은 통사구조의 어느 한 성분이 기타 성분과 의미적인 연계를 발생하는 것을 가리킨다. 예를 들면 상어의 통사기능은 중심어에 대한 수식과 제한이지만, 의미상으로는 여러 가지 성분과 연계될 수 있는데, 예를 들면 '姐姐熱情地沏了一杯茶'에서 상어

'熱情'의 통사기능은 위어 중심어 '沏'를 수식하는 것이지만 의미
는 주어 '姐姐'를 지향하고 있다. 즉 '姐姐沏茶＋姐姐熱情'이다.
'姐姐濃濃地沏了一杯茶'에서 상어 '濃濃'의 의미는 빈어 '茶'를
지향하는데 이는 즉 '姐姐沏茶＋茶濃'이다. '姐姐剛剛沏了一杯
茶'에서 상어 '剛剛'의 의미는 중심어 '沏'를 지향하며, 차를 타는
시간이 짧음을 나타낸다. 즉 '姐姐沏茶＋剛剛沏的'이다. '지향'와
'항목'의 개념을 사용하면 정확하게 통사구조의 의미지향을 해석할
수 있다. '지향'은 의미연계의 방향이며 하나를 가리킬 수도 있고,
몇 개를 가리킬 수도 있다. '항목'은 어느 한 단어와 의미에서 연
계를 발생하는 성분의 다소를 가리키는 것으로 하나의 항일 수도
있고, 여러 개의 항일 수도 있다. 예를 들면 부사 '只'는 뒤쪽 성
분을 지향하는 다항부사(後指多項副詞)로 그 의미지향은 일정한
선택성이 있다. 위어가 동빈구이면 '只'의 의미는 먼저 빈어를 지
향하는데, 예를 들면 '我只買了蘋果'이다. '只'의 의미는 '蘋果'를
지향하며, 사과 이외에 다른 과일을 사지 않았다는 것을 나타낸다.
만약 빈어가 수식구라면 '只'의 의미는 먼저 수식어를 지향하는데,
예를 들면 '我只買了紅富士蘋果'이다. '只'의 의미는 '紅富士'를
지향하는 것으로, 사과의 품종을 말한다. 만약 빈어 중심 앞에 몇
가지 수식어가 있다면 '只'의 의미는 우선 제일 바깥층의 수식어
를 가리킨다. 예를 들면 '我只買了三斤紅富士蘋果'이다. '只'의
의미는 '三斤'을 지향하며, 물건을 산 수량의 많고 적음을 나타낸
다. 이런 의미지향은 구어에서 흔히 어법 강세(重音)로 표현된다.
다른 방면에서 이런 의미지향은 말하는 사람들이 중심으로 표현하
고자 하는 것의 차이에 따라, 논리적인 강세를 통하여 조절을 할
수도 있다. 예를 들면 '我只買了三斤紅富士蘋果.'에서 만약 강세

를 '紅富士'에 두면 다만 빨간 부사 사과만 사고 다른 품종의 사과를 사지 않았다는 것을 나타내며, 만약 논리적인 강세를 '買'에 두면 사기만 하고 검사하거나 맛을 보는 다른 행위가 없음을 타나낸다. 의미지향의 분석중점은 직접적인 통사 조합관계가 없는 성분 사이의 의미 연계, 즉 비직접성분 사이의 의미 연계를 명시한다. 다음은 몇 가지 통사성분의 의미지향에 대한 분석이다.

① 상어의 의미지향분석

가. 의미가 뒤의 중심어를 지향한다. 예를 들면 '咱們明天見.'에서 상어 '明天'의 의미는 중심어 '見'을 지향하며, 만나는 시간을 설명한다. '你怎麼來的?'에서 상어 '怎麼'의 의미는 중심어 '來'를 지향하며, 오는 방식을 물어보고 있다.

나. 의미가 앞의 주어를 지향한다. 예를 들면 '果子一筐一筐地堆成了小山.'에서 상어 '一筐一筐'의 의미는 주어 '果子'를 지향하며 사과가 많음을 나타낸다. '我們要批判地継承古代文化遺産.'에서 상어 '批判'의 의미는 주어 '我們'을 지향하며 주어가 어떤 계승방법을 취하였는가를 설명한다.

다. 의미는 뒤의 빈어를 지향한다. 예를 들면 '他在信的末尾整整齊齊地寫上問候的話.'에서 상어 '整整齊齊'의 의미는 빈어 '話'를 지향하며, 써낸 글이 아주 정연함을 나타낸다. '他向連長非常規範地形了一個軍禮.'에서 상어 '非常規範'의 의미는 빈어 '軍禮'를 지향하며 군사예절이 아주 규범에 맞다는 것을 설명한다.

라. 의미는 개사가 이끌어 낸 대상을 지향한다. 예를 들면 '小孩把玩具亂七八糟地扔了一地.'에서 상어 '亂七八糟'의 의미는 '玩具'를 지향하며 완구가 엉망진창임을 말한다. '他們把獎狀高高地

掛在墻上.'에서 상어 '高高'의 의미는 '獎狀'을 지향하며, 상장의 위치가 높음을 설명한다.

만약 중심어 앞에 상어가 하나뿐이 아니라면, 이런 상어의 의미 지향은 일치할 수도 있고, 일치하지 않을 수도 있다. 예를 들면 '他拼命地向前擠.'에서 두 개 상어 '拼命·向前'의 의미는 모두 주어 '他'를 지향한다. '隊長多次嚴厲地批評他.'에서 상어 '多次'의 의미는 중심어 '批評'을 지향하고, 꾸짖음의 횟수가 많음을 설명하며 그 의미관계는 '隊長批評＋批評了多次'이다. 상어 '嚴厲'의 의미는 주어 '隊長'을 지향하며, 대장의 태도가 엄격함을 설명하고 있는데 그 의미관계는 '隊長批評＋隊長嚴厲'로 나타난다.

② 보어의 의미지향분석

가. 앞의 중심어를 지향한다. 예를 들면 '大家吃罷了飯.'에서 보어 '罷'의 의미는 중심어 '吃'를 지향하며, '吃'라는 동작이 끝났음을 나타낸다. '請你走慢點, 別着急.'에서 보어 '慢'의 의미는 중심어 '走'를 지향한다.

나. 주어를 지향한다. 예를 들면 '大家走累了, 歇會兒'에서 보어 '累'의 의미는 주어 '大家'를 지향하며 그 의미관계는 '大家走＋大家累了'이다. '幾個人都吃飽了飯.'에서 보어 '飽'의 의미는 주어 '幾個人'을 지향하며, 그 의미관계는 '人吃飯＋人飽了.'이다.

다. 빈어를 지향한다. 예를 들면 '幾個人吃光了飯.'에서 보어 '光'의 의미는 빈어 '飯'을 지향하며, 그 의미관계는 '人吃飯＋飯光了'이다. '大家吃完了所有的饅頭.'에서 보어 '完'의 의미는 빈어 '饅頭'이며, 그 의미관계는 '大家吃饅頭＋饅頭完了'이다.

라. 개사가 추천하고 소개한 대상을 가리킨다. 예를 들면 '幾個

人把飯吃光了.'에서 보어 '光'의 의미는 개사빈어 '飯'을 지향하며 밥이 조금도 남지 않다는 것을 설명한다. '小張把自行車騎壞了'에서 보어 '壞'의 의미는 개사빈어 '自行車'를 가리키며, 자전거가 고장이 났음을 설명한다.

③ 정어의 의미지향분석

가. 뒤의 중심어를 지향한다. 예를 들면 '他們村裏出了三個百歲老人.'에서 정어 '三個·百歲'의 의미는 모두 중심어 '老人'을 지향한다. '他是非常優秀的靑年.'에서 정어 '非常優秀'의 의미는 중심어 '靑年'을 지향하며 청년이 어떠한지를 설명한다.

나. 앞의 주어를 지향한다. 예를 들면 '大家度過了一個難忘的夜晚.'에서 정어 '難忘'의 의미는 주어 '大家'를 지향한다. '我們作了一次坦誠布公的談話.'에서 정어 '坦誠布公'의 의미는 주어 '我們'을 지향한다.

단어의 의미지향이 경우에 따라 단일한 것이 아니라 동시에 여러 가지 대상을 지향할 수도 있다. 예를 들면 '我做錯了數學題.'에서 보어 '錯'는 동시에 주어 '我'와 빈어 '數學題'를 지향하며, 즉 '我'가 틀렸을 수도 있고, '數學題'가 틀렸을 수도 있다. 동시에 '錯'의 의미는 또한 앞의 위어 중심 '做'를 지향할 수도 있어서 잘못하였음을 나타내며, 그 의미관계는 '他做題＋做錯了'이다. 또 예를 들면 '和我們來往的朋友也是老老實實的貧苦農民.'에서 정어 '老老實實'의 의미는 주어 '朋友'를 지향하기도 하고, 빈어 '農民'을 지향하기도 한다. 또 예를 들면 '小勇成了一名優秀的戰士.'에서 정어 '優秀'는 동시에 주어 '小勇'과 빈어 '戰士'를 지향한다. 이런 문장의 위어 중심은 일반적으로 판단이나 '～이 되다'는 유형의 의미를 나타내는 동사로 그 주어와 빈어는 같은 사람과 사물을 가리킨다.

　의미지향은 때로는 단어 의미의 제약을 받기도 한다. 예를 들면 '大家吃完了饅頭.'에서 보어 '完'의 의미는 중심어 '吃'를 지향하며, 먹는 동작이 끝났음을 나타내기도 하고, 빈어 '饅頭'를 지향하여 만두가 없음을 나타내기도 한다. 그러나 만약 '大家吃完了所有的饅頭.'면 '完'의 의미는 단지 빈어 '饅頭'만 지향하는데 그것은 정어 '所有'의 수식이 있기 때문에 '完'은 다만 모든 만두를 상대하여 이르는 말로써 만두가 없음을 나타낸다. 또 예를 들면 다음과 같다.

　(1) 奶奶給我們講了一個美麗的故事.

　(2) 奶奶給我們講了一個傷心的故事.

　예 (1)의 '美麗'는 의미에서 다만 '故事'를 수식하고 다른 성분을 수식하지 못하며, 그러므로 그 의미지향은 단일한 것이다. 예 (2)의 '傷心'은 의미에서 '故事'를 수식하지 못하며, 상심한 사람은 '奶奶'와 '我們'이므로 그 의미는 주어와 개사의 빈어를 지향한다.

　의미지향분석은 문장성분 사이의 관계를 합리적으로 분석할 수 있다. 예를 들면 다음과 같다.

　(3) 我們終於戰勝了敵人.

　(4) 我們終於戰敗了敵人.

　예 (3)의 보어 '勝'의 의미는 주어 '我們'을 지향하며 우리가 이겼다는 것이다. 예 (4)의 보어 '敗'의 의미는 빈어 '敵人'을 지향하며 적이 패하였다는 것이다. '勝'과 '敗'는 한 쌍의 반의어(反義語)이지만 같은 통사구조 속의 같은 위치에 쓰여서 나타내는 의미도 예상외로 구분이 없어 모두 우리가 이겼다는 것이다. 이러한 근본 원인은 보어의 의미지향이 다르기 때문이다.

의미지향분석은 사람들로 하여금 문장 의미에 대한 이해를 더 깊고 전면적으로 하도록 해 준다. 예를 들면 '我做錯了數學題.'는 의미 환경이 다름에 따라 서로 다른 의미를 나타내는 기능이 있다. 만약 보어 '錯'의 의미가 주어 '我'를 지향하면, '我'가 틀렸음을 나타내며, 그가 적용하는 언어환경은 다른 사람들은 다 맞게 하였지만 오직 '我'가 틀렸다는 것이다. 만약 '錯'의 의미가 위어 중심 '做'를 지향하면, 나의 생각 혹은 이해는 맞았지만, 하는 과정에서 착오가 나타난 것이다. 만약 '錯'의 의미가 빈어 '數學題'를 지향하면, 그것이 적용하는 언어환경은 어문(語文)문제는 맞게 했지만 수학문제는 틀리게 했다는 것이다.

3) 의미특징분석

의미특징은 단어가 조합관계에 대하여 어떤 선택성의 구분특징을 가지고 있다는 것을 가리킨다. 단어와 단어가 조합할 때, 어법의 제한을 받을 뿐만 아니라 의미의 제한도 받는데 이런 제한은 단어와 단어가 조합할 때 선택성을 가지게 된다. 어떤 단어는 조합될 때 서로 적용될 수 있어 조합될 수 있으나, 만약 그렇지 않으면 조합될 수 없는데, 이것이 바로 단어가 나타내는 의미특징이다. 예를 들면 동사 '洗'와 조합할 수 있는 수사 단어는 마땅히 [＋형체]·[＋비교적 작은]과 같은 의미특징을 가지고 있어야 하는데, 예를 들면 '衣服·被褥·身體' 등의 단어는 이런 특징을 가지고 있기 때문에 '洗'와 조합할 수 있다. '空氣·雲霧·哲學' 등은 상술한 특징을 가지고 있지 않은 단어들이기 때문에 '洗'와 결합할 수 없다. 또 예를 들면 동사 '享受'와 조합할 수 있는 단어들은 마땅히 [+느낄 수 있는]·[+만족]의 의미특징을 가지고 있어야 하는데 예를 들면 '享受陽光·享受生活·享受母愛' 등으로 '陽光·生活·母愛'는 모두 사람이 느끼는 것이며 또한 사람들로 하여금 유쾌하고 만족을 느끼게 할 수 있기 때문이다. '思想·道德·痛苦·垃圾' 등 단어들은 어떤 것은 느낄 수 없는 것이고, 어떤 것은 사람들로 하여금 만족을 느끼지 못하게 하므로 '享受'와 조합할 수 없다. 조사 '着'과 조합할 수 있는 동사들은 마땅히 [+지속]의 의미특징을 가지고 있어야 하는데, 예를 들면 '走·跑·睡·說·勞動·討論' 등은 상술한 특징을 가지고 있어 뒤에 '着'를 더할 수 있지만 '[+지속]'의 특징을 가지지 못한 '死·畢業·結束·起來·打倒·明白' 등은 짧은 시간에 완성되는 동작행위를 나타내고 연장하거나 지연시키지 못하므로 뒤에 '着'을 붙일 수 없다. 또 예를 들면 현대한어의 명사는 일반적으로 정도부사의 수식을 받지 못하지만 사람들은 흔히 '他們戰鬥在最前線'·'老人走在最後面'·'這些人生活在最底層'으로 말한다. 상술한 예문에서 명사 '前線·後面·底層'은 모두 정도부사 '最'의 수식을 받았는데 이는 이런 유형의 명사가 모두 [+방위사]의 의미특징을 가지고 있으며, 방위는 앞, 뒤, 위, 아래의 구분이 있고, 앞, 뒤, 위, 아래는 또 정도상의 차별이 있기 때문에 정도를 나타내는 부사의 수식을 받을 수 있다. [+방위]라는 의미특징이 없는 단어, 예를 들면 '學校·國家·馬路·辦公室' 등은 정도부사의 수식을 받을 수 없다. 마찬가지로 정도부사 '很'은 일반적으로 명사를 수식하지 않지만 다음과 같이 표현될 수 있다.

她顯得很青春.

這幢住宅樓很現代.

他長着一張很中國的臉.

他很紳士地對大家點點頭.

這人表現得很阿Q.

상술한 표현에서 명사 '靑春‧現代‧中國‧紳士‧阿Q'는 모두 정도부사 '很'의 수식을 받는다. '很＋N'의 격식에 들어갈 수 있는 명사 N은 의미에서 모두 공통적인 특징이 있다는 것을 알 수 있다. 즉 나타내는 사람 혹은 사물이 어느 한 방면에서 두드러진 특징을 가지고 있는데, 이 특징이 말하는 사람에게 깊은 느낌을 남겨 주었기 때문에 이런 특징을 가지고 있는 사람 혹은 사물을 언급할 때 직접 아주 간결하고 세련된 '很＋N'의 형식으로 표현하고 있다.

단어의 조합은 의미특징의 제한을 받는데 문장형식의 선택도 마찬가지로 의미의 제약을 받는다. 예를 들면 일반적으로 위사성 단어 뒤에는 동태조사 '了'를 더하여 동태를 나타내는 반면 명사 뒤에는 '了'를 더하지 못하지만 다음과 같이 표현할 수도 있다.

已經中學生了, 還這麽淘氣!

幾年不見, 已經大姑娘了.

都老夫老妻了, 還照什麽相!

都21世紀了, 還那麽守舊!

'NP＋了' 문장형식의 의미특징은 상황이 원래와 같지 않으며 이미 새로운 변화가 일어났음을 설명한다. 구조상에서 'NP＋了'는 일반적으로 단독으로 나타나지 않으며, 앞뒤에 그 의미와 서로 대립되는 문장으로 대비를 이룸으로써 나타내고자 하는 의미를 두드러지게 한다. 'NP＋了'의 문장형식에 들어갈 수 있는 NP는 반드시 [＋변화성]이라는 의미특징을 갖추고 있어야 하는데, 즉 NP가 나타내는 개념은 상관되는 기타 개념에서 변화되어 온 것으로 그 속에서 변화발전의 과정을 내포하고 있다. 예를 들면 '中學生·大姑娘·老夫老妻·21世紀'은 각각 '小學生·小姑娘·年輕夫妻·20世紀'에서 변화한 것이다. '桌子·嬰兒·女孩'와 같은 명사는 [＋변화성]의 의미특징을 가지고 있지 않기 때문에 'NP＋了'의 문장형식에 들어갈 수 없으며, '桌子了·嬰兒了·女孩了'라고 말할 수 없다.

의미특징의 분석은 사람들이 문장의 옳음과 그름을 분석 식별하는 데 도움을 주고 있다. 예를 들면 '參加學習的人數提高了很多.'이다. 이것은 어법상 착오가 있는 문장이며, 일반적으로 주어와 위어의 조합이 적합하지 않다고 해석하는 데, 왜 조합이 합당하지 않은지 종종 정확하고 세밀한 설명이 부족하다. 의미특징의 측면에서 보면 명사 '人數'와 조합할 수 있는 동사는 반드시 [＋증감]의 의미특징을 가지고 있어야 하는데 '提高'의 의미특징은 [＋고저]이기 때문에 '提高'를 '增加'로 바꾸어야 한다.

의미특징의 분석은 같은 형태이지만 구조가 다른 현상을 비교적 합리적으로 해석할 수 있는데, 예를 들면 '倒了一杯茶'에서 그 의미는 'a. 倒掉了一杯茶'일 수도 있고, 'b. 倒上了一杯茶'일 수도 있는데, 문장의 의미가 다른 것은 '倒'가 두 문장에서의 의미특징이 다르기 때문이다. '倒a'는 [＋없애버림]의 의미특징이 있고, '倒b'는 [＋획득]의 의미특징이 있다. 이와 같이 다의(多義)현상을 일으키는 원인을 합리적으로 해석할 수 있다.

단어의 의미특징은 통사구조에 일정한 영향을 주는데 문장을 분석할 때 관계있는 어법규칙을 깊이 있게 명시하기 위해서는 반드시 의미특징의 분석에 주의를 기울여야 하지, 단지 언어의 구조분석에만 만족해서는 안 된다. 예를 들면 '屋裏放着辦公桌'와 '屋裏

演着文藝節目'에서 양자는 모두 존현문이며, 단어의 순서도 같고, 구조층위와 구조관계도 일치하지만 변환방식이 다르다.

屋裏放着辦公桌→ 辦公桌放在屋裏, ＊ 屋裏正在放辦公桌

屋裏演着文藝節目→ ＊ 文藝節目演在屋裏, 屋裏正在演文藝節目

같은 유형의 구조에서 '放'과 바꿀 수 있는 동사는 '坐·站·躺·掛·貼·寫·戴' 등이 있는데, 예를 들면 '屋裏坐着客人', '門口站着一個人'과 같다. 이런 동사들과 '放'은 같은 변환방식을 가지고 있다. 같은 유형의 구조에서 '演'과 바꿀 수 있는 동사는 '跳·敲·唱·哼·炒·學' 등이 있으며, 예를 들면 '臺上跳着芭蕾舞', '街上敲着鑼鼓'로 이런 동사들과 '演'은 같은 변환방식을 가지고 있다. 비교분석을 통하여 두 그룹의 동사들은 서로 다른 의미특징을 가지고 있으며, 앞의 유형의 동사는 [＋부착]의 의미특징이 있어 '어떤 사물에 부착하는'의 의미를 함유하고 있는 반면, 뒤의 유형의 동사는 [＋부착]의 의미특징을 가지고 있지 않다. 의미특징이 다르기 때문에 두 문장의 어법관계는 실제적인 차이가 존재한다.

3. 문장의 동태(動態)분석

문장구조분석은 문장 자체의 구조에 대하여 진행한 성분분석이며, 각 성분이 어떤 단어로 충당되고 성분 사이의 의미관계와 구조층위를 가리키며, 아울러 문장의 특징에 의거하여 문형(句型)을 귀납해내고 문장구조의 법칙성을 찾아내는 것이다. 이런 분석은 문장구조에 대하여 진행한 정태분석에 속한다.

현재의 어법연구는 더 이상 문장에 대하여 고립적인 추상분석에만 만족하지 않고, 어법을 분석할 때 반드시 다각도와 다층면에서 이루어져야 한다고 주장하고 있다. 의사소통 과정 속에 놓여 있는 문장을 관찰하여야 하며, 문맥이 문장의 의미와 구조에 어떤 영향을 주어 문장에 어떤 변화를 일으키는지 등등 살피는 것이다. 정태의 방법과 동태의 분석을 서로 결합시키는 방법을 채용하려면, 마땅히 통사·의미·화용의 세 가지 방면의 분석을 결합시켜야 하는데, 즉 언어의 사용을 결합시켜 문장을 분석해야 한다. 통사는 문장의 구조방식과 성분 사이의 구조관계 및 층위관계를 가리키며, 의미는 문장의 내용과 성분 사이의 의미관계와 특징 등을 가리키며, 화용은 언어를 사용하는 상황을 가리키는데, 예를 들면 말하는 의도와 중점에 근거하여 서로 다른 표현방식을 선택하는 것으로 구조의 변화·문장의 생략·성분의 자리이동·어기의 전환 및 언어환경의 언어에 대한 제약과 여러 가지 표현방식의 효과적인 측면에서의 차이 등을 포함한다. 예를 들면 '幹完了活兒'은 구조상에서 술빈관계지만 몇 가지 내용이 있다. '活兒'이 끝나서 일이 없음을 나타내기도 하고, '幹'의 동작행위가 이미 끝나 더 이상 하지 않음을 나타내기도 한다. 이런 내용의 차이는 보어 '完'의 의미지향의 차이로 만들어진 것으로 만약 '完'의 의미가 '活兒'을 지향하면 일이 끝났다는 것이고, 만약 '幹'을 지향하면 '幹'의 행위가 끝났다는 것이다. 그래서 단지 문장의 표층구조만 분석해서는 안 되며, 마땅히 심층의 의미관계를 분석해야 한다. 또 예를 들면 '考學生'은 단지 하나의 의미관계만을 나타낼 수 있어서 '學生'은 단지 시험을 받는 사람이지만, '考律師'는 두 가지 의미관계가 가지고 있어서, 변호사가 시험을 받는 것을 가리키기도 하고, 변호사 직업에 합격하는 것을 가리키기도 한다. '考學生'·'考數學'·'考高中'은 모두 술빈관계이지만, 술어와 빈어의 의미관계는 서로 다르다.

어법·의미·화용은 언어의 서로 연관되어 있는 세 평면(平面)이다. 어법은 형식에 속하고, 의미는 내용에 속하며, 의미는 일정한 형식을 선택하여 운용된다. 어법조합은 반드시 의미의 조합 가능성에 의거해야 한다. 예를 들면 동사 뒤에 조사 '了·着·過'를 지닐 수 있는 것은 동사가 나타내는 동작행위가 동태의 구분이 있기 때문이다. 부사 '很'은 형용사 '勇敢'과 '很勇敢'으로 조합될 수 있지만 '勇氣'와 조합할 수 없는 것은 형용사 '勇敢'은 [＋정도]의 의미특징이 있기 때문에 정도를 나타내는 '很'과 조합할 수 있는 것이다. '勇氣'는 상술한 특징이 없기 때문에 '很'과 조합할 수 없다. 이것이 바로 의미의 제약이다. 모종의 특징적인 어법의미를 나타내는 형식을 어법형식이라고 하며, 어법형식을 통하여 드러나는 의미를 어법의미라고 한다. 의미에서 시작하여 형식에 이르는 것이 일반적인 어법연구의 통칙이다. 왜냐하면 형식은 일정한 외부 표지를 가지고 있어 비교적 쉽게 발견할 수 있기 때문이다. 어법의미를 연구의 출발점으로 삼아 형식적인 증명을 찾아내고, 반대로 또한 어법의미를 더욱 정확하고 과학적으로 해석하도록 한다. "하나하나의 어법구조체는 모두 어법형식과 어법의미의 통일체이다. 어법의미가 없으면 어법형식도 말할 수 없다. 이와 반대로, 어법형식이 없으면 어법의미도 의탁할 곳이 없다. 어법형식과 어법의미는 서로 의존적이다. 그 어떤 과학적 가치가 있는 어법연구라 해도 모두 반드시 이 양자와 양자 사이의 관계를 대상으로 삼아야 한다. 어법연구의 근본적 목적은 바로 무엇이 어법형식과 어법의미인지를 심도 있게 연구하는 것이며, 아울러 그들 사이에 복잡하게 뒤

얽힌 대응관계를 탐구하는 것이다."151) 이것은 어법형식과 어법의
미의 연구는 모두 매우 중요하다는 것을 설명하는 것이다. 어법형
식에는 두드러진 것[현성(顯性)]과 감추어진 것[은성(隱性)]의 두
가지가 있다. 한어에서 현성어법형식은 주로 어순과 허사이며, 은
성어법형식은 비교적 여러 가지가 있는데, 분포 · 조합 · 변환 등이
이에 속한다. 邵敬敏은 어법형식은 반드시 세 가지 성질을 구비해
야 한다고 하였다. ① 추상성으로, 개별적이고 구체적인 어법구조
에서 추상해내는 것이고, ② 해석 가능성으로, 해당 어법형식에 상
응한 어법의미를 해석해내는것이며, ③ 표지성으로, 사람들이 모두
느낄 수 있는 일종의 표지가 있어야 한다는 것이다. 어법의미는
다만 어떤 어법형식이 나타내는 의미로 그것 역시 세 가지 성질을
가지고 있다. ① 개괄성으로, 같은 유형의 어법형식을 해석할 수
있으며, ② 검증 가능성으로, 어법형식으로 검증할 수 있는 것이
며, ③ 객관성으로, 즉 연구자의 주관적 분석의 영향을 받아 변화
되지 않는 것이다.

화용은 사람과 언어부호와의 관계를 가리키는 것으로 어떤 어법
규칙과 격식도 모두 화용의 필요에 의해 생산된 것이다. 화용적
차이는 종종 문장구조방식의 차이와 의미관계의 변화를 결정한다.
예를 들면 다음과 같다.

(1) 風吹開了門.

(2) 風把門吹開了.

(3) 門被風吹開了.

의미관계에서 보면 상술한 세 가지 문장은 일치성을 가지고 있는
데 '風'은 시사이고, '門'은 수사이며, '吹'는 동작행위이고, '開'는

---

151) 邵敬敏, 『漢語語法的立體研究』 1쪽.

결과이다. 그러나 화용상으로 보면 세 가지 문장은 분명히 다른 점이 있다. 예 (1)은 일반적인 동사성 빈어를 가진 주위문으로 객관현상에 대한 서술에 속한다. 예 (2)는 '把'자문으로 처치(處置)의 의미를 두드러지게 하였으며, 표현의 중점은 바람이 문에 불어 어떤 결과가 나타난 것이다. 예 (3)은 '被'자문으로 수동의 의미를 두드러지게 하였으며, 수사 '門'이 어떻게 되었는지를 강조하였다. '把'자문에서 시사 '風'은 주어이고, 수사 '門'은 상어의 조성 부분이며, '被'자문에서 수사 '門'이 주어가 되고 시사 '風'이 상어의 일부분이 되었다. 이 세 문장은 구조는 서로 다르지만 서로 변환할 수 있는 관계이며 화자의 목적·의도의 차이에 따라 상응한 변환과 조절이 가능하다.

　서로 다른 문장형식 사이의 변환은 쌍방향이며 심지어 다항(多項)적일 수 있지만, 단향적일 수는 없다. 문장형식 사이의 변환은 여러 가지 조건의 제한을 받는다. 동사의 여러 가지 하위분류는 변환의 차이에 영향을 준다. 예를 들면 A. '他把老人請進屋'→'他請老人進屋', B. '他把老人扶進屋'→'他扶老人進屋'에서 A와 B는 모두 '把'자문이며, 변환형식이 같은 듯하지만, 심층의 의미관계는 다른 것으로 A는 '他請老人＋老人進屋'이고, B는 '他扶老人＋老人與他一同進屋'이다. 그러므로 A의 변환식은 겸어식이고, B의 변환식은 겸어와 연동융합식이다. 변환식을 다르게 만든 원인은 A에서 동사 '請'이 [－수행]의 의미특징을 가지고 있으며, B에서 동사 '扶'는 [＋수행]의 의미특징을 가지고 있기 때문이다. 이따금 명사의 하위분류에도 변환의 차이를 만든다. 예를 들면 A. '他把老人請進屋'→'他請老人進屋', C. '他把樹栽在路旁'→*'他栽樹在路旁'이다. A에서 '把'자 뒤의 명사는 사람을 나타내며, C에서 '把'자 뒤의 명사는 사물을 나타내는데, 의미의 차이는 변환형식의 차이를 나타낸다. 때로는 심층의미관계도 변환식의 차이에 영향을 준다. 예를 들면 D. '把飯做好了'→'做好了飯', E. '把飯做少了'→*'做少了飯'이다. D와 E는 같은 문장형식이지만 변환식이 다르며, 그 원인은 문장의 동보구조의 심층의미관계가 다르기 때문으로 '做好'의 '好'는 예견할 수 있다는 특징을 가지고 있으나, '做少'의 '少'는 예견 가능성을 가지고 있지 않기 때문이다. 그러므로 양자의 변환은 서로 다르다.

(4) (這棵)(大)樹 ‖ 枝葉十分繁茂.

(5) (這棵大樹)的枝葉 ‖ [十分]繁茂.

예 (4), (5)의 문장성분과 문장형식은 모두 서로 다르다. 예 (4)는 주위위어구이며, '這棵大樹'는 주어이고, '枝葉十分繁茂'은 위어이며, '這棵'는 정어이다. 예 (5)에서 주어는 '這棵大樹的枝葉'이고, 술어는 '十分繁茂'이며, '這棵大樹'는 정어이다. 문장의 구조가 다르므로 나타내는 중심도 다르다. 예 (4)에서의 진술의 중점은 '大樹'가 어떠한가이고, 예 (5)에서 진술한 중점은 '枝葉'이 어떠한가이다. 이런 문형과 의미표현의 차이는 구조조사 '的'로 인한 것이다.

(6) 我 ‖ [不]認識 ｜ (什麼)人.

(7) 我 ‖ 什麼人都不認識.

예 (6)은 일반적으로 빈어를 지닌 동사위어문이며, 의미는 비교적 평범하고 자연적이다. 예 (7)은 주위위어문으로 '什麼人'을 동사 앞에 두고 아는 사람이 아주 적다는 것을 강조하고 있다. 표현적 필요에 따라 이 두 문장은 구조적으로 서로 전환할 수 있다.

(8) 起來, ‖ (飢寒交迫)的奴隷!

(9) (飢寒交迫)的奴隷, ‖ 起來!

예 (8)은 주위도치문으로 변식문(變式句)에 속하며 특히 위어 '起來'를 두드러지게 강조하여, 의미의 표현을 힘차게 하였으며, 강한 호소력을 가지고 있다. 예 (9)는 일반적인 동사위어문이며 화용적으로는 비교적 자연적이고 일반적이다.

(10) 我‖[要]寫＜下＞ ｜(我)的悔恨和悲哀, ＜爲子君, 爲自己＞.
(11) 但偶然看到地面, 却盤旋着 ｜(一匹)(小小)的動物, (瘦弱的, 半死的, 滿身灰土的……)

예 (10), (11)은 두 개의 변식문이다. 예 (10)의 두 개의 상어 '爲子君, 爲自己'는 일반적인 배열순서를 깨뜨리며 위어 중심어 앞에서 문미로 이동하였는데, 이것은 쓰려는 목적, 즉 누구를 위해 쓰는지를 두드러지게 표현하기 위해서이다. 예 (11)의 정어 '瘦弱的, 半死的, 滿身灰土的'는 빈어 중심어 뒤로 이동하여 사람들의 마음을 슬프게 하는 동물의 참상을 강조하고 있는데, 이것이 바로 저자가 나타내려는 중점내용이며, 문장의 화용의도이기도 하다.

문장구조 혹은 성분의 변환은 문장성분의 대비분석에 도움을 준다. 예를 들면 '休息了一天'과 '買了三個'에서 동사 뒤의 수량구가 보어인지 빈어인지는 '把' 자를 앞에 놓을 수 있는지 없는지로 판단할 수 있다. '把' 자를 사용하여 앞에 놓을 수 있으면 빈어이고, 그렇지 않으면 보어이다. '把三個買了'라고는 말할 수 있지만 '把一天休息了'라고는 말하지 못하므로 '三個'는 빈어이고, '一天'은 보어이다. 구조의 변환은 의미적 연관관계를 기초로 하고 있다.

어법을 분석할 때 반드시 동태적 관념이 있어야 하며, 문장을 하나의 영원한 변화과정에 있는 의사소통의 단위로 보아야 한다. 의사소통 중에서 혹은 특정된 언어환경에 적응하기 위하여, 혹은 언어를 더욱 간결하고 명쾌하게 하기 위하여, 혹은 더욱 들어맞게 하기 위하여, 혹은 어떤 의미를 더욱 강조하기 위하여, 사람들은 때로는 문장구조에 상응한 약간의 조정을 하는데, 주로 어순을 변동하거나 혹은 관련된 성분을 생략하는 것 등이다. 이런 변화는 주로 위치이동·생략·삽입·추가 등이다.

1) 위치이동

한어의 어순은 비교적 고정되어 있으며, 문장성분의 배열에는 일정한 순서가 있다. 보통 주어가 앞에 있고, 위어가 뒤에 있으며, 정어·상어가 앞에 있고, 중심어가 뒤에 있다. 우리는 이런 성분이 통상적인 규율에 맞추어 배열되어 있는 문장을 상식문(常式句)이라고 한다. 때로는 의미표현을 위하여 일부러 배열순서를 변동하여 성분들이 통상적인 규율에 맞지 않게 배열하는데 이러한 문장을 변식문(變式句)이라고 한다. 변식문은 문장성분의 위치이동으로 형성된 것이다. 문장의 통상적인 규율의 어순은 바뀌었지만 통사구조 및 의미관계는 기본적으로 변하지 않는 현상을 위치이동이라고 한다. 위치이동은 도치(倒置)라고도 한다.

① 주어와 위어의 위치이동

주어를 위어 뒤에 두는 것을 주위 위치이동이라고 한다. 주위 위치이동의 목적은 두 가지로, 하나는 위어의 내용을 강조하기 위한 것이고, 다른 하나는 급박한 상황에서 위어를 먼저 말하고 후에 주어를 말하는데 그것은 위어가 의미를 표현하는 데 있어서 통상 가장 중요하기 때문이다. 예를 들면 다음과 같다.

(1) 起來, ‖ 不願做奴隷的人們!

(2) 多好看哪, ‖ 這滿樹的梨花!

(3) 快走吧, ‖ 你們.

(4) 爲什麼要糶出去呢, ‖ 你這死鬼!

(5) 瘋了, ‖ 你?

주어와 위어의 위치이동은 감탄문·명령문·의문문에서 흔히 보인다. 위치이동 이후 주어와 위어 사이에는 휴지가 있으며, 서면에서는 '쉼표(,)'로 표시된다.

② 정어와 중심어의 위치이동

때로는 정어의 내용을 두드러지게 하기 위하여, 정어를 중심어 뒤에 둔다. 예를 들면 다음과 같다.

(1) 她 ‖ 今天穿了件新襯衫, (非常時興的那種).

(2) 他們 ‖ 應該有新的生活, (爲我們所未經生活過的).

(3) 小草 ‖ 偸偸地從土裏鑽出來, (嫩嫩的, 綠綠的).

예 (1), (2)의 뒤에 놓인 정어는 빈어 중심을 수식하며, 예 (3)의 정어는 주어 중심을 수식한다.

③ 상어와 중심어의 위치이동

예를 들면 다음과 같다.

(1) 你 ‖ 犯錯誤了, [又]?

(2) 兩個人 ‖ 曾經戀愛過, [五年前].

(3) 春雨 ‖ 又下起來了, [淅淅瀝瀝地].

(4) 海 ‖ 在我們脚下沈吟着, [詩人一般].

상어가 뒤에 놓인 후에는 상어의 내용이 더욱 두드러지고 강조되며, 문장이 더욱 간결하고 치밀해진다.

④ 술어와 빈어의 위치이동

예를 들면 다음과 같다.

(1) 今後天氣不會再那麽熱了, 我以爲.

(2) 下個月回一趟老家, 我準備.

(3) '你應該再試一下.' 大家都這麽鼓勵說.

빈어가 앞으로 이동한 후, 빈어의 내용은 두드러지고, 뒤의 주위(主謂)성분은 보충 설명의 의미를 가지게 되며, 문장의 표현이 보다 완곡해진다.

⑤ 보어와 중심어의 위치이동

예를 들면 다음과 같다.

(1) 心都快跳出來了, 我嚇得.

(2) 都不知道說什麽了, 她激動得.

보어가 앞으로 이동한 후, 보어의 내용은 더욱 두드러진다.

구어(口語)에서 위치이동 현상은 매우 많으며 유형도 비교적 복잡하다. 대부분은 급히 서둘러 제일 중요한 정보를 먼저 말하려고 하고 그 다음에 부차적인 정보를 말하려 하거나, 혹은 시간이 긴박하기 때문에 세밀하게 표현하지 못하므로 주된 내용을 먼저 말한 다음, 다시 부차적인 내용을 뒤이어 말하는 것이다. 서면(書面)에서의 위치이동은 어느 한 내용의 화용효과를 두드러지게 표현하기 위한 것이다.

단문 이외에 복문에서도 절의 순서는 상식적인 규율을 깨고 조정할 수 있다. 예를 들면, '缺乏藝術性的藝術品是沒有力量的, 無論政治上怎樣進步'에서 조건을 나타내는 절이 뒤로 옮겨 갔다. 또 예를 들면 '起義之所以沒有成功, 是因爲歷史條件的限制'에서 원인을 나타내는 절을 뒤에 놓았다. 어순을 변동하는 목적은 뒤에 놓인 절을 강조하기 위해서이며, 또한 문장의 의미를 더욱 완곡하고 다양하게 표현하기 위해서이다.

2) 생 략

언어를 더욱 간결하고 명쾌하게 하기 위하여 어떤 언어환경에서는 말하지 않아도 알 수 있는 부분을 생략하는데 이런 문장을 생략문이라고 한다. 생략한 성분은 필요할 때는 명확하게 보충할 수 있다.

① 생략의 유형

생략의 언어환경에 근거하여 생략을 대화 생략, 앞 문장에 있는 것의 생략, 뒤 문장에 나오는 것의 생략, 자술하는 것의 생략 등으로 나눈다.

가. 대화생략: 대화 중 언어환경은 아주 확정적이어서, 사람·시간·지점 등은 말하지 않아도 알 수 있기 때문에 설명할 필요가 없는 일부 문장성분은 자주 생략된다. 예를 들면 다음과 같다.

(1) 문: V ∥ 去哪裏?

    답: V ∥ V ｜ 教室.

(2) 문: 你 ∥ 吃過 ｜ 飯了嗎?

    답: V ∥ 沒有V ｜ V.

V는 생략된 성분을 나타낸다. 예 (1)의 물음에서는 주어가 생략되었으며 대답에서는 주어·술어(述語)를 생략하고 다만 빈어 '教室'만 출현하였다. 예 (2)의 물음에서 주어·술어·빈어를 생략하였으며 다만 상어 '沒有'만이 출현하였다.

나. 앞 문장에 있는 것을 생략: 즉 관련된 성분이 앞 문장에 나타났기 때문에 뒤 문장에서 생략하고 말하지 않는다. 예를 들면 다음과 같다.

(1) 他 ‖ 大約只是覺得苦, V ‖ 却又形容不出 ｜V.

(2) 老栓 ‖ 看看燈籠, V ｜已經熄了.

(3) 大家的怒氣 ‖ 忽然找到出路, V ‖ 都瞪着祥子的背影.

(4) 小芹 ‖ 去洗衣服, 馬上青年們也都去洗 ｜V.

이상의 네 가지 예문은 모두 앞 문장에 나타난 것을 생략하였다. 예 (1)의 뒤 절 앞 문장에 나타난 주어와 빈어를 생략하였다. 예 (2)에서 앞 절의 빈어를 이어받아 주어를 생략하였다. 예 (3)에서 앞 문장의 정어를 이어받아 주어를 생략하였다. 예 (4)에서 앞 문장의 빈어를 이어받아 빈어를 생략하였다.

다. 뒤 문장에 나오는 것 생략: 즉 관련된 성분이 아래 문장에서 나타나기 때문에 위 문장에서 생략한다. 예를 들면 다음과 같다.

(1) V ‖ 從陳伊玲家出來, 蘇林教授走得特別快.

(2) V ‖ 看完這第一封信也是最後一封信, 道靜的眼淚反而停止不流了.

이상의 두 예문은 뒤 절에서 나오기 때문에 앞 절에서 생략한 것이다. 예 (1)의 앞 절은 뒤에 주어 '蘇林教授'가 나오기 때문에 생략되었으며, 예 (2)의 첫 번째 절은 주어 '道靜'이 뒤에 나오기 때문에 생략하였다. 앞 문장에 나오므로 뒤에서 생략하는 것과 뒤 문장에 나오므로 앞 문장에서 생략하는 것은 주로 복문에서 많이 나타난다.

라. 자술(自述)하는 것의 생략: 말하는 사람이 편지·일기·종결·체험 및 발언 등의 원고에서 자주 주어 '我'를 생략한다. 예를 들면 다음과 같다.

(1) 今天在街上遇到老同學李海, 非常高興. (일기)

(2) 應邀出席這次盛會, 十分榮幸! (발언)

(3) 下鄕體驗生活三個多月了, 收獲不小. (종결)

언어에는 생략 현상이 아주 많은데, 이것은 언어를 정교하고 간결하게 하는 중요한 수단이기 때문이다. 그러나 생략은 의미를 정확하고 유창하게 나타내는 것을 전제로 하고 있고, 생략한 후에는 반드시 의미표현이 명확하여야 모호의와 오해 등이 발생되지 않는다. 그렇지 않으면 생략되기 어렵다.

② 생략 성분

가. 주어생략: 주어의 생략은 가장 흔히 보이는 것이다. 예를 들면 다음과 같다.

(1) 我把主要精力用於敎學, V也時常寫些詩.

(2) 太陽出來了, V照得滿院暖洋洋的.

(3) V得知他病重的消息, 我很吃驚.

(4) V回來了, 你怎麽連一聲招呼也不打?

예 (1), (2)는 앞 문장에 나타나는 주어를 생략하였으며, 예 (3), (4)는 뒤 문장에 나타나는 주어를 생략하였다.

나. 위어생략: 위어의 생략은 주로 대화에서 나타나며, 또한 일부 명령문에서도 흔히 위어를 생략한다. 예를 들면 다음과 같다.

(1) '你去哪裏?' 'V圖書館'

(2) '誰願意報名參加?' '我V!'

(3) 大家都走了, 你快點兒吧!

(4) '你什麽時候走?' '馬上V!'

다. 빈어생략: 빈어의 생략도 비교적 자주 보인다. 예를 들면 다음과 같다.

(1) 看到其他小朋友打乒乓球，他也想打V.

(2) 你敢爬上這棵樹，我也敢爬V!

라. 수식어생략: 정어·상어·보어는 모두 생략할 수 있지만 정어의 생략이 비교적 자주 보인다. 예를 들면 다음과 같다.

(1) 他的父親去了上海，( )媽媽還在老家.

(2) 老王的年紀不小了，( )身子骨却很硬朗.

(3) '你明天去哪裏?' '[ ]去西安.'

(4) '你敢跳下去嗎?' '敢跳< >!'

생략문은 의사소통 과정에서 나타나는 동태변화형식이며, 그것은 정태상태의 상식적인 규율형식과 다르며, 그 변화는 전적으로 언어환경에 달려 있다. 구체적인 소통 환경에서 관련된 성분을 생략한 후, 문장은 오히려 간결해져서 오해 혹은 모호의를 일으키지 않는다. 생략문에서 생략된 성분은 명확하게 보충할 수 있으며, 보충한 후 기본의미와 생략한 후 상황은 같은 것이다.

3) 삽입어(揷說)와 추가보충

말하는 과정에 갑자기 다른 일을 생각했을 때 그 생각을 지금 말하고 있는 문장에 삽입하는 것을 삽입어라고 한다. 삽입어의 내용은 일반적으로 형식상의 표기가 있으며, 구어에서 전후에 일정한 어음휴지가 있으며, 서면에서 이런 휴지는 쉼표, 괄호, 줄표로 표시한다. 예를 들면 다음과 같다.

평론을 나타내는 것을 예로 들면 '這個道理，並不算高深的道理，我現在還沒有弄明白.'이고, 주석을 나타내는 것을 예로 들면 '聖

誕和新年餐桌上的名菜 - 鵝肝、牡蠣、冰激凌蛋糕，最爲暢銷.' ·
'中國猿人(全名爲'中國猿人北京種'或簡稱'北京人')在我國的發現，
是對古人類學的一個重大貢獻.'이다. 보충을 나타내는 것을 예를
들면 '希臘人荷馬 — 我們姑且當做有這樣一個人 — 的兩大史詩，
也原是口吟, 現存的是別人的記錄.' · '公劉曾經坦言: '假設我有一
首詩 — 不敢奢望一首以上 — 能像『唐詩三百首』中的任何一首那
樣, 爲後世所認可, 爲子孫所傳誦, 我也就死而無憾了.'이다.

수정을 나타내는 것은 예를 들면 '在病床前, 我想和他說一句話,
不, 就是幾個字, 都沒有機會了.'이다.

말하는 사람이 자신이 말하는 가운데 정확하지 않거나 틀린 것
이 있음을 발견했을 때 바로 말 뒤에 보충하거나 고치는 것을 추
가보충이라고 한다. 추가보충과 삽입어의 작용은 같은 것이지만 위치
가 다른데 추가보충은 단지 문미에서만 보충 설명할 수 있다. 예
를 들면 '他是我的老朋友, 最好的朋友.'(주석을 나타냄) · '我告訴
你一個好消息, 不, 是壞消息..'(수정을 나타냄) · '你們見面了沒有,
那位小姑娘?'(보충을 나타냄)이다.

삽입어와 추가보충은 모두 의사소통 과정에서 임시로 삽입한 성
분으로, 통사구조에서 보면 꼭 그렇게 해야 하는 것은 아니지만,
의미표현에서는 오히려 특수한 역할을 하고 있어 언어를 더욱 정
확하고 자세하게 표현할 수도 있고, 또 특정된 언어환경 요구에
보다 더 적합하여, 의사소통을 더욱 자연스럽고 순조롭게 만든다.

참고문헌

呂叔湘,「主謂謂語句舉例」,『中國語文』, 1985년 제4기.

廖序東,「單句的分析」, 現代漢語資料選編, 甘肅人民出版社 1981년판.

朱德熙,『現代漢語語法研究』, 商務印書館 2001년판.

岑麒祥,「討論主語賓語問題的幾個原則」,『語文學習』, 1955년 제10기.

傅子東,『語法理論』, 陝西人民出版社 1957년판.

唐啓運,『句子成分論析』, 上海教育出版社 1980년판.

周有斌,「'是'字句研究述評」,『漢語學習』 1992년 제6기.

宋玉柱,「談談存在句系列」,『邏輯與語言學習』 1992년 제3기.

夏齊富,「存在句」,『安慶師院學報』 1992년 제2기.

孫良明,「漢語句法分析問題」,『語言教育與研究』 1983년 제3기.

宋玉柱,「淺談語法分析中的'中間環節'」,『世界漢語教學』 1988년 제2기.

施關淦,「關於語法研究的三個平面」,「中國語文」 1991년 제6기.

何偉漁,「關於語法研究的三個平面的學說」,『上海師大學報』 1991년 제4기.

丁聲樹 等,『現代漢語語法講話』, 商務印書館 1980년판.

胡裕樹 主編,『現代漢語』 增訂本, 上海教育出版社 1987년판.

張志公 主編,『現代漢語』, 人民教育出版社 1982년판.

黃伯榮·廖序東 主編,『現代漢語』 增訂版, 高等教育出版社 1991년판.

邵敬敏,『漢語語法的立體研究』, 商務印書館 2000년판.

■■■ 제6장 문장(句子)유형

문장은 언어의 사용단위이다. 전통어법은 모두 문장을 어법연구의 주요 대상으로 삼는다. 문장을 연구하는 것은 그 구조적 특징과 구조규칙을 제시하는 것이며, 그 표의(表意)기능과 문장의 여러 특징이 문장의 여러 유형 속에서 두드러지게 나타나는 것을 탐색하는 것이다. 여러 가지 분류 표준에 근거하여 문장을 여러 유형으로 나눌 수 있다. 문장의 구조 모델에 따라 문형체계를 나눌 수 있으며, 문장의 부분적 특징에 따라 문장형식체계를 나눌 수 있다. 문장의 어기(語氣) 기능에 따라 문장의 유형체계를 나눌 수도 있다.

제1절 문형(句型)체계

문장의 구조특징에 따라, 우선 문장은 단문(單句)과 복문(複句)의 두 큰 부류로 나눌 수 있다. 단문은 어조(語調)를 지닌 하나의 단어 혹은 구로 구성된 것이고, 복문은 두 개 혹은 두 개 이상의 서로 문장성분이 되지 않는 단문 형식으로 구성된 것이며, 복문을 구성한 단문 형식은 절(分句)이라고 한다.

문형체계는 문장의 구조 모델로 표준을 삼아 단문을 구분한 것이며, 복문의 하위 유형은 절과 절 사이의 논리적 관계를 근거로 구분한 것으로, 예를 들면 병렬복문·점층복문·선택복문 등등이다. 양자를 구분하는 표준은 서로 다르며, 문형체계는 단지 단문을 대상으로 하는 것이지 결코 복문의 하위 유형을 포함하지 않는다.

문형을 구분할 때, 몇몇 요소들은 문장의 문형 귀속에 영향을 주지 않는다.

문장의 어기(語氣)의 차이는 문형에 영향을 주지 않는다.

예를 들면 '你來嗎?'·'你來吧!'·'你來了.'와 같이 어기는 다르지만 모두 주위문(主謂句) 가운데 하나인 동사위어문(動詞謂語句)에 속한다.

문장의 확대도 문형에 영향을 주지 않는다.

예를 들어 '李樹開花了.' → '李樹已經開滿了白花.' → '栽在院子裏的梨樹已經開滿了非常漂亮的白花.' →'前幾年栽在院子裏的那株梨樹現在已經開滿了非常漂亮的白花.'와 같다. 위 문장은 점차 확대되어 구조성분이 점점 복잡해지지만, 문형은 결코 바뀌지 않았다.

기능이 서로 같은 단어를 바꾸어 쓰는 것은 문형에 영향을 주지 않는다.

예를 들어 '我買書.' → '你買書.'·'秋天去了.' → '冬天來了.'와 같이 기능이 서로 같은 단어는 같은 위치에서 서로 바꾸어 써도 문형에는 결코 변화가 발생하지 않는다. 기능이 다른 단어를 바꾸어 쓰는 것이 어떤 경우에는 종종 문형의 변화를 일으키기도 하는데, 예를 들어 '冬天來了.' → '已經來了.'와 같다. 전자는 주위문이지만, 후자는 비주위문이다.

특수한 성분을 삽입하는 것은 문형에 영향을 주지 않는다. 예를 들어 '這裏原來有一座古廟.' → '據說, 這裏原來有一座古廟.'·'這次勝利使大家非常高興.' → '這次勝利, 毫無疑問, 使大家非常高

興.' 문장 속에 '據說'·'毫無疑問' 등의 화용성분이 삽입되었지만, 문형에는 변화가 없다.

몇몇 문장성분의 화용(語用)적 위치이동은 문형에 영향을 주지 않는다.

예를 들어 '風, 鼓動吧! 雷, 怒吼吧! 電, 閃耀吧!' → '鼓動吧, 風! 怒吼吧, 雷! 閃耀吧!, 電!' 문장의 주어와 술어의 위치이동은 주술문의 기본적인 틀에는 변화를 주지 않았다. 또 예를 들어 '車, 不用說, 當然是頭等的.' → '不用說, 車當然是頭等的.' → '車當然是頭等的, 不用說.'에서 삽입어의 위치는 다르지만 문형에는 변화가 없다. 그러나 몇몇 화용적 위치이동은 문형의 변화를 일으킨다. 예를 들어 '我不認識這個人.' → '這個人我不認識.'에서 전자는 동빈(動賓)술어문이고, 후자는 주위위어문(主謂謂語句)이다. 또 예를 들어 '我打電話請他.' → '我請他打電話.'에서 전자는 연동문이고 후자는 겸어문으로 위치이동이 있은 후 문형이 변했을 뿐 아니라, 문장의 의미에도 매우 큰 변화가 발생했다. 이것은 비록 기본의미에는 변화가 없는 화용적 위치이동과는 다르지만, 성분의 위치이동과 문형 사이의 관계가 비교적 복잡한 것이고 위치이동이 문형의 변화를 불러일으킬 수 있는지 없는지를 설명하고 있다. 아울러 문형은 구분하는 여러 가지 표준과 각도에 따라 결정된다는 것을 설명하고 있다.

문형체계는 층위성을 가진다. 단문은 우선 그것이 주어 혹은 위어(謂語)의 양대(兩大)직접성분을 가지고 있느냐 그렇지 않느냐에 따라 주위문 혹은 비주위문으로 나뉠 수 있다. 그 다음에 위어의 성격에 따라 명사성위어문·동사성위어문·형용사성위어문·형용사성위어문 등의 유형으로 나누어진다. 그 다음 구조적 특징에 따라 더욱 작은 하위 유형으로 나뉘는데, 예를 들어 동빈위어문(動賓謂語句)·

동보위어문(動補謂語句)·형보위어문(形補謂語句)·주위위어문(主謂謂語句) 등이다. 아래는 단문문형에 대한 분석이다.

1. 직접성분에 따른 분류

단문은 직접성분의 구성 측면에서 볼 때, 주위문과 비주위문의 두 부류로 나눌 수 있다. 주어와 위어(謂語)의 두 직접성분을 가진 문장을 주위문이라고 부른다. 예를 들면 다음과 같다.

(1) 我們‖來了. (동사위어문)

(2) 你們‖趕快過來! (상어 중심어 위어문)

(3) 月亮‖昇上來了. (동사보어 위어문)

(4) 我‖要高聲贊美白楊樹! (동사 빈어 위어문)

(5) 屋裏的氣氛‖更加活躍了. (상어 중심어 위어문)

(6) 這朵花‖非常漂亮. (상어 중심어 위어문)

주어와 위어의 두 직접성분으로 구분할 수 없는 것을 비주위구라고 부른다. 예를 들면 다음과 같다.

(7) 火! (명사비주위문)

(8) 下雨了. (동사 빈어 비주위문)

(9) 不許攀折花木. (동사 빈어 비주위문)

비주위문은 변식(變式) 비주위문와 상식(常式) 비주위문의 두 종류로 나뉠 수 있다. 변식 비주위문이 가리키는 것은 문장 속의 주어 혹은 위어를 생략한 이후 형성된 문장으로 생략문의 일종에 속한다. 예를 들어 '老李呢?'(＝老李在哪裏?), '去單位了.'(＝老李去

單位了.)와 같다. 앞의 문장은 위어가 생략되었고, 뒤의 문장은 주어가 생략되었으며, 구조에 있어서는 모두 비주위형식이다. 상식 비주위문은 일반적인 규율 상태에 있는 언어형식으로 그 자체로 충분하여 어떠한 성분도 보탤 필요가 없으며, 의미표현이 매우 명확하여 예를 들면 '下雨了.'・'嚴禁煙火!'와 같다. 생략으로 형성된 변식 비주위문은 특정 환경하에서 관련된 성분을 생략한 것으로, 이러한 문장은 언어환경(맥락)에 대한 의존성이 매우 강하여 특정 환경을 이탈하면 그 자체로 이해될 수 없으며 생략된 성분을 명확하게 보충하여 나타낼 수 있다.

2. 위어성질에 따른 분류

위어를 구성하는 단어의 성질에 따라 주위문은 명사성주위문・동사성주위문・형용사성주위문・주위위어문의 네 종류로 나눌 수 있다.

1) 명사성위어문

명사 혹은 명사성구가 위어가 되는 문장이다. 예를 들면 다음과 같다.

(1) 今天‖星期六. (명사위어문)

(2) 魯迅‖浙江人. (한정어 중심어 위어문)

(3) 這隻蟋蟀,‖金黃色的翅膀. (한정어 중심어 위어문)

(4) 黃花魚‖三斤. (수량 위어문)

2) 동사성위어문

동사 혹은 동사성구가 위어가 되는 문장이다. 예를 들면 다음과
같다.
  (1) 暴風雨 ‖ 來了. (동사위어문)
  (2) 大家 ‖ 趕快起來! (상어 중심어 위어문)
  (3) 大家 ‖ 都羨慕我們. (동사 빈어 위어문)
  (4) 辱罵和恐嚇 ‖ 絶不是戰鬪. (동사 빈어 위어문)
  (5) 雨 ‖ 下個不停. (동사 보어 위어문)
동사성위어문은 위어구조의 특징에 따라 각기 특성을 가진 하위
문형으로 분류된다. 예를 들면 다음과 같다.
  (6) 人們 ‖ 告訴我, 這就是巫山十二峰的第一峰. (이중빈문)
  (7) 我 ‖ 去商店買了幾樣吃的東西. (연위문)
  (8) 你 ‖ 爲什麽叫他走了呢? (겸어문)

3) 형용사성위어문

형용사 혹은 형용사성구가 위어가 되는 문장이다. 예를 들면 다
음과 같다.
  (1) 房間 ‖ 明亮整潔. (연합위어문)
  (2) 操場上 ‖ 非常熱鬧. (상어 중심어 위어문)
  (3) 我的故鄕 ‖ 好得多了. (형용사 보어 위어문)

4) 주위위어문

주위구가 위어가 되는 문장이다. 예를 들면 다음과 같다.

(1) 小李‖身體健康.

(2) 我‖哪兒都不去.

비주위문 역시 주요 단어의 성질에 따라 네 가지 하위분류, 즉 명사성비주위문·동사성비주위문·형용사성비주위문·특수비주위 문으로 나눌 수 있다.

(1) 명사성비주위문

명사 혹은 명사성구로 충당되는 문장이다. 예를 들면 다음과 같다.

(1) 飛機! (명사)

(2) 好高的電視塔! (정어 중심어구)

(3) 誰? (대사)

(2) 동사성비주위문

동사 혹은 동사성구로 충당되는 문장이다. 예를 들면 다음과 같다.

(1) 臥倒!

(2) 打雷了!

(3) 快走吧.

(3) 형용사성비주위문

형용사 혹은 형용사성구로 충당되는 문장이다. 예를 들면 다음
과 같다.
(1) 漂亮!
(2) 壞透了!
(3) 不好看.

(4) 특수비주위문

감탄사, 의성어 및 개별부사가 단독으로 충당되는 문장이다. 예
를 들면 다음과 같다.
(1) 哎呀! (감탄사)
(2) 轟隆隆!(의성어)
(3) 不! (부정부사)

제2절 문장형식(句式)체계

문장의 부분적 특징을 기준으로 나눈 문장유형을 문장형식(句式)
이라고 부른다. 그 구분 근거는 주로 세 가지 측면을 포함한다. 첫
째, 위어 부분의 특수 구조를 표지로 삼는 것으로 예를 들면, 겸어

문·연동문·이중빈어문·주위위어문 등이다. 둘째, 어떠한 특수 단어로 표지를 삼는 것으로 예를 들면 把자문·被자문·是자문·有자문 등이다. 셋째, 문장의 특수 의미 범주를 표지로 삼는 것으로 예를 들면 존현문(存現句)·피동문(被動句)·주동문(主動句)·비교문(比較句) 등이다. 여러 가지 문장형식은 문장의 구조와 표현상의 특징을 비교적 두드러지게 나타낼 수 있다. 문장형식의 유형은 비교적 많으며, 아래는 자주 보이는 유형에 대한 설명이다.

1. 이중빈어문(雙賓句)

어떤 동사는 사람을 목적으로 할 뿐 아니라 물건을 목적으로 하기도 하여 두 개의 빈어를 가질 수 있는데, 이렇게 하나의 술어(述語)가 동시에 두 개의 빈어를 가지는 문장을 이중빈어문이라고 칭한다. 사람을 가리키는 빈어는 통사 동사와 가까이 위치해 있어 가까운 빈어(近賓語) 혹은 간접빈어라고 하고, 물건을 가리키는 빈어는 일반적으로 동사로부터 약간 멀리 있어 먼 빈어(遠賓語) 혹은 직접빈어라고 칭한다. 예를 들면 다음과 같다.

(1) 這些話 ‖ 給了 ┃ 我 ┃ 莫大的鼓舞.

(2) 人們 ‖ 告訴 ┃ 我 ┃ 今年梨的産量大大超過去年.

(3) 小張 ‖ 送給 ┃ 我 ┃ 兩張電影票.

(4) 這小小的波折 ‖ 却給了 ┃ 我 ┃ 一個大大的敎益.

(5) 他 ‖ 在政治思想及革命經驗方面留給 ┃ 我們 ┃ 許多有益的東西.

이중빈어를 가질 수 있는 동사는 일반적으로 교체·수여·상벌·

말하다 등의 뜻을 가지고 있다. 예를 들면 '給'·'交給'·'送'·'送給'·'贈'·'贈送'·'獎'·'獎給'·'還'·'還給'·'罰'·'問'·'告訴'·'通知'·'敎導'·'啓發'·'指示'·'回答' 등이다. 이러한 유형의 동사가 의미상으로 특이한 점은 앞쪽을 지향하는 주어 이외에 또 동시에 뒤쪽을 지향하는 두 개의 성분이 있어 두 개의 빈어를 취할 수 있다는 것이다. 두 개의 빈어는 일반적으로 모두 명사성 단어로 충당된 것이지만 어떤 때는 위사성 단어로 충당될 수도 있다. 예를 들면 '他告訴我明天上華山.'에서 직접빈어 '明天上華山'은 동사성구이다.

　이중빈어문의 두 개의 빈어 사이에는 어떠한 직적접인 의미연결은 없기 때문에 구조상으로는 두 개의 층위가 있으며, 두 층의 술어와 빈어의 관계를 구성한다. 예를 들면 아래의 그림처럼 분석할 수 있다.

　이러한 의의와 층위상의 특징은 이중빈어문과 상관된 문장형식을 구분하는 데 도움을 준다.

　이중빈어문은 연합구가 빈어가 되는 문장과는 다르다. 예를 들면 다음과 같다.

　(1) 他 ‖ 在圖書館借了 ｜ 兩本小說、一本雜志.

　(2) 這個時期, 母親 ‖ 敎給 ｜ 我 ｜ 許多生産知識.

　이중빈어문의 빈어 사이에는 직접적인 의미관계가 없으며, 하나의 구조층위 위에 있지 않기 때문에 하나의 구를 구성할 수 없다. 따라서 예 (1)은 단지 빈어가 하나이며, 연합구가 빈어가 된 것이다. 예 (2)의 술어 뒤에는 하나의 완전한 모양을 갖춘 것이 아니며 '我'와 '許多生産知識' 사이에는 어떠한 직접적인 의미관계도 없으므로 하나의 구를 이룰 수 없어서 이중빈어문이 되는 것이다.

이중빈어문은 주위구가 빈어가 되는 문장과는 다르다. 예를 들면 다음과 같다.

(3) 他∥完全相信│魯迅先生一定能够承擔起這個十分艱巨而又危險的任務.

(4) 科學上的無數事實∥充分證明│實踐是檢驗眞理的唯一標準.

주위구가 빈어가 되는 문장의 가장 큰 특징은 첫째, 동사가 미치는 대상이 주위구로 나타난다는 것이며, 둘째, 빈어를 동반하는 동사는 일반적으로 심리활동을 나타내는 동사 및 증명(證明)·표지(標志)·말하다(說) 등의 유형의 동사이다. 이것으로 예 (3)과 (4)는 모두 주위구가 빈어가 되는 문장임을 알 수 있다.

2. 연동문(連動句)

연동구가 위어(謂語) 혹은 단독성분이 되는 문장을 연동문이라고 부른다. 연동문은 두 개 혹은 두 개 이상의 동사를 연속하여 사용하면서 모두 동일한 주어와 주위관계를 발생한다. 연동문에는 주로 아래와 같은 몇 가지 유형이 있다.

① 동사가 연속적으로 발생한 동작행위를 서술한다. 예를 들면

'小王‖上街轉了一會兒.'‧'這個女人‖便走到遠一點的地方坐下來.'와 같은 문장이다.

② 앞의 동작행위가 뒤 동작행위의 방식 혹은 방법이다. 예를 들면 '少先隊員‖唱着歌走進會場.'‧'幾個靑年婦女‖劃着她們的小船趕緊回家.'와 같은 문장이다.

③ 뒤의 동작행위는 앞 동작행위의 목적이다. 예를 들면 '我們‖去黃山旅遊.'‧'燕燕‖下河洗衣服.'와 같은 문장이다.

④ 앞뒤 두 개의 동작행위는 긍정과 부정 두 측면에서 주어를 설명한다. 예를 들면 '山民‖抓住他的手不放.'‧'人們‖坐在劇場久久不願離去.'와 같은 문장이다.

⑤ 앞뒤에 동일한 동사를 사용하고, 앞의 동사는 빈어를 동반하고 뒤의 동사는 보어를 동반한다. 예를 들면 '他‖看書看到半夜.'‧'孩子‖寫字寫得手都累了.'와 같은 문장이다.

⑥ 비동작동사 有‧沒有가 첫 번째 동사이다. 예를 들면 '小馬‖有權利提出反駁意見.'‧'他們‖再也沒有力量前進了.'와 같은 문장이다.

연동문은 또한 제일 동사 뒤에 형용사를 사용할 수 있으며, 앞뒤 사이는 인과관계를 이룬다. 예를 들어 '大家‖聽了這個消息很高興.'‧'小娟‖看到這種場面很吃驚.'이다. '高興'과 '吃驚'은 모두 형용사이므로 어떤 사람은 연동문을 연위문(連謂句)라고 칭하는데, 그 범위는 훨씬 광범위하다.

주의해야 할 것은 연동문과 상관있는 문형의 구분이다. 연위문의 특징은 연달아 사용하는 몇 개의 동사 사이에 어음(語音)의 휴지(休止)를 둘 수 없고, 관련 어휘를 사용할 수 없으며, 몇 개의 동사 사이는 술빈관계‧연합관계‧중심어 보어관계를 구성할 수 없는데, 그렇지 않다면 곧 연동문이 아니다. 예를 들면 다음과 같다.

(1) 盧進勇 ‖ 從樹林裏探出頭來, 四下裏望了望.

(2) 我們 ‖ 每天早晨一起床就鍛煉身體.

예 (1)의 두 동사 부분 사이에는 쉼표가 있어 어음의 휴지를 나타내므로 복문이다. 예 (2)의 두 동사 부분 사이에 관련 어휘인 '一……就'를 사용하여 이어 놓음으로써 긴축복문을 구성하였다. 만약 두 예문에서 휴지와 관련 어휘를 제거하면 단문의 연동문이 된다.

(3) 孩子們 ‖ 都喜歡玩.

(4) 多年來, 他們 ‖ 不斷地思考、摸索、前進.

(5) 大家 ‖ 笑得流出了眼淚.

(6) 我們 ‖ 走出敎室.

예 (3)의 동사 '喜歡'과 '玩'은 술빈관계이고 예 (4)의 몇 개의 동사 '思考、摸索、前進'은 연합관계이며 예 (5)의 동사 '笑'와 '流出了眼淚'는 중심어 보어관계이며 예 (6)의 동사 '走'와 '出' 역시 중심어 보어관계이다. 그래서 위의 몇 가지 예는 모두 연동문이 아니다.

연동문은 연동구가 위어가 되는 문장이다. 만약 연동구가 문장 안에서 위어가 되지 않으면 연동문이 아니다. 예를 들어 '上街買衣服的人是姐姐'는 연동구 '上街買衣服'가 정어가 되므로 연동문이 아니다.

3. 겸어문(兼語句)

겸어문은 겸어구가 위어가 되는 문장이다. 겸어 앞의 동사의 성질에 따라 겸어문은 아래의 몇 종류로 나눌 수 있다.

① 앞의 동사는 사역의 뜻을 가지고 있다. 즉 '使'·'叫'·'讓'·'派'·'催'·'命令'·'動員'·'禁止'·'要求'·'號召'·'組織'와 같다. 예를 들면 '我們昆明靑年‖決不會讓你們這樣蠻橫下去的.'·'營長‖在電話裏命令五連迅速占領前面的四號高地.'와 같은 문장이다.

② 앞의 동사는 촉성(促成)·포폄(褒貶)의 뜻을 가지고 있다. 즉 '選'·'推選'·'推擧'·'勸'·'鼓勵'·'埋怨'·'稱讚'·'表揚'·'罵'·'嫌'과 같다. 예를 들면 '同學們‖選李華當班長.'·'我‖勸他別生孩子的氣.'와 같은 문장이다.

③ 앞의 동사는 비동작성 동사이다. 즉 '有'·'沒有'·'是' 등과 같다. 예를 들면 '他‖有個弟弟在上海讀書.'·'袋裏的鈔票‖沒有半張或一角是自己的了.'·'是小劉把車修好了.'와 같은 문장이다.

겸어문과 상관된 문형 간의 구별에 주의해야 한다. 겸어문과 주위구가 빈어가 되는 문장은 다르다. 예를 들면 '他‖担心改霞會把他的女兒秀蘭也引到邪路上去.'와 같은 문장으로, 이 문장은 주위구가 빈어가 되는 문장이다. '學校‖組織全校師生植樹造林.'과 같은 문장은 겸어문이 된다. 아래와 같이 몇 가지 측면에서 구분을 할 수 있다.

첫째, 겸어문의 술어 가운데 첫 번째 동사는 사역과 촉성의 뜻을 가지며, 주위구가 빈어가 되는 문장은 위어 가운데 첫 번째 동사가 술어로 충당되며 일반적으로 심리활동 혹은 감지의 뜻을 표시하는 동사로 '喜歡'·'擔心'·'希望'·'愛'·'發現'·'知道'·'覺得'·'認識'·'說明'·'標志' 등과 같다.

둘째, 겸어문 가운데 겸어 앞의 동사는 단지 겸어와 술빈관계를 구성하고 겸어 뒤의 성분과는 술빈관계를 가지지 않는다. 주위구가 빈어가 되는 문장은 위어 속의 술어와 뒤의 전체 주위구와 술빈관계를 발생한다.

겸어문과 연동문은 다르다. 이 두 종류의 문장형식은 위어 속에서 연속적으로 두 개 이상의 동사를 사용하지만, 겸어문의 몇 개 동사는 동일한 주어를 진술하는 것이 아니며, 연동문 속의 몇 개의 동사는 모두 동일한 주어를 진술하는 것이다. 예를 들어 '整個碑形∥使人感到, 既有民族風格, 又有明顯的新時代精神.'과 같은 문장은 겸어문이다. '第二天早晨, 他∥就去新華書店買回那三本小說.'와 같은 문장은 연동문이다.

겸어문은 겸어구가 위어가 되는 문장이다. 만약 겸어구가 문장 안에서 위어가 되지 않으면 겸어문이 아니다. 예를 들어 '這裏∥有許多令人懷念的東西.'·'船員們講的許多故事∥離奇得使人難以相信.' 등과 같은 문장에서 겸어구 '令人懷念'는 정어가 되고 '使人難以相信'은 보어가 되므로 모두 겸어문이 아니다.

4. 주위위어문(主謂謂語句)

주위위어문은 주위구가 위어가 되는 문장이다. 주로 아래와 같은 유형이 있다.

　① 전체 문장의 주어(대주어라고도 칭한다)와 위어가 되는 주위구 가운데의 주어(소주어라고도 칭한다)는 광의(廣義)의 측면에서 보면 소속의 관계를 지닌다. 예를 들어 ‘小李∥身體健康.’·‘散會以後, 梁三老漢∥情緖更加高漲了.’·‘這密密層層成丈高的野花, ∥朵兒賽過八寸的瑪瑙盤.’과 같은 문장이다. 의미상에서 볼 때, 이러한 유형의 주위위어문의 소주어는 대주어에 예속되는 것이므로 대주어와 소주어 사이에 구조조사 ‘的’를 덧붙일 수 있다. 그러나 문장구조상에서 대주어와 소주어는 결코 편정관계가 아니며, 대주어를 정어로 분석할 수 없다. 만약 ‘小李身體健康’이 ‘小李的身體健康’으로 변한다면 ‘小李’는 정어로 변하고 다시는 전체 문자의 주어가 되지 못하며, 구조의 변화는 의미표현에 있어서도 변화를 일으켜 원래의 ‘小李’가 어떠한가를 진술하는 것에서 ‘身體’가 어떠하다는 것을 진술하는 것으로 변하게 되므로 이는 주위위어문이 되지 않는다.

　② 주어와 위어 가운데 어떤 단어는 반복하여 가리키는(複指) 관계를 갖추고 있다. 예를 들어 ‘這個家伙, ∥高玉寶見過他.’에서 주어 ‘這個家伙’와 위어 가운데 ‘他’는 반복하여 가리키는 관계를 이룬다. ‘就餐的人們, ∥蹲着的、坐着的、站着的都有.’에서 주어 ‘就餐的人們’과 ‘蹲着的、坐着的、站着的’는 반복하여 가리키는 관계를 이룬다. ‘我們倆∥誰也別埋怨誰.’에서 주어 ‘我們倆’와 ‘誰’는 반복하여 가리키는 관계를 이룬다. 반복하여 가리킴을 당하는 주어는 만약 주위구 혹은 기타 위사(謂詞)성구라면 일반적으로 절로 간주한다. 예를 들면 ‘地球繞着太陽轉, 這是連小學生都知道的常識.’·‘奪取全國勝利, 這只是萬里長征走完了第一步.’와 같은 문장으로,

이상의 두 가지 예는 모두 두 개의 절을 포함하는 복문이다.

③ 대주어는 시사(施事)이고 소주어는 수사(受事)이다. 예를 들면 '他∥什麼問題都考慮過了.'·'張大伯∥一個人都不認識.'와 같은 유형의 문장은 수사를 동사 앞에 두어 수사가 보편성을 가지는 것을 나타내며 강조 혹은 과장의 의미를 지닌다.

④ 대주어는 수사이고 소주어는 시사이며 어떤 경우에는 또한 공구(工具) 혹은 여사(與事)일 수도 있다. 예를 들면 '這種怪事∥我從來沒有聽說過.'(受事), '這篇文章∥我還沒有寫題目呢.'(與事), '這以後的路, ∥盧進勇走得特別快.'(工具)와 같은 문장이다.

⑤ 대주어는 위어의 서술·토론의 범위·대상 등이다. 예를 들면 '語文敎學∥王老師有豊富的經驗.'·'登山隊的情況, ∥大本營還沒有一點消息.'와 같은 문장이다. 이러한 유형의 문장의 대주어는 앞에 하나의 개사 '對' 혹은 '關於' 등을 숨기고 있으며, 주어가 토론의 범위 혹은 대상임을 설명하고 있지만 문장구조상으로는 개사를 덧붙일 수 없다. 그렇지 않으면 개사구가 상어가 되므로 주위위어문이 아니기 때문이다.

⑥ 대주어와 소주어는 논리적으로 주위관계를 이룬다. 소주어는 일반적으로 동작행위를 나타내는 단어이다. 예를 들어 '小萌∥學習很用功.'·'爺爺∥待人極親切.'와 같은 문장이다. 이러한 유형의 문장은 연동문과는 다른데, 왜냐하면 두 위어 사이에 주위관계를 이루기 때문이다. 반면 연동문의 동사 사이에는 주위관계가 될 수 없다.

5. '把'자문

把자문은 위어가 개사 '把'를 대동하여 구성된 개사구가 상어가 되는 문장이다. 把자문은 일반적으로 일종의 처치(處置)작용을 나타내는데, 즉 위어의 중심동사가 나타내는 동작이 '把'가 이끌어 내는 대상에 대하여 영향을 주어 그것으로 하여금 어떤 변화를 일으키게 하거나 혹은 어떤 상태에 놓이게 한다. 예를 들어 '小孩把杯子打破了.'와 같다. 그 의미관계는 아이가 컵을 치니('小孩打杯子') 컵이 깨진 것으로('杯子破了'), 컵이 깨진 것('杯子破了')은 把자문의 표의(表意)적 초점이다. 또 예를 들어 '大火∥[把天空][都]照紅了.'·'老栓∥[把一個碧綠的包, 一個紅紅白白的破燈籠,][一同]塞進竈裏.'·'四周的山∥[把這個山谷]包圍得像一口進.'과 같은 문장 중에서 '把'자가 이끄는 대상은 수사이며 위어 중심과 논리적으로 술빈관계를 가진다. 이것은 가장 흔하게 보이는 유형이다. 기타의 의미관계를 가진 것도 있는데 예를 들어 '小翠∥[把枕頭][都]哭濕了.'(使事)·'他們∥把北京城跑遍了.'(處所)·'我們∥[把爐子]生上了火.'(與事) '把' 자가 이끄는 대상 일부는 시사(施事)인데, 예를 들면 '這辣椒∥[把人]吃得直流汗.'·'這活∥[把大家]幹得筋疲力盡.'·'板凳∥[把我]坐得屁股疼.'이다. 상술한 세 예문 가운데 把 자가 이끄는 대상 '人'·'大家'·'我'는 모두 시사이며, 전체 문장의 주어는 수사 혹은 공구이다. 이러한 把자문은 구어에서 많이 나타나는데 일반적으로 여의치 않거나, 유쾌하지 않은 상황을 나타낸다.

把자문은 한어에서 매우 특징이 있는 문형의 하나로 그 특징은 주로 아래와 같은 몇 가지 방면에서 표현된다.

　① 把자문은 처치의 의미가 있으며, 위어 중심은 일반적으로 把자문이 이끄는 대상에 대하여 적극적인 작용을 일으킬 수 있는 동사이다. 그래서 능원동사·판단동사·추향동사 그리고 '有'·'沒有' 등 비동작동사는 把자문을 구성하는 데 사용될 수 없다. 把자문을 구성하는 동작동사는 통상 타동사이다. 몇몇 자동사로 구성된 중심어 보어구 다음에도 把자문을 구성할 수 있는데, 예를 들어 앞에서 든 예 가운데 '哭濕'·'跑遍'과 같은 것이다. 把자문의 위어 중심은 어떤 때는 또한 형용사일 수 있다. 예를 들면 '把他高興得手舞足蹈.'·'看把他美得!'·'把小娜難受得直掉眼淚.'와 　같은 문장이다. 이 부분의 문장 특징은 把자문이 이끄는 대상이 일반적으로 시사가 된다는 것이며 모두 비주위문이라는 것이다.

　② 把자문이 이끄는 대상이나 수사주어는 종종 확실히 가리키는 것으로 앞에 항상 '這'·'那'와 같은 유형의 수식어가 있다. 그러나 이 조건은 결코 엄격하지 않아 어떤 상황에서는 확실히 가리키는 것을 나타내지 않는다. 예를 들어 '他把一輛自行車丟了.'·'把三隻小鷄丟了.'에서 '自行車'·'小鷄'는 모두 수량구의 수식을 받으며, 어떤 하나의 자전거나 어떤 세 마리의 닭을 정해 놓고 가리키는 것은 아니다.

　③ 현대한어에서 把자문의 위어 중심은 하나의 단일한 동사일 수 없으며, 단음절 동사는 더욱이 될 수 없다. 앞뒤에 언제나 다른 단어와 함께 사용되어야 하며, 상관된 성분 예를 들어 빈어·상어·보어·상태조사 등을 대동하여야 하거나 혹은 동사가 중첩되는 경우만 把자문이 나타내는 처치의 결과에 대한 요구를 만족시킬 수 있다. 예를 들어 '把病治好'·'把病治了'라고 말할 수 있지

만 ‘把病治’라고는 말할 수 없다.

일반적으로 부정사와 조동사는 把자문 가운데 상어가 될 때, 반드시 把자구조 앞에 두어야 한다. 사실 이 두 종류의 품사는 把자문 속에서의 위치가 비교적 자유로워서 다수의 경우에 把자문 앞에 놓이지만 把자문 뒤의 위치하는 용법도 적지 않다. 예를 들면 ‘把他不當人.’·‘把這件事不放在心上.’·‘買回來， 他囑咐他什麼該削了皮， 把什麼該洗一洗.’(老舍)·‘倒把我三日不見四日不理的.’(『紅樓夢』)와 같은 문장이다.

6. ‘被’자문

被자문은 개사 ‘被’로 구성된 개사구가 상어가 되는 문장이다. 被자문은 피동문에 속한다. 예를 들어 ‘這個秘密‖[後來][被敵人]發現了.’·‘[在朝鮮的每一天]， 我‖都被一些事情感動着.’와 같다. 구어 속에서 개사 ‘被’는 언제나 ‘給’·‘叫’·‘讓’ 등의 개사를 대신할 수 있으며 유쾌하지 않거나 혹은 뜻과 같지 않은 일을 나타낸다. 예를 들어 ‘五隻小鷄‖[讓黃鼠狼]叼走了.’·‘張明‖[給隊長]批評了一頓.’과 같다. ‘被’·‘叫’ 등은 把자문에서 동시에 출현할 수도 있는데, 예를 들어 ‘小芹‖[叫豆莢][把手]刺破了.’와 같다.

‘被’자는 또한 조사 ‘所’·‘給’와 함께 사용된다. ‘被……所’의 격식은 주로 서면어 속에서 사용되고, ‘叫(讓)……給’는 통상 구어 속에서 나타난다. 예를 들어 ‘他們‖[被錯誤的假象]所迷惑.’·‘新

買的自行車 ‖ [叫李軍]給丟了.'와 같다. 일반적인 被자문은 단지 하나의 수사성분이 주어가 되는데 어떤 被자문은 두 개의 수사성분을 가지고 있으며 하나는 수사주어가 되고, 하나는 수사빈어가 되며 주어와 빈어 사이에는 전체와 부분의 관계를 가진다. 예를 들어 '敵人被我們消滅了三個團.'·'這坐寺廟被戰火焚毀了一大部分.'과 같다.

어떤 경우, 동작의 시사를 말할 필요가 없거나 혹은 말할 길이 없을 때, '被'자는 단독으로 사용하고 뒤에 시사가 출연하지 않는데, 이때 '被'자는 마땅히 피동을 나타내는 조사이다. 개사가 단독으로 출현할 수 없기 때문에 그것이 언제나 뒤의 명사성 성분과 개사구를 이루어 수식작용을 일으킨다. 被자문은 반드시 수사주어문이며 또한 개사 '被'자를 표지로 삼는다. 수사주어문에 만약 개사 '被'가 출현하지 않는다면 被자문이 아니다. 예를 들어 '信寫好了.'·'事情辦妥了嗎?'에서 被자문은 피동의 관계를 강조하는 작용을 가지며, 만약 피동관계를 강조할 필요가 없을 때는 일반적인 수사주어문을 사용할 수 있다.

被자문은 의미상으로 把자문과 대응적인 전환관계를 가진다. 예를 들어 '猫把老鼠抓住了.' → '老鼠被猫抓住了.'와 같다. 把자문의 주어는 시사이지만 被자문의 주어는 수사이고, 把자문의 주어는 被자문 가운데 개사빈어를 이룬다. 그래서 이 두 종류의 문장형식은 구성상에 있어서도 서로 유사한 특징들을 가진다. 예를 들어 被자문의 위어 중심은 반드시 동작행위를 나타내는 타동사이며 자동사와 능원동사·추향동사·판단동사, 긍정 혹은 부정을 나타내는 '有'·'沒有' 등은 被자문을 구성하는 데 사용할 수 없다. 예를 들어 '他被醫生治好了'라고 말할 수 있지만, '他被醫生蘇醒了'라고 말할 수 없다. '自行車被他丟了'라고 말할 수 있지만, '自行

車被他沒有了'라고 말할 수 없다. '爲……所'·'叫……給'의 형식 이외에 被자문의 위어 중심어는 일반적으로 단독으로 출현하지 않고 상관된 성분, 이를테면 상어·보어·조사 '了' 등을 동반하는데, 예를 들면 '活兒被我們幹完了'와 같이 말할 수 있지만, '活兒被我們幹'이라고 말할 수 없다.

7. 존현문(存現句)

존현문은 어떤 곳에 어떤 사람이나 사물이 존재하거나 출현하는 것 또는 사라지는 것을 나타내는 문장으로, 그 기본형식은 NP1 + VP + NP2로 NP1은 장소를 가리키고, NP2는 사람 혹은 사물을 가리킨다. 존현문은 존재문(存在句)과 은현문(隱現句) 두 종류로 나눌 수 있다.

① 존재문
어떤 곳에 어떤 사람이나 사물이 존재하는 것을 나타낸다. 예를 들어 '水塘裏 ‖ 有 | 幾只隻鴨子.'·'門口 ‖ 站着 | 一個衣襪破爛的流浪漢.'·'鄉政府門前 ‖ 貼着 | 一張布告.'·'有些女人的預算裏 ‖ 還有 | 一面圓蛋的鏡子.'·'舊氈帽下面 ‖ 是 | 浮現着希望的醬赤的面孔.'와 같다.

존재문의 위어 중심은 동작동사일 수도 있고 비동작동사 '有'·'是' 등일 수도 있다. 동작동사 뒤에는 통상 동태조사 '着'가 붙는다.

② 은현문

어떤 곳에 어떤 사람 혹은 사물이 출현 혹은 사라짐을 나타낸다. 예를 들어 '樹上 ‖ 飛來 ∣ 兩隻花喜鵲.'·'他的腦海裏 ‖ 又閃現出 ∣ 老趙那個神秘的暗示.'·'橋那邊 ‖ 走過來 ∣ 一隊人馬.'·'稻場上和溪邊 ‖ 頓時少了 ∣ 那些女人們的踪迹.'와 같다. 은현문의 위어 중심 뒤에는 일반적으로 동태조사 '了' 혹은 추향보어 '來'·'出'·'出來'·'過來' 등이 붙어야 한다.

존현문은 구조상에서 현저한 특징을 가지는데 주로 아래와 같다.

첫째, 주어는 장소사로 충당되며 문두에는 시사 혹은 수사가 출현하지 않는다. 장소사어 앞에는 개사가 덧붙으면 문두 상어로 바뀌는데, 예를 들어 '從樹林裏竄出一隻野冤.' 중의 '從樹林裏'는 상어가 된다. 만약 문두에 장소사가 없으면 비주위문에 속하는 존현문이 된다. 예를 들면 '來了一位新同學.'와 같다.

둘째, 존현문의 빈어는 다수가 시사빈어가 되며, 빈어는 자주 수량정어를 대동한다. 예를 들어 '馬路邊站着幾個人.'·'敎室裏坐着50多位同學.'과 같다.

8. 명사성위어문(名詞性謂語句)

명사 혹은 명사성 편정구가 위어가 되는 문장을 명사성위어문이라고 부른다. 예를 들어 '今天 ‖ 星期五.'·'早晨 ‖ 陰天.'·'魯迅 ‖ 浙江人.'·'這隻公鷄 ‖ 紅紅的大冠子.'·'一個國家, ‖ 兩種體制.'와 같다. 명사성위어문은 주로 일시·기상 및 인물의 관적·특징

등을 설명하는 데 사용한다. 문장을 분석할 때 명사성 편정구 전체가 위어로 충당되며, 앞의 수식성분을 다시 분석하지 않는다. 예를 들어 '郭沫若四川人.'에서 '四川人' 전체가 위어로 충당되었고, 중심어 '人'과 수식어 '四川'을 다시 분석할 필요가 없다. 왜냐하면 '人'에 대해 말하자면 '四川'은 상어가 아니고, 문장을 놓고 말하자면 '四川'은 정어로 분석될 수 없으며, 그렇지 않으면 위어 중심어가 정어를 가지고 직접수식성분이 될 수 있다는 것을 의미하게 되므로 이것은 정어의 기능 및 정의와 부합되지 않는 것이다.

표준의 기준의 다르기 때문에, 몇몇 문장은 서로 다른 각도에서 볼 때 동시에 두세 종류의 문장형식의 특징을 가질 수 있으며, 문장형식의 교차 중첩현상이 형성된다. 예를 들어 '我們‖把鮮花送英雄.'의 문장은 술빈위어문이 될 수 있기도 하면서 또한 把자문이 될 수도 있다. '有翼‖叫碾子把手碾破了.'의 문장은 被(叫)자문과 把자문이 함께 사용되었다. '他‖走進辦公室拿出一份文件讓我看.'은 연동문과 겸어문이 함께 사용되었다. '他‖便給他們茴香豆吃.'는 겸어문 겸 이중빈어문이 함께 사용되었다.

제3절 문장유형(句 類)체계

어기의 기능이 서로 다른 것에 근거하여 문장을 분류한 것을 문장유형이라고 부른다. 문장유형에는 네 가지 유형이 포함된다. 즉 진술문·기사문·감탄문·의문문이다.

1. 진술문(陳述句)

　진술의 어기를 사용하여 하나의 사건이나 이치를 서술하거나 설명하는 문장. 예를 들면 다음과 같다.

　(1) 這朵開在山頂的花是最美的.

　(2) 我是昨天進的城.

　진술문은 어기사를 붙여도 되고, 붙이지 않아도 된다. 자주 사용되는 어기사에는 '了'·'的'·'嘛'·'罷了'·'啊'·'呢' 등이 있으며, 각각의 어기사가 나타내는 어기 의의는 차이가 있다. 예를 들면 다음과 같다.

　(3) 我們勝利了. ('了'는 상황의 변화가 있음을 나타낸다.)

　(4) 我們一定會勝利的. ('的'는 확실히 이와 같음을 나타낸다.)

　(5) 你應該這樣做嘛. ('嘛'는 문장의 내용이 분명하여 쉽게 볼 수 있음을 나타낸다.)

　(6) 大家千萬要注意身體啊. ('啊'는 말하는 태도를 나타내는데 일깨우는 의미를 가지고 있다.)

　(7) 我只是提醒他一下罷了. ('罷了'는 그와 같음에 불과하다는 것을 나타내며 일을 하찮은 것으로 말하는 것이다.)

　(8) 小萌的鋼琴彈得好, 她還會拉小提琴呢. ('呢'는 과장의 의미를 가지고 있으며, 일이 일반적이지 않다는 것을 나타낸다. 그러나 '呢'는 또한 일반적인 진술의 어미를 나타내기도 한

다. 예를 들어 '小張明天回來呢.'와 같다.)

진술문은 긍정형식과 부정형식 두 종류가 있다. 긍정적인 진술문은 '我看了一場電影.'과 같다. 부정의 진술문은 긍정의 형식에 부정사를 더해 구성된 것으로 '我沒有看電影.'·'他不去電影院.'과 같다. 만약 이중부정이라면 긍정의 의미를 나타낸다. 예를 들어 '我們不能不做出這樣的決定.'·'這些孩子沒有一個不聽話.'와 같다.

진술문 가운데에는 이형동의(異形同義)의 형식이 약간 있다. 예를 들어 '差點沒跌倒.' = '差點跌倒了.'·'好容易跑出來.' = '好不容易跑出來.'·'開學前去旅遊.' = '沒開學前去旅遊.'와 같다. 이것은 병행하는 두 종류의 습관적인 대화법으로, 유추성을 가지고 있지는 않다.

2. 기사문(祈使句)

청자(聽者)가 어떤 일을 할 것 혹은 하지 말 것을 요구하는 문장이다. 예를 들면 다음과 같다.

(1) 你就讓他去吧.

(2) 不許大聲喧嘩!

기사문에는 긍정과 부정의 두 가지 형식이 있는데, 긍정을 표시하는 것은 '喂! 一手交錢, 一手交貨!'와 같고 부정을 나타내는 것은 '不許隨地吐痰!'·'請你千萬別在意.'와 같다. 명령을 나타낼 때에의 어기는 비교적 강렬하며, 청구를 나타낼 때의 어기는 비교적 완곡한데, 예를 들면 '趙大娘, 你先在這兒休息一下吧.'와 같다. 만약 상대방이 어떤 일을 하기를 요구한다면 의문문으로 바라고

시키는 내용을 나타낼 수도 있다. 예를 들어 '你能幇我一下嗎?' 와 같이 사용하면 어기가 분명히 완곡하고 예의가 있어 진다.

　의미특징의 측면에서 볼 때 기사문이 만약 고의적으로 모종의 결과에 이를 것을 나타낸다면 문장 가운데의 위어동사는 [＋자주] 의 의미특징을 가진다. 예를 들어 '快過來!'·'不要理他.'에서 '過 來'와 '理'는 모두 [＋자주]의 의미특징을 가진다. [＋통제할 수 있 는]의 의미특징을 가지지 않은 동사는 일반적으로 기사문의 부정형 식에 넣을 수 없는데, 예를 들어 '別理解.'·'不要淸楚.'·'別蘇醒.' 과 같다. [＋칭찬] 의미특징을 가진 동사는 일반적으로 기사문의 부 정형식에 넣을 수 없는데, 예를 들어 '別佩服他!'·'不要尊重客人.' 과 같다. [＋폄훼] 특징을 가진 동사는 일반적으로 기사문의 긍정형 식에 넣을 수 없는데, 예를 들어 '請搗亂.'·'趕快破壞!'와 같다.

3. 감탄문(感歎句)

　감탄문은 칭찬, 경악, 분노 혹은 공포 등의 강렬한 감정을 나타 내는 문장이다. 대체로 네 가지 유형으로 나눌 수 있다.

　① 직접적으로 탄사를 사용하여 구성한다. 예를 들면 다음과 같다.

　(1) 啊!

　(2) 唉!

　② 진술문과 서로 같은 감탄문을 구성한다. 구어 중에서는 어조 가 앞에는 높고 강하다가 뒤에는 낮게 떨어지며, 음량이 점차 커 지고, 서면어에서는 문말에 감탄부호를 사용하여 강렬한 어기를 나

타낸다. 예를 들면 다음과 같다.

(1) 阿Q! 你這渾小子!

(2) 我們贏了!

③ 문장 중에 부사 '好'·'多麼'·'多'·'太'·'眞' 혹은 어기사 '啊'를 사용하여 감탄의 어기를 강화한다. 예를 들면 다음과 같다.

(1) 好一派迷人的秋色!

(2) 蜜蜂是多麼高尙啊!

(3) 天哪! 太可怕了!

④ 강렬한 감정을 나타내는 각종 표어·구호 등으로 예를 들면 다음과 같다.

(1) 各族人民大團結萬歲!

(2) 祖國萬歲!

4. 의문문(疑問句)

의문의 어조를 가지며 의문을 나타내는 문장을 의문문이라고 한다. 형식과 의미의 특징에 근거하여 의문문은 네 가지 유형으로 나눌 수 있다.

① 일반의문문(是非問)

하나의 문제를 제시하고 긍정 혹은 부정의 대답을 요구하는 문장. 일반적으로 진술문 뒤에 의문어조 혹은 의문사 '嗎'·'吧'·'啦' 등을 함께 사용한다('呢'는 사용할 수 없다). 이러한 문장은 '是'·'不是'·'有'·'沒有'를 사용하거나 혹은 고갯짓으로 대답할 수 있다. 예를 들면 다음과 같다.

(1) 你明天去北京?

(2) 你發現其中的奧妙了嗎?

(3) 李老板不會不賞臉吧?

(4) 你忘了我啦?

(5) 你希望我替你保密, 是吧?

만약 일반의문문이 의문의 어기사를 가지지 않았으면 어조는 반드시 상승해야 한다. 의문어기사와 상승의 어조는 일반의문문에서 반드시 하나는 있어야 하며 심지어는 두 가지를 겸하여 사용하는데 두 가지를 함께 사용할 때에는 어기가 강조되는 의미를 가지게 된다. 그래서 일반의문문의 의문 초점은 전체 문장이 되기 때문에 긍정 혹은 부정을 나타내는 단어나, 고갯짓으로 대답하는 것 이외에 종종 원래의 문장을 중복하는 것을 통해 대답할 수 있다. 예를 들어 '你能按時來嗎? – 我能按時來 / 我不能按時來.'와 같다.

② 양태의문문(特指問)

의문대사를 사용하여 의문을 표시하고 상대방이 의문대사가 가리키는 내용에 대한 대답을 원한다. 예를 들면 다음과 같다.

(1) 你是誰?

(2) 先生, '怪哉'這種蟲, 是怎麼回事?

(3) 我們什麼時候才能把這些話兒幹完呢?

(4) 爲什麼你不回答我的問題?

양태의문문에는 어기사를 사용하지 않아도 되며, 만약 사용한다면 단지 '呢'와 '啊'를 사용하며, '嗎'와 '吧'는 사용할 수 없다. 진술문의 각 부분은 모두 의문대사로 대체될 수 있으며, 이로써 양태의문문을 구성한다. 의문대사는 양태의문문의 의문 초점이며 상대방의 대답 또한 의문사의 내용을 묻는 것이다. 그래서 대답에는 일반의문문과 같이 그렇게 간단한 긍정 혹은 부정의 형식을 사용할 수 없다. 양태의문문의 어조는 위로 드는 것이다.

양태의문문은 또한 약간의 비교적 특수한 화용적 간략화의 형식을 사용할 수 있다. 문장 중의 의문대사가 나타나지 않고, 대화 중에 사용되며, 매우 간결하게 드러난다.

첫 번째 유형은 'NP+呢'로 장소 혹은 상태를 묻는 것이며 'NP 在哪兒呢?' 혹은 'NP怎麼辦呢?'에 상당한다. 예를 들면 '我的書呢?'(='我的書在哪兒呢?'), '你們都走了, 我呢?'(='我怎麼辦呢?')와 같다.

두 번째 유형은 'VP+呢'로 가설성의 결과를 듣는 것이며, 문장 중에서 가설연사를 나타낼 수 있다. 예를 들어 '你要是不同意呢?'(='你要是不同意怎麼辦呢?')이고 또 '老王, 你看呢?'(='你看怎麼辦呢?')로 이러한 문장의 위어 중심어는 '設'·'看'·'想' 등의 동사만이 사용될 수 있다.

③ 선택의문문(選擇問)

두 종류 혹은 두 종류 이상의 관점을 제시하고 상대방이 그 중에 하나를 선택하여 대답하기를 바라는 것이다. 선택의문문은 일반적으로 복문의 형식으로 의문을 나타내며, 절 사이에는 '是'·'還是'를 사용하여 연결하며 어기사 '呢'를 자주 사용한다. 예를 들면 다음과 같다.

(1) 是你一個人去呢, 還是我們一塊去?

(2) 老通寶, 你是賣蟲子呢, 還是自家做絲?

(3) 我們是繼續往前走, 還是就地宿營?

(4) 你是支持, 還是反對, 或者置之不理?

선택의문문의 대답형식은 비교적 자유로워 선택의문 가운데 하나의 항목으로 대답할 수도 있으며, 전부 부정하고 다른 대답을 할 수도 있다.

④ 긍정부정의문문(正反問)

긍정부정의문문은 긍정과 부정이 병렬된 방식으로 물음을 제기하는 문장이다. 문말에 어기사를 사용하지 않아도 되고, 어기사 '呢'·'啊'를 사용해도 된다. 예를 들면 다음과 같다.

(1) 我們能不能按時回家?

(2) 你是不是昨天來的呢?

(3) 登山者會不會出現意外?

(4) 你去過西藏沒有啊?

(5) 大家暫時不去想它, 好不好?

긍정부정의문문의 의문정보는 주로 긍정부정의 병렬된 구조로 표시한다. 어조는 상승할 수도 있고 떨어뜨릴 수도 있으며, 어기사 '呢'·'啊'를 사용하여 의문의 어기를 증강할 수 있다.

긍정부정의문문의 구조형식은 비교적 많으나, 기본적인 특징은 위어 부분의 연합구 전체가 하나의 문장성분으로 충당된다. 예를 들어 '你是不是西安人?'에서 '是不是' 전체가 술어가 된다. '他願意不願意參加?'에서 '願意不願意' 전체가 상어가 된다. 연합구는 또한 종종 생략형식으로 나타난다. 예를 들어 '你會講英語不?'(= '你會講英語不會講英語?')에서 '會講英語不'는 마땅히 전체를 위어로 분석해야 하며, '不'를 보어로 분석할 수 없다. '你願不願意

幫我?'(='你願意不願意幫我?')에서 '願不願意' 전체가 상어로 충당되었다. 긍정부정의문문의 대답형식은 비교적 간단하여 단지 긍정부정의 두 종류의 상황 중에서 하나를 선택하여 대답하면 된다.

이상의 각 유형의 의문문은 모두 의문하는 바가 있어 묻는 것으로 질의문(詢問句)이라고 칭한다. 또 다른 형식은 의문을 가지지 않으나 묻는 문장으로 반문문(反問句)이라고 부른다. 반문문은 의문문의 형식과 의문의 어조를 가지고 있지만 대답할 필요가 없으며, 의문문의 형식을 통해 긍정 혹은 부정의 내용을 나타내는 것이다. 반문문의 어기는 비교적 진술문보다 강하다. 반문문의 형식은 일반의문문·양태의문문의 두 종류로 나타나며, 선택의문문과 긍정부정의문문은 비교적 적다. 예를 들면 다음과 같다.

(1) 歷來如此就對嗎? (일반의문문의 형식)

(2) 你怎麼能這樣說話呢? (양태의문문의 형식)

(3) 你是來幫忙的, 還是來搗亂的? (선택의문문의 형식)

(4) 騎摩托車飛越黃河, 你說驚險不驚險? (긍정부정의문문의 형식)

참고문헌

邢福義,「論現代漢語句型系統」,『語法研究探索』(1) 1983년.

邢福義 主編,『現代漢語』, 高等教育出版社 1993년.

張潛,「近百年來漢語句型研究槪述」, 河北師大學報 1998년 제3－4기.

張愛民,「漢語句型研究槪說」, 徐州師院學報 1994년 제1기.

黃伯榮,『句子的分析與辨認』, 上海敎育出版社 1963년판.

邵敬敏 主編,『現代漢語通論』, 上海敎育出版社 2001년판.

張斌 主編,『現代漢語』, 語文出版社 2000년판.

黃伯榮·廖序東 主編,『現代漢語』(增訂二版), 高等敎育出版社 1997년판.

■■■ **제7장** 복문(複句)

복문에 관한 인식

黎錦熙는 "두 개 이상의 단문이 서로 연접하거나 혹은 상호 연결되었으나, 모두 평등하여 병립한 복문을 등립문(等立句)이라고 칭하고", "두 개 이상의 단문이 평등하게 병립할 수 없고, 하나의 단문이 주가 되고, 그 나머지는 종이 되는 복문을 주종문(主從句)" 이라고 여겼다.152) 黎錦熙・劉世儒는「漢語複句新體系的理論」153) 에서 내린 복문에 대한 정의는 "문장과 문장이 특정한 논리적 관계를 가지고 논리적 관계와 서로 관련이 있는 연결어휘 혹은 관련 단어를 사용하여(혹은 사용할 수도 있어) 연결되어, 거대한(혹은 거대할 수 있는) 의미용량을 가지게 되는 언어단위를 복문이라고 한다."라고 했다. 저자는 또한 구체적인 예를 결합하여 복문의 정의에 대하여 설명을 더하였다. 정의 가운데 '문장과 문장'이라는 말은 하나의 문장으로 복문이 구성될 수 없음을 말하는 것이지만, 문장은 완전하지 않을 수 있는 것이므로 '如果有人, 我就不去了.' 는 응당 복문이다. '특정한 논리관계로'라는 말은 '烏合之衆'과 같은 문장이 복문이 아니라는 것을 말하는 것으로 '啊! 你眞行啊!' 가운데 '啊'는 단지 독립성분이며, '你眞行啊'와 복문을 구성할 자

---

152) 『新著國語文法』 256・282쪽.
153) 『中國語文』 1957년 제8기.

격이 없다. 관련 단어를 '사용하거나 사용할 수 있다'는 말은 관련 단어를 사용할 수 없는 문장은 복문이 아니라는 것을 말하는 것으로 '我看見他笑'는 복문이 되지 않으며 모든 복문은 모두 연사를 사용할 수 있는 것이다. '거대한 (혹은 거대할 수 있는)의미 용량을 가진다.'라는 말은 복문의 의미 용량이 단문에 비해서 큰데 예를 들어 '花紅柳綠'은 '花紅' 혹은 '柳綠'의 용량보다 모두 크다. 당연히 단문의 의미 용량 역시 복문을 초과할 수 있다.

王力은 "문장은 어음의 휴지를 사용하여 분리한 두 개의 문장형식으로 구성될 수 있는 것이기 때문에 복합문이라고 부른다."고 여겼다.154)

丁聲樹는 "복합문은 몇 개의 의미상으로 관련이 있는 문장으로 구성된 것이다."라고 하였다.155)

高名凱는 『漢語語法論』156)에서 "어떤 때 두 개 혹은 두 개 이상의 문장은 단숨에 연결되어 이루어지고, 함께 연결되어 서로 호응한다. 이러한 정황은 포유문과는 다르다. 왜냐하면 각 문장은 서로 따로 떨어질 수 있으나 관련되어 있으며, 결코 어떠한 문장이 다른 문장 안에 포함되지 않기 때문이다. 이러한 문장을 즉 복합문이라고 부른다."라고 말했다. 張志公은 『現代語法常識』157)에서 복문에 내린 정의는 "비교적 복잡한 사항의 뜻을 나타내기 위해서, 종종 두세 개 혹은 몇 개의 단독으로 문장을 구성할 수 있는 주위구를 연결시켜, 하나의 큰 문장을 구성하는 것"을 복문이라고 칭했다.

『漢語知識』158) 중에서 "두 개 혹은 두 개 이상의 단문이 의미

---

154) 『中國現代語法』.

155) 『現代漢語語法講話』, 商務印書館 1961년판.

156) 商務印書館 1986년판.

157) 新知識出版社 1956년판.

상으로 연결되어, 하나의 비교적 복잡한 문장을 구성할 수 있다. 이러한 문장을 복문이라고 부른다."라고 여겼다.

邢福義는 "복문은 두 개 혹은 두 개 이상의 주위문 혹은 비주위문으로 구성된 문장이다."[159] "복문의 구성단위는 두 가지 측면에서 살펴보아야 한다. 구성의 기초의 측면에서 보면, 복문의 구성단위는 절(小句: 작은 문장)이고, 구성의 결과 측면에서 보면, 복문의 구성단위는 절(分句: 나뉜 문장)이다."[160]

張靜은 『漢語語法問題』[161]에서 "복문은 두 조 혹은 두 조 이상의 서로 피차의 문장성분이 되지 않는 구조 중심(혹은 단문형식)이 있어, 하나의 복잡한 표현 관계를 나타내는 문장이다."라고 여겼다.

黃伯榮・廖序東이 주편한 『現代漢語』[162]에서 내린 복문의 정의는 "복문은 두 개 혹은 몇 개의 의의상으로 상관되고 구조상 서로 포함되지 않는 단문형식으로 구성된 문장이다."

張斌이 책임편집한 『現代漢語』[163]은 "복문은 두 개 혹은 두 개 이상의 절로 구성된 문장이다."라고 여긴다.

이상의 복문에 대한 정의는 모두 어떤 특정한 측면에서 복문에 대해 설명을 한 것으로 서로 다른 기준에 맞추어 복문의 특징을 제시했다. 그러나 어떤 정의는 엄밀하지 못하거나 정확하지 못하다는 결점이 여전히 존재하고 있다. 예를 들어 어떤 정의는 '문장은 문장으로 구성된 것이다.'라고 말하는 것과 같아, 논리적으로 말이

---

159) 『複句與關聯詞語』, 黑龍江人民出版社 1985년판.

160) 『漢語語法三百問』, 商務印書館 2002년판.

161) 中國社會科學出版社 1991년판.

162) 增訂本.

163) 語文出版社 2000년판.

되지 않을 뿐 아니라, 문장과 단락의 경계가 뒤섞이기도 하였다. 어음의 휴지로 복문을 판단하는 표준을 삼는 것은 분명히 정확하지 못한데 왜냐하면 단문 내부와 복문을 이루는 절 내부의 휴지 역시 매우 보편적이기 때문이다. 어떤 것은 '종종 두세 개 심지어 몇 개의 단독으로 문장을 구성할 수 있는 주위구를 연결하여' 복문을 구성한다고 여기고 있는데 사실상 이러한 주위구는 결코 문장이 될 수 없는 것이다. 왜냐하면 어조가 없기 때문이다. 상대적으로 보면, 黃伯榮·廖序東의 『現代漢語』와 張靜의 『漢語語法問題』에서 복문에 대해 내린 정의가 보다 전면적이라고 할 수 있다. 그러나 『漢語語法問題』의 정의는 절 사이의 의의상의 밀접한 관계를 홀시하고 있어 이 점이 부족한 점이다.

복문은 두 개 혹은 두 개 이상의 의의상 밀접한 관계를 가졌으나 구조가 서로 포함되지 않는 단문형식으로 구성된 언어단위이다. 복문을 구성하는 각각의 단문형식은 절(分句)이라고 불린다.

예를 들면 다음과 같다.

(1) 不但學生應該尊重教師, 整個社會都應該尊重教師.

(2) 假如你一個人害怕, 我送你回去.

(3) 過了那林, 船便彎進了汊港, 於是趙莊便眞在眼前了.

예 (1)은 두 개의 절로 구성되었으며 절과 절 사이에는 점층관계를 이룬다. 예 (2) 역시 두 개의 절로 구성되었으며 절 사이에는 가설관계를 이룬다. 예 (3)은 세 개의 절로 구성되어 있으며 세 절 사이에는 모두 순접관계를 이룬다.

복문은 주로 아래와 같은 구조적인 특징을 가진다.

첫째, 복문을 이루는 각각의 절은 구조적으로 상대에 대하여 독립되어 있으므로, 서로 포함관계를 갖지 않는다. 즉 서로 문장성분이 되지 않는다. 예를 들면 다음과 같다.

(4) 靑春難以永存, 但是一個人的德才學識却可以永存.

(5) 學習本民族的語言尙且要花許多力氣, 何況學習另一種語言呢.

예 (4)는 두 개의 절로 이루어졌으며, 두 개의 절은 각자 독립되어 있다. 앞의 절에서 말하는 '靑春'이 어떠한가와 뒤의 절에서 말하는 '德才學識'가 어떠한가의 사이에는 연사 '但是'를 사용하여 연결하였으며 전환관계를 나타낸다. 예 (5)의 두 개의 절은 서로 포함되지 않으며 각각 하나의 이치를 설명하고 있다. 앞의 절은 자기 민족의 언어를 배우는 데는 많은 노력이 필요하다는 것을 설명하고 있고, 뒤의 절에서는 기타 민족의 언어를 배우는 데 소비되는 힘은 더 클 수 있다는 것을 설명하고 있다. 두 개의 절은 상대에 대하여 독립되어 있으나, 의미상으로는 연결되어 있다. '尙且……何況'을 사용하여 연결하여, 앞뒤에 점층관계가 있음을 나타냈다.

둘째, 복문을 구성하는 각각의 절은 주위문일 수도 있고, 비주위문일 수도 있다. 주어는 생략해도 되고 생략하지 않아도 된다. 예를 들면 다음과 같다.

(6) 油蛉在這裏低唱, 蟋蟀在這裏彈琴.

(7) 與其碌碌無爲地混這一生, 不如壯烈地死去.

(8) 哪怕只有碗這麽粗細, 它却努力向上.

(9) 刮風了, 下雨了, 天氣慢慢冷起來了.

예 (6)은 두 개의 절로 구성되었고, 절은 모두 주위문이다. 예 (7)은 두 개의 절이 모두 비주위문이다. 예 (8)의 앞의 절은 생략문이고, 주어를 생략했으며, 뒤의 절은 주위문이다. (9)의 세 개의 절 가운데 앞의 두 절은 모두 비주위문이고, 맨 끝의 절은 주위문이다.

셋째, 어음상 하나의 복문은 단지 하나의 통일된 음조를 가지고 있다. 문말(文末)에는 비교적 큰 휴지가 있는데 서면상으로는 마침표·물음표·감탄부호를 사용하여 표시한다. 절 사이에는 비교적 큰 휴지가 있는데 서면상으로는 쉼표·세미콜론(반구절표) 혹은 콜론(구절표)을 사용하여 나타낸다. 예를 들면 다음과 같다.

(10) 那些閃爍的亮光到底是江上的漁火, 還是天上的星星?

(11) 從此王胡瘟頭瘟腦的許多日, 並且再不敢走近阿Q的身邊; 別的人也一樣.

(12) 她一手提着竹籃, 內中一個破碗, 空的; 一手拄着一支比她更長的竹竿, 下端開了裂: 她分明已經純乎是一個乞丐了.

예 (10)의 두 개의 절 사이에는 쉼표를 사용하여 휴지를 나타냈고, 문말에는 물음표를 사용하여 휴지를 나타냈다. 예 (11)은 세 개의 절로 구성되었으며, 절 사이에 각각 쉼표와 세미콜론을 사용하였으며, 문장 끝에는 마침표를 사용했다. 예 (12)는 6개의 절이 있는데 각각 쉼표·세미콜론·콜론을 사용하여 절의 휴지를 나타냈으며, 문장 끝에 마침표를 사용하여 휴지를 나타냈다.

넷째, 절 사이에 관계를 표시하는 데는 두 가지 방법이 있다. 한 방법은 관련 어휘를 사용하여 나타내는 것이다. 예를 들면 다음과 같다.

(13) 如果說白天的廣州像座翡翠城, 那麼太陽沈沒時, 廣州就成了一顆夜明珠.

(14) 只要稍一鬆動, 脚就擡不起來了.

예 (13)은 관련 어휘 '如果……就'를 사용하여 절을 연결했고, 예 (14)는 관련 어휘 '只要……就'를 사용하여 절을 연결했다.

또 다른 방법은 관련 어휘를 사용하지 않고, 단지 어순에 근거해 절 사이의 관계를 표시한다. 이러한 방법을 의합법(意合法)이라고 한다. 예를 들면 다음과 같다.

(15) 天空的霞光漸漸地淡下去了, 深紅的顏色變成了緋紅, 緋紅
又變成了淺紅.

(16) 溫柔的月光撒進秋妹家的小院, 小院裏顯得格外恬靜.

이상의 두 예는 모두 관련 어휘를 사용하지 않고, 배열의 순서
를 통해 각각의 절을 구성했다.

제2절 복문과 단문의 구분

1. 단문과 복문의 구분 표준에 관한 토론

단문과 복문의 구분 표준에 관한 문제는 한어어법 연구에 있어
서 오래전부터 끊임없이 쟁론이 많았던 초점 중의 하나였다. 邢福
義가 말한 것처럼 "단·복문 사이에는 '잘라 끊을 수 없어 이해하
기에 여전히 혼란스러운' 엉킴 현상이 존재하는데, 이것은 객관적
인 사실이다." 1957년 어법학계에서 일찍이 『中國語文』에 바로
이 문제에 관해 토론을 한 적이 있다. 그 토론에서 단·복문을 구
분하는 표준을 일반적으로 다음의 네 가지로 할 것을 제시했다.
즉 의의(意義)·구조·어음휴지·관련 어휘이다. 또 어떤 사람들
은 어조·기능·문장의 장단을 구분의 표준으로 제시했다. 상술한
표준의 사용에 대해 연구자들은 종종 의견의 일치를 보지 못했는
데, 어떤 사람들은 두 개의 표준 혹은 세 개의 표준에 치중했고,

네 개의 표준을 결합하여 단·복문에 대하여 구분을 한 사람도 있었다.

의의를 표준을 삼아 구조를 결합하여 단·복문을 구분한 것으로는 黎錦熙의 『新著國語文法』을 대표로 꼽을 수 있다. 그 책에서 '하나의 완전한 의미를 표시하는 것'은 단문이고, '두 개 이상의 단문이 서로 연달아 있거나 혹은 상호 연결된 것'은 복문이라고 설명하고 있다. 예를 들어 '寶玉擲筆就寢, 便忽然睡去, 一夜不知所之, 直到天明方醒.'이다. 저자는 이 문장은 용량이 큰 단문으로 복술어(複述語)가 되는 데 즉 '하나의 주어를 공유하면 복성분(複成分)이며, 주어를 공유하지 않으면 곧 복문'이 된다고 여겼다. 그러나 저자는 이 표준을 철저하게 관철하지 않아 "어떤 때는 하나의 주어지만 복문으로 간주하지 않을 수 없다. 왜냐하면 하나의 주어가 가지는 술어가 너무 많고, 술어 측면에서도 연대하거나 부가된 성분이 너무 복잡하면 단문으로 간주할 수 없기 때문이다(266쪽)."라고 했다. 劉世儒가 『漢語複句新體系的理論』 중에서 사용한 '성분확정법'은 구조를 위주로 하면서 동시에 의미 표준을 고려한 것으로 저자는 "성분확정법은 주로 어떤 하나의 언어단위가 다른 언어단위성분으로 확정될 수 있는지 없는지를 보는 것으로, 확정될 수 있으면 단문이고 확정될 수 없으면 복문이다."라고 여겼다.

몇몇 학자들은 구조와 어음휴지를 표준으로 한다. 胡附·文煉은 『現代漢語語法探索』에서 "우리들은 문장의 조직에 착안하고 동시에 어떠한 휴지들을 고려했다. 하나의 주어와 하나의 위어를 포함하고 있는 것은 모두 간단문(簡單句)이며, 두 개 이상의 주어와 두 개 이상의 위어를 가져야만이 비로소 복합문이다."라고 말했다. 安

家駒 역시 "위어 부분에 따라 단·복문의 표준을 확립하는 데 이는 바로 하나의 문장에 몇 개의 위어 부분이 있는가를 보는 것이다. 하나의 문장에서 단지 하나의 위어 부분이 있으면 단문이고, 두 개 혹은 두 개 이상의 위어 부분이 있으면, 그것이 무주어든지 혹은 하나의 주어를 공유하고 있든지 아니든지 간에, 또 관련 어휘가 있든지 없든지 간에 단지 그것들 사이에 서로 문장성분이 되지 않으면 곧 복문이다. 일상적인 정황에서 각각의 위어 부분 사이에는 어음의 휴지가 있어야 한다. 그 밖에 독사문(獨詞句) 역시 절로 충당될 수 있어 복문을 구성한다."164)라고 했다.

어음의 휴지·구조·관련 어휘의 세 개의 표준으로 단·복문을 구분하는 학자들로는 王力·呂叔湘 등이 있다. 郭中平은 『單句複句的分界問題』에서 "王力은 黎錦熙가 언급조차 안 했던 '어음휴지'라는 표준을 강조했다. 『中國現代語法』에서 복문은 전부 휴지가 있다. ……그 다음, 王力은 또 문장의 구조에 주의를 기울였다. 세 번째, 연사에도 주의했다."라고 말했다. 呂叔湘은 동사가 연합하여 위어가 되며, "만약 중간에 끊어짐이 있으면, 그 문장을 복문으로 봐도 된다."라고 여겼다. 郭中平은 저서에서 呂叔湘의 단·복문 분석에 대해 언급을 한 후에 "위의 분석으로부터 우리들은 呂叔湘의 표준을 (1) 어음휴지 (2) 관련 어휘 (3) 구조로 귀납한다."라고 지적했다.

단·복문의 확정 문제에 관해서 郭中平은 적어도 아래의 몇 가지 측면에서 고려해야 한다고 여겼다. 즉 "먼저 전면적으로 고려해야 한다. '전면적'이라는 것은 두 가지 의미를 포함하는데, 하나는 언어에 대하여 전면적인 조사와 연구를 해야 한다는 것이며(이 점은 진행된 적이 있으나 아직 부족하다), 다른 하나는 제시된 해결

---

164) 『試談漢語單句複句的區分標準』.

방법이 그 자체로서 관철될 수 있어야 할 뿐 아니라 이치에 맞아야 한다는 것이다. 그 다음은 한 걸음 더 나아가 단문의 구조 혹은 표현방식이 도대체 어떠한가를 분명히 밝혀야 한다. 예를 들어 통상적으로 말하는 여섯 가지 성분 이외에 또 어떤 성분이 있는가? 각양각색의 의미는 모두 어떻게 표현된 것인가? 세 번째 복문으로 단정된 표준에 대하여 전면적이고도 심도 깊은 연구가 필요하다. 이것은 사용가능한 표준은 도대체 어떠한 것들인가? 어떤 표준이 주된 것이며 혹은 어떤 정황하에서 주된 것인가? 서로 다른 표준이 서로 조화를 이루지 못할 때 어떻게 해야 하는가? 마지막으로 제시된 방법을 각종 형태의 언어 — 구두적인·서면적인·이론적인·문예적인 언어 등등 — 로 검증해 보고, 그것이 아무런 장애 없이 활용할 수 있는지 없는지를 시험해 봐야 한다."[165]라고 하였다.

曹伯韓은 포유문은 단문과 복문에 속하지 않으며 독립된 개별적인 유형의 문장이라고 여겼다. 비교적 일찍 출판된 한어어법서는 포유문을 복문의 범위 안에 두고 있다. "黎錦熙의『新著國語文法』은 복문을 병렬복문·주종복문·포유복문의 세 가지 유형으로 나누었다. 呂叔湘의『中國文法要略』은 상술한 복문을 번문(繁句)으로 칭하고, 번문 아래 다시 '협의의 번문'(즉 포유문)과 복문(즉 병렬복문과 주종복문)으로 분류했다. 王力의『中國語法理論』은 조금 달라 포유문과 복합문(즉 병렬복문과 주종복문)의 구분을 강조했으며, 그것들의 공통점에 대해서는 지적하지 않았다. 근래에 출판한 어법저작, 예를 들어 呂叔湘·朱德熙가 공저한『語法修辭講話』, 張志公 저『漢語語法常識』 등은 모두 포유문을 단문의 범위 안에 두고 있으며 포유문의 명칭조차도 취소했다."[166] 포유문에 대해

---

165)「單句複句的劃界問題」,『中國語文』1957년 제4기.

서 『新著國語文法』의 해석은 두 개 이상의 단문은 단지 하나의 모문(母句)이 그 나머지의 자문(子句)을 내포하고 있는 그러한 복문은 포유문이라고 부르며, 자모문(子母句)이라고도 부르는 것이다. 책 속에서 예로 든 포유문의 구문은 '他不來是一件怪事.'·'我現在所住的房子還不壞.'·'很明亮的電燈照得黑夜和白晝一樣.'이다. 이상의 세 가지 예문 가운데 자문은 각각 '他不來'·'我現在所住'·'黑夜和白晝一樣'이다. 曹伯韓은 포유문이 포함된 문장형식에만 그친다는 점은 복문과 서로 유사한 것이고, 그것의 내부구조에 바짝 다가섰다는 점은 단문과 유사한 것으로, 이것은 포유문과 복문 그리고 단문이 모두 서로 다른 위치에 있으며, 그러므로 포유문은 응당 독립적으로 하나의 부류를 이룬다는 것을 말하고 있다.

何容은 포유문과 병렬복문의 분류에 관한 언급에서, "형식상으로 보면, 두 종류의 복문을 함께 분류하여 단문과 대비하는 것이 포유복문과 단문을 함께 분류하여 병렬복문과 대비시키는 것만 못하다."[167]라고 말했다.

丁聲樹는 『現代漢語語法講話』에서 단·복문의 경계를 명확하게 제시했다.

(1) 두 개의 주위구조를 연달아 사용한 것은 복합문이지만 주위구조가 문장성분이 될 때에는 복합문으로 간주할 수 없다.

(2) 하나의 주어가 몇 개의 위어를 관장하고, 어떤 것은 주어 앞에 있고, 어떤 것은 주어 뒤에 있으면 일률적으로 복합문으로 간주한다. 만약 병렬된 위어가 모두 주어 뒤에 있으면 복합문으로 간주할 수도 있고, 간단문으로 간주할 수도 있다.

---

166) 曹伯韓, 「談談包孕句和單句複句的關係」, 『中國語文』 1957년 제4기.
167) 『中國文法論』, 新知識出版社 1957년 重印本.

(3) 복합문 중의 절 사이의 연결이 어떤 경우 뜻이 통하는 것이면 의합법(意合法)이라고 부른다.

(4) 복합문의 절은 어떤 때는 이어지는 단어를 사용하여 호응한다. 의미·구조·어음휴지·관련 어휘의 네 가지 표준으로 단·복문을 구별한 학자에는 高更生·鄧福南·祝敏祥·常純民 등이 있다.

趙恩芳·唐雪凝은 『現代漢語複句研究』168)에서 단·복문을 구분하는 세 개의 표준을 제시하였다. 첫째는 개념상의 구분이고, 둘째는 어음형식상의 구분으로 문장이 몇 개의 구조 핵심을 가지고 있으며, 음독(音讀)에 있어서 거리가 있는지 없는지, 관련 어휘가 있는지 없는지 등을 분석하는 것을 포함하고 있다. 셋째는 의의내용상의 구분으로 논리적인 내용과 언어환경의 두 측면에서 구분하는 것을 포함한다. 책 중에서 단·복문을 감별하는 몇 가지 방법을 소개했는 데, 예를 들면 분별직접판별법·첨가판별법·제거판별법·성분대치법 등이며, 또한 단·복문의 구별에 대한 열 가지 의문점에 대하여 구체적으로 분석하여 단·복문의 구별을 보다 쉽게 하였다.

2. 복문과 단문의 구별

1) 구조상의 구분

복문과 단문의 가장 본질적인 차이는 구상상에서 드러난다. 복문의 각 절은 상대적으로 독립적이며, 하나의 절은 다른 절의 성

---

168) 山東教育出版社 1998년판.

분이 되지 않는다. 즉 서로 포함되지 않는다. 그래서 복문은 하나의 조를 이루는 문장성분에만 그치지 않는다. 비주위절(非主謂分句)로 구성된 복문을 제외하고, 일반적인 복문은 모두 두 개 혹은 두 개 이상의 주어와 위어를 가지고 있다. 그러나 단문은 단지 한 조를 이루는 구조 중심을 가질 뿐으로, 그 구조가 얼마나 복잡한지에 상관없이 모두 하나의 주어와 하나의 위어를 가지고 있다. 예를 들면 다음과 같다.

(1) 白楊樹是不平凡的樹, 我贊美白楊樹.

(2) 那裏西面是山, 環繞着一潭春水.

(3) 雨後, 刮東風, 才有海市.

예 (1)에는 두 개의 주어 '白楊樹'와 '我'가 있으며, 위어 역시 각각 다르다. 즉 두 조의 문장성분을 가지고 있고, 앞뒤의 두 부분은 서로 문장성분이 되지 않으므로 복문이다. 예 (2) 역시 두 조의 문장성분이 있는데, 첫 번째 부분의 주어는 '那裏'이고 두 번째 부분의 주어는 생략되었으며 각각은 각자 위어를 가지고 있으며, 서술하는 내용이 상대적이며 독립된 복문이다. 예 (3)의 '雨後'는 상어이며 뒤에 두 개의 비주위구조가 서로 독립되어 있으며, 서로 조건관계를 가지고 있어 역시 복문이다.

(4) 敵人進了直羅鎭, 眞如同鑽進了口袋.

(5) 怎樣叫這千萬根毛竹順順當當地下山去, 是井岡山建設者們曾經絞盡腦汁的大事.

(6) 歷史將證明, 按'一國兩制'實現國家統一的構想和實踐, 是中華民族政治智慧的偉大創造.

예 (4)의 '敵人進了直羅鎭'과 '眞如同鑽進了口袋'는 각자 독립된 것이 아니라 서로 포함되는 것으로 서로 성분관계를 이룬다.

무엇이 '眞如同鑽進了口袋' 하는가? 즉 '敵人進了直羅鎭'라는 이일로, 이것은 서술과 피서술의 관계이며, 즉 주위관계이다. 그래서 예 (4)는 단문인 것이다. 예 (5)의 '怎樣叫這千萬根毛竹順順當當地下山去'는 동사 '是'의 판단의 대상으로 포함된 것이며, 전체 문장 속에서 설명되고, 판단되는 대상이다. 그래서 그것은 단지 문장성분으로 주어가 된다. 예 (6) 속에서 '證明' 뒤는 판단을 나타내는 주위구조이지만, 이 주위구조는 결코 독립적인 것이 아니고, 그것은 '證明'이 언급하는 내용으로 '證明'의 빈어이다. 전체적으로 보면, 전체 문장이 단지 하나의 한 조를 이루는 문장성분만을 가지고 있으므로 단문이다.

2) 관련 어휘상의 구분

관련 어휘는 복문의 절 사이에 연결기능을 하는 단어이다. 주로 일부분의 연사(連詞)를 포함하는데 예를 들어 '不但'·'而且'·'雖然'·'但是'·'因爲'·'所以'·'或者'·'如果' 등이며 일부분의 연결작용을 하는 부사 예를 들어 '又'·'才'·'就'·'都'·'也' 등이다. 연결작용을 하는 몇몇 구들도 포함되는데 예를 들면 '一方面……另一方面'·'一邊……一邊'·'不是……而是' 등이다. 관련 어휘는 절 사이의 의미관계의 외재적인 표현으로 관련 어휘의 분석은 단·복문을 구분하는 중요한 한 측면이다. 예를 들면 다음과 같다.

(1) 只要你到街上去走一轉, 你就可以碰着幾個洋人.
(2) 雖然我一見便知道是閏土, 但又不是我記憶上的閏土了.

예 (1)의 관련 어휘 '只要……就'는 두 개의 절을 연결하여 조건관계를 표시한다. 예 (2)의 두 개의 절은 관련 어휘 ‘雖然……但是’로 연결하여 전환관계를 나타냈다. 이상의 두 예는 모두 복문이다.

복문의 절은 통상적으로 관련 어휘를 사용하여 연결하지만 관련 어휘가 있는 문장이 반드시 복문인 것은 아니다. 왜냐하면 관련 어휘는 절을 연결할 수 있을 뿐 아니라, 단어와 단어·구와 구 심지어 단락까지도 연결할 수 있기 때문이다. 단문 속에서도 종종 관련 어휘를 사용한다. 예를 들면 다음과 같다.

(3) 這梨又大又甜.

(4) 他平靜地, 而且還很有興趣地看着這個遊戲怎麼進行.

(5) 旣異想天開, 又實事求是, 是科學工作者特有的風格.

예 (3) 중의 ‘又……又’는 두 개의 형용사 ‘大’·‘甜’을 연결하며, 연합구를 이루어 위어가 된다. 예 (4)의 ‘而且’가 연결한 연합구는 상어가 된다. 예 (5)의 관련 어휘 ‘旣……又’는 두 개의 성어를 연결하여 연합구를 구성하며, 전체 문장의 주어가 된다. 위의 세 가지 예는 모두 단문의 문장성분 내부에 관련 어휘를 사용하였다.

경우에 따라 관련 어휘는 단문에서 서로 다른 문장성분을 연결하여 강조의 작용을 일으킨다. 예를 들면 다음과 같다.

(6) 只有人民, 才是創造人類歷史的眞正動力.

(7) 只有探出身子的時候, 才知道自己站在深不可測的山溝邊.

(8) 不論是從事科硏工作的, 還是從事敎育工作的, 都是勞動者.

(9) 早期的語言硏究, 無論是在中國還是在希臘, 都是爲了對經典文獻作注釋而引起的.

예를 들어 ‘只有……才’는 주어와 위어를 연결하여 주어의 유일성을 강조한다. 예 (7)의 ‘只有……才’는 상어와 위어를 연결하여 상어가 표시하는 시간성을 강조한다. 예 (8)의 ‘不論……都’는 주어와 위어를 연결하여 주어의 주편성(周遍性)을 강조한다. 문장의 주어가 '是……還是'의 두 개의 的자구로 연결되어 구성되었다. 예 (9)는 '是……還是'가 상어 내부의 두 개의 성분을 연결하였으며, '無論……都'는 상어와 중심어를 연결하여 상어의 범위를 강조했다.

이상의 분석은 복문과 단문에서 모두 관련 어휘를 사용할 수 있음을 설명하고 있다. 그러나 어떤 경우 문장 속에서 관련 어휘를 사용하였는가 하지 않았는가가 단문과 복문을 구분하는 관건이 되기도 한다. 예를 들어 단문 가운데 연동문과 긴축복문의 구분은 종종 관련 어휘가 있는가 없는가에서 나타난다. 연동문에서 연속으로 사용한 몇 개의 동사 사이에는 관련 어휘와 어음의 휴지가 있을 수 없고, 그렇지 않으면 복문이 된다. 예를 들면 다음과 같다.

(10) 我起床鍛煉身體.

(11) 我一起床就鍛煉身體.

예 (10)은 단문 가운데 연동문으로 연동구가 위어가 된다. 예 (11)은 복문 가운데 긴축복문으로 '一 ……就'는 두 개의 절을 연결하여 순접의 관계를 나타내고, 절 사이에 어음휴지를 생략했다.

이를 종합하면 단문 가운데 관련 어휘를 사용하는 현상은 비교적 자주 보이는 것으로 단문과 복문을 판단할 때 응당 진지하게 판별하여 분석해야 한다.

3) 어음휴지상의 구분

일반적으로 복문의 절과 절 사이에는 모두 어음의 휴지가 있으며, 서면상에서는 쉼표·구절표·반구절표로 표시한다. 그러나 단문의 성분 사이와 성분 내부에서도 자주 쉼표·반구절표로 휴지를 나타낸다. 예를 들면 다음과 같다.

(1) 他在一篇文章裏, 主張打落水狗.

(2) 這些事情, 是無論哪個'友邦'也都有的.

(3) '山窮水複疑無路, 柳岸花明又一村'的苦惱與喜悅, 在寫文章的過程中是常常會經歷到的.

(4) 到雲南以後, 從家信中知道, 我母親對我這一舉動不但不反對, 還給我許多於慰勉.

이상의 네 개의 예는 모두 단문이다. 문장 중에는 한 곳 심지어 여러 곳에 휴지가 있다. 예 (1)의 쉼표는 상어 뒤에 휴지를 나타낸다. 예 (2)의 쉼표는 주어 뒤의 휴지를 나타낸다. 예 (3)에서는 두 곳에서 쉼표를 사용했는데, 앞의 쉼표는 주어 내부에 있는 것이고, 뒤에 쉼표는 주어 뒤에 사용한 것이다. 예 (4)에는 세 곳의 쉼표를 사용하였는데 첫 번째 쉼표는 상어 뒤에 사용했고, 두 번째는 술어 뒤에 사용하였고, 세 번째는 빈어 내부에 사용하였다.

(5) 這位白髮蒼蒼的老大娘, 拄着根棍子, 吃力地走着.

(6) 隨着山勢, 溪流時而寬, 時而窄, 時而援, 時而急.

예 (5)는 두 개의 절로 구성된 복문인데 첫 번째 쉼표는 주어 뒤에 사용했고, 두 번째는 절 사이에 사용하였다. 예 (6)은 네 개의 절로 구성되었는데 첫 번째 쉼표는 상어 뒤에 사용하였으며, 상어는 개사구로 충당되었으며, 뒤의 세 개는 모두 절과 절 사이에 사용했다.

(7) 東北有三寶: 人參、貂皮、烏拉草.

예 (7)의 구절표는 빈어로 충당된 동위(同位)의 구 내부에 사용되었다.

경우에 따라, 문장 중에 어음휴지가 있는지 없는지는 여전히 단문과 복문을 구분하는 관건이다. 단문 중의 연동문과 복문 중의 순접복문의 구별은 바로 이 점에서 드러난다. 연동문 중 연속적으로 사용된 몇 개의 동사 사이에는 어음휴지와 관련 어휘가 있을 수 없다. 그러나 휴지나 관련 어휘가 있으면 복문으로 바뀐다. 예를 들면 다음과 같다.

(8) 幾個靑年婦女划着她們的小船趕緊回家.

(9) 幾個靑年婦女划着她們的小船, 趕緊回家.

예 (8)은 단문 중의 연동문으로 연동구가 위어로 충당되었다. 예 (9)는 복문으로 주어 뒤는 이미 연동구가 아니며, 두 개의 절을 이루었고, 뒤의 절은 앞에 생략된 주어를 잇고 있다. 절 사이에는 순접관계를 이룬다.

어법교학에 있어 단·복문을 구분하는 데 약간의 애매모호한 점이 있는데, 그것에 대해 邢福義는 "교육과 연구는 서로 다른 특징과 요구가 있다. 교육에서는 학생들에게 단문과 복문을 어떻게 식별하는지를 가르쳐 주어야 한다. 교육에 적용하기 위해서, 모호한 문제에 부딪히면, 일시적인 대책을 사용할 수 있으며 융통성 없는 '패도(覇道)적' 규정을 사용할 수 있다."169)라고 여겼다. 예를 들어 만약 '핵심은 여러 개이지만 핵심 사이에 거리가 없는 문장'이라면 일반적인 단문으로 처리할 것인지, 아니면 긴축문으로 처리할 것인지를 고민하는데, 예를 들어 '今天上午我們上街買了幾本書.'는 일반적인 연동문으로 처리할 수 있고, '今天上午我們一上街就買了幾本書.' 긴축문으로 처리할 수 있다. 만약 '핵심이 여러 개이고, 핵심 사이에 거리가 있는 문장'이라면 설사 공통적으로 핵심을 포함하는 층이 있더라도 복문으로 처리하는데, 예를 들어 '他一心一

---

169) 『漢語語法三百問』, 商務印書館 2002년판.

意地做學問, 寫文章.'에서 '做學問, 寫文章'은 비록 공통적인 수
식성분 '一心一意地'를 가지고 있지만 복문으로 분석된다.

제3절 복문의 분류

복문의 분류는 언어교육과 언어연구에 모두 중요한 의의가 있다.
복문 연구에서 어법연구자들의 분류 표준이 서로 다르고, 관찰하는
각도 및 중점 부분이 달라 분류된 유형 역시 서로 완전히 같지 않
다. 어떤 저작은 먼저 복문을 두 개의 큰 부류로 나누고, 다시 약
간의 하위 부류로 나누며, 어떤 저작은 먼저 세 개의 큰 부류로
나누고 다시 하위 부류로 나누며, 또 어떤 저작은 큰 부류로 나누
지 않고, 바로 약간의 하위 부류로 나눈다. 먼저 두 개의 큰 부류
로 나눈 것은 『馬氏文通』으로 馬建忠은 비록 복문의 개념은 가지
고 있지 않았지만 문장을 여전히 두 개의 큰 부류로 나누었는데,
한 부류는 구두(句讀)와 관련된 문장이고, 또 한 부류는 사두(舍讀)
독립 문장이다. 전자는 사람들이 통상적으로 말하는 주종복문과 포
유문에 해당하며, 후자는 현재 병렬복문에 해당하는 것으로, 그것
은 다시 배문(排句)・첩문(疊句)・양상(兩商)의 문장과 반정(反正)
의 문장의 네 종류로 나뉜다.
복문을 둘로 나눈 학자로는 王力・高名凱・黎錦熙・劉世儒・
丁聲樹 등이 있다.

王力은 『中國現代語法』에서 먼저 복문을 등립문(等立句)과 주종문(主從句)의 두 부류로 나누었는데 등립문은 다시 누적식·분리(離接)식·전환식·판단식·설명식의 다섯 개의 하위 부류로 나누었다. 주종문은 시간 수식식·조건식·허락식·이유식·원인식·목적식·결과식의 일곱 가지 하위 부류로 나누었다.

高名凱는 『漢語語法論』에서 먼저 복문을 병렬복합문과 주종복문의 두 개 부류로 나누었다. 병렬복문은 누적식·대항(對抗)식·선택식의 세 가지 하위 부류로 나누고, 주종식을 점층적인 것, 전·후절이 인과관계인 것, 전·후절이 조건을 나타내는 것, 의미가 더욱 긍정적이게 되는 것, 전·후절이 대비를 나타내는 것, 앞절은 이미 일어난 사실을 나타내고, 뒤의 절은 다른 상응하는 사실을 나타나는 것 등 여섯 가지 하위 부류로 나누었다.

黎錦熙·劉世儒는 『漢語語法敎材』에서 복문을 등립복문과 주종복문의 두 개의 큰 부류로 나누었다. 등립복문은 또 병렬복문·점층복문·선택복문·전환복문·순접복문의 다섯 가지 하위 부류로 나누었으며, 주종복문은 시간종속문·원인 혹은 결과를 나타내는 종속문·가설을 나타내는 종속문·조건을 나타내는 종속문·양보를 나타내는 종속문·비교를 나타내는 종속문의 여섯 가지 부류로 나누었다.

丁聲樹는 『現代漢語語法講話』에서 복문을 병렬문과 편정문의 두 개의 큰 부류로 나누었다. 병렬문는 연관(連貫)문·연합문·교체문·대비문의 네 가지 하위 부류로 나누었고, 편정문은 인과문·양보문·조건문의 세 가지 하위 부류로 나누었다.

'잠의계통'을 기초로 편찬한 『語法和語法敎學』은 복문을 연합복문과 편정복문의 두 가지 큰 부류로 나누었다. 연합복문은 다시 병렬・대비・선택・점진・연관의 다섯 가지 하위 부류로 나누었으며, 편정복문은 다시 전환・인과・조건・목적・시간・계승의 여섯 가지 하위 부류로 나누었다.

胡裕樹가 편집을 주관한 『現代漢語』와 張靜이 편집을 주관한 『新編現代漢語』 그리고 黃伯榮・廖序東이 편집을 주관한 『現代漢語』는 모두 먼저 복문을 연합복문과 편정복문의 두 부류로 나눈 다음 다시 약간의 소부류로 나누었다.

張志公이 편집을 주관한 『現代漢語』는 먼저 복문을 인과관계와 비인과관계의 두 부류로 나누었다. 인과관계는 또 현실인과관계・가설인과관계・조건인과관계의 세 가지 하위 부류로 나누었고, 비인과관계는 병렬관계・순접관계・점진관계・선택관계・전환관계의 다섯 가지 하위 부류로 나누었다.

어떤 연구자들은 복문을 먼저 세 가지로 나누고 다시 하위 부류로 나누었다. 黎錦熙의 『新著國語文法』은 먼저 복문을 포유문・등립복문・주종복문으로 나누었다. 포유문은 명사문・형용사문・부사문의 세 가지 하위 부류로 나뉘고, 등립복문은 병렬문・선택문・순접문・전환문의 네 가지 하위 부류로 나뉘며, 주종복문에는 시간문・원인문・가설문・범위문・양보문・비교문의 6가지 하위 부류로 나뉜다.

邢福義는 『複句與關係詞語』에서 복문을 인과류・병렬류・전환류의 세 가지 큰 유형으로 나누었다. 인과류 복문은 인과문・추정문・가설문・조건문・조건가설문・목적문의 여섯 가지 하위 부류가 포함되고, 병렬류에는 병렬문・연관문・점층문・선택문의 네 가지 하위 부류가 포함되며, 전환류에는 전환문・양보문・전환 가정(假定)문이 포함된다.

몇몇 연구자들은 복문을 직접적으로 약간의 하위 부류로 나누었는데, 예를 들어 呂叔湘은 『中國文法要略』에서 복문을 직접적으로 여섯 가지 부류로 나누었다. 첫 번째, 이합(離合)·향배(向背), 두 번째, 이동(異同)·고하(高下), 세 번째, 동시(同時)·선후(先後), 네 번째, 석인(釋因)·기효(紀效), 다섯 번째, 가설(假設)·추론(推論)이고, 여섯 번째, 금종(擒縱)·촌탁(襯托)으로* 나누었다. 呂叔湘·朱德熙는 『語法修辭講話』에서 복문을 열 가지 부류로 나누었다. 1. 병행 2. 점층 3. 교체 4. 비례 5. 비교득실 6. 인과 7. 조건 8. 무조건 9. 선 양보, 후 진입정의 10. 선 가설, 후 진입정의이다.

『中學敎學語法系統提要』는 복문을 여덟 가지 부류로 나누었다. 병렬·순접·점진·전환·인과·가설·조건이다.

복문은 서로 다른 표준과 목적에 따라 서로 다른 분류를 할 수 있다. 위의 각종 분류방식은 모두 절 사이의 의미관계에 따른 것이다. 복문의 구조층위의 다소에 따라 복문은 단일복문과 다중복문으로 나뉠 수 있고, 복문의 구조형식의 차이에 따라 일반복문과 긴축복문으로 나뉠 수 있으며, 관련 어휘라는 표지에 따라 유표지복문과 무표지복문으로 나뉠 수 있다. 또한 어기와 작용의 차이에 따라 서술문·의문문·기사문·감탄문 등의 유형으로 나뉠 수 있다.

아래는 절 사이의 의미관계에 근거한 복문에 대한 분류이다.

1. 병렬복문(竝列複句)

몇 개의 절이 각각 상관된 몇 가지 사건 혹은 동일한 사물의 몇 가지 측면을 설명하며, 절 사이의 관계는 병렬적이어서 내부에는 주된 것과 부차적인 것의 구분이 없다. 병렬복문의 각각의 절은 절의 배열순서에 의해 직접적으로 조합되기도 하고 관련 어휘에 의해 조합되기도 한다. 상용하는 관련 어휘로는 '也'·'又'·'還'·'同時' 등이 있다. 예를 들면 다음과 같다.

(1) 狂風吹不倒它, 洪水淹不沒它, 嚴寒凍不死它, 乾旱旱壞它.

(2) 奮鬪, 是改變現實的杠杆, 是億萬人民共攀四化高峰的堅實階梯.

예 (1)의 네 개의 절과 예 (2)의 두 개의 절은 모두 직접적으로 어순에 의해 조합된 것이다.

(3) 小李在前面走, 大家也尾隨而去.

(4) 我拿下來打開看時, 很吃了一驚, 同時也感到一種不安和感激.

예 (3)의 두 개의 절은 '也'를 사용하여 연결했고, 예 (4)는 '同時'를 사용하여 연결했다. 앞뒤에 조합하여 사용한 것은 병렬관계를 나타내는 관련 어휘로 '旣……也'·'又……又'·'一邊……一邊'·'一面……一面'·'一會兒……一會兒' 등이 있다. 예를 들면 다음과 같다.

(5) 它旣不需要誰來施肥, 也不需要誰來灌漑.

(6) 小李一面擦汗, 一面反駁.

(7) 我和兩個客人, 一邊飮酒, 一邊吸煙, 一邊暢談.

또 다른 병렬복문이 있는데, 두 개의 절을 긍정과 부정의 두 측면의 대비를 통해 사건을 설명하는 것으로 대비문(對比句)이라고 칭하며, 대비문에 사용되는 통상적인 관련 어휘로는 '不時……而是'·'是……不是'·'不是……是'가 있다. 예를 들면 다음과 같다.

(8) 這武器不是機關槍, 而是馬克思列寧主義.

(9) 共産党領導的人民民主專政的政府, 對於人民內部來說, 不是專政或獨裁的, 而是民主的.

(10) 不是說不要引人家的話, 是說不要處處都引.

(11) 這種結論, 不是甲乙丙丁的現象的羅列, 也不是夸夸其談的
濫調文章, 而是科學的結論.

2. 순접복문(順承複句)

몇 개의 절은 순서에 따라 연속해서 발생한 사건 혹은 출현된
동작을 말한다. 예를 들면 다음과 같다.

(1) 他坐在桌前, 拿起昨天的報紙看起來.

(2) 我悄悄地披了大衫, 帶上門出去.

위의 예에는 관련 어휘를 사용하지 않았다. 순접복문에서 통상
적으로 사용하는 관련 어휘로는 '便'·'又'·'才'·'就'·'於是'·
'接着'·'然後'·'最初……後來'·'先……接着' 등이 있다. 예를
들면 다음과 같다.

(3) 老頭子使了一個眼色, 阿Q便又被抓進柵欄裏了.

(4) 隔壁傳來倒茶的響聲, 接着是警衛員喊首長接電話.

(5) 我先是詫異, 接着是很不安.

(6) 先生最初這幾天對我很嚴厲, 後來却好起來.

순접복문과 병렬복문의 구분은 병렬복문의 절 사이에는 평행병
렬의 관계이며, 위치는 앞뒤를 바꿀 수 있지만, 순접복문의 절 사
이는 연관관계이고 서로 계승의 관계를 나타내며, 묘사하는 사물
혹은 동작이 시간상으로 선후(先後)의 구분이 있으며 종종 의식적
으로 이러한 선후의 순서를 강조한다. 예를 들면 다음과 같다.

(7) 山朗潤起來了, 水漲起來了, 太陽的臉紅起來了.

(8) 村人看見趙七爺到村, 都趕緊吃完飯, 聚在七斤家飯桌周圍.

절 사이의 관계를 보면 예 (7)은 병렬복문이고, 예 (8)은 순접복문이다.

3. 점층복문(遞進複句)

뒤의 절의 의미가 앞의 절의 의미에 비해 한층 나아간 것으로, 작은 데서 큰 데로, 혹은 가벼운 것에서 무거운 것으로, 혹은 적은 것에서 많은 것으로, 혹은 쉬운 것에서 어려운 것으로 나아간다. 점층복문은 일반적으로 관련 어휘를 사용한다. 단독으로 사용되는 관련 어휘는 종종 뒤의 절에 나타나며, '更'·'而且'·'並且'·'甚至'·'況且' 등이 있다. 예를 들면 다음과 같다.

(1) 他們兩個都是好學生, 小張則更突出.

(2) 郵局離得很遠, 而且不通公共汽車.

(3) 樓裏樓外的一切, 都那麼新奇, 甚至帶有一點神秘色彩.

앞뒤에 짝을 이루어 사용되는 관련 어휘로는 '不但……而且'·'不僅……還', '不光……也' 등이 있다. 예를 들면 다음과 같다.

(4) 馬克思不但參加了革命的實際運動, 而且進行了革命的理論創造.

(5) 這孩子不僅能聽懂一些中國話, 還能寫不少中國字.

점층복문은 또한 세 개의 절로 구성되어, 연속적인 점층 형식을 형성할 수 있다. 예를 들면 다음과 같다.

(6) 現在的黃花閨女還嫁不出去, 何況她這離婚的四十歲的女人, 更何況她有一個兒子.

또 다른 점층복문으로 뒤의 절이 한 걸음 뒤로 물러나 말하여 앞의 절을 더욱 두드러지게 하면서 더욱 한층 나아가는 의미를 나타낸다. 상용하는 관련 어휘로는 '尚且……何況'·'別說……都'가 있다. 예를 들면 다음과 같다.

(7) 受過多年專業訓練的人寫起這類論文尚且覺得不易, 何況像他這樣一個只上過幾年初中的人呢.

(8) 別說不讓他去, 連遲去一會兒都不樂意呢.

4. 선택복문(選擇複句)

몇 개의 절은 두 가지 혹은 여러 가지 상황을 별도로 말해 놓고 그 중에 한 가지를 선택하도록 하는 것이다. 선택의 형식과 관련 어휘에 따라 세 가지 유형으로 나눌 수 있다.

1) 임의선택문

이것 혹은 저것을 나타내며 그 중의 하나를 임의로 선택한다. 이 유형의 복문은 상의의 의미를 가지며, 어기는 비교적 부드럽다. 상용하는 관련 어휘로는 '或'·'或者'·'還是'·'是……還是' 등이 있다. 예를 들면 다음과 같다.

(1) 或者是無産階級世界觀, 或者是資産階級世界觀.

(2) 那位船家或許是位手脚健壯的壯族婦女, 或許是位兩鬢花白的老人.

(3) 通寶, 你是賣繭子呢, 還是自家作絲?

2) 필수선택문

이것이 아니면 저것으로 반드시 그 중 하나를 선택해야 한다.
이 유형의 복문의 어기는 비교적 강하고 긍정적이다. 상용하는 관
련 어휘로는 '不是……就是'·'要麼……要麼'가 있다. 예를 들면
다음과 같다.

(4) 積四十年和二十八年的經驗, 中國人不是倒向帝國主義一邊,
就是倒向社會主義一邊, 絶無例外.

(5) 不在沈默中爆發, 就在沈默中滅亡.

(6) 這種指導(主觀主義的)其必然結果, 不是機會主義. 就是盲動主義

(7) 那些不了解他的人, 要麼對他產生誤解, 要麼被他的才華驚倒.

3) 취사선택문

두 가지 상황을 제시하여 한 가지를 선택하고 나머지는 버리는
것으로 어기는 비교적 결연하다. 상용하는 관련 어휘로는 '與其……
不如(毋寧)'·'寧可……也不'가 있다. 예를 들면 다음과 같다.

(8) 寧可自己吃苦受累, 也不能讓孩子失去學習的機會.

(9) 馬克思寧肯把自己的手稿燒掉, 也不願把半生不熟的未經仔
細加工的著作遺留於身後.

(10) 與其來種荊棘, 不如留下一片白地, 讓別的好園丁來種可以

永久觀賞的佳花.

5. 해설복문(解說複句)

　앞뒤의 절 사이에 해석 · 설명 혹은 총괄의 관계가 형성되어 있
다. 해석 복문은 세 종류로 나뉠 수 있다.
　1) 뒤의 절은 앞 절을 해석하거나 설명한다. 절 사이에는 일반적
으로 관련 어휘를 사용하지 않는다. 예를 들면 다음과 같다.
　(1) 科學技術是第一生產力, 這是無可置疑的眞理.
　(2) 一事不做, 憑空想象, 那是'空想'.
　(3) 我記得中國有一句古老的格言, 說'不入虎穴, 焉得虎子'.
　(4) 我家後面有一個園子, 相傳叫百草園.
　이상의 예들은 모두 뒤의 절이 앞의 절의 전 내용 혹은 부분 내
용에 대하여 해석하거나 설명한 것으로 앞뒤는 해설관계이다. 만약
뒷부분에 앞부분의 내용을 중복하여 가리키는 성분인 '這' · '那'가
없다면, 두 종류의 다른 문장유형으로 각각 나뉘어 속할 것이다.
　한 종류는 뒤의 절의 주어가 앞의 절과 이어져 생략되고, 위어
는 단지 앞의 절의 일부분의 내용을 진술의 대상으로 삼는 것으로,
예를 들어 예 (4)의 '相傳叫百草園'이 진술하는 것은 단지 앞의
절의 빈어 '園子'이다. 또 예를 들어 '我看着天空的月亮, 已經快
被烏雲遮住了.'에서 뒤의 일부분인 '已經快被烏雲遮住了'는 단지
앞의 절의 빈어 '月亮'을 설명하는 것이다. 이러한 문장은 반드시
복문으로 분석해야 한다. 왜냐하면 쉼표 앞뒤의 두 부분은 전체적

인 주위관계를 구성할 수 없기 때문이다.

또 다른 한 종류는 뒷부분이 앞부분 전체를 진술의 대상으로 삼는 것으로, 이것은 실질적으로 위사성(謂詞性)구 혹은 주위구가 주어가 되는 것이며, 주어와 위어 사이에 어음휴지가 있는 단문이다. 예를 들면 다음과 같다.

(5) 取得第三場勝利, 使中國隊小組出線的希望大增.

(6) 我感到未嘗經驗的無聊, 是自此以後的事.

예 (5)·(6)은 모두 단문이다. 왜냐하면 문장 중의 쉼표 앞뒤의 두 부분이 진술과 피진술의 관계이기 때문이다. 만약 뒷부분 앞에 '這'·'那'를 더한다면, 전체 문장은 해설복문이 된다.

2) 먼저 총괄해서 설명하고 뒤에 나누어 설명한다. 이런 유형의 복문은 일반적으로 관련 어휘를 사용하지 않는다. 예를 들면 다음과 같다.

(1) 文藝批評有兩個標準, 一個是政治標準, 一個是藝術標準.

(2) 那時是整頓三風: 一是整頓學風, 反對主觀主義; 二是整頓黨風, 反對宗派主義; 是整頓文風, 反對黨八股.

(3) 劉家峴有兩個活神仙: 一個是前莊上的二諸葛, 一個是後莊上的三仙姑.

3) 먼저 나누어 설명하고, 뒤에 총괄하여 설명한다. 통상적으로 관련 어휘를 사용하지 않는다. 예를 들면 다음과 같다.

(1) 一面要致力讀書, 一面要關心政治, 兩方面要緊密地結合起來.

(2) 或者把老虎打死, 或者被老虎吃掉, 二者必居其一.

어떤 때는 앞뒤에 모두 총괄하여 설명하는 부분이 있는 복문이 나타날 수도 있다. 예를 들면 다음과 같다.

(3) 上面我們說了三方面的情形: 不注重研究現狀, 不注重研究歷史, 不注重馬克思列寧主義的運用, 這些都是極壞的作風.

6. 전환복문(轉折複句)

뒤의 절이 나타내고자 하는 뜻과 앞의 절의 뜻이 상반되거나 상대적이어서 앞뒤에 의미상의 전환이 있다. 관계가 전환될 때에는 종종 하나의 관련 어휘인 '但是'・'但'・'可是'・'然而' 등을 사용하며, 통상 뒤의 절에 사용한다. 예를 들면 다음과 같다.

(1) 在學校裏, 有些同學很'用功', 可是不會用思想.

(2) 他一向相信自己敏感的触角, 但他決不縮進那自衛的螺殼中去做一只可憐的蝸牛.

(3) 她曾經是個柔弱的女孩子, 可是歲月的風刀雕刻了她性格的剛毅.

(4) 自然是偉大的, 然而人類更偉大.

복문 중 앞뒤에 짝을 이루어 사용되는 관련 어휘로는 '雖然……但是(却)'・'盡管……可是'・'雖……但' 등이 있다. 예를 들면 다음과 같다.

(5) 雖然過去我們進行了多年的社會主義建設, 但是我們仍然有足夠的理由說, 這是一個新的歷史發展階段的開端.

(6) 雖然二諸葛說是千合適萬合適, 小二黑却不認賬.

(7) 這時候雨雖然在嘩嘩地下着, 可是, 我的心已經不再焦燥了.

(8) 盡管太陽是人類生存不可缺少的, 但還是有人批評太陽的某些過失.

전환복문 중에는 또한 일종의 전환문이 있는데, 앞뒤 절의 의미는 명확한 대립관계가 없으며, 전환의 어기도 비교적 가볍다. 예를 들면 다음과 같다.

(1) 各種意見都要聽, 不過聽了要作分析.

(2) 兩個人依舊來往, 只是貼心話比從前少了.

(3) 像吳三桂那樣首鼠兩端的人, 在初對自成本有歸降之心, 只是
    尚在躊躇觀望而已.

전환복문은 관련 어휘를 많이 사용하지만 경우에 따라 사용하지
않아도 절 사이의 전환관계가 앞뒤 절의 의의를 통해 드러날 수
있다. 예를 들면 다음과 같다.

(1) 一生中經曆了那麼多的磨難, 他從未後悔過.

(2) 天已經完全黑了, 孩子們還沒有回家.

7. 가설복문(假設複句)

앞의 절은 가설의 상황을 제시하고 뒤의 절은 이 상황하에 출현
할 수 있는 결과를 설명한다. 가설과 결과의 관계에 근거하여 가
설 복문은 두 종류로 나뉠 수 있다.

1) 가설과 결과는 서로 일치한다. 상용하는 관련 어휘로는 '如
果……就'·'假設……就'·'要是……那麼'·'就'·'要'·'便'·
'那麼' 등이 있다. 예를 들면 다음과 같다.

(1) 如果不糾正這些缺點, 我們的工作就無法更進一步.

(2) 如果把自己關心自己的這個積極性轉移到關心群衆生活方面來,
    我想問題就容易解決了.

(3) 倘若我們能够相信眞有所謂'在天之靈', 那自然可以得到更大

的安慰.

(4) 沒有一個人民的軍隊, 便沒有人民的一切.

(5) 如果說瞿塘峽像一道閘門, 那麼巫峽簡直像江上一條迂迴曲折 的畫廊.

(6) 如果說進到天山這裏還像是秋天, 那麼再往裏走就像是春天了.

위의 복문의 앞의 절은 가설을 제시했고, 일반적인 규칙에 따라 매우 자연스럽게 뒤의 결과를 얻어 낼 수 있으므로 가설과 결과는 일치한다고 말할 수 있다.

2) 가설과 결과가 일치하지 않는다. 상용하는 관련 어휘로는 '卽 使……也'·'卽便……也'·'哪怕……也'·'縱然'·'縱使' 등이 있 다. 예를 들면 다음과 같다.

(1) 卽使他的主張只有一點或一部分是正確的, 你們也必須替他 指出, 不可抹殺.

(2) 哪怕就在房簷下蹲一夜哩, 也要節省下這兩角錢!

(3) 縱然不是棟梁之材, 做一棵小草, 總是可以的吧!

(4) 就算是你們每人能有兩次生命, 這對你們來說還是不夠的.

가설관계는 경우에 따라 관련 어휘를 사용하지 않아도 된다. 예 를 들면 다음과 같다.

(5) 一隻手採不過來, 你就要用雙手去採.

(6) 沒有辛勤的勞動, 不會有豐碩的成果.

8. 조건복문(條件複句)

앞의 절은 조건을 제시하고 뒤 절은 그 조건이 충족될 때 생기는 결과를 설명한다. 조건복문은 세 가지 종류로 나눌 수 있다.

1) 충족조건절

단지 앞의 절이 제시한 조건이 충족되기만 한다면 뒤의 절의 결과는 분명히 나타날 수 있다. 상용하는 관련 어휘로는 '只要……就'·'只要……便'이 있다. 예를 들면 다음과 같다.

(1) 只要什麼時候再聽到那歌聲, 那聲音的影片就一幕一幕地放映起來了.

(2) 只要她願意, 我可以帶她進山去, 誰也查不到我們.

2) 필요조건절

앞의 절에서 제시한 조건이 뒤의 절의 결과에 대하여 필요한 것이고, 유일한 것이어서 만약 그 조건이 결핍된다면 그 뒤의 결과가 생길 수 없다. 상용하는 관련 어휘로는 '只有……才'·'除非……才'가 있다. 예를 들면 다음과 같다.

(1) 在新的形勢下, 只有改善黨的領導制度、領導作風, 才能加強黨的領導.

(2) 只有把這些弄淸楚了, 我們的文藝才能有豊富的內容和正確的方向.

(3) 除非是反革命的文藝家, 才有所謂人民是'天生愚蠢的', 革命
群衆是'專制暴徒'之類的描寫.

3) 배제조건절

앞의 절은 일체의 조건을 배제하는 것을 나타내면 뒤의 절은 어
떠한 조건에서 생길 수 있는 결과를 설명한다. 상용하는 관련 어
휘로는 '不管……都'·'無論……都'·'無論……也'·'無論……
都是' 등이 있다. 예를 들면 다음과 같다.

(1) 謊言不管重複多少遍, 都不能成爲事實.

(2) 不管哪一位媒人進門, 她都只當是夜猫子進宅.

(3) 無論他在哪裏工作, 戰士和臨時工有事沒事都喜歡和他在一起.

배제조건절은 표면적으로는 조건을 말하고 있지 않지만, 사실상
이것은 바로 하나의 조건으로 이 조건은 정황을 받는 제한이 적거
나, 혹은 범위가 광범위하다는 것을 강조하는 데 있으며, 설사 이
러하다 해도 뒤의 결과를 이끌어 낼 수 있음을 나타낸다.

9. 인과복문(因果複句)

절 사이 의미상으로 원인과 결과의 관계를 나타낸다. 절 사이의
의미의 차이와 관련 어휘의 특징에 따라 인과복문은 두 종류로 나
뉠 수 있다.

1) 인과설명문

하나의 절은 이미 일어난 사실을 설명하고, 다른 절은 이 사실이 이끌어 내는 결과를 설명한다. 상용하는 관련 어휘로는 '因爲……所以'·'由於……因此'·'之所以……是因爲' 등이 있다. 예를 들면 다음과 같다.

(1) 因爲馬克思有了廣博的知識做基礎, 所以他能够築起他學術的高塔.

(2) 靑蛙之所以有這樣一套特殊本領, 是因爲它有一雙機能優異的大眼睛.

(3) 由於各拱相連, 所以這種橋叫連拱橋.

(4) 有些同志不願聽別人講自己的缺點和錯誤, 還由於缺少一種革命者所必須具有的寬闊胸懷.

2) 인과추론문

하나의 절이 어떠한 이유 혹은 근거를 제시하고, 다른 절은 이를 기초로 삼아 생길 수 있는 결과를 추측하여 단정한다. 상용하는 관련 어휘로는 '旣然……那麽'·'旣然……就(便)'가 있다. 예를 들면 다음과 같다.

(1) 旣然大家已經知道了事情的眞相, 你就不要再遮遮掩掩的啦.

(2) 旣是婆婆讓她回去, 那有什麽話可說呢?

(3) 旣然我們不是內行, 便應該從頭學起.

10. 목적복문(目的複句)

하나의 절은 어떤 행위를 나타내고, 다른 절은 행위의 목적을 설명한다. 목적복문은 두 종류로 나뉠 수 있다.

1) 목적도달문

어떤 목적에 도달하려는 것을 나타낸다. 상용하는 관련 어휘로는 '以便'·'爲了'·'用以'·'以'·'好' 등이 있다. 예를 들면 다음과 같다.

(1) 老趙盡力使車子跑得平穩, 以便總指揮睡得安寧一些.

(2) 我們經濟體制改革的目標是建立社會主義市場經濟體制, 以利於進一步解放和發展生産力.

(3) 我早已想寫一些文字, 來紀念幾個靑年作家.

(4) 你離間我們齊楚兩國的邦交, 好讓秦國來奴役我們.

2) 결과회피문

어떤 결과를 피하려는 것을 나타낸다. 상용하는 관련 어휘로는 '以免'·'免得'·'省得'가 있다. 예를 들면 다음과 같다.

(1) 你一到學校就給家裏打電話, 以免母親擔心.

(2) 我們快走吧, 免得他等急了.

(3) 我們就是加班也要把這些活幹完, 省得明天再來.

제4절 다중복문(多重複句)

1. 다중복문이란 무엇인가?

구조층위의 다소에 따라 복문은 단일복문과 다중복문의 두 가지 종류로 나뉠 수 있다. 단일한 구조층위의 복문을 단일복문이라고 부르고, 두 개 혹은 두 개 이상의 구조층위로 구성된 복문은 다중 복문이라고 부른다. 다중복문은 최소한 세 개의 절이 있어야 한다. 예를 들면 다음과 같다.

(1) 1因爲中國有自己的特點, ｜2所以我們只能按中國的實際辦事,
    ‖3 別人的經驗可以借鑒,‖4但不能照搬.

이 복문은 네 개의 절을 가지고 있으며, 세 개의 층위를 포함하고 있다. 첫 번째 절은 원인을 나타내고, 두 번째·세 번째·네 번째 절은 결과를 나타낸다. '因爲…所以'를 사용하여 연결하였는데, 이것은 첫 번째 층위이며 '｜'를 사용하여 나타냈다. 두 번째 절과 세 번째·네 번째 절은 병렬관계이며, 이것은 두 번째 층위이며 '‖'를 사용하여 나타냈다. 세 번째 절과 네 번째 절은 전환관계로 '但'을 사용하여 연결했는데, 이것은 세 번째 층위이며 '‖'를 사용하여 나타냈다. 도해법을 사용하여 표시하면 다음과 같다.

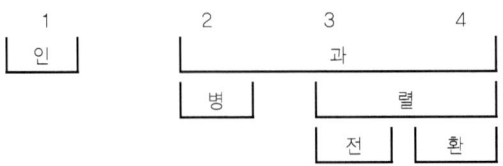

다중복문은 적어도 세 개의 절을 포함해야 하지만 세 개 혹은 세 개 이상의 절을 포함한 복문이 반드시 다중복문은 아니다. 왜냐하면 다중복문의 구성은 절의 숫자에 대한 요구 이외에도 구조 층위상의 요구도 필요한데, 반드시 두 개 혹은 두 개 이상의 구조 층위를 필요로 하기 때문이다. 예를 들어 아래의 복문은 비록 여러 개의 절을 포함하고 있지만, 결코 다중복문이 아니다.

(2) 他們的品質是那樣的純潔和高尙, | _{병렬} 他們的性格是那樣的淳

樸與謙遜, | _{병렬} 他們的胸懷是那樣的美麗和寬廣!

(3) '鄕親'還沽了一點酒, | _{순접} 向熟肉店裏買了一點肉, | _{순접} 回到停泊

在萬盛米行船埠頭的自家的船上, | _{순접} 又從船梢頭拿出盛着鹹

菜和豆腐湯之類的碗碟來, | _{순접} 就坐在船頭開始喝酒.

예 (2)는 세 개의 절을 가지는데 모두 동일한 층위에 있는 병렬관계이며, 예 (3)은 모두 다섯 개의 절이 있는데, 모두 동일한 층위의 순접관계이어서 두 가지 예는 모두 다중복문이 아니지만, 의미관계가 서로 같은 절은 반드시 동일한 층위에 있다고는 볼 수 없다는 사실에 주목해야 한다. 예를 들면 다음과 같다.

(4) 我愛熱鬧, ‖ 也愛冷靜; | 愛群居, ‖ 也愛獨處.

예 (4)의 네 개의 절은 모두 병렬관계이지만 구조에 있어서는 두 개의 층위를 가지는데, 앞의 두 절과 뒤의 두 절은 제일층위에 있다. 첫 번째 절과 두 번째 절은 제이층위이며, 세 번째 절과 네 번째 절 역시 제이층위이다. 그래서 예 (4)는 이중복문이다.

2. 다중복문을 어떻게 분석하는가?

다중복문은 아래의 방법과 절차에 따라 분석할 수 있다.

1) 전체 문장을 종합적으로 살펴보고 절의 숫자를 확정한다.

절의 수를 확정하는 것은 다중복문을 분석하는 기초이다. 만약 절의 수를 정확하게 판단하지 않으면 정확한 분석이 되지 않는다. 절의 수를 확정하기 위하여, 반드시 반복하여 전체의 문장을 읽어야 하며, 앞에서 언급한 단·복문의 구분과 관련한 지식에 근거하여 문장과 구조상의 특징을 결합하여 확정한다. 문두의 상어·독립어와 절의 차이 및 문장성분 사이의 휴지와 절 사이의 휴지의 구분에 특히 주의해야 한다. 예를 들면 다음과 같다.

(1) 我們的幹部, 特別是擔任主要工作的領導幹部, 都要懂得一些

해설 점층

專業知識, | 不但要懂得本部門的有關知識, ‖ 而且應該懂得

多一些, 深一些.

예 (1)은 세 개의 절을 포함한다. '我們的幹部'는 주어이며 절이 아니다. 그 뒤의 쉼표는 주어와 위어 사이의 휴지를 나타낸다. '特別是擔任主要工作的領導幹部'는 독립어로 절이 아니다. '多一些, 深一些'는 연합1구가 보어가 된 것으로 두 개의 절이 아니며, 중간의 쉼표는 보어 내부의 휴지이다.

전환

(2) 只有讀書的人, 才懂得書的重大價值, ｜但是, 書籍不僅對那些不

점층

懂書的人毫無用處, ‖而且對那些不懂得讀書方法的人, 也沒有多大的用處.

예 (2)는 세 개의 절을 포함하는데 두 개의 층위를 가지고 있다. '只有讀書的人'은 주어 부분이며, '只有……才'는 주어와 위어를 연결하며 주어를 강조하고 있으며, '人' 뒤의 쉼표는 주어와 위어 사이의 휴지를 나타낸다. '對那些不懂得讀書方法的人'은 개사구가 상어된 것이다. 상어 뒤의 휴지가 있다고 상어를 절로 오인해서는 안 된다. 경우에 따라 문장구조가 보기에 복잡하다고 실제로 모두 다중복문인 것은 아니다. 예를 들면 다음과 같다.

병렬

(3) 二六七號牢房是朝北的, ｜只有在夏季裏, 太陽快落下去的時候, 才把柵欄的影子斜射在東墻上一會儿.

예 (3)은 단지 두 개의 절이 있으며, 다중복문은 아니다. 그 가운데서 '只有在夏季裏'에서 '只有'는 주어와 위어를 연결하는 연사이고 '在夏季裏'는 개사구이며 '太陽快落下去的時候'는 편정구이다. 이상의 두 개의 구는 모두 상어로 두 개의 절로 오인해서는 안 된다.

2) 관련 어휘에 주의하여 제일층위를 정확히 찾는다.

제일층위를 정확히 찾는 것은 분석에 있어 더욱 중요한 관건이다. 왜냐하면 제일층위가 정확해야 전체 복문의 기본 구조와 의미를 정확하게 반영할 수 있으며, 비교적 작은 층위에 놓인 절 사이의 논리관계가 더욱 분명해질 수 있기 때문이다. 만약 제일층위가 틀리면, 뒤의 분석에 직접적인 영향을 미칠 수 있으며 그 나머지 층위는 정확하게 분석하기가 매우 어렵게 된다. 제일층위를 확정하기 위하여 반드시 관련 어휘에 특별히 관심을 기울여야 하고, 관련 어휘 간의 의미관계와 관련 어휘의 관할범위 및 상호 호응과 포함관계를 확실히 해야 한다. 예를 들면 다음과 같다.

(4) 1 如果不推翻帝國主義的統治, ∥2 就不能消滅封建地主階

　　　 級, │3 因爲帝國主義是封建地主階級的主要支持者.

예 (4)는 세 개의 절을 포함하며 두 개의 층위를 가지고 있다. 제일층위를 도대체 어디에서 나누면 정확한 분석이 되는가? 그것은 절 1·2 사이인가 아니면 절 2·3 사이인가? 의미상으로 분석하면 절 3은 절 1·2를 두고 말하는 것으로, 앞의 두 개 절의 원인이어서 제일층위는 반드시 절 3 앞이어야 한다. 절 1과 절 2 사이는 제이층위이며 가설관계를 나타낸다. 만약 제일층위를 절 1과 절 2 사이에서 나눈다면 절 2와 절 3 사이의 인과관계가 명확하지 않으며, 절 1과 절 2 사이의 '如果……就'의 호응관계를 깨뜨리므로 잘못된 것이다.

(5) 1 一個作家, 無論他觀察生活的能力有多强, ∥2 寫作水平

有多高, ┃3沒有對生活的全面了解和積累, ‖4 也是難於寫
出好作品的.

예 (5)는 네 개의 절을 포함하며 두 개의 층위를 가진다. 관련
어휘 '無論'은 절 1·2를 통할하고 조건을 나타내며, 절 3·4의
결과를 나타낸다. 그래서 절 1·2와 절 3·4는 제일층위이다. 절
1과 절 2 사이에는 병렬관계로 제이층위에 속하며, 절 3과 절 4
사이는 가설관계로 역시 제이층위이다.

3) 층위를 따라 계속 분석하여 마지막 절까지 이른다.

이것은 분석의 기본 조작 방법이다. 제일층위를 확정한 후 하나
의 수직선으로 표시하고, 아울러 문자를 사용하여 관계를 표시한
다. 그런 후 다시 하나의 수직선의 좌우를 분석하여 제이층위를
각각 찾아내어 두 개의 수직선으로 표시하여 관계를 표시한다. 만
약 남은 부분이 두 개 혹은 두 개 이상의 절을 포함하고 있으면,
반드시 상술한 방법에 따라 제삼층위·제사층위 등을 계속 분석하
여 마지막 절까지 이르게 해야 한다. 예를 들면 다음과 같다.

(6) 1文章是客觀事物的反映, ‖‖ 2事物是曲折複雜的, ‖‖ 3必

須反復研究, ‖‖ 4才能反映恰當; ‖‖ 5在這裏粗心大意, ‖‖ 6
就是不懂得做文章的起碼知識.

3. 다중복문의 분석의 예

(1) 1因爲文字是特權者的東西, ‖2所以它就有了尊嚴性, ‖3並
　　 且有了神秘性.

　　　 _{인과} 　 _{점층}

예 (1)은 세 개의 절이 있는데, 절 1은 원인을 설명하고 뒤의 두
절은 결과를 설명하며 제일층위이다. 뒤의 두 개의 절은 점층관계
이며 함께 결과를 나타내며 제이층위이다.

(2) 1現在看來圍墙不僅有實用價値, ‖2而且富有裝飾的意味, ‖3它
　　 對形成建築群落特有的風格有着非常重大的意義.

예 (2)의 절 1과 뒤의 두 개의 절은 제일층위를 형성한다. 관련
어휘 '不僅……而且'를 사용하여 연결하고 있으며 점층관계를 나
타낸다. 뒤의 두 절은 병렬관계이며 제이층위에 속한다.

(3) 1不單是懂得希臘就行了, ‖2還要懂得中國; ‖3不但要懂得
　　 外國的歷史, ‖4還要懂得中國革命史; ‖5不但要懂得中國的
　　 今天, ‖6還要懂得中國的昨天和前天.

예 (3)은 여섯 개의 절을 포함한다. 두 개의 절은 문장을 세 부
분의 평행적인 문장형식으로 나누고 있으며, 모두 병렬관계를 이루
어 제일층위에 속한다. 이 세 부분 중 두 개의 절은 모두 점층관
계로, 관련 어휘 '不單(不但)……還'를 사용하여 연결하고 있으며,
모두 제이층위에 속한다.

(4) 1紡線有幾種姿勢: ‖2可以坐着蒲團紡, ‖3可以坐着矮凳紡, ‖4可以把紡車墊得高高的站着紡.

예 (4)의 절 1과 뒤의 세 개의 절은 해설관계이며 먼저 몇 가지 자세를 전체적으로 설명하고 있다. 뒤에서 각종 자세에 대하여 구체적으로 설명하고 있는데, 이것은 제일층위이다. 뒤의 세 절은 모두 동일한 층위에 있는 병렬관계이며 제이층위이다.

해설

(5) 1實現這兩個階段的目標, 需要兩個條件, ‖2一個是國際上

병렬   목적

的和平環境, ‖3另一個是國內安定團結的政治局面, ‖4使我們能有領導有秩序地進行社會主義建設.

예 (5)에는 네 개의 절이 있다. '實現這兩個階段的目標'는 하나의 절이 아니며, 이것은 '需要兩個條件'과 주위관계이다. 앞의 세 개의 절과 마지막의 절은 제일층위를 구성하며 목적관계이다. 절 1과 절 2 · 3은 제이층위를 구성하며, 절 2 · 3은 '兩個條件'이 무엇인지를 구체적으로 설명하여 해설관계가 된다. 절 2 · 3 사이는 제삼층위로 병렬관계에 속한다.

전환   병렬

(6) 1司機一再按喇叭, ‖2他毫不理睬, ‖3沒有把牛往旁邊趕

인과

一趕的意思, ‖4汽車只好減慢了速度.

예 (6)의 제일층위는 앞의 세 개의 절과 절 4 사이에 있는데, 차가 왜 속도를 줄이는지를 설명하고 있으며 인과관계이다. 제이층위는 절 1과 절 2 · 3 사이에 있으며 전환관계이다. 제삼층위는 절 2 · 3 사이에 있으며 병렬관계이다.

(7) 1魯鎭的酒店的格局, 是和別處不同的: 해설 | 2都是當街一個曲

尺形的大柜臺, 병렬 ‖ 3柜裏面預備着熱水, 목적 ‖‖ 4可以隨時溫酒.

예 (7)은 네 개의 절을 포함하며, 모두 세 개의 층위가 있다. 절 1과 뒤의 세 개의 절은 제일층위를 구성하고, '魯鎭'의 주점과 다른 곳의 차이점이 어디에 있는지를 설명하여 설명관계를 이룬다. 절 2와 절 3·4는 제이층위를 구성하며 병렬관계이다. 제삼층위는 절 3·4 사이에 있는데, '豫備着熱水'는 '隨時溫酒'하기 위한 것을 설명하며 목적관계를 이룬다.

(8) 병렬 1想有橋木, ‖‖‖ 가설 2想着好花, ‖‖‖ 3一定要有好土, 병렬 ‖ 4沒有好

土, ‖‖‖ 가설 5便沒有好花, 인과 | 6所以土實在較花木還重要.

예 (8)은 6개의 절을 포함한다. 절 6과 앞의 모든 절은 제일층위를 구성하는데, 앞의 절은 모두 왜 '土實在較花木還重要'한지 설명한다. 그래서 인과관계이다. 앞의 세 절과 절 4·5는 제이층위를 구성하는데, 긍정과 부정의 두 측면에서 토양과 꽃나무의 관계를 서술한다. 이것은 제이층위로 병렬관계이다. 앞의 두 절과 절 3은 제삼층위를 구성하며 가설관계이다. 똑같이, 절 4·5 사이 역시 가설관계이다. 절 1·2 사이는 병렬관계이며 제사층위이다.

(9) 병렬 1你永遠那麼靑翠, ‖‖‖ 병렬 2永遠那麼挺撥, ‖ 3風吹雨打, 전환 ‖‖‖ 4從

不改色, 병렬 ‖‖‖ 5刀砍火燒, 전환 ‖‖‖ 6從不低頭: 해설 | 7這正是英雄的

井岡山人, 也是億萬中國人民的革命氣節和革命精神.

예 (9)의 제일층위는 절 7과 앞의 여섯 개 절 사이에 있으며, 절 7이 앞의 여섯 개의 절 내용에 대하여 해석하고 있으므로 해설관계이다. 절 1·2와 뒤의 네 개의 절은 제이층위를 이루며 병렬관계이다. 기타 절은 다시 순서에 따라 분석할 수 있다. 이 복문을 분석할 때 가장 범하기 쉬운 착오는 마지막의 쉼표 부분을 제이층위로 분석하는 것이다. '也是億萬中國人民的革命氣節和革命精神'은 하나의 절인가 아닌가? 아니다. 왜냐하면 이 부분의 내용과 '這正是英雄的井岡山人'은 하나의 절을 구성했는데, 그 중의 '也是億萬中國人民'은 삽입어로 '英雄的井岡山人'에 대한 진일보한 설명과 확대이기 때문이다. 그 밖에 만약 쉼표 뒤의 부분을 하나의 절로 가정한다면, 앞의 '這正是英雄的井岡山人'은 곧 하나의 절을 구성할 수 없는데, 왜냐하면 그것과 앞의 6개의 절의 내용이 해설관계를 구성할 수 없기 때문이다.

(10) 1阿Q生怕被別人笑話, ‖ 2立志要畵得圓, | 3但這可惡的_{전환}

筆不但很沈重, ‖‖ 4並且不聽話, ‖ 5剛剛一抖一抖地要

合縫, ‖‖ 6却又向外一聳, ‖ 7畵成瓜子模樣了.

예 (10) 제일층위는 앞의 두 개의 절과 뒤의 다섯 개의 절 사이에 있으며 전환관계로, 관련 어휘 '但'은 앞뒤 두 부분을 연결하였다. 앞의 절 1·2 사이는 제이층위며 인과관계이다. 뒤의 제이층위는 절 7 앞에 있다. 절 7 앞의 4개의 절은 모두 '畵成瓜子模樣'의 원인을 설명한 것이어서 인과관계이다. 절 3·4와 절 5·6은 제삼층위를 구성하여 해설관계이다. 절 5·6은 구체적으로 붓(筆)이 어떻게 '不但很沈重, 並且不聽話'하는지를 설명한 것이다.

448

복문의 변화와 긴축(緊縮)

1. 절(分句)의 위치의 변화

복문의 절의 순서는 일반적으로 일정한 어법과 논리관계에 따라 배열된 것이다. 표현상의 요구를 위해서, 절의 배열순서를 바꿀 수 있다. 이러한 순서의 변화는 주로 인과·가설·조건·전환·선택 등의 복문에서 표현된다. 예를 들면 다음과 같다.

(1) 我對他很恭敬, 因爲我早聽到, 他是本城中極公正, 質朴, 博學的人.

(2) 這些怪樣的家具之所以成爲必要, 是因爲這裏有一個茶社.

(3) 七斤嫂這時從直覺上覺得事情似乎有些不妙了, 因爲咸亨酒店是消息靈通的所在.

이상의 세 가지 예는 모두 인과복문의 어순 변화로, 결과를 나타내는 절을 전치(前置)하였으며, 원인을 나타내는 절을 뒤로 조정했다.

(4) 倘是咬人之狗, 我覺得都在可打之列, 無論它在岸上或在水中.

(5) 缺乏藝術性的藝術品是沒有力量的, 無論政治上怎樣進步.

(6) 打死不要緊, 只要不是罰工錢停生意.

이상의 세 가지 예는 모두 조건복문으로 절의 어순에 변화가 발생했는데, 결과를 나타내는 절을 앞으로 옮겼으며, 조건을 나타내는 절을 뒤로 조정했다.

(7) 他的性格, 在我的眼裏和心裏是偉大的, 雖然他的姓名並不爲許多人所知道.

예 (7)은 전환복문으로 수식하는 절이 수식받는 절 뒤로 조정됐다. 수식하는 절이 나타내는 의미는 부차적인 것이며, 종속적인 것이고, 수식받는 절의 의미는 주된 것이며, 핵심적인 것이다.

(8) 我不繳租, 寧可跑去吃官司.

예 (8)은 선택복문으로 역시 수식하는 절과 수식받는 절의 위치가 도치되었다.

(9) 我們不應該找理由爲自己開脫, 如果沒有把發展經濟的工作做好的話.

예 (9)는 가설복문 중 절의 위치 변화이다. 절의 위치 변화는 앞의 절의 내용을 두드러지게 하고 강조하며, 뒤 절이 보충 설명의 작용을 가지도록 하며, 의미의 표현이 완곡하고 함축적이며 변화가 풍부하게 한다.

2. 긴축복문

복문 중의 절 사이의 어음휴지와 특정 어휘를 압축해 버리고, 두 절을 긴밀하게 결합하여 하나로 합쳐 버리는 것이 긴축복문이다. 긴축복문은 단문의 형식을 사용하여 복문의 내용을 나타내는 것이다. 형식상으로 보면 단문 같지만, 결코 단문이 아니다. 의미상으로 보면 긴축복문 역시 일반 복문과 같아 내용에는 병렬·순접·선택·전환·가설·조건·인과 등의 관계가 있다. 예를 들면 다음과 같다.

(1) 人怕出名猪怕壯. (병렬관계)

(2) 一躺下就睡覺了. (순접관계)

(3) 不是魚死就是網破. (선택관계)

(4) 出了問題我負責. (가설관계)

(5) 有付出才會有收穫. (조건관계)

(6) 秤砣雖小壓千斤. (전화관계)

(7) 家藏狐狸鷄不寧. (인과관계)

긴축복문 중에 포함된 두 개의 절의 주어는 서로 같을 수 있고 다를 수도 있으며, 생략할 수도 있고 생략하지 않을 수도 있다.

(8) 你不去我去. (주어가 같음)

(9) 你不說你吃虧. (주어가 같음)

(10) 他要去就去. (뒤의 주어가 생략됨)

(11) 不到黃河心不死. (주어가 전부 출현하지 않음)

관련 어휘의 유무 및 사용정황에 따라 긴축복문은 세 유형으로 나눌 수 있다.

첫째 유형은 관련 어휘를 사용하지 않는다. 예를 들면 다음과 같다.

(12) 雪怕太陽草怕霜.

(13) 繳槍不殺!

(14) 你不幹我幹.

(15) 他做什麽像什麽.

둘째 유형은 하나의 관련 어휘 '就'·'才'·'也'·'都'·'又'·'却' 등을 단독으로 사용한다. 예를 들면 다음과 같다.

(16) 你有話就說.

(17) 吃飽了才有勁.

(18) 你打死我也不說.

(19) 想看又不敢看.

셋째 유형은 관련 어휘를 짝을 이루어 사용하며, 앞뒤가 호응을
한다. 예를 들면 다음과 같다.

(20) 人一擡頭就可以望見淸明的長空. (一……就)

(21) 不見兔子不撒鷹. (不……不)

(22) 學習語言非下苦功不可. (非……不)

(23) 時間再長也感到短. (再……也)

(24) 你不說我也知道. (不……也)

(25) 他們越走越快. (越……越)

참고문헌

郭中平,「單句複句的劃界問題」,『中國語文』 1957년 제2기.
曹伯韓,「談談包孕句和複句的關係」,『中國語文』 1957년 제4기.
劉世儒,「試論漢語單句複句的區分標準」,『中國語文』 1957년 제5기.
黎錦熙・劉世儒,「漢語複句新體系的理論」,『中國語文』 1957년 제8기.
何容,『中國文法論』, 新知識出版社 1957년판.
邢福義,『複句與關係詞語』, 黑龍江人民出版社 1985년판.
趙恩芳・唐雪凝,『現代漢語複句硏究』, 山東敎育出版社 1998년판.
李敏,「單複句劃分的'結構標準'述評」,『煙臺師院學報』 1992년 제2기.
張瑞宣,「單複句劃界例談」,『語文月刊』 1992년 제4기.
祝敏祥,「單句・複句區分的標準」,『語文學習』 1980년 제4기.
常純民,「如何區分單句和複句」,『齊齊哈爾師院學報』 1986년 제2기.

■■■ 제8장 문장의 어법적 오류 검사

어법 학습은 책을 통하여 이루어지기도 하지만, 실제적인 활용을 통해서도 학습되어야 한다. 직접적으로 언어구조의 규칙을 통달하는 것도 중요하지만, 간접적인 측면에서 흔히 발견되는 어법적 오류를 식별할 줄도 알아야 한다. 어법적 오류에 대한 식별과 어법 분석의 훈련을 강화하는 것은 바로 지식을 능력으로 전환시키는 유효한 수단이며, 언어분석능력과 운용능력을 높이는 중요한 요소이다.

아래에서는 실제적인 예문에 대한 분석을 통하여, 문장어법에서 흔히 보이는 오류와 그것을 어떻게 수정할 것인가에 대해 논하고자 한다.

제1절 단문의 어법오류

1. 어법오류의 검사방법

어법오류는 통상적으로 어법규칙에 부합되지 않고 논리 및 수사(修辭)에 적합하지 않으며, 정확하지 않은 것이 뒤섞여 있어서 이해하는 데 어려움을 느끼게 하는 현상 등을 가리킨다. 어법, 논리 및 수사는 긴밀한 관계를 맺고 있다. 수사는 반드시 어법규범에 적합해야 하며, 어법에서 말하는 조합문제도 항상 논리와 관계를 맺는다. 그러나 이 양자가 동일한 것이라고는 할 수는 없다. 우리가 종종 습관적으로 하는 말들이 문법적인 측면에서 보면 표면적으로는 논리에 부합하지 않는 것처럼 보인다. 예를 들어 '恢復疲勞'·'打破大鍋飯'·'救火' 등은 일반적인 술빈관계로는 이해할 수 없다. 어떤 것은 동일한 의미가 병행하는 두 종류의 상반된 표현형식을 가지고 있다. 예를 들어 '差點跌倒了'와 '差點沒跌倒'·'上班前去醫院'과 '沒上班前去醫院'은 사회성원 간의 관습을 통해 만들어진 것으로, 나타내는 의미가 분명하여 오해의 소지가 없다. 따라서 비문으로 보면 안 된다. 그 밖에 어법과 수사 간의 구분에 주의해야 한다. 예를 들어 '我剛走到門口，便從家裏飛出了八歲的小弟弟'는 비유 수사격의 운용으로, '小弟弟'와 '飛'는 서로 함께 배열될 수 없지만 비문으로 판정할 수는 없다. 비문의 오류를 바로잡는 데 관건이 되는 것은 문장의 오류와 오류를 만들어내는 원인을 찾는 것이며, 그 다음에 비로소 증상에 따라 처방을 내려 정확한 수정을 할 수 있는 것이다.

비문을 검사하는 방법은 여러 가지이다. 아래는 자주 사용하는 몇 가지 방법이다.

1) 어감(語感)을 통한 직접적인 판별법

사람들은 장기적인 언어 사용을 통해, 언어 운용에 있어서 총체적인 감각을 형성할 수 있게 된다. 정확한 표현방법에 대해서는 비교적 익숙하여 순조롭다고 느끼지만, 그 반대가 되면 이상하다고 느끼고 귀에 거슬리게 된다. 반복적으로 읽어 보고 어감을 이용하면 잘못된 점을 찾아낼 수 있다. 예를 들면 다음과 같다.

*(1) 比賽馬上就要開始了, 運動員的心情非常緊張、急促.

예 (1)의 주어의 중심어는 '心情'이고, 위어의 중심어는 '緊張'·'急促'로 '心情緊張'은 순조롭지만 '心情急促'는 거슬려, 우리는 어감상 '心情'을 '急促'와 조합할 수 없으므로 '急促'를 '焦急'로 바꾸어야 문장이 순조로워진다는 사실을 알 수 있다.

*(2) 我們去九寨溝旅遊的時間還沒有確定起來.

예 (2)를 읽을 때 '確定起來'가 이상하다는 것을 아주 쉽게 느낄 수 있다. 왜냐하면 이것은 사람들의 표현 습관에 맞지 않다. '起來'를 보어로 사용할 때는 방향을 나타내는 것 외에 [＋시작]의 의미특징을 가지고 있는데, 예를 들어 '討論起來'·'幹起來' 등과 같으며, 下來가 보어가 될 때에는 방향을 나타내는 것 외에도 [＋완결]의 의미특징을 가지고 있는데, '寫下來'·'訓練下來' 등과 같다. 이 문장에서 '確定'의 뒤에 보어는 반드시 완결의 의미가 있어야 하므로 '下來'로 바꾸면 읽기에 순조로워진다.

2) 축약법

문장의 어법오류를 검사할 때 '곁가지를 쳐내고, 본가지를 찾는 방법'을 이용할 수 있다. 즉 '축약법'으로 문장오류를 잘 살펴볼 수 있다. 이러한 방법을 운용하려면 먼저 전체 문장을 통틀어 보고 정확하게 문장구조와 내용을 파악한 후에 문장의 수식 성분인 정어·상어·보어를 축약해 버리는 것으로, 이것이 바로 곁가지를 쳐내는 것이다. 남아 있는 것은 바로 본가지 부분으로, 즉 주어 중심어·위어·중심어·빈어 중심어이다. 그런 후에 본가지성분에 불안전하거나, 불필요하거나 혹은 조합이 잘못된 것 등의 문제가 있는지 없는지를 분석한다. 만약 본가지에 문제가 없으면 다시 같은 방법으로 정어·상어·보어를 검사한다. 예를 들면 다음과 같다.

*(1) 昨天在西安碑林的遊覽, 是我們暑假活動中最愉快的一天.

*(2) 周末大掃除時, 同學們把敎室和宿舍打掃得乾乾淨淨、整整齊齊.

예 (1)을 축소한 후의 본가지는 '遊覽是一天'으로, 주어 중심어는 '遊覽'이고 빈어 중심어는 '一天'으로 조합이 맞지 않다. 만약 '一天'을 '活動'으로 바꾸면 본가지가 '遊覽是活動'이 되므로 조합될 수 있으며, 전체 문장이 정확해진다. 예 (2)는 같은 방법을 사용해서 '同學們打掃'로 축약하면 본가지 부분에는 문제가 없다. 그런 후에 곁가지를 검사하여 '打掃得乾乾淨淨'이라고 말할 수 있지만 '打掃得整整齊齊'라고는 말할 수 없다. 문장의 잘못은 보어에 있다. 보어는 연합구로 충당되었으나, 위어 중심어는 단지 연합구의 일부분과 조합될 수 있지 다른 부분과는 조합될 수 없어, 한쪽에만 신경 쓰다가 다른 것을 놓쳐 오류를 낳았다. '整整齊齊'를 없애거나 혹은 '整整齊齊' 앞에 '布置得'라는 세 글자를 더하고, 동시에 '모점(、)'을 '쉼표(,)'로 바꾸면 문장은 순조로워진다.

3) 유사비교법(類比法)

비문을 검사할 때 서로 같은 격식을 연결할 수 있으며, 호환비교를 통해서 판별할 수 있다. 예를 들면 다음과 같다.

*(1) 這裏農民的生活水平在黨的十一屆三中全會以後不斷增加.

'生活水平……不斷增加'와 같은 문장이 맞는 것인가 맞지 않는 것인가? '技術水平增加了'나 '健康水平增加'라고 말할 수 있는가 없는가? 불가능하다. 사람들은 자주 '技術水平提高了'·'健康水平提高了'·'藝術水平降低了' 등이라고 말하는데, 그래서 '水平'이라는 단어는 '提高'·'降低'와 조합될 수 있지만, '增加'·'減少'와는 조합될 수 없다. 예 (1)의 '增加'는 '提高'로 바꾸어야 한다.

*(2) 他懷着一顆激動的心情登上了領獎臺.

예 (2)의 중심성분 '他登上領獎臺'는 분명히 오류가 없다. '懷着……心情' 역시 흔히 볼 수 있는 문장이다. 예를 들면 '懷着愉快的心情'·'懷着痛苦的心情' 등과 같다. 다시 '一顆激動的心情'을 검사하면, 중심어 '心情'은 '激動'의 수식을 받을 수 있다. 그러나 '一顆'의 수식을 받을 수 없는데, '一顆種子'·'一顆珍珠'·'一顆紅心'이라고는 말할 수 있지만 '一顆情緒'·'一顆情感' 등으로는 말할 수 없다. 분석을 통하여 '一顆'는 일반적으로 작고 둥근 구체적인 사물을 수식한다는 것을 알 수 있다. 즉 피수직체가 [+작음]·[+둥근]의 의미특징을 가지고 있어야만 하는데, 이 의미특징을 가지고 있지 않은 추상사물은 수식할 수는 없다. 그래서 예 (2)의 '一顆'는 '一種'으로 바꿀 수 있으며, 혹은 '一顆'를 빼면 문장이 모두 순조로워진다.

2. 어법오류의 검사 및 수정

비문을 수정하는 가장 근본적인 필요는 원래 문장의 의미를 존중하는 데 있다. 원래 문장에 없는 의미를 보태도 안 되고, 원래 문장의 기본의미를 가능한 한 빼서도 안 된다. 최대한도로 원래의 뜻을 유지하기 위해 문장의 첨삭은 최소 범위 안에서 통제해야 한다. 예를 들어 '這個連一共擊落敵機一架、坦克五輛.'에서의 오류는 '擊落'와 '坦克'가 서로 조합될 수 없다는 것이다. 수정한다면, 세 가지 방법이 있을 수 있다. 첫 번째는 '坦克五輛'을 뺀다. 두 번째는 '坦克五輛'을 '火箭兩枚'로 바꾼다. 세 번째는 '坦克五輛' 앞에 '擊毀'를 덧붙이고 '모점(、)'을 '쉼표(,)'로 바꾼다. 이상의 세 가지 수정 방법은 모두 문장을 순조롭게 하지만, 앞의 두 방법보다는 세 번째 방법을 선택하는 것이 더 맞다. 왜냐하면 첫 번째 수정 방법은 문장의 주요 정보를 너무 많이 제거한 것이 되며, 두 번째 방법은 원래 문장에 없는 내용이 보태어진 것이다. 세 번째 방법이 문장의 변동을 최소화한 것으로 가장 합리적이다. 비문의 수정 방법은 여러 종류가 있을 수 있으나 가장 합리적인 문장을 선택하여 수정해야 한다.

1) 품사 오용

품사는 각자 어법적 기능을 가지고 있고, 단어의 조합능력과 문장성분 충당 능력의 경우에 따라 매우 큰 차이를 보일 수 있다.

만약 이 점을 이해하지 못하거나 중심적인 뜻을 홀시한다면 품사를 오용하는 오류를 범할 수 있다.

① 명사를 동사로 오용할 때. 예를 들면 다음과 같다.

*(1) 他的想法剛一說出, 就遭到幾個男同學的異議.

*(2) 收割機突然故障, 緊張的夏收工作被迫中斷.

*(3) 長期以來, 他就願望着有進入高等院校學習的機會.

*(4) 這些山區的失學兒童多麼渴望一個學習的機會啊.

예 (1)의 '異議'는 명사인데 동사로 오용되었다. 술어 '遭到'는 일반적으로 동사성 빈어를 가져야 한다. 예를 들어 '遭到反對'·'遭到否定'·'遭到打擊'·'遭到譏笑' 등등으로, 명사성 빈어를 가질 수 없다. 그래서 '異議'를 '反對'로 바꿀 수 있다. 예 (2)에서 '故障'은 명사인데 동사로 오용되었다. 명사는 일반적인 상황에서 위어로 사용되는 예가 아주 적어 '故障' 앞에는 반드시 '發生'을 덧붙여 명사 '故障'을 빈어로 만들어야만 문장이 순조로워진다. 예 (3)의 '願望'은 명사로 빈어를 가질 수 없다. 그래서 '願望'을 동사 '盼望'으로 바꾸어야 한다. 예 (4)의 '渴望'은 명사성 빈어를 가질 수 없지만 동사성 빈어는 가질 수 있는데, 예를 들면 '渴望工作'·'渴望學習'와 같다. 그래서 渴望 뒤에 有를 더하면 문장은 순조로워진다.

*(5) 把靑草作適當處理來喂猪, 可以經濟飼料.

*(6) 卡塔爾天氣熱似蒸籠, 哈吉疑惑中國隊體力.

*(7) 陶淵明在他的文章中理想了一個充滿和平寧靜的美妙世界.

예) (5)의 '經濟'는 명사로 빈어를 가질 수 없으니, '經濟'를 '節約'로 바꿀 수 있다. 예 (6)의 '疑惑'는 '懷疑'로 바꿀 수 있다. 예 (7)의 '理想'은 명사로 빈어를 가질 수 없으니, '描寫'로 바꾸거나 혹은 '理想了'를 '幻想出'로 바꿀 수 있다.

② 형용사를 명사로 오용할 때. 예를 들면 다음과 같다.

*(1) 共靑團組織要吸收具備條件的靑年入團, 强大團的力量.

*(2) 老一輩科學家身上充沛着可貴的爲科學而獻身的精神.

*(3) 錄音機一打開, 會場上就悠揚起美妙的音樂.

예 (1)의 '强大'는 형용사로 빈어를 가질 수 없으므로 동사 '增强'으로 바꾸어야 한다. 예 (2)의 '充沛'는 형용사로 역시 빈어를 가질 수 없으므로 동사 '體現'이나 '充滿'으로 바꾸어야 한다. 예 (3)의 '悠揚'은 형용사로 '音樂'의 정어가 될 수 있지만, 술어는 될 수 없으므로 '悠揚'을 '響起'로 바꾸어야 한다.

③ 동사를 명사로 오용할 때. 예를 들면 다음과 같다.

*(1) 有人散步種種捏造, 影響安定團結的大好局面.

*(2) 我們有依據證明他是在說謊.

예 (1) '捏造'는 동사로 '種種'의 수식을 받을 수 없으며, 동사 '散布'와 조합될 수 없으므로, '捏造'를 '謠言'으로 바꾸어야 한다. 예 (2)의 '依據'는 개사로 '有'와 조합될 수 없으므로 명사 '證據'로 바꾸어야 한다.

④ 명사를 형용사로 오용할 때. 예를 들면 다음과 같다.

*(1) 路邊棋攤上的幾位棋手正下得津津有味, 他們的水平看起來 眞專業.

*(2) 王兵是三好學生, 他在各個方面的表現都是很模範的.

*(3) 由於老師的批評, 最近小梅與老師顯得很隔閡.

*(4) '劉姥姥進大觀園'是『紅樓夢』中最趣味的內容.

예 (1)의 '專業'는 명사로 부사 '眞'의 수식을 받을 수 없고 문장 중에서 위어 중심어가 될 수 없으므로 반드시 '他們看起來具有專業水平'으로 바꾸어야 한다. 예 (2)의 '模範'은 명사로 정도부사 '很'의 수식을 받을 수 없고 위어 중심어가 될 수 없으므로 '出色' 혹은 '優秀'로 바꾸어야 한다. 예 (3)·(4)의 '隔閡'·'趣味'는 모두 명사로 마찬가지로 정도부사 '很'··'最'의 수식을 받을 수 없으니, '隔閡'는 '疏遠'으로 바꾸고 '趣味' 앞에 '有'를 덧붙이거나 혹은 '趣味'를 형용사 '有趣'로 바꾸어야 한다. 또한 기타의 품사 오용현상은 다음과 같다.

*(1) 他貪圖地用手摸一下米袋說: 眞是癩蛤蟆想吃天鵝肉, 窮孩子一斗米就想念書.

예 (1)의 '貪圖'는 동사로, 이 문장 안에서는 상어가 될 수 없으므로 형용사 '貪婪'으로 바꾸어야 한다.

*(2) 亞洲區足球十强賽已經開始, 明天我國足球隊將比賽阿聯酋隊.

예 (2)의 '比賽'는 자동사로, 빈어를 가질 수 없으므로 '比賽阿聯酋隊'라고 말할 수 없고, '與阿聯酋隊比賽'로 바꾸어야 한다.

*(3) 人生的價值, 在自己所從事的事業上能格外體現出來.

예 (3)의 '格外'는 정도부사로, 형용사와 심리활동을 나타내는 동사를 수식하며 직접적으로 일반 동사를 수식할 수 없다. 그러므로 '格外'를 형용사 '充分'으로 고쳐야 한다.

2) 조합이 맞지 않는 경우

단어의 조합 배치는 선택성을 가지고 있는 것으로, 어떤 단어들은 조합될 수 있고 어떤 단어들은 조합될 수 없으며, 논리관계의 제약을 받을 뿐 아니라 어법규칙과 의미특징의 제약을 받기도 한다. 이러한 조건을 홀시하거나 위배하면, 조합이 맞지 않는 잘못을 범할 수 있으며, 의사소통의 정상적인 진행에 영향을 줄 수 있다. 흔히 보이는 문장성분이 부당하게 조합되어 생기는 오류는 아래와 같은 몇 가지 유형으로 나눌 수 있다.

① 주어와 위어 조합의 오류. 예를 들면 다음과 같다.

*(1) 吃兩斤水晶餅並不格外, 可惜難買.

*(2) 對方的態度比任何時候更加威嚴而堅强.

이상의 예문은 모두 주어와 위어가 잘못 조합된 것이다. 예 (1)의 '格外'는 정도부사로 위어 중심어가 될 수 없고 부사 '並'·'不'의 수식을 받을 수 없으며, '並不出格' 혹은 '並不算什麼'로 바꿀 수 있다. 예 (2)의 주어 중심어는 '態度'이고 위어 중심어는 '威嚴而堅强'으로 '態度威嚴'이라고 말할 수 있지만, '態度堅强'이라고는 말할 수 없다. 왜냐하면 '堅强'은 성격을 형용할 수 있고 태도를 형용할 수 없기 때문에 '堅强'을 '强硬'으로 고쳐야 한다.

*(3) 今年的蔬菜種植, 由於廣泛採用了大棚生産, 普遍長勢好, 産量高.

*(4) 四個現代化的宏偉目標將由我們來完成.

*(5) 雷鋒同志崇高的革命品質和無私的奉獻精神, 時時浮現在我的胸海中.

예 (3)의 주어 중심어는 '種植'이고 위어 중심어는 '長勢好, 産量高'로 '種植長勢好, 産量高'라고 말할 수 없다. 왜냐하면 이는 조합이 잘못된 것으로, '種植'를 '今年' 뒤에 옮겨 놓고, 蔬菜를 주어 중심어로 만들면 문장은 순조로워진다. 예 (4)의 주어 중심어는 '目標'이고 위어 중심어는 '完成'으로 '目標完成'이라고는 말할 수 없고 '目標實現'이라고는 말할 수 있으므로 '完成'을 '實現'으로 바꿀 수 있다. 예 (5)의 주어 중심어는 연합구 '崇高的革命品質和無私的奉獻精神'이며, 위어 중심어는 '浮現'으로 주어와 위어가 조합될 수 없다. 왜냐하면 '品質'과 '精神'은 모두 추상적인 개념으로 구체적인 형상이 없기에 '浮現'이라고 할 수 없기 때문에 '時時浮現在我的腦海中'을 '時時敲舞着我'로 바꿀 수 있다.

② 술어와 빈어 조합의 오류. 예를 들면 다음과 같다.

*(1) 建築工人充分發揚了不怕苦、不怕累的革命精神和主人公的責任感.

*(2) 在西安演出時, 我們都觀看了她那精彩的表演和美妙的歌聲.

*(3) 我們應該努力克服這種囫圇吞棗、不求甚解的學習方法.

*(4) 如果忘記了廣大人民群衆的根本利益和對個人主義的警惕性, 我們就會犯錯誤.

예 (1)의 술어 중심어는 '發揚'으로 빈어는 연합구로 충당되었는데, '發揚'은 단지 '精神'과 조합될 수 있지 '責任感'과는 조합될 수 없다. 따라서 '發揚'을 '體現'으로 바꿀 수 있다. 예 (2)의 술어 중심어는 '觀看'으로 단지 '精彩的表現'과 조합될 수 있지 '美妙的歌聲'과는 조합될 수 없으며, '歌聲'은 관람(觀看)할 수 없는 것이므로 '觀看'을 '欣賞'으로 바꿀 수 있다. 예 (3)의 술어 중심어는 '克服'로 빈어 중심어 '方法'과 조합될 수 없으므로 '克服'를 '改變'으로 고칠 수 있다. 예 (4)에서 앞 절의 술어 중심어는 '忘記'이고 빈어 중심어는 연합구로, 술어는 단지 연합구의 '利益'와만 조합될 수 있지 '警惕性'과는 조합될 수 없으며, 반드시 '利益' 뒤에 '쉼표(,)'를 넣고 '和'를 '放鬆了'로 바꾸어야 한다.

*(5) 這裏到處洋溢着和呈現出令人振奮的革命景象和高昂的戰鬪激情.

*(6) 爲了提高學習效率, 我們要改進和端正學習態度和學習方法.

문장의 옳고 그름을 판단할 때, 만약 술어와 빈어가 모두 연합구로 충당되어 있다면 반드시 연합구 내부의 단어의 순서와 의미상의 조합관계에 주의해야 한다. 예 (5)의 '洋溢着'는 단지 '高昂的戰鬪激情'과 조합될 수 있으며, '呈現出'는 단지 '令人振奮的革命景象'과 조합될 수 있으므로, 어순을 조정하여 '和洋溢着'를 '呈現出' 뒤로 옮겨야 한다. 예 (6)의 오류도 마찬가지로 같은 조정을 거쳐 어순을 조정하거나 나누어 말하는 등의 방법을 사용하여 '我們要端正學習態度, 改進學習方法'로 바꾸어야 한다.

*(7) 通過努力, 我們終於克服了前進道路上的'攔路虎'.

*(8) 這次失火使存放農具的房子被燒, 還燒毀三輛馬車、一頭驢.

*(9) 今年八月三日, 她獲得赴美簽證, 終於可以探親在那裏留學的丈夫.

예 (7)의 술어 '克服'는 빈어 중심어 '攔路虎'와 조합될 수 없으므로 반드시 '克服'를 '消滅'로 바꾸어야 한다. 예 (8)의 술어 '燒毀'는 '一頭驢'와 조합될 수 없고, '燒燬'의 대상은 단지 생명이 없는 것만 될 수 있으며, 사람이나 동물이 될 수 없으므로, 반드시 '一頭驢' 앞에 '燒死'를 덧붙여야 하며 동시에 '모점(、)'을 '쉼표(,)'로 바꾸어야 한다. 예 (9)에서는 위어 중심어인 '探親'을 타동사 '探望'으로 바꾸어야 한다.

③ 주어와 빈어 조합의 오류. 예를 들면 다음과 같다.

*(1) 調類就是聲調的種類, 就是把調値相同的字歸爲一類.

*(2) 周至縣生產的蘋果是我省產量最高的地區之一.

*(3) 豐富而深厚的生活積累是我們能否創作出好的文學作品的關
鍵問題.

이상의 세 가지 예문에는 모두 주어와 빈어 조합의 오류가 존재
하고 있다. 예 (1)은 뒤 절의 주어는 명사 '調類'이고, 빈어는 '把
調值相同的字歸爲一類'로 동사성 단어에 속하며 일종의 동작행위
를 나타내어 주어에 대한 해석을 구성할 수 없다. 반드시 빈어를
'把調値相同的字歸在一起所形成的類別'로 고쳐서 명사성구로 만
들어야 한다. 예 (2)의 주어 중심어는 '蘋果'이며 빈어 중심어는
'地區之一'로 의미상으로 조합될 수 없으므로, '蘋果'를 '我省' 뒤
로 옮기는 동시에 '生産的'를 빼버리고 '周至縣是我省蘋果產量最
高的地區之一'로 바꾸면 문장이 정확해진다. 예 (3)의 빈어 중 정
어 '能否創作出好的文學作品'은 긍정과 부정의 두 방면에서 말한
것이고 주어 '豐富而深厚的生活積累'는 긍정적인 방면에서 말한
것이므로 의미상 앞뒤 위치의 오류가 일어났다. '否'를 빼버리거나
문장머리에 '是否有'를 넣을 수 있다.

④ 정어·상어·보어와 중심어 조합의 오류. 예를 들면 다음과 같다.
*(1) 打開收音機時, 小華總喜歡選那些歡快、激動的樂曲聽.

*(2) 這些特警隊員, 都是經過嚴峻考驗審查的優秀警員.

*(3) 在嚴打活動中, 一批嚴重的犯罪分子受到打擊和處理.

예 (1)의 '樂曲' 앞에 정어인 연합구가 있는데, 그 가운데 '歡快'
는 중심어를 수식할 수 있지만 激動은 중심어를 수식할 수 없으
니, '激動的樂曲'로는 말할 수 없다. '모점(、)'을 '的'로 바꾸고
'激動' 뒤에 '人心'을 더하여 '歡樂的激動人心的樂曲'로 만들 수

있다. 예 (2)의 정어 '嚴峻考驗審查'는 의미표현이 불분명하다. 왜냐하면 '嚴峻'은 단지 '考驗'만을 수식하고 '審查'를 수식할 수 없으므로, '審查' 앞에 '和嚴格'를 더하면 나타내는 의미가 분명해진다. 예 (3)의 '嚴重'은 '犯罪分子'를 수식할 수 없으므로 '罪行嚴重的犯罪分子'로 바꾸어야 한다.

*(4) 僞裝成檢修工的犯罪分子看到屋裏只有一個老太太, 馬上露出惡毒的面孔.

*(5) 兩國之間親切而深厚的友誼是牢不可破的.

*(6) 在討論會上, 他豊富而精彩的發言引起了專家們的注意.

예 (4) 중 '惡毒'는 일반적으로 추상적인 사물을 수식하는데, 예를 들면 '計劃'·'打算'·'心腸' 등이다. 그래서 그것은 '面孔'을 수식할 수 없으므로 '凶惡'로 바꿀 수 있다. 예 (5) '親切而深厚的友誼'에서 '深厚'는 중심어 '友誼'를 수식할 수 있지만 '親切'는 수식이 불가능하다. 마땅히 '親切而'을 빼야 한다. 예 (6)에서 '豊富而精彩'는 '發言'을 전체적으로 수식할 수 없으므로 '豊富' 앞에 '內容'을 덧붙여 '內容豊富而精彩的發言'으로 바꿀 수 있다.

*(7) 他們一起組織群衆營救, 終於將騾子和架子車營救上岸, 李雙秧激動得不知說什麽好.

*(8) 做報告前, 他連夜把借來的資料詳細地瀏覽了一遍.

*(9) 只要稍微深思熟慮一下, 就不會做出這樣錯誤的決定.

예 (7)의 두 번째 절의 위어 중심어는 '營救'이고 앞의 상어는 '將騾子和架子車'로, 여기서 상어는 중심어를 수식할 수 없다. 왜냐하면 '營救'는 단지 사람에게만 사용할 수 있지 동물에게는 사용할 수 없으며 더군다나 무생물인 '架子車'에는 더 사용할 수 없으므로, '營救'를 '打撈'로 바꿀 수 있다. 예 (8)의 '詳細地瀏覽'에서 상어와 중심어는 서로 모순된다. '詳細'는 매우 세밀한 것을 가리키는 반면 '瀏覽'은 대강 훑어보는 것을 가리키는 것으로, '瀏覽'을 '閱讀'로 바꾸어야 한다. 예 (9)의 '稍微深思熟慮'는 모순되는 점을 지니고 있는데, '稍微'는 심사숙고하지 않는 것을 나타내지만 '深思熟慮'는 매우 깊고 세밀하게 사고한다는 뜻으로, '稍微'를 '經過'로 바꾸고 '一下'를 빼버리면 된다.

*(10) 他趴在桌子上睡得模模糊糊的, 老師講的什麼他一點也不知道.

*(11) 父母不在家, 小靜一到晚上就嚇得膽小如鼠, 不敢開門.

예 (10)의 보어 '模模糊糊'와 위어 중심어 '睡'는 조합이 적당하지 못하다. '模模糊糊'는 부정확하거나 딱 떨어지지 않는 것을 보는 것을 가리키는데, 여기서는 반드시 '迷迷糊糊'로 바꾸어야만 잠이 다 깨지 않은 것을 가리킬 수 있다. 예 (11)의 보어 '膽小如鼠'는 자주 위어가 되어 '他膽小如鼠'와 같이 사용될 수 있으며, 또 정어가 되어 '膽小如鼠的人'과 같이 쓰일 수 있다. 이것은 일반적으로 보어가 될 수 없으므로 '父母不在家, 小靜一到晚上就膽小如鼠.'로 바꿀 수 있으며 혹은 '膽小如鼠的小靜一到晚上就嚇得不敢開門.'으로 바꿀 수 있다.

3) 부족함과 남는 것

① 주어의 부족함과 남는 것. 예를 들면 다음과 같다.

*(1) 在第二次洪峰的衝擊下, 造成了長江堤岸多處決口的險情.

*(2) 在聽了華聯木器廠的經驗介紹之後, 對在座的一些企業領導有很大的啓發.

*(3) 由於體委開展了經常性的體育競賽活動, 明顯地提高了該地區的運動技術水平.

*(4) 當前新聞界這種不注重眞實性和社會效果、一味獵奇, 嚴重地損害了媒體在人們心目中的形象.

*(5) 一想到昨天發生的事情, 就使我坐臥不安.

예 (1)의 '在……下'는 개사구로 충당된 상어로 위어 중심어 '造成' 앞에 주어가 빠져 있다. 두 가지로 바꿀 수 있는데, 하나는 '在'와 '下'를 없애 버리고 '第二次洪峰的衝擊'를 주어로 하는 것이며, 다음은 '造成了'를 없애고 '長江堤岸'을 주어로 하고 술어 '出現了'를 첨가하는 것이다. 예 (2)의 술어 중심어 '有' 앞에 두 개의 개사구가 있고 주어가 없으므로 '在聽了'와 '之後'를 없애고 '華聯木器廠的經驗介紹'를 주어로 삼는다. 예 (3)의 뒤의 절에 주어가 없으므로 '該地區的運動水平明顯地提高了'로 바꿀 수 있다. 예 (4)의 주어 부분은 비교적 복잡한 정어 '當前新聞界這種不注重眞實性和社會效果, 一味獵奇'가 있지만 주어 중심어가 빠져 있으므로 마땅히 중심어 '作法'나 '現象'을 더해야 한다. 예 (5)의 뒤 절에는 주어가 없으므로 마땅히 '使'를 제거하고 '我'를 주어 중심어로 만들며 '就'를 '我' 뒤에 놓아야 한다.

*(6) 這裏的變化太快了, 只半年時間, 又一片高樓大廈的建築拔地而起.

*(7) 由於他們都有明確的學習目的, 他們這些才進入高校的同學學習都很刻苦.

*(8) 當代的大學生, 一般來說, 他們都應該具備深入鑽研的精神和很强的自學能力.

위의 예는 모두 주어가 너무 많이 남는다는 잘못이 있다. 예 (6)의

'建築'와 '一片高樓大厦'는 중복되므로 '的建築'를 빼야 한다. 예 (7)의 주어 중심어는 많이 중복되므로 '他們'을 빼야 한다. 예 (8)의 주어 '他們'과 '當代的大學生'은 중복되므로 '他們'을 빼야 한다.

② 위어의 부족함과 남는 것. 예를 들면 다음과 같다.

*(1) 全校師生在英雄事迹的感召下, 好人好事如雨後春筍般涌現出來.

*(2) 只要我們沿着正确的前進方向, 任何困難都是可以克服的.

*(3) 曹操數十萬大軍經過風雪之夜的積沙潑水, 一道堅固的城墙在第二天早晨建成了.

*(4) 我國足球運動的落後狀況在社會上引起了很大反響, 如果還按照以往的訓練、管理模式, 這種現狀恐怕難有根本性的改變.

예 (1)의 뒤 절의 주어는 '好人好事'이지만, 첫 번째 절에는 단지 주어 '全校師生'과 상어 '在英雄事迹的感召下'만이 있어 위어가 부족하다. 또 주어 '全校師生'이 제시된 다음에 계속해서 말이 이어지지 않은 채, 다른 주어 '好人好事'로 바뀌게 되어 앞 절에 위어가 없는 오류를 발생시켰다. '全校師生中的'를 '好人好事' 앞에 두어 정어로 하고 '在英雄事迹的感召下'를 상어로 하면 문장은 순조로워진다. 예 (2)의 앞 절의 상어는 개사구 '沿着正确的前進方向'으로 충당되어 위어 중심어가 부족하다. '前進'을 '方向' 앞으로 옮긴 후 위어 중심어로 삼을 수 있다. 예 (3)의 앞 절의 주어는 '曹操數十萬大軍'이며, 뒤에는 개사구로 충당된 상어 '經過一夜的積沙潑水'로, 위어 중심어가 부족하다. '曹操數十萬大軍'을 '經過' 뒤로 옮긴 후에 '經過曹操數十萬大軍一夜的積沙潑水'를 상어로 하고 '一道堅固的城墙'을 주어로 삼는다. 예 (4)의 개사구

'按照以往的訓練、管理模式'은 상어로 위어 중심어가 부족하다. '模式' 뒤에 '運作'를 덧붙여서 위어 중심어로 충당하거나 혹은 '如果還按照以往的模式訓練、管理'로 고쳐서 '訓練、管理'를 위어 중심어로 삼을 수 있다.

*(5) 江西廬山風景區名人別墅將於四月二十日在北京人民大會堂進行拍賣.

*(6) 引起這起交通事故的原因, 公安機關正在加以調查, 結果馬上就會水落石出.

*(7) 這個村亂占宅基地的問題, 現在已經獲得解決.

예 (5)의 '進行'은 불필요한 것이고 예 (6)의 '加以'도 불필요한 것이며 예 (7)의 '獲得'도 필요하지 않다. 이것은 자주 보이는 성분 잉여 현상이다. 오류를 일으키는 원인은 위어 중심어 앞에 처리하는 의미를 나타내는 동사를 남용하기 때문으로, 원래의 위어 중심어를 술빈구로 바꾸고 이러한 단어를 덧붙이지 않으면 문장은 더욱 간결하고 명료해진다.

③ 빈어의 부족함과 남는 것. 예를 들면 다음과 같다.

*(1) 看到數千兵馬俑組成的龐大軍陣的場面, 我們完全被它的恢宏氣勢驚呆了.

*(2) 在西部大開發的浪潮中, 廠長提出了'我們廠怎麼辦', 讓大家討論.

*(3) 今年專科學校招生對象是我市城鎮戶口、年齡在二十歲以下、具有高中文化程度.

*(4) 爲了增强師生體質, 活躍校園生活, 學校每年元旦都要舉行長跑競賽.

예 (1) 중 '的場面'은 필요 없는 것으로 빼버려야 한다. 예 (2)의

'提出了'는 일반적으로 동사성 단어와 조합되는데, 예를 들면 '提出了意見'·'提出了問題'·'提出了看法' 등으로 쓰여야 하며, 위사성 성분 혹은 주위구와는 조합될 수 없다. 반드시 빈어 중심어 '問題'를 보충하여야 하며, '問題' 앞에 '的'를 붙여 '我們應該怎麽辦'을 정어로 해야 한다. 예 (3)의 술어 '是' 뒤의 정어는 비교적 길어 마지막에 중심어를 쓰는 것을 잊어버렸으므로 '的靑年'을 보충하여 '靑年'을 빈어 중심어로 만들어야 한다. 예 (4)의 '擧行'은 명사성 성분과 조합되어야 하므로 뒤에 빈어 중심어 '活動'을 덧붙여 '長跑竟賽'를 정어로 할 수 있다.

④ 정어·상어·보어의 부족함과 남는 것. 예를 들면 다음과 같다.

*(1) 首都將建一座十萬吨的啤酒廠, 以滿足居民啤酒消費量日益增長的需要.

*(2) 本月上映的外國影片是反映資本主義社會悲慘命運的日本影片『蒲田進行曲』.

*(3) 改革開放對中國的經濟發展起着何等作用啊!

*(4) 毛主席在中國共産黨第七次全國代表大會的閉幕詞, 用'愚公移山'作題目.

위의 문장 중에서는 정어에 문제가 있다. 예 (1)의 '十萬吨的啤酒廠'은 이해하기 힘든 구문으로 '年産十萬吨的啤酒廠'으로 바꾸어야 한다. 예 (2)의 '資本主義社會悲慘命運'은 의미의 혼동이 있을 수 있어 '悲慘命運' 앞에 '勞動人民'을 덧붙여야 한다. 예 (3)의 '何等作用'은 모호하고 정확하지 않으므로 '何等' 뒤에 '重要的'를 덧붙여 '何等重要的作用'으로 만들어야 한다. 예 (4)의 개사 '在'는 방위명사 '上'·'下'·'中' 등과 방위구를 구성해야 하므로

'閉幕詞' 앞에 '上'을 붙이거나 '在'를 '的'로 바꾸어야 한다.

　　*(5) 他意味深長的幾句話, 包含着多麼豐富的無聲的潛臺詞啊!

　　*(6) 只有改掉這些不良的壞風氣, 我們的工作才能進一步做好.

　　*(7) 他的明智而遠見的設想, 得到了與會者的一致好評.

　　예 (5)의 '無聲的潛臺詞'에서 '無聲'과 '潛'은 그 의미가 중복되므로 '無聲的'를 빼버린다. 예 (6)의 '不良的壞風氣' 중에서 '不良'과 '壞'는 중복되므로 아무거나 하나는 빼야 한다. 예 (7)의 '明智而遠見的設想'은 의미가 통하지 않으므로 '而遠見'을 제거하거나 혹은 '而' 뒤에 '富有'를 덧붙인다. 위의 예는 모두 정어가 부족하거나 남는 것에 속한다.

　　*(8) 每當想到當年的經歷, 他就激動不已.

　　*(9) '寶劍鋒從磨礪出, 梅花香自苦寒來.' 小劉總是自勉.

　　*(10) 爲了這個目標, 我們廢寢忘食地苦幹了三年.

　　예 (8)의 개사 '當'은 반드시 '時'·'時候' 등의 단어와 같이 개사구로서 상어가 되어 시간을 나타내므로 '經歷' 뒤에 '時'를 덧붙일 수 있다. 예 (9)에서 '自勉' 앞에 '以此'를 덧붙여 상어로 만들어야 한다. 예 (10)의 '爲了這個目標'는 '爲了實現這個目標'로 바꾸어야 한다.

　　*(11) 他對工作這樣粗心馬虎, 能會不出事故嗎?

　　*(12) 從國內投降派、頑固派反對抗大, 這正表明抗大的革命和進步.

　　*(13) 三年前我們相遇的時候, 那時他雖然已經滿頭華發了, 却精神矍鑠, 也很健談.

　　예 (11)의 '能'과 '會'는 두 개의 능원동사를 중복해서 사용한 것으로 한 개를 빼야 한다. 예 (12)의 '從'은 필요 없는 것으로 빼야 한다. 예 (13)의 '那時'와 앞의 '三年前我們相遇的時候'는 중복된 것으로 '那時'를 빼버려야 한다. 이상의 예는 모두 상어가 모자라거나 남는 비문이다.

*(14) 今天請大家先把這個問題考慮, 以後再具體討論.

*(15) 當地政府下大力氣實施'茱籃子'工程, 确保古城市民在春節 期間能吃新鮮蔬菜.

*(16) 管理給企業帶來的變化, 突出地表現在全廠嚴把質量關, 上 下爭創名牌產品.

이상의 예들은 모두 보어가 부족하다. 예 (14)는 把자문으로, 위어 중심어는 단일한 동사가 될 수 없으므로 반드시 상관되는 성분이 있어야 한다. '考慮'를 중첩 사용하거나 '考慮' 뒤에 보어 '一下' 등을 붙일 수 있다. 예 (15)의 '吃' 뒤에는 보어 '上'이 있어야 하는데, 그렇지 않으면 모호의를 일으킨다. 도대체 신선한 채소를 먹을 수 있음을 가리키는 것인지 아니면 신선한 채소를 먹을 능력이 있는 것을 가리키는 것인지 의미가 분명하지 않다. '上'을 더하면 의미가 분명해지며 앞의 의미만을 가리키게 된다. 예 (16)의 보어는 개사구로 충당되었으며 개사 '在' 뒤에 방위명사와 호응할 수 있으므로 문장 끝에 '上'을 더하여 '在……上'의 개사구를 구성할 수 있다.

*(17) 爲了使文章更加簡練, 他又將部分內容略加刪改了一些.

*(18) 小張在新的工作崗位上兢兢業業得很.

예 (17)의 '略加刪改了一些'에서 '略加'와 '一些'는 모두 많지 않음을 나타내며 의미가 중복되어 하나를 뺄 수 있다. 예 (18)의 '兢兢業業'는 매우 진지한 것을 나타내므로 뒤에 다시 정도부사의 수식이 필요하지 않으므로 '得很'을 빼버려야 한다.

4) 어순이 잘못된 것

한어의 어순은 어법관계를 나타내는 중요한 수단이므로 어순이 바뀌면 어법관계와 나타내는 의미가 달라질 수 있다. 예를 들어 '市場繁榮'은 주위관계이지만 '繁榮市場'은 술빈관계가 된다. '這些內容不全懂'과 '這些內容全不懂'은 그 의미가 다른데, 앞에 것은 기본적으로 이해했지만 여전히 이해하지 못하는 내용이 있다는 것을 나타내며, 후자는 하나도 이해하지 못한 것을 나타낸다. 만약 언어운용에 있어서 어순을 주의하지 않으면 문장 관계가 모호해지고 의미가 분명해지지 못하고 혹은 모호의가 발생하거나 이해할 수 없게 된다. 이렇게 되면 언어를 통한 의사소통에 막대한 영향을 줄 수 있다. 다음과 같은 몇 가지 경우가 어순이 맞지 않는 예이다.

① 수식성분의 위치와 직능이 바뀐 것

이것은 마땅히 갑(甲)성분으로 해야 하지만, 어순이 잘못되어 을(乙)성분으로 잘못 사용되었다. 예를 들면 다음과 같다.

*(1) '克隆'動物的技術, 對一般人是不太了解的.

*(2) 這本參考書很好, 對自學靑年很感興趣.

이상의 예는 모두 주객이 전도된 잘못을 범하였다. 예 (1)은 '對'를 제거해야 하고, 예 (2)는 '自學靑年對它很感興趣'로 바꾸어야 한다. 혹은 '很感興趣'를 '很有用'으로 바꾸어야 한다.

*(3) 中國手工藝品的出口, 深受西方國家人民的喜愛.

*(4) 作爲流行歌曲的通俗音樂, 特別受到靑少年的靑睞.

위의 두 예는 중심어와 정어가 위치가 바뀌었다. 예 (3)의 주어 중심어는 '工藝品'이며 '出口'는 정어이다. '中國出口的手工藝品'

으로 바꿀 수 있다. 예 (4)는 '通俗歌曲'를 정어로 해야 하며 '作爲通俗音樂的流行歌曲'로 바꾸어야 한다.

*(5) 監獄的小窓口, 剛毅地露出了這幾位獄友的臉.

*(6) 小輝的夢中常常美麗地展開一幅奇異的景象.

*(7) 高考以後, 我才輕輕鬆鬆地休息了痛痛快快的幾天.

이상의 예들은 정어와 상어의 위치가 바뀌었다. 예 (5)의 '剛毅'는 정어이어야 하므로 '露出了這幾位獄友剛毅的臉'으로 바꾸어야 한다. 예 (6)의 '美麗'는 상어의 위치에서 정어의 위치로 조정하여 '常常展開一幅奇異美麗的現象'으로 바꾸어야 한다. 예 (7)의 '痛痛快快'는 정어의 위치에서 상어의 위치로 조정하여 '我才痛痛快快輕輕鬆鬆地休息了幾天'으로 바꾸어야 한다.

*(8) 劉璇看到自己的平衡木表演得了最高分, 臉上燦爛地露出了笑容.

*(9) 對於難度大的知識點, 可以老師多講一些.

*(10) 李茵被感動了, 她激動地留下了情不自禁的眼淚.

예 (8)은 상어 '燦爛'을 정어로 하여 '臉上露出了燦爛的笑容'으로 바꾸어야 한다. 예 (9)의 상어 '可以'는 주어 '老師' 뒤에 놓아야 한다. 예 (10)의 '情不自禁'은 정어에서 상어로 바꾸어 '流下' 앞으로 옮겨 '她情不自禁地流下了眼淚'로 바꾸고 동시에 '激動地'를 빼버려야 한다. 왜냐하면 앞의 감동의 의미가 중복되기 때문이다.

② 다층정어와 다층상어 배열순서의 잘못. 예를 들면 다음과 같다.

*(1) 在全校大會上, 幾個學校的負責人都講了話.

*(2) 這個格言包含着深刻的一種哲理.

*(3) 去年參軍的李明的哥哥在部隊立了三等功.

*(4) 神農、皇帝、堯、舜都是夏朝以前傳說中的古代帝王.

이상의 예들은 모두 다층정어의 위치가 잘못되어 있다. 예 (1)의 '幾個學校的負責人'은 모호의가 있으므로 어순을 조정하여 '學校的幾位負責人'으로 바꾸거나 혹은 양사를 변환하여 '個'를 '位' 혹은 '所'로 바꾸어야 한다. 예 (2)의 정어 '一種'은 '深刻' 앞으로 위치를 바꾸어야 한다. 예 (3) '去年參軍的李明的哥哥'에는 모호의가 있다. 도대체 李明이 입대한 것인지 그의 형이 입대한 것인지 불분명하다. 서로 다른 의미에 근거하여 '李明的去年參軍的哥哥'로 바꾸거나 '李明' 뒤에 ' , '를 붙이고, 다시 '他'를 덧붙이면 의미가 분명해진다. 예 (4)의 '夏朝以前'은 고대 제왕을 수식한 것으로 언제 때의 전설을 설명하는 것이 아니므로 '夏朝以前'을 '古代帝王' 앞으로 위치를 조정해야 의미가 정확해진다.

*(5) 李大娘家的煙囱裏向上緩緩地冒着靑煙.

*(6) 李小雙頑强地練習在吊環上.

*(7) 這件事對我們大家當時震動很大.

*(8) 通過這次參觀, '珍惜生命, 遠離毒品'的思想深深地在他的心
　　裏扎了根.

예 (5)는 '向上'을 빼버릴 수 있는데, 왜냐하면 '靑煙'은 분명히 위로 뿜어져 올라가는 것이므로 '向上'은 필요 없는 것이다. 그 밖에도 어순이 잘못되었는데, '緩緩地'는 '向上' 앞에 놓아야 한다. 예 (6)의 보어 '在吊環上'은 '練習' 앞으로 옮겨 상어로 만들어야 한다. 예 (7)의 상어 '當時'는 마땅히 '對我們' 앞에 옮겨야 한다. 예 (8)는 상어 '深深地'와 '在他的心理'의 위치를 서로 바꾸어야 한다.

5) 문장형식의 뒤섞임

한 가지 의미가 종종 여러 방식으로 표현될 수 있다. 예를 들어 '我吃蘋果'는 '蘋果我吃了'·'我把蘋果吃了'·'蘋果被我吃了' 등으로 말할 수 있다. 문장형식이 다르고 적응하는 환경과 대상이 다르고, 표현하고자 하는 편중점과 효과가 다른데, 이것은 언어표현방식의 융통성과 다양성을 구현한다. 어떤 경우 표현방식에 대한 진지한 사색과 자세한 선택의 부족으로 인해 다른 표현방식을 동시에 사용함으로써, 문장이 서로 뒤엉켜서 구조의 혼란이 조성되며 의미의 표현이 정확하지 않은 잘못이 일어날 수 있다. 이러한 어폐를 문장형식의 뒤섞임이라고 칭한다.

① 앞뒤가 연결됨

원래는 두 문장을 나누어서 말해야 하는데, 결과는 한 번에 연결하여 말해서 앞뒤가 연결되는 잘못이 일어난 것이다. 예를 들면 다음과 같다.

*(1) 宋代仇英的名畵『漢宮春』在技巧上達到了驚人的高度，難怪它使許多歐美人士傾倒是合情合理的.

*(2) 楊老師批評李軍同學吸煙的行爲是不了解吸煙對人體的嚴重危害的結果.

*(3) 我隨着隊伍參觀了戶縣農民畵展是具有獨特民族風格的.

*(4) 他們決心以實際行動建設祖國做出自己的貢獻.

*(5) 登機時每人可以隨身携帶行李物品不得超過15公斤.

예 (1)의 두 번째 절은 두 가지 표현방식이 한데 뒤섞여 있으므로, '難怪它使許多歐美人士傾倒' 혹은 '它使許多歐美人士傾倒是

合情合理的'라고 나누어 말해야 한다. 예 (2)는 두 문장의 앞뒤를 한데 연결했는데, '楊老師批評李軍同學吸煙的行爲, 並指出這是不了解吸煙對人體的嚴重危害的結果.'라고 분리해서 말해야 한다. 예 (3)은 두 의미를 분리해서 말해야 하며 또한 뒤 절에 주어를 덧붙여서 '我隨着隊伍參觀了戶縣農民畫展, 戶縣農民畫具有獨特的民族風格.'라고 바꾸어야 한다. 예 (4)는 '建設祖國' 앞에 개사 '爲'를 넣어 술빈구를 개빈구로 바꾸어 상어로 만들어야 한다. 예 (5)는 '行李物品' 앞에 '的'를 넣어 술빈구를 편정구로 바꾸고 '行李物品'을 주어 중심어로 만들어야 한다. 원래 문장은 진술대상이 둘로, 하나는 '每人'이고 하나는 '行李物品'이었지만, 바꾸고 나면 '每人'은 정어 구성성분이 되어 문장의 의미는 정확해진다.

② 문장형식의 뒤엉킴

말을 할 때 하나의 의미에 대해서 이런 방식을 사용해서 말하고 싶을 때도 있고 또 다른 방식을 사용해서 말하고 싶을 때도 있는데, 주저하여 결정하지 못하면 결과는 두 가지 방식이 한데 뒤엉키게 된다. 예를 들면 다음과 같다.

*(6) 這個先進的防盜報警器的發明者是王昊和他的老師共同硏制的.

*(7) 最近在國內獲得好評的電影『鋼鐵是怎樣練成的』, 是中國編導人員根據蘇聯作家奧斯特洛夫斯基的同名小說爲藍本創作而成的.

*(8) 她那燦爛的音色和深沈的感情驚動了一向以要求嚴格聞名的聲樂專家蘇林敎授也頷首贊許.

예 (6)은 두 가지 방식을 사용하여 '這個先進的防盜報警器的發明者是王昊和他的老師' 혹은 '這個先進的防盜報警器是王昊和他

的老師共同研制的’로 표현될 수 있다. 예 (7)의 위어는 ‘是中國編導人員根據……創作而成的’ 혹은 ‘是中國編導人員以……爲藍本創作而成的’로 말할 수 있다. 예 (8)의 위어는 ‘驚動了一向以要求嚴格聞名的聲樂專家蘇林敎授’ 혹은 ‘令一向以要求嚴格聞名的聲樂專家蘇林敎授也頷首贊許’로 바꿀 수 있다.

6) 몇 가지 특수한 문형 중 자주 보이는 어법오류

① 把자문

가. 把자문의 위어 중심동사는 반드시 동작행위를 나타내는 타동사이어야 한다. 그렇지 않으면 비문이 된다. 예를 들면 다음과 같다.

*(1) 楊秋獲獎的消息把全校沸騰了.

*(2) 經過兩個多小時的緊張搶救, 醫生終於將傷員蘇醒過來.

*(3) 小王高興地實現了多年的夢想, 他終於把職業球員成爲了.

*(4) 比賽卽將開始, 賽前的氣氛把看臺上的觀衆也緊張起來了.

예 (1), (2), (3)의 위어 중심어는 모두 자동사이므로 모두 타동사로 바꾸어야 한다. 예 (1)의 ‘把’를 ‘使’로 바꾸고, 예 (2)는 ‘傷員終於蘇醒過來’로 바꾸어야 하고, 예 (3)은 ‘他終於成爲職業球員’으로 바꾸어야 하고, 예 (4)의 ‘把’는 ‘使’로 바꾸어야 한다.

나. 把자문의 위어 중심어가 상관된 성분이 부족한 것. 예를 들면 다음과 같다.

*(1) 請大家把這個問題討論, 然後制定出解決的辦法.

*(2) 半夜的狗叫聲把村民們驚.

*(3) 同學們把平時積累的知識展示.

把자문은 위어 중심어가 상관된 성분을 붙이거나 동사를 중첩하여 사용하거나 혹은 상어 또는 보어를 가지거나 뒤에 동태조사 등이 붙을 것을 요구하는 등 위어 중심어가 단일한 동사여서는 안된다. 그래서 예 (1)은 '討論' 뒤에 보어 '一下'를 붙이거나 중첩형식 '討論討論'으로 할 수 있다. 예 (2)는 '驚' 뒤에 보어 '醒'을 덧붙일 수 있다. 예 (3)은 '展示' 앞에 상어 '充分'을 덧붙이거나 뒤에 보어 '出來'를 덧붙일 수 있다.

② 被자문

가. 被자문을 남용하는 것. 예를 들면 다음과 같다.

*(1) 經過緊張的勞動, 一根十幾米高的旗杆在操場前面被竪立起來了.

*(2) 這件新襯衣被穿在身上, 小波顯得更精神了.

이상의 두 예의 '被'는 모두 필요 없는 것이므로 제거하면 문장은 간결해진다.

나. 被자문의 주어는 위어동사의 수사가 아니다. 예를 들면 다음과 같다.

*(1) 這些托運的物品被準時到達了西安.

*(2) 王欣被當選爲班長.

이상의 두 예에서 중심동사는 '到達'·'當選'은 모두 자동사로 빈어를 가질 수 없다. 그래서 문장의 주어는 그것의 간섭대상이 아니며, 이것은 被자구의 조건에 부합되지 않는다. '到達'·'當選'을 타동사 '送達'·'選'으로 바꾸어야 한다.

다. 위어 중심어는 적극적인 영향을 가진 동작동사가 아니다. 예를 들면 다음과 같다.

*(1) 張輝代表的提議被大家一致贊成.

*(2) 這兩種事物間的聯系被我們認識了.

被자문의 위어 중심어는 동작을 표시하는 동사이어야 할 뿐 아니라 주어에 대해 적극적인 영향을 낳는 동사이어야 한다. 그렇지 않으면 被자문을 만들어 낼 수 없다. 그래서 예 (1)은 주동문인 '大家一致贊成張輝代表的提議'로 바꾸어야 하며, 예 (2)의 '認識'는 '弄淸'으로 바꾸어야 한다.

라. 부정을 나타내는 부사와 능원동사가 被자 뒤에 잘못 놓이는 경우. 예를 들면 다음과 같다.

*(1) 正確的意見被我們應該採納.

*(2) 這項艱巨的任務被突擊隊能够按時完成.

*(3) 檢驗眞理的標準問題長期被人們沒有重視.

*(4) 他的會員資格還被協會不承認.

이상의 예에서 '應該'··'能够'··'沒有'··'不'는 모두 해당 문장의 '被' 자 앞에 두어야 비로소 일반적인 표현 습관에 부합되게 된다.

제2절 복문의 어법오류

1. 절 사이에 논리적인 관계가 부족한 것

복문의 각 절 사이에는 반드시 긴밀한 논리적인 관련이 있어야 한다. 그렇지 않으면 복문을 구성할 수 없다. 예를 들면 다음과 같다.

　*(1) 他性格孤僻, 不善於團結同學, 所以學習成績總是提不高.

　*(2) 如果我們把敎室布置得漂亮雅致一些, 同學們學習的積極性
　　　就更高了.

　예 (1)의 '性格孤僻, 不善於團結同學'와 '學習成績老是提不高' 사이에는 필연적인 인과관계가 없으므로 '所以'를 사용하여 연결할 수 없다. 따라서 병렬관계 복문으로 바꾸어야 한다. 예 (2)의 '敎室漂亮雅致'와 '學習的積極性' 사이에는 필연적인 관련이 없다. 좋은 학습 환경이 학습 정서에 좋은 작용을 할 수는 있지만, 반드시 학습의 적극성을 더 높일 수 있는 것은 아니다.

　*(3) 這雖然是一篇短篇小說, 但讀後却令他非常感動.

　*(4) 姐姐考上了大學, 我和媽媽都很高興, 然而爸爸更興奮.

　예 (3)의 두 절은 논리적인 측면에서 전환관계가 없다. 왜냐하면 좋은 단편소설은 사람들을 감동시키는 것은 정상적인 현상으로 소설이 짧기 때문에 사람을 감동시킬 수 없는 것은 아니므로 '雖然……但'을 사용하여 연결할 수 없다. 예 (4)의 두 절 사이에는 전환관계가 없다. 왜냐하면 '姐姐考上大學'는 가족 모두의 마음이 일치된 것이기 때문이다. 전환관계를 나타내는 연사 '然而'을 없애고 점진관계로 나타내거나 맨 뒤의 절을 '爸爸也很高興'으로 바꾸어서 병렬관계로 만들어야 한다.

　*(5) 老張把身上所有的錢都買了農業科技方面的書籍, 只乘下了
　　　三塊錢的路費.

　예 (5)의 두 절의 앞뒤는 모순된다. 앞에서 '所有的錢'을 다 써버렸는데, 뒤에서 또 '三塊錢的路費'가 또 있다. 두 절의 내용을 바꾸어 '老張只留了三塊錢的路費, 把其餘的錢都買了農業科技方

面的書籍'로 바꿀 수 있다.

2. 절의 순서가 뒤엉킨 것

절 사이의 논리관계는 종종 일정한 어순에 근거하여 표현된다. 따라서 절의 순서는 임의대로 배열할 수 없다. 그렇지 않으면 의미가 뒤엉키고 층위가 불분명해지는 잘못을 범할 수 있다. 예를 들면 다음과 같다.

*(1) 我雖然下決心要學好數學, 但成績總提不高, 老師也經常給我個別輔導.

*(2) 廠長做了大量的調査研究工作, 並且虛心地聽取了群衆的意見, 終於搞清了影響生産的症結問題.

예 (1)의 맨 뒤 절과 앞의 두 절의 논리관계는 불분명하며 나타내고자 한 의미가 뒤엉켜 있어, 만약 뒤의 두 절의 위치를 조정하면 전환관계가 분명해질 것이다. 예 (2)의 앞 두 절의 의미는 점진관계를 구성할 수 없는데, 왜냐하면 뒤 절은 앞 절의 의미에 비해 많이 가볍기 때문이다. 만약 앞의 두 절의 위치를 바꾸어 '廠長虛心地聽取了群衆意見, 並且做了大量的調査研究工作'로 바꾸면 점진관계가 성립된다.

*(3) 來賓携帶的文件、圖紙、現金等貴重物品, 要提高警惕, 妥善保管, 防止遺失.

*(4) 自此以後, 她總是找一些周總理的小故事敎育我們, 講給我們聽.

예 (3)의 '要提高警惕'와 '文件、圖紙、現金等貴重物品'은 조

합될 수 없으므로 '提高警惕'를 '來賓' 뒤로 옮겨야 문장이 순조로워진다. 예 (4)는 논리적으로 볼 때 뒤 절의 '講給我們聽'은 '敎育我們' 앞으로 옮겨야 하므로 '講給我們聽'을 '小故事' 뒤로 옮기면 논리관계는 분명해진다.

3. 관련 어휘의 사용이 잘못된 것

관련 어휘는 복문을 구성하는 중요 수단이며, 절 사이의 의미관계는 종종 관련 어휘로 표현된다. 복문에 관련 어휘를 사용하는가 사용하지 않는가, 어떤 관련 어휘를 사용하고, 어떤 위치에 두어야 하는가는 모두 일정한 법칙을 지니고 있다. 배치가 합당해야 좋은 복문이 될 수 있다. 관련 어휘의 사용이 부당한 경우는 아래 몇 가지이다.

1) 관련 어휘를 잘못 사용한 것

절 사이의 의미관계에 근거하여 갑의 관련 어휘를 사용해야 하는데 을의 관련 어휘를 사용하여 의미표현의 잘못을 야기한 경우. 예를 들면 다음과 같다.

*(1) 盡管有多麼大的困難, 我還是決定要去.

*(2) 不管刮風下雨, 天黑路滑, 她還是希望盡早趕回工地.

*(3) 因爲參加下個月的托福考試, 李華把所有的時間都用在英語

學習上.

*(4) 國力足球隊以一球小負於對手, 不是爲了別的原因, 而是與
　　 對方的實力有差距.

　　관련 어휘 '盡管'은 '不管'과 혼동되어 사용되는 경우가 많다.
'盡管'은 전환관계를 나타내며 주로 '可是'·'但是'·'還'·'也'
등과 같이 사용된다. '盡管'이 나타내는 내용은 확정적인 것으로,
뒤에 '多麽'·'多少' 등 정황이 불확정적인 것을 나타내는 단어를
사용할 수 없다. '不管'은 조건관계를 나타내며 '也'·'還'·'都'
등과 호응한다. '不管'은 배제조건을 나타내므로 그 뒤에 주로 '多
麽'·'多少'·'怎樣' 등의 단어를 사용하여 조건을 강조한다. 예
(1)의 '盡管'과 예 (2)의 '不管'은 모두 잘못 사용된 것으로 서로
바꾸어 사용하면 정확해진다. 예 (3)의 첫 번째 절 '參加下個月的
托福考試'는 두 번째 절의 목적이므로 '爲了'로 바꾸어야 한다.
예 (4) 중 '不是……而是'의 연달아 있는 두 절은 상대에게 지게
된 원인을 설명한 것으로, 첫 번째 절과 인과관계를 이루므로 목
적을 나타내는 '爲了'를 원인을 나타내는 '因爲'로 바꾸어야 한다.

2) 관련 어휘의 조합이 잘못된 것

　　몇몇 관련 어휘는 짝을 맞추어 사용된 것으로 만약 마음대로 바
꾸면 의미가 뒤섞이고 불분명해진다. 예를 들어

*(1) 只要做好宣傳工作, 實行嚴格的獎罰措施, 才能改變亂到垃
　　 圾的狀況.

*(2) 爲了加深同學們對朗讀知識的理解, 提高朗讀水平, 所以我

們擧辦了這次詩歌朗讀會.

예 (1)에서 '只要'는 마땅히 '就'와 조합되어 충족조건을 표시해야 한다. 예 (2)의 '爲了'는 목적관계를 나타내고, 뒤의 '所以'는 인과관계를 나타내므로 서로 조합될 수 없다. 따라서 '所以'를 제거하면 절 사이의 목적관계가 분명해진다.

*(3) 如果天氣比較冷, 可是穿一件羽絨服就不覺得冷了.

*(4) 旣然語言能够生産物質資料, 那麽夸夸其談的人就是世界上
　　　最富有的人了.

예 (3)의 관련 어휘의 조합이 부당하다. '如果'는 가설관계를 나타내고, '可是'는 전환관계를 나타낸다. '如果'를 빼고 두 절을 전환관계로 바꾸거나 혹은 '可是'를 빼고 절 사이를 가설관계로 바꾸어야 한다. 예 (4)는 표면적으로 볼 때, '旣然'과 '那麽'는 조합될 수 있는 것이며 인과관계의 추론을 나타낸다. 그렇지만 자세히 내용을 살펴보면 첫 번째 절이 나타내는 원인은 결코 객관적인 사실이 아니고 순전히 하나의 가설로, 여기서는 인과를 추론하는 요구에 부합되지 않는다. 인과를 추론하는 복문은 객관적인 사실에 기초하여 결과를 추론해 낼 것을 요구한다. 따라서 마땅히 '旣然'을 '如果'로 바꾸어야 한다.

*(5) 卽使我們取得了很大的成績, 但是也不應該驕傲自滿.

*(6) 只有平時努力學習, 高考就能取得好成績.

예 (5)의 '卽使'는 가설관계를 나타내고, '但是'는 전환관계를 나타내므로 서로 조합하여 사용할 수 없다. 그래서 '卽使'를 빼서 전환관계를 유지하거나, 혹은 '但是'를 빼서 가설관계를 유지하도록 해야 한다. 예 (6)의 '只有'는 '才'와 호응하여 조건관계를 나타내므로 '就'를 '才'로 바꾸어야 한다.

3) 관련 어휘의 부족

표현의 필요에 따라 꼭 써야 할 관련 어휘를 도리어 사용하지 않거나, 혹은 짝을 맞추어 사용할 관련 어휘에서 하나만 사용하면 절의 관계가 불분명해지고 나타내고자 하는 의미가 흐려진다. 예를 들면 다음과 같다.

*(1) 他平時口才很好, 在女朋友面前像個不善於言辭的小學生.

*(2) 只要能從錯誤中吸取教訓, 可以少犯錯誤.

예 (1)의 두 절은 전환관계로 뒤 절에 '但是' 혹은 '却'를 넣어야 전환관계가 분명해진다. 예 (2)는 조건복문으로 뒤 절에 '就'를 넣어야 앞의 '只要'와 호응할 수 있다.

*(3) 她雖然因生病而臉色發黃, 掩盖不住她青春的美麗.

*(4) 這個女人不僅給他帶來了從未享受過的家庭溫暖, 幫助他在
　　　事業上取得了成功.

예 (3)은 전환관계로 뒤 절의 '但' 혹은 '却'를 넣어야 전환관계가 더욱 분명해진다. 예 (4)는 점진관계로 뒤 절에 '而且'를 넣어야 앞의 '不僅'과 호응하여 나타내고자 하는 의미가 완성될 수 있다.

4) 관련 어휘의 남용

사용하지 말아야 할 곳에 관련 어휘를 넣는 것이 남용이다. 관련 어휘를 남용하면 문장이 생경하고 어색하며, 심지어는 의미표현이 불분명해진다. 예를 들면 다음과 같다.

*(1) 天剛亮, 但是同學們就起床鍛煉身體了.

*(2) 不論我們如何千方百計地開導她, 但是她總是悶悶不樂.

*(3) 因爲天黑路滑, 所以你帶上手電筒吧.

예 (1)의 '但是'는 필요 없는 것이다. 왜냐하면 두 절 사이에는 전환관계가 없기 때문이다. 예 (2)는 조건관계로 관련 어휘 '但是'는 필요 없는 것으로 빼야 한다. 예 (3)은 매우 단순한 구어로 관련 어휘를 넣지 않는 것이 더 자연스럽고 유창하게 보이므로 '因爲'와 '所以'를 빼야 한다.

5) 관련 어휘의 위치 오용

몇몇 관련 어휘의 복문 중의 위치는 비교적 고정된 것이어서 위치의 변화는 일정한 조건의 제한을 받아야 한다. 만약 조건을 사용하는 것에 부주의하여 마음대로 배치하면 의미표현에 영향을 줄 수 있다. 예를 들면 다음과 같다.

*(1) 不但小茵的英語語音準確, 而且音色很美.

*(2) 不僅小軍學習很刻苦, 而且關心同學, 熱愛集體.

*(3) 住在附近的同學不僅來了, 而且很多遠路的同學也趕來了.

예 (1)의 두 절의 주어는 서로 같은 것으로 관련 어휘는 마땅히 주어 뒤에 두어 '小茵的英語不但語音準確, 而且音色很美'로 바꾸어야 한다. 예 (2) 역시 같은 이치로 '不僅'을 공통의 주어 '小軍' 뒤로 옮겨야 한다. 예 (3)의 두 절의 주어는 다르므로 관련 어휘 '不僅'을 주어 앞에 두어야 한다.

*(4) 看到大家還沒有來, 就他一個人幹起來了.

*(5) 與其我經常吃藥打針, 不如堅持鍛煉, 使身體强健起來.

예 (4)의 두 번째 절의 '就'는 주어 '他' 앞에 두어 범위를 나타내며, 의미는 단지 한 사람이라는 것이다. 두 절이 나타내는 의미로 본다면, '就'는 시간을 나타내는 부사로 주어 '他' 뒤에 두어야 한다. 예 (5)의 관련 어휘 '與其……不如'의 위치는 절의 주어가 서로 같은지 그렇지 않은지에 따라 결정된다. 주어가 같을 때 '與其'는 주어 뒤에 두어야 하고, 주어가 같지 않을 때는 주어의 앞에 두어야 한다. 예 (5)에서 앞의 두 절의 주어는 서로 같은 '我'이므로 '與其'를 '我'의 뒤로 옮겨 놓아야 한다.

참고문헌

胡裕樹 主編, 『現代漢語』(增訂本), 上海敎育出版社 1982년.
張靜 主編, 『新編現代漢語』, 上海敎育出版社 1982년.
林祥楣 主編, 『現代漢語』, 語文出版社 1997년판.
張志公 主編, 『現代漢語』, 人民敎育出版社 1983年판.
張斌 主編, 『現代漢語』, 語文敎育出版社 2000년판.

제9장 현대한어어법 연구의 회고와 전망

인류의 언어에 대한 연구는 이미 이천 년의 역사를 가지고 있다. 중국의 한어어법에 대한 연구 역사도 매우 오래됐다고 말할 수 있다. 왜냐하면 어휘에 대한 어법연구의 맹아는 춘추시대에까지 거슬러 올라갈 수 있기 때문인데, 예를 들어 고대한어 허사 연구의 시초는 기원전 2세기 『공양전(公羊傳)』까지 거슬러 올라갈 수 있지만, 그것은 모두 고적을 읽기 위해 행해진 산별적인 연구로 체계성을 말하기에는 너무 거리가 멀었다. 체계적인 어법연구는 근대 서양의 학문이 중국으로 유입되던 시기에 그 영향을 받아 발전되어 지금에 이른 것으로, 백여 년간의 일에 불과하여 중국의 한어어법에 대한 연구 역사는 매우 짧다고 말할 수 있다. 중국어법사의 시기구분은 주로 어법학 자체의 발전 과정 및 여러 단계에 표현되어 나온 두드러진 특색에 의거하고 있다. 林玉山은 『漢語語法學史』에서 한어어법 연구의 역사를 세 시기로 나누었다.

첫 번째 시기는 춘추시대에서 아편전쟁에 이르기까지로, 이 시기는 전(前) 어법시기 혹은 어법학의 맹아기이며, 어법연구가 훈고학(訓詁學) 혹은 사장학(辭章學)에 종속되어 있으며, 연구가 매우 산발적이고 체계적이지 못했다.

두 번째 시기는 아편전쟁에서 중화인민공화국 성립에 이르기까지이다. 이 시기는 전후 두 시기로 나눌 수 있는데, 1936년을 그 기점으로 삼아, 전기는 한어어법의 모방기로 『馬氏文通』·『新著國語文法』이 포함되며, 그 이론과 틀은 모두 외국어법학의 모방과 이식이다. 후기는 한어어법학의 혁신기로 기계적인 모방에 대한 돌파와 새로운 어법체계 건립을 시도하는 시기로 표현된다.

세 번째 시기는 1950년에서 지금에 이르기까지로, 한어어법학의 발전시기이다. 이 시기에 한어어법의 연구는 끊임없이 깊어지고, 아울러 몇몇 중요한 문제에 대하여 심도 깊은 토론이 전개되어 풍부한 성과를 얻었다.

林玉山은 한어어법학사를 세 시기로 나누었는데 각 시기 사이가 비교적 크고, 단계성이 매우 강해 어법학사 각 시기의 두드러진 특징과 발전 맥락을 충분하게 표현했다.

龔千炎은 『中國語法學史』에서 한어어법학사를 다섯 시기로 나누었다.

제1시기는 맹아기로, 기원전 475년에서 1897년까지이다. 이 시기는 춘추전국을 상한선으로 삼고 『馬氏文通』이 출간된 때를 하한선으로 삼고 있다. 이 시기의 특징은 어법연구가 체계적이지 않고, 어법논저는 기본적으로 경적을 훈석하기 위해 이루어진 것이다.

제2시기는 도입 및 시초시기로 1898년에서 1937년까지이며, 이 시기의 특징은 '중국으로 옮기고 서양을 쫓는 것'으로 『馬氏文通』이든 『新著國語文法』이든 기본적으로 서양의 어법교본의 모방이다. 서양의 전통적인 어법 분석방법은 형태분석법으로 한어는 형태가 부족한 언어여서 형태를 분석할 만한 것이 없는 상황에서, 의미에 근거하여 어법을 분석하는 방법을 취하였는데, 그러한 방법은 한어의 어법 특징에는 효과적이지 못해 종종 우왕좌왕하며, '억지로 끼워 맞춘다'는 비난을 받았다. 그러나 어떤 학문 분야도 초보적인 창작 단계에서는 모방을 피하기 힘든 것이지만 초기의 어법연구가 순전히 모방과 답습만은 아니었다. 그 가운데는 한어 특징에 대한 연구와 서양어법체계에 대한 조정이 있었는데, 예를 들어

조기 어법연구에서 의미에 대한 심도 깊은 분석과 후대에 대한 어법교육과 연구는 어느 정도 긍정적인 작용을 발휘했다.

제3시기는 탐색과 혁신의 시기로 1938년에서 1949년까지이며, 이 시기의 특징은 모방 반대와 혁신 주장이다. 연구자들은 서양의 어법이론의 기초를 근거로 하여, 한어어법에 대한 혁신적 토론을 전개했고, 아울러 한어의 특징을 근거로 하여 한어어법의 새 체계를 건립했다. 呂叔湘의『中國文法要略』(1942～1944), 王力의『中國現代語法』(1943)과 『中國語法理論』(1945), 高名凱의 『漢語語法論』(1948) 등의 저작은 모방의 흔적이 비교적 적으며, 한어어법의 발굴이 비교적 많은데, 예를 들어 겸어식(체계식)·연동식·처치식 등 한어 특유의 구조형식의 제시와 토론이다. 동시에 서양언어학 이론 역시 중국 내의 어법학계에서 광범위하게 전파되었다. 예를 들면 서로 다른 언어는 서로 다른 어법이 있으며, 어법연구는 마땅히 형식과 의미를 결합하여야 하고, 품사 구분은 마땅히 형태·기능·의미 등 여러 방면에서 고찰해야 하며, 언어연구는 마땅히 구어의 연구를 중시해야 하고, 어법의 통시적인 연구를 중시해야 한다 등이다. 이 시기에는 비록 어법연구가 마땅히 형식과 의미를 결합해야 한다는 것을 중시하였지만, 실질적으로는 아직 의미에 편중되어 있으며, 형식 연구에 있어서도 혁신적인 진전이 없었으며, 한어 특징에 부합하는 연구방법과 어법체계를 건립하는 작업 역시 충분히 이루어지지 않았다.

제4시기는 발전·번영기로 1949년에서 1966년까지다. 이 시기의 한어어법 연구는 급속히 발전하여, 특색 있는 어법논저가 끊임없이 나왔는데, 대표작으로는 趙元任의 『國語入門』(1948)(중국어 번역본은 『北京口語語法』이다), 陸志韋의 『漢語構詞法』(1957), 丁聲

樹의 『現代漢語語法講話』(1961), 朱德熙의 『說"的"』(1961) 등이 있고, 통일적인 교육어법체계가 출현했으며, 학자들은 서양의 언어학 연구방법을 거울삼았고, 한어어법 현상을 세밀하게 묘사하는 방면에서도 일정한 성취를 거두었다.

　제5시기는 중국어법학이 점점 성숙의 단계로 접어든 시기로 1978년부터 지금까지이다. 이 시기에 가장 영향력이 있는 저서는 呂叔湘의 『漢語語法分析問題』(1979)와 朱德熙의 『語法講義』(1982)이다. 『漢語語法分析問題』는 50년대 이후의 현대한어어법 연구의 총결이며, 그 가운데는 한어어법 연구에 있어서 오랫동안 사람들을 괴롭혀 왔던 문제에 대해 심도 깊은 토론이 이루어졌고, 각종 분석방법의 장단점을 비교하여, 진일보한 연구를 위한 방향을 제시했다. 책 속에서는 또한 체계적으로 구조주의의 어법체계와 분석방법을 소개했으며, 그 장·단점에 대한 평론도 덧붙였다. 朱德熙는 1960년대부터 성공적으로 구조주의의 분포분석법과 직접성분분석법을 운용하여 현대한어를 연구했다. 80년대에는 또한 앞장서서 촘스키가 『통사구조(句法結構)』(1957)에서 제시한 변환분석법을 도입하고 발전시켰으며, 아울러 한어어법 분석에 응용하여 탁월한 성과를 거두었으며, 한어어법 연구에 획기적인 진전을 이루었다. 80년대 한어언어사실에 대한 묘사 역시 이목을 끌 만한 성과를 거두었는데, 呂叔湘 주편의 『現代漢語八百詞』(1980)·李臨定의 『現代漢語句型』(1986)·陳建民의 『現代漢語句型論』(1986) 등은 한어의 언어사실에 대하여 심도 깊고 세밀한 묘사를 했는데, 이는 한어 연구에 있어서 중요한 의의를 가진다. 80년대 후기 어법연구영역은 생동적인 왕성한 국면으로 접어들었으며, 연구의 시야와 방법도 더욱더 광범위하고 다양해졌는데, 예를 들어 어법연구 중의 의미분석은 광범위하게 중시받았으며, 문형연구와 동사의 재분류 연구 및 삼개평면(三個平面) 결합의 어법연구, 복문의 연구, 정태와 동태의 구분, 변환분석의 이론과 방법의 연구 토론 등은 모두 광범위한 관심을 이끌었다. 총괄하자면 이론과 방법의 다원화, 언어학과 각종 학문과의 융합과 상호 관련, 새로운 저작들의 끊임없는 출현, 연구 영역의 부단한 확장, 어법현상 및 규율의 심도 깊은 분석과 발굴 등등은 모두 이 시기의 두드러진 특징이다.

龔千炎은 5개의 시기 구분에 대해서 더욱더 세밀하고 정확하게 각 시기의 어법 특징을 반영했다. 예를 들어 중화인민공화국 건국 이후를 문화대혁명 이전과 이후의 두 시기로 나누었는데, 이는 매우 합리적인 것이다. 왜냐하면 앞의 시기 어법연구는 보편적인 관심을 받아 한어어법학의 번영·발전 시기이지만, 뒤의 시기는 어법연구가 심도 있게 다원화해지고 점차적으로 성숙되는 특징을 지니고 있기 때문이다.

인류사회가 21세기에 들어서자 사람들 역시 한어어법 연구에 새로운 국면이 출현하기를 기대하고 있다. 새로운 세기의 어법연구는 어디로 갈 것인가? 어법연구는 어떤 새로운 돌파와 진전이 일어나겠는가? 우리들 역시 앞에서 걸었던 연구의 길을 회고하는 동시에 앞으로 해야 할 혹은 해야 할 가능성이 있는 작업을 전망해 보는 것도 무방할 듯한데, 이것은 우리에게 있어서 많은 도움을 주는 작업이다. 먼저, 형식연구의 기초에서 의미연구는 새로운 단계로 접어들 것이다.

통사연구에서 의미분석은 일찍이 80년대 이미 사람들의 광범위한 중시를 받았다. 변환어법이론이 도입된 이후 연구자들은 이미 통사의 표층구조와 심층의미 사이에 복잡한 관계가 있다는 것을 인식했는데, 예를 들어 다의(多義)구조에 대한 분석 '發現了敵人的

哨兵'은 서로 다른 구조분석은 서로 다른 의미를 나타내는데 '發現了/敵人的哨兵'은 '보초병은 적이며, 보초병이 발견됐다.'는 의미를 포함하고 있지만, '發現了敵人的/哨兵'으로 분석한다면, 포함된 의미는 '적이 발견되고, 아군 초병이 적을 발견했다.'이다. 몇몇 모호의 구조에서 단순한 구조분석만으로는 매우 불충분한데, 유명한 예를 들면 '鷄不吃了'로 구조상으로 분석하면 단지 주위구조에 불과하지만 여러 가지로 이해할 수 있으며, 그 핵심문제는 '鷄'와 '吃'의 시수(施受)관계가 다른 데 있다. '她的鞋做得好'와 '她的字寫得好'는 구조관계와 구조층위가 서로 같으나, 의미관계는 결코 같지 않으며, 변환분석을 통해 그 형태는 같지만 구조가 다른 특징을 볼 수 있다. 의미분석과 변환분석법은 비록 이미 연구자의 중시를 받았으며, 朱德熙가 성공적으로 한어어법 분석에 운용했다. 그러나 전체 어법연구 영역에서 사람들은 아직 충분히 광범위하게 운용하고 있지는 않다. 변환분석법과 분석 중의 '평행성 원칙' 등의 문제에 대해서는 아직도 진일보한 심도 있는 이해와 실천이 요구된다.

1980년대 '삼개평면'이 서로 결합된 분석 이론은 일찍이 어법학계에서 광범위한 토론이 있었으며, 몇몇 실질적인 문제, 예를 들어 결합의 필요성 등은 모두 보편적인 인가를 얻어 냈다. 하지만 도대체 의미는 몇 가지 종류가 있는가? 화용은 어떠한 방면인가? 통사·의미·화용 삼자는 어떻게 결합하며 화용과 언어환경의 관계·표현과 이해·전제(前提)와 초점 등의 문제는 이론적이든 아니면 실천에서든 모두 어법연구에 있어서 앞으로 사람들이 보편적으로 관심을 기울여야 할 문제일 것이다.

한편, 어법의 비교연구는 더욱더 사람들의 관심을 불러일으킬 것이다. 呂叔湘은 "한 사물의 특징은 다른 사물과 비교해야만이 드러난다. ……언어도 마찬가지이다. 한어의 특징을 인식하려면 비한어와 비교해야 하고, 현대한어의 특징을 인식하려면 고한어와 비교해야 하며, 보통화의 특징을 인식하려면 방언과 비교해야 한다. 어음, 어휘, 어법 모두 대비를 통해 연구해야 한다."(『通過比較硏究語言』)라고 인식했다. 비교연구는 다양한 방식을 포함하는데, 횡적인 비교는 예를 들면 보통화와 방언 간의 비교가 있고, 종적인 비교는 예를 들면 현대한어와 고대한어·근대한어의 비교가 있으며, 내적인 비교로 예를 들어 서면어와 구어의 비교가 있다. 비교연구는 고립적인 어법체계 연구에서 탈피할 수 있고, 참조물과의 대비를 통해 어법현상의 관찰과 분석을 더욱 전면적이고 심도 깊게 할 수 있다. 예를 들어 보통화의 어떤 규율은 종종 방언과 밀접한 관계가 있는데, 현대한어에서 정확히 말할 수 없던 몇몇 문제들은 어떤 방언과의 연계를 통해 문제를 명확히 해결할 수 있다. 언어의 발전은 고리가 서로 연결된 체인으로 어떤 어법현상에 대한 연구는 그 발전과 변화의 과정을 관찰해야만이 더욱 깊이 연구할 수 있다. 예를 들어 把자문의 연구에 있어서 우리들은 만약 근대한어를 연계하여 '把'자가 어떻게 동사에서 점차 허화하여 개사가 됐는지, '把'자가 이끄는 대상의 시수(施受)정황이 근대한어 문장 중의 분포된 상황, '把'자와 '被'자가 근대한어 문장 중에서 병용되는 현상, '把'자가 근대한어에서 대상과 공구를 나타내는 것에서 현대한어에서 대상의 변화를 나타내는 것까지의 변화, '把'자구조가 형성되는 과정 중의 중심동사에 대한 제한 정황 등을 관찰하여 이러한 문제들을 언어의 발전과 결합하여 분석할 수 있다면 把자문의 연구는 더욱 진일보할 것이다.

어법의 동태연구는 더욱도 깊어질 것이다. 이전의 어법연구는 종종 단지 언어의 정태연구에만 머물러 있어, 단어·구·문장에 대해 개별적인 분석만을 했다. 그러나 언어는 의사소통의 도구이며, 언어가 그 역할을 발휘하려면 반드시 사용 상태에 들어가야 하기 때문에 동태란 마땅히 언어의 일상적인 형태인 것이다. 동태 정황에서 언어는 언어환경과 관계는 매우 깊은데 예를 들어 말과 상하의 문장·의사소통의 쌍방 및 사회배경·시간·장소 등 여러 요소와의 관계는 모두 언어형식의 변화와 의미의 차이에 영향을 줄 수 있으며, 문장이 어떻게 간단한 데서 복잡한 데로 가는지, 문형 사이의 변화 및 화용이 표현방식에 미치는 영향을 포함하여, 만약 이러한 요소들은 무시하고 거론하지 않고, 단지 언어의 어떤 단편만 가지고 구조분석을 하다면 이러한 분석은 전면적인 것이 아니며, 또한 문장형성과 사용 속의 규율과 특징 등을 발견할 수 없으며, 어법과 의미·화용의 결합을 이룰 수 없다. 또 만약 어법 연구에 도입된 초점·함의·화제·전제 등의 개념은 직접적으로 언어의 사용과 관계가 있으며 언어의 동태연구에 있어서 한 측면에서는 어법연구를 더욱 전면적으로 깊이 들어갈 수 있고 또 한편으로는 어법연구의 실용성을 두드러지게 할 수 있다. 이것이 바로 어법연구가 시급히 해결해야 하는 문제이다.

앞으로의 어법연구는 어법의 응용연구에 보다 많은 발전을 이루어야 한다. 어떠한 학문의 연구도 그 가치는 사회에서 응용될 때 보다 빛을 발하는 것이며, 또한 사회응용과 관련되어야만이 학문연구가 비로소 생기를 띨 수 있다. 한어어법 연구도 마땅히 스콜라(schola)학적인 연구모델로 나아가야 하며, 적극적으로 언어연구에 대한 사회의 응용요구에 적응해야 한다. 즉 어법연구가 어떻게 발전하여 모국어 교육을 위해 봉사할 것인지, 대외한어 교육을 위해서 어떻게 봉사할 것인지, 어떻게 인간과 컴퓨터 간의 대화·정보처리·기계번역 등의 작업에 응용될 것인지, 어떻게 관련 학문, 예를 들어 청각장애인의 언어학습·아동의 언어습득·사회언어학·심리언어학 등을 위해 봉사할 것인지는 모두 어법연구 성과를 통해 진일보한 결합과 응용을 기대하고 있다. 어법의 응용연구는 지금까지 상당히 미진하여 과거에 비록 몇몇 작업이 이루어졌지만 앞으로 더 많은 발전이 절실히 요구되고 있다.

그 밖에 한어의 사실적 언어적 자료에 대한 조사와 묘사는 강화될 것이다. 과거의 어법연구는 살아 있는 언어자료를 조사하는 것은 경시하고 이론 분석과 어법체계의 건립에만 열중하는 현상이 있었으며, 살아 있는 물과 같은 사실적 언어를 떠나 있어 어법연구에 매우 큰 제약을 받았다. 어법 특징의 총괄과 어법 규율의 발견은 모두 반드시 사실적 언어자료의 누적을 기초로 삼아야 한다. 만약 양적 문제를 다 하지 못하면, 질적으로 소수가 전체를 대신하는 편중된 사실이 전체의 사실을 대신하는 결론이 내려질 것이 뻔하며, 이것은 과거의 연구에서 이미 있었던 현상이다. 앞 세대의 언어학자 특히 呂叔湘은 일찍이 여러 차례 반복하여 연구자들이 사실적 언어의 묘사를 경시한다고 호소하며, 몸소 크게는 한어품사의 정리묘사에서 작게는 어떤 단어, 어떤 문장형식의 대한 설명에 이르기까지 다량의 기초적 작업을 힘써 행하였다. 사실적 언어의 묘사 방면에서 과거에도 비록 적지 않은 연구 성과가 나타났지만 현대한어에서 사실적 언어들이 아직 명확한 조사와 묘사가 이루어지지 않았다. 이것은 앞으로 신세기 어법연구자들이 힘써 일구어야 할 옥토와 같은 분야라 할 수 있다.

또 사실적 언어연구의 기초상에서 이루어지는 이론 연구는 더욱

더 많은 연구자들의 이목을 끌 것이다. 사실적 언어의 묘사와 어법이론 연구의 관계는 매우 밀접한 것으로, 사실 묘사가 이론의 지도(指導)를 벗어날 수 없으며 이론의 총괄 역시 언제나 사실을 기초로 삼는다. 중국어법의 계통적 연구가 비교적 늦게 시작되었기 때문에 어법이론은 언제나 서양어법이론의 도입에 의지하였는데, 이러한 본보기가 비록 적극적인 작용을 하였지만, 어떤 때는 외래 이론에 대한 맹목적인 답습이나 기계적인 도입 현상을 피할 수가 없었다. 어떻게 풍부하고 살아 있는 한어 속에서 한어어법이 한어 자체의 특징에 적합한 이론을 총괄해 낼 것인가와 상응한 이론체계를 세울 것인가는 한어어법 연구에 있어서 가장 근본적이고 오랜 시간을 요하는 작업일 것이다. 외국에서 도입된 어법이론을 어떻게 한어에 더욱 잘 결합할 것인가 역시 우리들이 시시각각으로 직면하는 문제이다.

21세기는 더욱 광활한 연구 영역의 확충과 더욱 높은 학술적 요구를 원하고 있다. 그러나 새로운 세기 초의 한어어법 연구는 1980년대에 비해 활발함은 줄어들었지만 신중한 고려가 많아졌다. 그러나 이것이 새로운 돌파 전의 역량 축적이며, 새로운 중흥 전의 짧은 휴식이기를 원한다.

참고문헌

龔千炎, 「80年代現代漢語語法研究的回顧與評價」, 『世界漢語教學』 1991년 제2기.

李臨定, 「語法研究回顧」, 『世界漢語教學』 1991년 제3기.

施關淦, 「八十年代現代漢語語法研究槪說」, 『中國語文』 1992년 제6기.

邢福義, 「從基本流向綜觀現代漢語語法研究四十年」, 『中國語文』 1992년 제6기.

陸儉明, 「80年代現代漢語語法研究理論上的建樹」, 『世界漢語教學』 1991년 제4기.

林玉山, 「新時期漢語語法研究述評」, 『語文建設』 1992年 제3기.

邵敬敏, 「80年代漢語語法研究的回顧與今後的任務」, 『世界漢語教學』 1991年 제3기.

胡明揚, 「現代漢語語法研究的回顧和展望」, 『世界漢語教學』 1991년 제2기.

陸儉明, 「90年代現代漢語語法研究的發展趨勢」, 『語文研究』 1990년 제4기.

색 인

역자후기

　역자의 이 책과의 인연은 꽤 오래되었다. 현대한어어법 전공이
아닌 역자는 우리 학과 사정상 대학원 수업 중의 현대한어어법 관
련 과목을 감히 담당해 왔는데, 어법 관련 수업을 개설할 때마다
현대한어어법 연구의 이론과 방법에 대해 너무나 지식이 부족하여
곤혹스러움을 느끼고 있던 터에 이 책을 발견하고 기쁘게 정독을
한 적이 있다. 역자에게는 이 책이 현대한어어법 공부의 길잡이이
자 스승의 노릇을 톡톡히 해 준 셈이었다.

　그리고 역자는 이 책을 대학원의 현대한어어법 관련 수업에 여
러 차례 교재로 사용하기도 하였다. 이 책은 중국어법 분석에 관
한 이론뿐만 아니라 중국어의 통사론적 분석법 등을 기술하고 있
으며, 아울러 그 이론과 방법의 변화·발전 및 연구 동향에 관해
매우 구체적으로 토론하고 있어 학생들에게는 적지 않은 도움을
주었다. 다행히 대학원생들 중에 현대한어어법 전공자들이 적지 않
게 있었기에 그들과의 반복적인 토론으로 여러 의문점이나 문제점
들을 거의 해결할 수 있게 되었다.

　특히 이 책을 번역하는 계기로 저자인 陝西師範大學의 蘭賓漢
교수와의 교류와 만남은 또 하나의 커다란 수확이었다. 蘭 교수는
자신의 책 번역을 기꺼이 허락하셨을 뿐만 아니라 우리말 원고 중
의 체제나 중국어 인용문 등을 꼼꼼히 살펴봐 주셨다. 그리고 한
국어 번역본 서문도 기쁘게 써 주셨다. 이 자리를 통해 심심한 감

사의 말씀을 전한다. 정년을 하시고도 여전히 후학들을 가르치시면서 계속해 현대한어 연구에 매진하고 계시는 蘭 교수의 학문에 대한 열정과 사랑 또한 크게 본받을 점이었다.

이 책은 중어중문학과 고학년 현대한어어법 관련 과목을 수강하는 학생들과 현대한어어법에 관한 연구를 막 시작하려는 대학원생들에게 거의 필독서로 자리매김해도 될 만한 책이라고 할 수 있다. 이 책은 현대한어어법 분석의 이론은 물론, 성분분석법·층차분석법·전환생성어법·변환분석법·어의특징분석법 등 현대한어의 통사론적 분석법을 명확하게 설명하고 있으며, 또한 형태소·단어·품사·구·문장성분·문장유형·복문 등에 대해 예문과 함께 자세하게 설명하고 있어 현대한어어법의 기본적인 사항들을 이해하는 데 많은 도움을 줄 것이다.

이 책은 우리 학과에서 발간하는 『중국어문학역총』(제25집~제28집)에 네 차례에 걸쳐 연재된 원고를 새롭게 정리·보완하여 이루어진 것으로, 그동안 번역과 원고 정리를 도맡아 수고해 준 申美燮 선생에게 진심으로 감사하다는 말을 전한다. 申 선생은 현대한어어법 전공자로서 이 책의 번역·출간에 가장 큰 공헌을 하였다.

마지막으로 상업성이 없는 이 책을 오로지 학술적인 가치만을 보고 흔쾌히 출판을 허락해 주신 한국학술정보(주) 채종준 사장님께도 감사의 말씀을 전한다.

선배 제현의 아낌없는 질정을 겸허히 기다릴 뿐이다.

2009년 늦은 봄
莫下齋에서 역자 최환 삼가 쓰다

난빈한 蘭賓漢

▌저 자

저자 난빈한은 섬서성陝西省 서안西安에서 태어나, 섬서사범대학陝西師範大學 중문계
中文系를 졸업하였다. 섬서사범대학 문학원文學院 교수 겸 석사생도사碩士生導師를 역
임하다, 2008년 정년퇴임을 하였다. 현재까지 중국문학어언연구회中國文學語言研究
會·섬서성어언학회陝西省語言學會·서북수사학회西北修辭學會 회원으로 활동하고 있
는데, 줄곧 현대한어의 어법과 수사 방면의 교학과 연구에 종사하고 있다. 주요 저서로
≪如何運用標點符號≫·≪漢語語法知識與應用≫·≪漢語語法分析的理論與實踐≫·
≪標點符號運用藝術≫·≪現代漢語≫(주편主編) 등 10여 부가 있으며, 주요 논문으로
〈副詞"都"的語義及其對後面動詞的限制作用〉·〈談一種新析把字句兼及把字句的定
義〉·〈也談程度補語與結果補語〉·〈試論"把"字句的限制條件〉·〈詞義派生與釋義〉·
〈西安方言中非疑問用法的"呢"〉·〈西安方言語氣詞"些"的用法及來源〉 등 다수가 있다.
현재 국가 중점 프로젝트 ≪섬서중점방언연구陝西重點方言研究≫ 중의 하나인 ≪서안
방언어법연구西安方言語法研究≫라는 과제를 맡아 연구와 집필 중에 있다.

최 환 崔 桓

▌역 자

역자 최환은 경북 영천에서 태어나, 영남대학교 중어중문학과를 졸업하고, 대만臺灣 국
립대만대학國立臺灣大學 중문연구소中文研究所에서 석사학위를, 대만 국립정치대학國
立政治大學 중문연구소에서 박사학위를 받았다. 중국 남개대학南開大學과 북화대학北
華大學에서 각각 방문교수와 교환교수로 연구와 강의를 하였다. 현재 영남대학교 중국
언어문화학부 교수로 있다. 주요 저서로 『중국소설사의 이해』(공저), 『신라수이전新羅殊
異傳 집교輯校와 역주譯註』(공저), 『신라수이전 고론考論』(공저), 『중국고전소설총목제
요中國古典小說總目提要』 제1·2·3·4·5권(공역), 『현대중국의 이해』(공저), 『현대중
국어 표현어법表現語法』(역), 『중국영화의 이해와 감상』(편저), 『한·중 유서문화類書文
化 개관槪觀』 등이 있으며, 그 외에도 중국소설·문헌학文獻學·중국어 어휘학語彙
學·중국영화 등에 관한 다수의 논문이 있다.

신미섭 申美燮

▌역 자

역자 신미섭은 서울에서 태어나, 이화여자대학교 중어중문학과를 졸업하고, 영남대학교
대학원 중어중문학과에서 석사학위를 받았으며, 동대학원에서 박사학위과정을 수료하였
다. 현재 영남대학교와 경북외국어대학교에서 강의를 하고 있으며, 「현대중국어 어순 연
구」라는 논제로 박사학위논문을 집필하고 있다. 주요 논문으로「도상성圖像性과 중국어
어순」, 「주제主題의 통사統辭적 지위에 관하여」, 「주술술어문主謂謂語句의 어순 연구」
등이 있다.

한어어법 분석의 이론과 실천

초판인쇄 | 2009년 7월 1일
초판발행 | 2009년 7월 1일

저 자 | 난빈한
역 자 | 최 환, 신미섭
펴낸이 | 채종준
펴낸곳 | 한국학술정보㈜
주 소 | 경기도 파주시 교하읍 문발리 파주출판문화정보산업단지 513-5
전 화 | 031) 908-3181(대표)
팩 스 | 031) 908-3189
홈페이지 | http://www.kstudy.com
E-mail | 출판사업부 publish@kstudy.com

등 록 | 제일산-115호(2000. 6. 19)
가 격 | 27,000원

ISBN 978-89-268-0134-5 93720 (Paper Book)
      978-89-268-0135-2 98720 (e-Book)

이담 books 는 한국학술정보(주)의 지식실용서 브랜드입니다.